朝鮮民主主義人民共和国と中華人民共和国

「唇歯の関係」の構造と変容

平岩俊司

世織書房

朝鮮民主主義人民共和国と中華人民共和国——目次

序章　目的と分析視角……3

第1章　中国人民志願軍撤退と台湾海峡危機……11
■中国にとっての北朝鮮
1　朝鮮問題と台湾問題——中国にとっての朝鮮戦争　12
2　第一期人民志願軍撤退と第一次台湾海峡危機　17
3　人民志願軍撤退中断と八月全員会議事件の意味　25
4　第二期人民志願軍撤退と第二次台湾海峡危機　30
結語　36

第2章　友好協力相互援助条約と対米認識の共有過程……39
■北朝鮮にとっての中国
1　平和共存路線をめぐる認識の相違　41
2　北朝鮮の平和的統一路線——反帝反封建民主主義革命に対する期待　46
3　北朝鮮の米国認識の修正——韓国軍事クーデターに対する評価の変化　52
4　二つの友好協力相互援助条約　57
結語——朝鮮労働党第四次大会における「南朝鮮革命」路線　63

第3章　中ソ論争と北朝鮮の革命路線　■中朝関係の上限 …… 69
1　ソ朝関係の悪化――多元的社会主義陣営の団結　71
2　中朝共同声明と「教条主義」批判　75
3　主体の承認と中国批判――中朝関係の限界　79
4　北朝鮮の社会主義路線　84
結語　93

第4章　両国関係修復の政治力学　■中朝関係の下限 …… 95
1　フルシチョフ後のソ連認識の相違　97
2　「主体」の体系化と中朝関係の悪化　103
3　文化大革命の開始と「自主路線」宣言　107
4　関係修復の政治力学――崔庸健、金日成の秘密訪中　113
結語　119

第5章 米中接近と北朝鮮の対米直接交渉提案……123
■「唇歯の関係」「伝統的友誼」の綻び
1 米中接近と周恩来の秘密訪朝 124
2 北朝鮮の認識修正 130
3 中国にとっての「朝鮮問題の朝鮮化」 135
4 対米直接交渉への力学 140
結語 145

第6章 改革開放路線と体制護持の相克……149
■中国とは異なる選択
1 中朝のめざすそれぞれの道 151
2 改革開放路線の模索 155
3 金正日の改革開放路線認識 158
4 天安門事件と北朝鮮の体制護持 166
結語 171
《補遺》中国の改革開放政策と北朝鮮の経済改革との比較 172

第7章　中朝関係の構造的変質
■中韓国交正常化……183
1　中国にとっての北朝鮮——三者会談提案の意味　184
2　ソ韓国交正常化と朝鮮半島をめぐる国際関係の構造的変化　190
3　朝鮮半島の現状承認——南北朝鮮関係の進展と国連同時加盟　194
4　新たなバランスの中の中国——中韓国交正常化　201
結語　206

第8章　伝統的関係の終焉
■金日成死後の中国・朝鮮半島関係……209
1　制限された中韓関係の進展　210
2　金日成の死と人民志願軍の完全撤退——伝統的関係の終焉　215
3　金日成死後の中韓関係の進展——李鵬、江沢民の訪韓　221
4　金正日時代の中朝関係と台湾　225
結語　230

第9章
二国間関係から多国間関係へ
■朝鮮半島と中国の新たな関係 ………… 233

1　「唇歯の関係」から「微妙な関係」へ――「包容政策」と中国の朝鮮半島政策　235
2　中韓国交正常化以降の中朝関係の基本構造――中国にとっての朝鮮半島の平和と安定　241
3　第二次核危機をめぐる中国の動向――基本構造を超える中国の積極姿勢　244
4　六者協議と中朝首脳会談――中国にとっての二つの危機への対処　249
5　ミサイル発射実験、核実験と中国　255
結語　261
《補遺》国交樹立六〇年の中朝関係　263

終章
「唇歯の関係」の史的展開と構造的変容 ………… 271

註　285
北朝鮮・中国関係年表　367
あとがき　389
索引　(1)

＊凡例

1　本書では朝鮮民主主義人民共和国を「北朝鮮」、大韓民国を「韓国」、中華人民共和国を「中国」と記す。

2　文中、特別な意味を付与しない限り北朝鮮・中国関係を「中朝関係」、韓国・中国関係を「中韓関係」、北朝鮮・米国関係を「米朝関係」、韓国・米国関係を「米韓関係」と記す。

3　引用文に記されている会議、組織、ポストなどの呼称については原文に従っている。

4　韓国・朝鮮の固有名詞については適宜ルビを付した。

5　金日成、金正日など、頻出する人名については索引項目から外している。

朝鮮民主主義人民共和国と中華人民共和国

序章

目的と分析視角

本書は、朝鮮民主主義人民共和国（以下、「北朝鮮」と記す）と中華人民共和国（以下、「中国」と記す）の関係を北朝鮮研究の立場から構造的に分析することを目的としている。北朝鮮の動向が北東アジア情勢に多大の影響を及ぼすことは改めて指摘するまでもないが、その重要性にもかかわらず北朝鮮情勢はきわめて不透明で見えにくい。その要因として、北朝鮮が高度の情報統制下にあること、「主体思想」という独特な思想を国家の基本理念としていること、などを指摘できよう(1)。さらに、「唇歯《しんし》の関係」「伝統的友誼《ゆうぎ》」などの文言で表現される中国と北朝鮮の関係が北朝鮮情勢を不透明にしているのも事実である。第二次世界大戦以後、中朝両政権がアジアに誕生して以来、朝鮮戦争への中国人民志願軍の参戦に象徴されるように、中国は北朝鮮情勢に大きく影響を及ぼしている。ともに社会主義陣営に属し、地政学的にも隣接する中国が、北朝鮮の動向に大きな影響を及ぼすことは当然と言ってよかろう。しかし、その実態については、ともに高度の情報統制下にあった冷戦期は言うに及ばず、冷戦終焉後についても明らかにされていない部分が多い。アジアにおける冷戦終結の過程で朝鮮半島情勢がきわめて大きな意味を持っているにもかかわらず(2)、北朝鮮情勢で大きな変数となる中国の北朝鮮に対する影響力の大きさについては明らかにされていないのである(3)。

北朝鮮・中国関係の実態が不透明な要因としては、前述の北朝鮮が高度の情報統制下にあることに加えて、北朝鮮に対する配慮から、中国も北朝鮮それ自体については言うに及ばず、中朝関係についての情報公開に慎重であることが指摘できる。たとえば、金日成《キムイルソン》は中国に計三九回訪問したというが(4)、そのすべてが公表されたわけではない。しかも地政学的に隣接する北朝鮮と中国の関係は、中国と朝鮮半島の悠久の歴史の中で評価しなければ理解できない部分がある。北朝鮮と中国の関係には、たんなる社会主義友好国間の関係とは一線を画す特殊性が存在するのである。その要因として、以下の四つを指摘することができる。

まず第一に、北朝鮮と中国が、ともに祖国統一と「台湾解放」という革命の課題を残していることを指摘できよう。その意味で、両者にとっての最大の「革命の敵」が米国であったことは言うまでもないが、後に詳述するように、両国にとって米国との関係は、朝鮮戦争とその後の展開によって、たんに象徴的な「革命の敵」であるのみならず、具体的な安全保障問題としての意味を持つに至った。しかも隣接する両国にとっての対米安全保障問題は、それぞれ独立した問題ではあり得ず、相互に密接に連繫する問題でもあった。安全保障上の関係は中朝両国を強く結びつける要因なのである。

第二に、両国がともにマルクス・レーニン主義を志向する国家であり、とりわけ東西冷戦体制下、イデオロギー上、きわめて密接な関係を有していたことを指摘できる。後に詳述するように、中ソ対立が公然化してから米中接近までの時期、両者はその時々で微妙な立場の相違を見せるものの、北朝鮮と中国にとって中朝関係は最も重要な二者関係であったはずである。こうした関係は互いに相手の革命路線を高く評価する、という形態をとって発現するが、そうしたイデオロギー上の友好関係はたんにイデオロギー的正当性を確認し合うにとどまらず、より実質的内容を含むものであった。とりわけ、中ソ論争期の中国にとって北朝鮮との良好な関係はソ連に対する対抗上必要不可欠のものであったし、北朝鮮も中ソの対立を利用しながら自らの国益を極大化することができた。

第三に、中朝間で盛んに強調されてきた伝統的関係を指摘できる。「唇歯の関係」、「伝統的友誼」との文言で表現される中朝の伝統的関係は、抗日闘争の経験と朝鮮戦争への中国の介入によって形成された関係であるが(5)、抗日闘争の経験によって中朝両国はアジアにおける共産主義者としての連帯感を培ったはずである。一九三〇年代に入り朝鮮の独立運動家達が朝鮮半島内で活動することが難しくなり、多くの朝鮮人共産主義者は中国に活動の場を移し、中国共産党とともに抗日闘争を担ってきた(6)。さらに朝鮮戦争への中国の介入は、先の対米安全保障観を両者が共有する契機となった。また、伝統的関係は両国の指導者間の頻繁な交流によって維持されてきたことも指摘しなければならない。しかもそうした交流のすべてが明らかにされているわけではない。

そして第四に、経済関係も両者を結びつける重要な要因である。すなわち、北朝鮮にとって中国は、たんに社会主義陣営内の友好国であるにとどまらず、地理的な条件から自国の経済発展のためにはなくてはならない存在であった。とりわけ、冷戦終焉以後、北朝鮮にとって中国からの経済援助は自らの体制を維持するための生命線とも言い得る状況にある。この経済領域における両国関係は、一見、中国が北朝鮮に対して一方的に援助を与えるという、きわめて片務的な関係として捉えられる。しかし、中国にとっては自らの内外政策を実施するためには周辺状況の安定的環境が必要とされるため、中国の北朝鮮に対する経済的援助は、そうした安定的な環境を維持するためのコストとして捉えることができる。さらには、北朝鮮の地下資源への中国の関心の増大も指摘できる。そうした観点に立つ時、中朝経済関係は必ずしも片務的関係ではなく、両国関係を結びつける重要な意味を持つのである。

以上のような四つの要因によって、中国と北朝鮮の関係は通常の社会主義友好国間の関係とは一線を画するものとなっているのである。しかし、ここで注意しなければならないのは、この四つの要因は、両者を強く結びつけるだけではなく、多くの齟齬を内に蓄えさせるものでもあるということである。第一の安全保障上の関係について言えば、その時々の両者の安全保障観のズレは両国関係に微妙な齟齬をもたらすものとなる。たとえば、中国と北朝鮮は対米安全保障問題によって強く結びついていると述べたが、後に詳述するように両者における米国からの脅威についての認識は必ずしも一致しているわけではない。とりわけ、祖国統一と「台湾解放」が、米国を「主敵」として位置づける同一の構造を有していただけに、二つの問題が連動してしまう危険性を孕んでいた。すなわち、仮に一方が分断状況の固定化を事実上是認した場合、他方の革命路線に影響を及ぼしてしまうという危険性が存在したのである。祖国統一と「台湾解放」の「主敵」である米国に対する認識のズレは、中朝両国の安全保障に対する認識のズレにつながり、甚だしい場合には結果として中朝両国を対立へと導く要因となり得るのである。

第二のイデオロギー上の関係について言えば、両者の革命路線がまったく同じものとなることはあり得ない。後に詳述するように、金日成が「主体」の必要性を宣言した一九五五年の時点で(7)、両国の革命路線は異なるものとなることを運命づけられたと言っても過言ではなかったのである。先述の通り、両国はそれぞれ相手の革命路線を高く評価するが、それはある意味で両者の相違を糊塗《こと》する作業であったとも言えるのである。後に詳述するように、そもそもイデオロギー上の友好関係は、中朝双方がそれぞれのイデオロギーの特異性を認め合うことによって成立していたと言ってよいが、それを前提とする時、イデオロギー上の相違は両者の対立の要因となり得るものであったと言わざるを得ない。

また、第三の伝統的関係についても、両国が相手に対する不満を内に蓄えざるを得ない側面がある。すなわち、北朝鮮の歴史を「主体」の確立過程として捉える時、中朝関係は、朝鮮の伝統である「事大」に対する抵抗の歴史として捉えられる(8)。中朝関係の文脈から考える時、北朝鮮にとっての主体確立過程は、現代世界に投影された伝統的中華世界秩序と朝鮮の伝統である「事大」の克服の過程に他ならない(9)。一方、中国にとって北朝鮮の主体確立は、伝統的中華秩序からの分離独立を意味するものであったはずである。このような視点に立つ時、中国と北朝鮮は必ずしも信頼できる同伴者ではなかったはずであり、悠久の歴史を共有しているからこそ、相手に対する拭いようのない不信感を募らせてきたとさえ言い得るのである。

さらに、第四の経済関係については、第二のイデオロギー上の関係とも関連するが、経済路線の相違は両者の不協和音の要因となり得るのである。たとえば、後に詳述するように、北朝鮮は中国の改革開放路線に対して否定的な姿勢を取り続けるが、その一方で中国は北朝鮮に対して一定の経済援助を続けなければならない。それが中朝関係の不協和音となることはあらためて指摘するまでもなかろう。このように、中国と北朝鮮の特殊な関係は、それを特殊なものとしている四つの要因がそれぞれ求心力と遠心力を持ち、しかも四つの要因が相互に影響を及ぼし合うきわめて複雑な構造を有しているのである。

*

本書は、以上のような視点に立ち、北朝鮮と中国の関係の構造を明らかにすることを目的としている。ただし、前述の四つの要因は、それぞれ独立したものではなくその時々で相互に密接不可分な関係を見せるため、それらの要因は、北朝鮮と中国の関係の史的展開の中で分析されなければならない。それを前提として、本書では以下の手順で分析を進める。

まず中国にとって北朝鮮はどのような意味を持っているのか、次に北朝鮮にとって中国はどのような意味を持っているのかを明らかにする。中国が北朝鮮に対して最も積極的に関与したのが朝鮮戦争であることは言うまでもないが、その際、中国は人民志願軍を投入した。その人民志願軍は一九五八年に北朝鮮から完全に撤退することとなるが、後に詳述するように、人民志願軍撤退の過程は、朝鮮戦争以後の中国にとっての北朝鮮に対する姿勢の原型をなすものである。それゆえ、第1章では、主として中国側の視点から人民志願軍撤退問題を分析する。その際、二期に分けて行われた人民志願軍の撤退と二次にわたる台湾海峡危機の時期的一致に注目して分析する。この過程を検討することにより中国にとっての北朝鮮の意味するところが明らかにされるであろう。

北朝鮮は人民志願軍撤退の過程で自らの「主体」を宣言することとなるが、北朝鮮の主体宣言以後、北朝鮮が中国との関係を最も必要としたのは「朝鮮民主主義人民共和国と中華人民共和国間の友好、協力及び相互援助に関する条約」（以下、「中朝友好協力相互条約」と記す）を締結した時期である。これは両者の対米認識を共有する過程として位置づけられるが、その一方で中国の北朝鮮に対する影響力が制度化される過程でもあった。それはまた金日成が宣言した主体の確立を阻害する危険性すら孕んでいたと言ってよい。それゆえ第2章では、両者の対米認識が接近する過程を詳らかにすることによって、北朝鮮にとっての中国の意味するところが明らかにされるであろう。第1章、第2章では、北朝鮮と中国を結びつけている第一の要因である安全保障上の関係と、第三の要因である伝統的関係についての分析が中心となる。

そもそも中朝関係は、基本的には友好を前提としつつも、それが無制限に関係を緊密化するものでも、また無制限に悪化するものでもない。「唇歯の関係」「伝統的友誼」には一定の「幅」が存在するのである。たとえば、一九六三年は中ソ論争の激化を背景として北朝鮮と中国の関係が最も緊密であったと評価される時期であるが、北朝鮮はこの時期にも自らの自主性を強調することを忘れなかった。そこで、第3章では、六三年の両国首脳の相互訪問を例に取り、中朝関係の上限を明らかにする。これにより中朝関係が無制限に良好に維持されるものではないことが明らかにされるであろう。また、中国文化大革命の時期は中朝関係が最悪の状態にあったが、両国関係が完全に破綻してしまったわけではなく関係修復へと向かうのである。第4章では、この文化大革命期を例に取り、その関係修復過程を検討することで両国関係の下限が明らかにされるであろう。第3章と第4章では、第二の要因であるイデオロギー上の関係と、第三の要因である伝統的関係についての分析が中心となるであろう。

こうして中朝関係の一定の「幅」を明らかにすることができるが、後に詳述するように、これらの関係は冷戦期の国際社会観を前提として成立するものであった。その意味で、米中接近に象徴されるアジアの国際関係の構造的変化は両国関係の基本構造に修正を迫るものとなった。それゆえ第5章では、中朝関係の文脈で米中接近がどのような意味を持っていたのかを検討し、その後北朝鮮が米国との直接交渉を求めたことへの米中接近の影響を分析する。この過程で、第一の安全保障領域についての北朝鮮と中国の認識のズレが明らかにされ、従来の中朝関係が徐々に綻《ほころ》び始めることが明らかにされるであろう。

さらに第6章では、その後の中朝がそれぞれの道を歩み始めたことを検証する。中国、北朝鮮は自らの体制安定化のためにそれぞれ別の道を歩み始める。中国は改革開放路線による経済発展に自らの安定をかけることとなるが、北朝鮮は金正日後継体制の確立こそが体制の安定を約束するものであるとしたのである。もはや完全なる同伴者とはなり得ない中朝の路線の相違が明らかにされるであろう。ここでは、第二のイデオロギー領域と、第四の経済領域についての両者の齟齬が明らかにされるであろう。

従来の関係が変容していくプロセスは、一九九二年の中韓国交正常化によって完結することとなる。第7章では、中韓国交正常化の過程を分析する。その際、国交正常化に至る中国側の姿勢の変化と、中国が韓国との国交正常化に踏み切るための前提条件となる朝鮮半島の現状承認の過程を検討し、中韓国交正常化が中朝関係にとって何を意味したのかが明らかにされるであろう。

このように構造的な変化を経てきた中朝関係を考えるうえできわめて重要なのが北朝鮮の最高指導者金日成の死である。両国関係を特殊な関係としてきた最大の要因は、北朝鮮の立場から言えば金日成の存在そのものであった。第8章では、金日成の死を前後する中朝関係の変化を分析し、金正日時代の中朝関係の特徴を整理する。中韓国交正常化以後の中国と朝鮮半島の関係は、中国、北朝鮮、韓国の三者間の思惑の相違から複雑な関係にならざるを得なかった。それゆえ、中韓関係の進捗状況を跡づけるとともに、中朝関係で問題となった二つの事例――中国人民志願軍司令部撤退問題と台湾・北朝鮮関係の進展の二つについて分析し、中朝関係の変容を明らかにする。第7章、第8章では、第一の要因である安全保障上の関係の変化を跡づけるとともに、第三の要因である伝統的関係、および第四の要因である経済関係について分析されるであろう。

以上の分析を通して明らかにされるであろう中朝関係の前提条件を、大きく変更する事象が発生した。二〇〇〇年の南北首脳会談である。南北首脳会談の結果、当面の北東アジア情勢は南北の共存状態を前提とすることとなり、当然、中朝関係の前提もそれまでとは異なることとなる。第9章では、そうした前提条件が変更された後の中朝関係について分析されるであろう。とりわけ、その後に発生する第二次朝鮮半島核危機の過程での中国と北朝鮮の行動は、中朝二国関係がもはや二国の枠組みの中にとどめられるものではなく、より複雑な多国間関係の中で推移することが明らかにされるであろう。

中朝間では「互恵平等」「相互不干渉」がたびたび確認される(10)。しかし、実際にそれは対等な関係ではあり得ない。中国にとって北朝鮮の持つ意味と、北朝鮮にとっての中国のそれとでは、重要性、優先順位などに大きなズレがあることに議論の余地はない。本書ではこの両者の認識のズレを常に念頭に置きつつ議論を進めるよう努める。これらの分析を通して、その時々で内容を微妙に変化させる「唇歯の関係」「伝統的友誼」の真の姿が明らかにされるであろう。

第1章 中国人民志願軍撤退と台湾海峡危機

――中国にとっての北朝鮮

問題の所在

「唇歯の関係」と表現される中国と北朝鮮の関係は抗日闘争の経験と朝鮮戦争の経験によって形成されたと言ってよい。とりわけ、朝鮮戦争への中国人民志願軍の参戦は両者をきわめて強く結びつけることとなった。この人民志願軍は、一九五三年の停戦を経て、二つの時期に分かれて撤退することとなる。第一期撤退は一九五四年九月一六日から一〇月三日（七個師団）、五五年三月三一日から四月二〇日（六個師団）、五五年一〇月一〇日から二六日（六個師団）の三次にわたって行われた。第二期は、一九五八年三月一五日から四月二五日（六個師団）、七月一一日から八月一四日（六個師団および特殊兵部隊）、九月二六日から一〇月二六日（三個師団、志願軍総部、後勤歩哨部隊）のやはり三次にわたって実施された。五六年と五七年の二年間、人民志願軍の撤退は中断されたのである。興味深いことに、この二年間は、まさに金日成《キムイルソン》が北朝鮮国内のイデオロギー解釈権を主張して「主体」の必要性を宣言した時期にあたっていた。また、人民志願軍撤退が実施された二つの時期は二つの台湾海峡危機が発生する時期でもある。後に詳述するように、これらの事象をめぐる中朝間の相互応酬は、その後の中朝関係の原型を規定するものとして位置づけられるのである。

本章は、中国にとって朝鮮問題がどのような意味を持っているのかを明らかにすることを目的としている。そのため、朝鮮戦争後の中朝関係を規定した人民志願軍撤退を、二度の台湾海峡危機との時期的一致に注目して分析し、なぜ人民志願軍撤退が二つの時期に分けて行われたのかを明らかにするとともに、中国にとっての「唇歯の関係」の意味を明らかにすることを目的としている。朝鮮戦争以後の時期、米国の対中国封じ込め政策は本格化し、そうした動きは、たんに朝鮮半島のみにとどまるものではなく、東南アジアにも拡大されていくこととなる。そうした状況下の中国にとって、北朝鮮との関係はたんなる二国間関係としてではなく、より広い国際関係の中に位置づけられるものであらざるを得なかった。本章ではそれを常に念頭に置きつつ議論を進めたい。これらの分析を通して、中朝関係を規定する第一の要因である安全保障問題と第三の要因である伝統的関係との関係が中国にとってどのような意味を持っているかが、明らかにされるであろう。

1　朝鮮問題と台湾問題——中国にとっての朝鮮戦争

一九五〇年一〇月二五日、中華人民共和国は朝鮮戦争に参戦する。その前日、中国人民政治協商会議第一期第一八次常務委員会で報告を行った周恩来総理は、中国にとっての朝鮮問題がたんに朝鮮半島に限定された特定地域の問題ではなく台湾問題と密接に連動した問題であることを、次のように明確に語っていた。

朝鮮問題は我々にとってたんなる朝鮮問題ではなく台湾問題と連繋する問題である。米帝国主義は我々を敵と見なし、彼らの国防ラインを台湾海峡にまでのばし、口では侵略も干渉もしないと言っている。しかし、彼らは朝鮮を侵略した。我々が兵を出してそれに対処するということは、我が国の安全から見て、また、平和陣営の安全から見て、我々には理があり、彼らには理がない(1)(傍点・引用者)。

中国は朝鮮戦争を「台湾問題と連繋する問題」と認識し、まさに自国の「安全のために」朝鮮戦争に参戦したのである(2)。

もっとも、朝鮮戦争勃発当初の中国は、台湾問題と朝鮮問題の連繋について必ずしも明確に言及していたわけではなかった。たとえば、五〇年六月二八日、周恩来は米国の朝鮮戦争参戦決定に際してのトルーマン大統領の演説に対して次のように語り、米国の台湾問題への関与に警鐘を鳴らしたが、そこで朝鮮問題と台湾問題の実質的連繋について言及されることはなかった。「米国のトルーマン大統領は南朝鮮の李承晩傀儡政府を指図して朝鮮で内戦を引き起こさせた後、六月二七日には声明を発表し、米国政府は武力にうったえて中国が台湾を解放することを阻止することを決定した、と宣言した。そして、米第七艦隊はトルーマンの命令により台湾沿海に出動した。私は今中華人民共和国を代表して声明する。二七日のトルーマン声明と米海軍の行動は、すなわち中国の領土に対する武力侵略であり、国連憲章を徹底的に破壊するものである」(傍点・引用者)。「米帝国主義者がいかなる妨害行動を行おうとも、台湾が中国に属するという事実は、永遠にかえることができず、……我が国の全人民は皆心を一つにして米侵略者の手から台湾を解放するために最後まで奮闘するであろう。日本帝国主義、米帝国主義の走狗蔣介石をうち破った中国人民は必ずや米侵略者を追い出し、台湾と中国に属するすべての領土を回収することができるであろう」(3)。同様の内容は、七月六日の周恩来の国連事務総長宛の電報でも繰り返され、米国の行動が国連憲章に反するものであり「台湾が中国の不可分の領土の一部」であることが強調された(4)が、やはり朝鮮問題と台湾問題の実質的連繋については言及されていない。

もっとも、中国が朝鮮問題と台湾問題の実質的連繫を意識していなかったわけではない。先に引用した五〇年六月二八日の周恩来の演説にあるように、「中国人民は、同じく米国の侵略を受け、また同様に反抗闘争を行っている朝鮮、ベトナム、フィリピンと日本の人民に対して同情と敬意を表する」として、アジアにおける米国の行動の連繫について言及していたのである(5)。そもそも中国は、五〇年六月二七日のトルーマン声明に際して、米国の行動を「三路向心迂回」(三方向からの中国侵攻)戦略として理解し、そうした思考方式の延長から毛沢東は朝鮮戦争参戦を決意した、という(6)。また、五〇年六月三〇日、周恩来は西南軍区情報部長・柴成文に対して、「(米国が)朝鮮問題を台湾問題、極東問題と関連づけたからには、我々も金日成同志と緊密な連絡を保たなければならない」と指摘した、という(7)。しかし、この時点では、そうした可能性に警戒感を示しつつも、中国としては、朝鮮問題と台湾問題の関係を建前としては米国の帝国主義的行動という象徴的次元での連繫にとどめざるを得なかった。何よりも、五〇年六月二八日の周恩来の発言にあるように、中国にとって朝鮮戦争勃発当初——すなわち中国の参戦以前の朝鮮戦争は朝鮮半島の「内戦」として位置づけられていた。たとえそれが「米国によって引き起こ」されたものであったとしても、中国がそれを「内戦」として位置づけている以上、それは中国を含む諸外国の「干渉」が許されるものではなかったと言ってよい。参戦以前、参戦以後ともに中国は、朝鮮半島の「内戦」に「干渉」する米国に対する非難と、それに付随する台湾をめぐる米国の行動に対する警戒を強調するが、少なくとも参戦以前の中国にとっての両者の連繫は、建前としては米国の帝国主義的行動という象徴的次元での連繫としての意味にとどまるものであったと言ってよい。

ところが、先述の朝鮮戦争参戦に際しての周恩来の演説では明確に朝鮮問題と台湾問題の連繫について言及されることとなる。参戦を決定した時点で、中国にとって朝鮮戦争はたんに米国によって「引き起こ」された「内戦」ではなくなり、米国からの直接的脅威とされたのである。すなわち、朝鮮問題と台湾問題の連繫はたんに反帝国主義闘争における象徴的連繫から、中国自らの安全保障に直結するより実質的な連繫へと変えられた。そして実際に中国は、人民志願軍の参戦によって、「台湾解放」に備えていた第三野戦軍の一部が山東省沿岸の警備にあてられ、後には半数を朝鮮戦争に投入していかざるを得なかったという(8)。このように中国にとっての朝鮮戦争は、米国の「脅威」に対して自らの安全を如何に維持するかという「保家衛国」としての意味を持つに至ったのである。中国のそうした認識は中国参戦後の五〇年一一月四日、中国共産党をはじめとする民主諸党派による合同宣言によく表れている。「歴史の事実は朝鮮の存亡が中国の安否に密接な関係を持つことを、我々に早くから教えている。唇亡べば歯寒く、戸破れれば堂危うし。中国人民が朝鮮人民の抗米戦争を支持するのは、単に道義上の責任であるのみならず、我が国人民の切実な利害と密接に関係しており、自衛の必要によって決定されたものである。隣りを救うことは自らを救うことにほかならず、祖国を守るには朝鮮人民を救援しなければならないのである」(9)(傍点・引用者)。

また、中国の参戦はソ連、北朝鮮両国からの軍事協力要請に基づいて行われたというが(10)、かりに社会主義陣営全体の利益のために参戦した、あるいは中朝間の伝統的友誼にのみ基づいて北朝鮮の軍事協力要請に応じたとすれば、「保家衛国」を強調する必要はなかったはずである。もとより、当時の中国の米国に対する認識、さらには朝鮮戦争への参戦についても中国国内でさまざまな見解が存在していたことが明らかにされているが(11)、そうした中国内での朝鮮戦争参戦についての否定的な意見を封殺するためにも、中国にとっては「保家衛国」との大義名分が参戦にあたって必要だったと言ってよい。

以上のように、そして既に多くの研究によって指摘されているように、朝鮮戦争への中国の参戦は、米国の脅威に対抗することこそが中心的要因であり、中朝友誼は二次的な要因であったと言ってよい(12)。しかしその一方で、中朝関係の文脈で考える時、朝鮮戦争に介入したことによって、これ以後中国は北朝鮮への一定の影響力を確保することとなったのである。

中国の参戦以後、戦況は一進一退を繰り返し、五一年からは休戦交渉が行われ、ついに五三年七月二七日、米国、中国、北朝鮮の三者によって休戦協定が締結された(13)。休戦協定締結に反対する韓国の李承晩《イスンマン》大統領は協定調印を拒絶したが、この休戦協定では三カ月以内に高級政治会議を開催し、あらゆる外国軍隊の朝鮮半島からの撤退、朝鮮問題の平和的解決、その他の諸問題を交渉によって解決することとされた(14)。そして、一〇月二六日から一二月一二日まで板門店で開催された政治会談予備会談では会議参加国の構成をめぐって合意に達することができず、翌五四年二月一八日のベルリン四カ国外相会議で、四月二六日にジュネーブで会議を開催して朝鮮問題が討議されることが決定された(15)。

五四年四月二七日、ジュネーブ会議で演説を行った南日北朝鮮外相は、北朝鮮の最高人民会議と韓国の国会の各代表により「全朝鮮委員会」を組織し、統一政府樹立のための国会総選挙を実施し、六カ月以内に朝鮮半島からの駐留外国軍撤退を提案した(16)。翌二八日に同会議で演説を行った周恩来は、南日の演説に支持を与えながら、米韓相互防衛条約を非難し、朝鮮休戦協定に基づいて外国軍が朝鮮から撤退することこそが朝鮮の平和的統一の必須条件である、としていた(17)。

このジュネーブ会議における周恩来の演説には、朝鮮戦争参戦とその後の中国にとっての朝鮮問題の意味が如実に語られていた。

朝鮮は中国の隣国であり、中国とは河ひとつへだてただけで、昔から中国とは唇歯の関係、そして禍福をわかちあう友好関係を持っている。中国人民は朝鮮の平和と安全に関心を持たざるを得ない。五〇年六月、米国は朝鮮に干渉する戦争を起こすと同時に、中国の台湾を侵略、占領した。続いて、中国の東北地区をたえず爆撃し、中国の商船を砲撃し、中国の領空と領海を侵犯した。米国政府はさらに中国人民と世界の世論の警告を無視、武装部隊に命令して大挙三八度線を越え、鴨緑江、図們江に迫り、中国の安全に一段と重大な脅威を及ぼした。明らかに米国はかつて日本軍国主義者が朝鮮を侵略して中国大陸侵略の基地を建設したあの古いやりかたにならった。中国人民は、この苦い歴史の教訓と当面の切実な利害関係に基づいてやむにやまれず、ついに朝鮮への援助を志願し、朝鮮人民と同じ道を歩み、ともに侵略に反抗して祖国の平和を守るほかなくなった。中国人民は朝鮮が再び中国侵略の跳躍台となることを容認することはできない(18)(傍点・引用者)。

中国にとって朝鮮半島は「中国侵略の跳躍台」となる危険性を持つ地域として認識されていたのである。その際の「侵略者」が米国であることはあらためて指摘するまでもない。さらに周恩来は「朝鮮戦争が始まると、中国の領土である台湾はすぐに米国に侵略、占領された。この問題はいまだ解決されていない。周知の通り台湾は中国の領土であり、如何なるものによる侵略、占領も絶対に許すことはできない。米国が台湾を侵略、占領した行為は、中国の領土と主権の保全を著しく破壊した。既に現在、台湾は米国が中華人民共和国に対して破壊活動を行い、さらなる侵略の拠点となっている」(19)、として台湾をめぐる米国の行動に対する警戒感を露にした。

朝鮮戦争勃発以前から台湾問題が中国にとってきわめて重要な問題であったことは間違いない。ところが、朝鮮戦争勃発直後の米国の台湾海峡をめぐる行動、およびその後の国連軍の三八度線突破によって、中国は台湾問題と朝鮮問題をたんに帝国主義の「侵略」という象徴的次元での連繫ではなく、米国という具体的な敵を前提とするより実質的な連繫としての意味を持たせたのである。それゆえ、米国が韓国と米韓相互防衛条約を締結し(20)、在韓米軍が朝鮮半島に駐留を続ける状況下、次に詳述する人民志願軍撤退問題は、中国にとってたんに北朝鮮との間の二国間関係の中で処理される問題ではなくなり、対米関係を常に念頭に置かざるを得ない問題となったのである。

2　第一期人民志願軍撤退と第一次台湾海峡危機

朝鮮半島からの外国軍の撤退を実現し、韓国・北朝鮮間で問題を処理すべきとする中朝側に対して、米韓側はあくまで国連の権威を前提とし国連監視下での南北人口比による自由選挙を主張するなど(21)、ジュネーブ会議で両者は接点を見出すことができなかった。とりわけ、五四年五月二二日、卞栄泰《ピョンヨンテ》韓国外務部長官の行った一四項目提案には中朝側にとっては受け入れがたい内容が含まれていた。同提案では国連監視下の自由選挙の実施を前提として、人民志願軍の撤収が選挙日一カ月前に完了しなければならない、とされ、一方の国連軍の撤収については「選挙前に開始できるが、韓国全域に対する完全統治権が統一された韓国政府によって達成され、また国連によって確認される時まで完了されてはならない」とされたのである。これに対して中朝側は、五四年六月一五日に南日《ナムイル》北朝鮮外相が、あらためて朝鮮半島からの外国軍の撤退、戦争状態の漸次解消、各種条約締結のための南北政府代表による「委員会」設置、南北間の経済交流、住民往来の自由化などを旨とする提案を行ったが(22)、同日、米国、韓国をはじめとする一六カ国が、朝鮮問題における国連の権威を確認し、国連監視下での人口比による総選挙の実施を旨とする共同宣言(23)を採択し、会議は決裂してしまった。中朝側が朝鮮問題の解決を基本的に外国軍の撤退を前提として南北当事者間によって解決すべきであると主張したのに対して、国連側は国連軍の駐留については曖昧にとどめたまま、国連の権威を前提として国連指導の下、問題解決をめざそうとした。中国、北朝鮮にとってそれは受け入れられるはずがなかったのである(24)。

ところが、ジュネーブ会議における朝鮮問題の解決が不可能になった状況下、中国は一方的に人民志願軍を撤退させる。五四年九月五日、中国は人民志願軍七個師団の撤退を発表するのである(25)。中朝両国がなぜ人民志願軍の一方的撤退に踏み切ったのか、また、中朝間で如何なるやり取りが行われて人民志願軍が撤退するに至ったかについての詳細は明らかではないが、中国外交部外交史研究室編による『周恩来外交活動大事記』にはそれを示唆する記述がある。同書によれば、五四年九月七日、周恩来は駐中国ソ連大使ユージンと接見し、国連以外の場で朝鮮問題を討議することについて話し合い、その際周恩来は次のように語ったとされている。

（五四年九月七日の）数日前、我々は南日同志とともに、米国が国連でいわれのない、我々が受け入れられない朝鮮問題解決のための方案提出を防止する観点から見て、インドの代表に国連に対して朝、中、ソが共同して相談した提案を提出させることの可否について考えた。すなわち国連の範囲を越えてジュネーブ会議よりさらに広範な会議を開催して朝鮮問題の平和的解決について討議するという考えである。構成国について、我々はジュネーブ会議の一九の参加国よりも多くし、たとえばいくつかのアジアの中立国を参加させてもいいと考えている。ただし重要なのは会議がかならず国連の外で行われ、国連内で行われてはならないことである(26)(括弧内および傍点・引用者)。

ジュネーブ会議決裂以降、人民志願軍の撤退発表までに、南日が中国を訪問した事実については報道されなかったが、この記述から、五四年八月末あるいは九月上旬、南日が中国を訪問し、周恩来と朝鮮問題についての解決方法について討論していたことがわかる。また、『周恩来外交活動大事記』では周恩来・南日会談で人民志願軍撤退をめぐって中朝間で議論がかわされたことについては言及されていないが、南日の訪中直後に人民志願軍の撤退が発表されていることから、周恩来・南日会談の際に人民志願軍撤退についての中朝間の最終調整が行われたと考えられる。その際、人民志願軍撤退以後の朝鮮問題について討議されたことは間違いない。その意味で、この記述は南日が中国を秘密訪問していたという事実を明らかにするとともに、当時の朝鮮問題に対する中国の認識、姿勢を端的に示したものでもある。

ところで、当時の中国は平和路線を取っていたが、ジュネーブ会議は中国が初めて参加した東西主要国によって構成された国際会議であり、中国の国際的地位の向上をアピールする場であった(27)。ジュネーブ会議での周恩来の発言、およびソ連大使ユージンとの会談での周恩来の発言から、中国は朝鮮問題についてもやはり平和的に解決しようとしたものと考えてよい。事実、人民志願軍を一方的に撤退させようとしたことも中国のそうした姿勢を示唆するものと言えよう。周恩来はジュネーブ会議の決裂を前提として、朝鮮問題を討議する場が国連の外でなければならないことを強調し、ジュネーブ会議よりもより広範な会議を開催して解決への道をさぐることを求めていたのである。

五四年九月二二日付『人民日報』社論には、この時期の中国の国際情勢認識が以下のように記述されている。「人民志願軍の参戦以来、既に四年が経過した。それは平和力量と戦争勢力の間の激烈な闘いの四年であった。今日に至り、アジアのみならず世界の情勢には巨大な変化が生じた。朝鮮は反侵略戦争に勝利を収め、インドシナでは平和が回復し、国際的緊張状態も緩和し、中国の国際的地位は空前の高まりを見せて」おり、米国が「これまでになかったほどの孤立に陥った」、とされている(28)。このような状況認識の下、中国は国連の枠組みを超えた国際的世論を背景として対米関係を有利に展開しようとしたと言ってよい。その際、人民志願軍の一方的撤退は、朝鮮問題の平和的解決に対する中国の積極的姿勢を国際社会にアピールできるという効果があった。実際、後に中国は人民志願軍の撤退がジュネーブ会議の精神を守る行為であるとして、自らの正当性を国際社会にアピールするのである(29)。こうして人民志願軍の一部は撤退し、かわって建設部隊が北朝鮮に投入され、北朝鮮の戦後復興の一助をなしたという(30)。

もっとも、中国は、人民志願軍の一方的撤退によって米国が妥協的姿勢を示すとは考えていなかったはずである。中国は、ジュネーブ会議が決裂した後、同じくジュネーブで五四年九月二日から米国との間に領事級会談を開催していたが、その会談は難航をきわめていたのである(31)。もとより中国の平和路線は米国の帝国主義的性格に変化がないことを前提とするものであった(32)。それゆえ、当時の中国にとって、人民志願軍撤退によって生じる朝鮮半島での軍事的不均衡は決して軽視できるものではなかったはずである。事実、中国は人民志願軍撤退にあたっても米国に対する警戒を忘れてはいなかった。撤退声明発表直後の九月九日付『人民日報』は社論を掲載し、人民志願軍の撤退が、中国が朝鮮問題の平和的解決の必要性を痛感していることの証左であることを強調しながらも、かりに米国と李承晩政権が「人民志願軍七個師団の撤退を乗ずる隙《すき》と考えて大胆にも戦端を開くようなことがあれば、中国人民と朝鮮人民はかつてと同様、侵略者に痛撃を持って迎えるであろう」(33)と、米国に警告を与えていた。また、先述の五四年九月二二日付『人民日報』社論でも「人民志願軍の七個師団は凱旋帰国した。ただし我々は忘れてはならない。朝鮮停戦協定は不安定であり、朝鮮問題は未だに平和的に解決されたわけではなく、李承晩集団は依然として戦争を叫び続け、米帝国主義も引き続き緊張を造成して戦争を挑発している。それゆえ、全国人民と志願軍帰国部隊の同志達よ、油断してはいけない、気を弛めてはいけない、引き続き高度の警戒を維持しなければならない、祖国を保衛し、朝鮮、アジアおよび世界の平和のために引き続き奮闘しなければならない」(34)として、米国に対する警戒感を維持することの必要性を強調していたのである。

実際、この時期の米中関係は、五四年五月に中国が大陳列島の小島嶼に橋頭堡を築いたことを契機として台湾海峡での緊張を高めていた。所謂、第一次台湾海峡危機である(35)。中国が台湾海峡での危機を高めようとした背景としては、米国が台湾と防衛条約を締結する可能性が高まっていたこと、さらには、台湾の国民党政府が当時米国の作ろうとしていたアジア集団防衛体制に組み込まれる可能性があったこと、などを指摘することができる(36)。すなわち、五四年九月に東南アジア条約機構（SEATO）の結成が決定され、同年八月三日には、ダレス米国務長官が、将来的に北東アジア条約機構の結成を仄めかしていたのである。これらの動きは、中国にとって米国の中国封じ込め政策の一環として認識され、それに対する反応として中国が台湾海峡での緊張を造成した可能性を考えることができる(37)。そしてそれは五四年九月三日の中国による金門、馬祖に対する砲撃によって頂点を迎えたのである。

興味深いことに、金門・馬祖砲撃のまさに二日後の五四年九月五日、前述の通り中国は人民志願軍を九月から一〇月にかけて七個師団撤退すると発表する。中国は台湾においては金門・馬祖砲撃という強硬策を取り朝鮮半島においては一方的に人民志願軍を撤退させるという「平和的」政策を採ったのである。これを、それぞれ独立した問題として評価することも可能であろうが、時期的に奇妙な一致を見せる両者に対する中国の対応には密接な連繫があったとするほうが自然であろう。それでは、この両者の連繫をどのように理解すればよいのだろうか。

第一次台湾海峡危機で緊張が高まりを見せる中、人民志願軍撤退発表前の七月二六日、朝鮮休戦協定一年を期して談話を発表した人民志願軍代弁人は、中国の朝鮮戦争参戦目的が「(米国の)侵略を制し、祖国建設を守り、朝鮮人民の正義の闘争を援助し、アジアと世界の平和を守る」（括弧内・引用者）ことであったとし、次のように米国の行動を牽制していた。

最近米国の戦争屋ヴァン・フリートが三度にわたって台湾に足を運び、蔣介石一味との間に所謂「共同安全二国間条約」（米華相互防衛条約）なるものの締結を企んでいる。明らかに米侵略者は、我が国の領土台湾を占領しようとする侵略行為を条約の形式で固定化し、台湾を我が国の大陸をさらに侵略するための基地にかえようとしている。ある情報によれば、ヴァン・フリートが台湾を訪れた時、米国は公然と米第七艦隊の侵略活動範囲を我が国沿海の島嶼に拡大したいと考えていたという。米国侵略者はさらに東北アジア、東南アジアと中近東の軍事集団の組織化を強化して、「半月形の連鎖」で我が偉大な祖国を包囲しようと企図している。……我々は朝鮮停戦一周年の勝利を慶祝すると同時に米国に対し最高度の警戒を維持することを決心し、陣地を厳守し、たえず自己の軍事、政治的水準を高め、常に朝鮮人民軍とともに敵の如何なる侵略破壊行動をも打ち砕く準備をし、もって祖国の社会主義建設を保衛し、極東と世界平和を守らなければならない(38)（括弧内・引用者）。

この発言からは少なくとも人民志願軍撤退についての示唆は見受けられず、むしろ米国に対して警戒を弱めるべきではないことが強調されている。とりわけ興味深いのはヴァン・フリート（James Van Fleet）がかつて米第八軍司令であったという経歴を中国側が意識していることである(39)。そのヴァン・フリートが米華相互防衛条約締結に関与していたことは、中国に朝鮮問題と台湾問題の密接な連繫をより強く印象づけたに違いない。中国のそうした認識は、人民志願軍撤退発表後、九月二〇日の政治協商会議の人民志願軍歓迎詞でも「四年前、米侵略者は朝鮮に対する侵略戦争を発動し、同時に我が国の領土である台湾に侵攻、占領した」(40)として言及され、さらに以下のように米国に対する警戒感が強調されていた。「全国人民は現在まさに台湾を解放するために闘争している。台湾は我が国の神聖なる領土であるが、蔣介石売国集団は米帝国主義の庇護のもと、台湾を祖国の裏切り者の巣窟へと変えている」(41)。

ところで、先に指摘した通り中国は人民志願軍撤退に際して米国、韓国に対する警戒感を弱めていたわけではなかった。従って、この時期、中国は米国に対する警戒心を強めながら人民志願軍を撤退させたことになる。中国が対米関係の中に台湾問題と朝鮮問題を連繋させて位置づけていたとすれば、人民志願軍撤退によって生じた余力を台湾海峡へ回そうとしたとしても不思議ではない。事実、既述の通り朝鮮戦争参戦に際して中国は、「台湾解放」に備えていた第三野戦軍の一部を山東省沿海警備にあて、後には半数を朝鮮戦争に投入したという(42)。そうであるとすれば、朝鮮戦争に投入された軍隊を再び台湾方面に移動させようとした可能性さえ否定できまい。周恩来は人民志願軍撤退発表以前に、「極東には三つの戦争がある、朝鮮戦争、インドシナ戦争、そして台湾戦争である。蔣介石は沿海で騒乱性のある戦争を行い一〇余りの島々を占拠し空襲の回数もかなり多い。去年の東山島における事態は比較的大きなものであった。そしてとりわけ各国の通商船舶を攻撃し、最近国際的な関心を引き起こした。これを戦争と呼ばなければ何と呼ぶのか。つまり戦争は実際には存在しているのだ。ただたんに前の二つの戦争が激しかったのに対し、この戦争が覆い隠されたものであっただけである。……私はジュネーブ会議での最初の発言で台湾問題を提起したが、その時人々は関心を示さなかった。現在、朝鮮戦争が停戦し、インドシナ戦争も停戦し」、残っているのは「台湾戦争」だけであることを強調していた(43)。さらに、周恩来は後に次のように語っていた。「朝鮮戦争とインドシナ戦争が停戦した後、米国は台湾に力量を集中させ、蔣介石が我々に対して戦争を騒ぎ立て破壊しようとする戦争をさせている」(44)。朝鮮戦争の停戦を前提として、「米侵略者」の次の目標が台湾であるとの認識から、中国は多大の負担となっていた人民志願軍の撤退実施に踏み切ったと言ってよい(45)。

この後、第一次台湾海峡危機は、五五年二月上旬に国民党軍が米第七艦隊の護衛の下に大陳列島から撤退し、二月二六日に中国が大陳列島を完全に解放して一応落ち着きを見せる(46)。そして、その約一カ月後、五五年三月三一日から四月一〇日にかけて六個師団、そして同年一〇月一〇日から二六日にかけて同じく六個師団の人民志願軍が撤退する。この第一期第二次、および第三次撤退についても、中朝間でどのようなやりとりが行われたかについてはやはり明らかではないが、この時期、中国は朝鮮問題同様、台湾問題についても平和的解決を模索する方向へと自らの姿勢を変えていく。五五年四月から開催されたバンドン会議で周恩来は台湾地域の緊張緩和について米国と話し合う用意があることを言明し、五五年八月一日からジュネーブで中米大使級会談が開催されたのである(47)。さらに、五五年五月の全国人民代表大会常務委員会で、周恩来は「台湾解放」についてできるかぎり「平和解放」を求めていると述べ、五六年一月「台湾の平和解放を勝ち取り、祖国の完全統一のために奮闘しよう」というスローガンを提起し、六月の全人大報告では、国民党政府と協議する用意があることを表明する(48)。人民志願軍撤退についても五五年一〇月一二日付け『人民日報』社論は、五五年九月二九日に人民志願軍総部が六個師団の撤退を宣言したとし、人民志願軍撤退は中国が朝鮮問題の平和解決を一貫して支持してきたことの証明であるとした。そして、米国、李承晩が「いろいろな手を使って朝鮮休戦協定の破壊をたくらみ引き続き朝鮮を分裂させようとしていることと、強烈な対照をなしている」として、自らの平和的姿勢を強調したのである(49)。台湾問題に対する中国の平和的姿勢を前提とする時、人民志願軍の第一期第二次および第三次撤退は、第一期第一次とは異なり、むしろ平時の動員解除としての意味合いが強かったと言えるかもしれない。

以上のように、第一期人民志願軍撤退は、第一次撤退と第二次、第三次撤退ではその意図するところが異なってはいるものの、少なくとも中国の立場からする時、中朝二国間関係の文脈から行われたというよりも、むしろ米国との関係を念頭に置きつつ実施されたと考えられるのである。

3　人民志願軍撤退中断と八月全員会議事件の意味

人民志願軍撤退は一九五五年一〇月を最後に、その後五八年二月まで実施されなかった。中国側の研究によれば、五五年末の時点で、北朝鮮には総数約二五万名の人民志願軍が駐留していたが、中国指導部の既定計画では、五六年のうちにこの二五万名すべてを中国領内に撤収することになっていた。しかし、五六年二月に開催されたソ連共産党第二〇回党大会以降、国際情勢に変化が生じ、とくにポーランド事件、ハンガリー事件の発生後、米国がこれに乗じて極東で紛争を起こす可能性が高まり、中国と北朝鮮の指導部は、それを懸念して人民志願軍撤収の順延を共同で決定した、という(50)。確かにソ連が平和共存路線を主張している状況下、中国が米国に対する警戒感を強めていたとしても、既に一部撤退を完了していた人民志願軍を再び朝鮮半島に戻すことは難しかったであろう。それゆえ中国は「朝鮮半島からの外国軍隊の撤退」を主張しながら、実際には人民志願軍撤退を中断して、朝鮮半島における自らの軍事的劣勢がそれ以上進むことを防止するしかなかった。たとえば、五六年四月九日、中国は英国を通じて朝鮮半島からの外国軍の撤退を提議する(51)。この提案は北朝鮮政府の要請によるものであった(52)。また、五七年五月四日には『人民日報』に「朝鮮人民の愛国闘争を支持する」との評論員文章を掲載し、朝鮮問題は「一切の外国軍隊が同時に朝鮮から撤退して朝鮮人民が自身の手で解決すべき問題である」ことを中国は主張してきた(53)、としていた。このように人民志願軍の撤退が中断されていた時期も、中国は引き続き北朝鮮の望む「朝鮮半島からの外国軍隊の撤退」を主張し続けていた。表面的には、確かに中国側の研究が指摘するように人民志願軍撤退中断は中朝両国の共同決定との印象を与えるのである。しかし、ここで注意しなければならないのが、人民志願軍の撤退中断と金日成の権力基盤確立との間に奇妙な時期的一致があることである(54)。

既に金日成は五五年一二月二八日に「思想事業において教条主義と形式主義を排し主体を確立することについて」との演説で、「ある人達はソ連式がよいとか中国式がよいとか言うけれども、もはや我々《ウリ》式を作る時が来た」として、北朝鮮にとっての「主体」の必要性を宣言していた(55)。この「主体」とは、それまでソ連、中国に求めていたマルクス・レーニン主義のイデオロギー解釈権の源泉を北朝鮮国内に移すことによって、金日成に対する挑戦者がイデオロギー論争の形態を取る権力闘争を仕掛けることを封殺する、ある意味での安全装置としての意味を持っていた(56)。ところが、五六年二月のスターリン批判に力を得た延安派(57)、ソ連派など北朝鮮国内の反金日成グループは、所謂八月全員会議事件を起こし金日成のリーダーシップに挑戦したのである。しかし、延安派・ソ連派の試みは失敗に終わり、逆に金日成は関係者を処分し党籍をはく奪したのである(58)。

これに対して、中国、ソ連はそれぞれ彭徳懐国防部長、ミコヤン第一副首相を派遣して金日成に対して圧力をかけ、延安派・ソ連派の除名処分を撤回させた。金日成は五六年九月に全員会議を開いて延安派・ソ連派の除名処分を撤回することとなるが、金日成にとってそれは屈辱的とも言い得る事態だったと言ってよい。その際、人民志願軍の存在は金日成にとって大きな意味を持っていたはずである。しかし、金日成はこの後、周到に延安派・ソ連派を排除していく。そして五七年九月、延安派の象徴的存在であった金科奉《キムトゥボン》が粛清され(59)、北朝鮮国内でもはや延安派の巻き返しは不可能となった。既に五六年四月の朝鮮労働党第三次大会で戦前南朝鮮地域で活動していた南朝鮮労働党派が粛清されている状況下、金日成は延安派・ソ連派の粛清に成功し、一応北朝鮮国内の権力基盤を確立するのである(60)。

この後、五八年二月に人民志願軍の完全撤退が発表され、翌三月、第一次朝鮮労働党代表者会が開催される。金日成はこの代表者会で自らの権力基盤の確立を印象づけることとなる。後に金日成は、「党は五六年八月全員会議と五八年三月の党代表者会を契機として、党内の反党分派分子を一掃し、党の統一と団結を守り抜く戦いで大きな勝利を収めました」(61)としていた。

人民志願軍の第二期撤退についても、第一期撤退同様やはり中朝両国がどのような判断から撤退を決定したのか、あるいは撤退をめぐってどのような交渉が行われたかについての詳細は不明である。中国側の研究によれば人民志願軍撤退決定は、五七年一一月のモスクワ会議（六四カ国共産党・労働者党代表会議）に出席するためにモスクワを訪れていた毛沢東が、同会議に参加するためやはりモスクワを訪れていた金日成と会談し、毛沢東が進んで五八年中に朝鮮駐屯中の残りのすべての人民志願軍を撤退させると提案し、金日成がその場で同意したという(62)。しかし、前述の中国側の研究では、五五年一〇月以降人民志願軍の撤退を中断させた理由として、米国がアジアにおいて紛争を発生させる危険性が高まったことが指摘されているが、五七年一一月の時点でそうした危険性が排除されたとは到底言えないのである。五六年九月には中米交渉は中断し、五五年末の時点よりもむしろ明らかに紛争可能性は高まったと言ってよい(63)。事実、中国は五七年六月以降、米国が朝鮮休戦協定一三条に違反して「新型兵器」を朝鮮半島および台湾に搬入しようとしていることに対する非難を繰り返していた(64)。また、両国間で撤退が決定されたとされる五七年一一月の約五カ月前の五七年六月二三日付『人民日報』は、「朝鮮停戦協定は破壊されてはならない」との社論を掲載し、「米国侵略集団の計画の中では、朝鮮南部、中国の台湾、ベトナム南部が終始米国の中国を侵略する三つの戦線であり、三つの重要な侵略基地である」として「三路向心迂回」を強調していた(65)。さらに撤退が決定されたとされる直後の五七年一一月二〇日(66)の『人民日報』にも「朝鮮内政に米国は干渉してはならない」との評員文章を掲載し、「(米国が)新型兵器を南朝鮮に搬入して南朝鮮を米国の軍事侵略基地に永遠に変えようと企てている」(括弧内・引用者)。「米国が苦心惨憺して朝鮮の平和統一を阻害破壊しており、もって極東地域の緊張状態を保持しようとしている」(67)として、米国に対する警戒感をむしろ強めていたのである。実際、この時期の中国は、五六年一〇月以降、平和共存路線についても修正を加え、ますます戦争不可避へと自らの姿勢を傾斜していく時期にあたる(68)。それゆえ、中国側の研究が指摘するような理由で、中国が人民志願軍撤退を提議したとは考えにくい。

それではなぜ中国は人民志願軍撤退を再開したのであろうか。その理由としては、ソ連との関係を指摘することができよう。先の中国側の研究によれば、人民志願軍撤退は五七年一一月のモスクワ会議に際して毛沢東が金日成に対して提案したという。今日、このモスクワ会議が中ソ対立の一つの画一点であったことが明らかにされているが、モスクワ会議に参加した毛沢東がソ連との対立を強く意識したとすれば(69)、北朝鮮を自らの側に引き寄せるために人民志願軍撤退を自ら提案したとしても不自然ではなかろう。金日成が人民志願軍の撤退を望んでいたことは明らかであった。延安派・ソ連派を粛清することによって自らの権力基盤を確立した金日成にとって、人民志願軍がいつまでも駐留を続ける状況は八月全員会議事件での決定を覆させられたことを想起させたであろうし、そうした状況が続くことは決して望ましいことではなかったはずである。

しかしながら、その一方、中朝二国間関係のみを考える時、中国にとっては人民志願軍を駐留させる方が得策であったはずである。中国にとって「主体」宣言以降の北朝鮮の動向はかならずしも好ましいものではなかった。金日成が権力基盤を確立するということは、すなわち北朝鮮国内で影響力を行使してきた延安派とソ連派を排除することと同義であったからである。それを裏付けるように、人民志願軍撤退中断以後の中国の北朝鮮に対する姿勢も冷淡なものであった。たとえば、それまで毎年送られていた朝鮮解放記念日に際しての中国指導者からの祝電も、朝鮮解放一一周年記念日の祝電については『人民日報』に一切報道されなかったのである(70)。そうした両国間の緊張した関係は五六年八月全員会議事件とその直後の彭徳懐・ミコヤンの北朝鮮訪問によって頂点に達していたと言ってよい。その後、そうした状況は改善されるどころかむしろ延安派の粛清は進み、先述の通り五七年九月にはついに延安派の象徴的存在であった金枓奉が粛清されてしまうのである(71)。このように延安派の勢いが低下する状況下、人民志願軍の撤退はむしろそうした傾向に拍車をかける危険性すら秘めていたのである。にもかかわらず中国はなぜ、人民志願軍撤退を再開したのであろうか。

中国にとって北朝鮮に影響力を及ぼす方法は二つあった。一つは、直接北朝鮮指導部に対して圧力をかける方法であり、もう一つは北朝鮮指導部内の親中国派を通じて影響力を行使する方法である。しかし、第一の方法には限界があると言わざるを得なかった。先に指摘した通り、八月全員会議事件に際しての中国の行動はまさに北朝鮮指導部に直接圧力をかける方法であったが、にもかかわらず金日成は周到に延安派・ソ連派の粛清に成功してしまったのである。その結果第二の方法も困難な状況に追い込まれていた。北朝鮮内で大きな組織力を有していた延安派が、中国が北朝鮮に影響力を行使する際に大きな意味を持っていたことは間違いないが、延安派の粛清によって達成された金日成の権力基盤確立は、中国の北朝鮮に対する影響力が制限されることを意味していたのである。

もっとも、金日成の権力確立と同時に親中国人士すべてが粛清されたわけではなかった。その時点でも依然として中国は、崔庸健《チェヨンゴン》、金光侠《キムクアンヒョプ》に代表される延安派以外の親中国人士を通して影響力を行使することが可能だったのである。中国が必要以上に「内政干渉」することはむしろそれら親中国人士の北朝鮮国内での立場を難しくする可能性があった。つまり、人民志願軍が駐留を続けることによって金日成が北朝鮮国内の親中国人士と中国との関係に神経質になる余り彼らに対する警戒感を強め、結果として彼らが国内的に難しい立場に追い込まれてしまえば、中国の北朝鮮に対する影響力はますます低下してしまう可能性があった。中国はこれらのことを考慮して人民志願軍撤退の再開に応じたと考えられよう。逆説的ではあるが、中国は北朝鮮に対する影響力の低下を最低限にとどめるために人民志願軍の撤退再開に応じたと言ってよい。

中朝いずれが最初に第二期人民志願軍撤退を提案したかはともかくとしても、実施についてイニシアティブを取ったのは金日成であった。人民志願軍撤退発表直前の五八年一月二四日、毛沢東は金日成に対して電報を送り人民志願軍撤退の手順についてきわめて具体的な提案を行っている(72)。同電報によれば、五七年一二月一六日と二五日の二度にわたって金日成から毛沢東に対して電報が送られたという。そして、毛沢東が金日成に対して電報を送る直前の五七年一二月三一日、毛沢東は周恩来が提出した人民志願軍撤退についての方案に同意を与えている(73)ことが確認できる。この二つの文献からは、金日成が人民志願軍撤退の具体的方法を提案し、中国がそれを検討し、それに対して毛沢東が一二月三一日に同意を与え、五八年一月二四日の電報で金日成にその内容を伝えた、と考えるのが自然であろう。もっとも、一二月一六日付と一二月二五日付の金日成が毛沢東に宛てた二つの電報の内容を確認できないため、中朝いずれが人民志願軍の第二期撤退を提案したのかについては必ずしも明らかではない(74)。しかし、きわめて短期間に二度にわたって毛沢東に対して撤退の方法を提案したことから考えても、人民志願軍撤退の具体的方法についてイニシアティブを取ったのが金日成であったことは間違いない。

五八年二月二〇日の人民志願軍撤退声明で中国は、「かりに米国が休戦協定にそむいて再び戦争をしかけるようであり、またその際北朝鮮の人民と政府の要請があれば、中国は遅滞なく鴨緑江を越えるであろう」(傍点・引用者)、としていた(75)。先の五四年の第一期撤退に際して発表された『人民日報』論説でも、朝鮮半島で再び戦争が起こった場合、中国が人民志願軍を再び派遣することを強調していたが、その際に、米国と李承晩政権が「人民志願軍七個師団の撤退に乗じて戦争を挑発したならば、……侵略者に痛撃を持って迎えるであろう」(76)とされているのみであった。第二期人民志願軍撤退に際しての声明で「朝鮮の人民および政府の要請があれば」との文言が付け加えられていることは、撤退が中断していた間の中朝間のやりとりとその結果もたらされた中朝関係の微妙な変化を象徴するに余りある。金日成が八月全員会議事件を契機とする国内の粛清に際して延安派をもその対象としたことで、中国は北朝鮮に対して払拭しがたい不信感を持たざるを得なくなった。中国が「朝鮮の人民および政府の要請があれば」との文言を付して北朝鮮を尊重したとしても、それが従前の「血で固められた伝統的友誼」に亀裂を生じさせる結果を招いたことだけは確かである。

4　第二期人民志願軍撤退と第二次台湾海峡危機

一九五八年二月五日、北朝鮮は朝鮮統一政策の一環として「朝鮮半島からの外国軍即時撤退」を求める政府声明を発表し、以下のように主張した。「朝鮮における緊張を緩和し、朝鮮問題を平和的に解決するためには、米軍と人民志願軍を含むあらゆる外国軍隊が南北朝鮮から同時に撤退しなければならない。そのために、朝鮮に軍隊を派遣している国家は、朝鮮から自国の軍隊を撤退させるためのしかるべき措置を速やかに取らなければならない」(77)。

北朝鮮政府声明が発表された翌日の『人民日報』では、既に「朝鮮民主主義人民共和国政府の重大声明」との社論を掲載し、外国軍の撤退に対する支持が表明されていたが(78)、中国側が公式に回答したのは二日後の二月七日の中国政府声明であった(79)。声明で中国は「朝鮮問題の行き詰まりを打開し、朝鮮問題の平和的解決を促進し、極東での緊張状態を緩和するため、中国政府は、朝鮮から一切の外国軍隊が一定の期間内に朝鮮から撤退すべきであると考える。中国政府は朝鮮から人民志願軍を撤退させる問題について朝鮮民主主義人民共和国政府と協議する用意がある」としていた。そして、二月一四日から二一日に北朝鮮を訪れた周恩来総理を団長とする中国代表団は、二月一九日に北朝鮮との間に共同声明を発表し、五八年末までに人民志願軍を完全撤退させることを明らかにしたのである。この一連のプロセスは、既述の毛沢東が金日成に対して送ったとされる五八年一月二四日付の電報での提案通りであった(80)。

五八年二月一九日の中朝共同声明では「米国が中国の領土である台湾を引き続き占領していること、『二つの中国』を作り上げようとする陰謀を積極的に進めていること、また朝鮮停戦協定に違反して核兵器を南朝鮮に持ち込み南朝鮮を自国の核基地にしようと企図していることを断固糾弾する」(81)とされ、米国の台湾問題への関与と韓国に対する政策が両論併記で批判されていた。しかし、既に撤退が既定方針として公表された状況下、中国にとって重要だったのは中朝関係よりもむしろ台湾問題を含む対米関係であったことは間違いない。また、第一期撤退時同様、朝鮮半島に限定して言っても、中国の安全保障から考える時、米軍が韓国に駐留を続ける状況下での人民志願軍の撤退は朝鮮半島での軍事的不均衡状態を招来することを意味していたと言ってよい。とりわけ五八年二月七日の中国側声明によって人民志願軍撤退の方向性が明らかにされた直後の二月一一日、ダレス米国務長官が駐韓国連軍の近代化を発表した(82)ことを考える時、むしろ第一期撤退時よりも深刻な状況にあったとさえ言えるかもしれない。しかも、この時期、五六年九月から実質的に中断していた中米大使級会談は、五七年一二月一二日に開催された第七三次会議で完全に決裂しており(83)、米中間には交渉チャンネルが存在しなかったのである。

このような状況下、人民志願軍は、まず、五八年三月一五日から四月二五日にかけて六個師団八万名が撤退する。

この後、五月六日に中国はあらためて外国軍の朝鮮からの撤退を要求し(84)、米国に対しても撤退を迫り、自らの正当性を強調することとなる。たとえば、五八年六月二五日の『人民日報』は「米国侵略軍はかならず南朝鮮から撤退しなければならない」との社論を掲載し、五八年二月以来の人民志願軍の撤退状況を述べて、「全世界の平和愛好国家と人民はまた中朝両国政府と人民が真に平和を望んでいることを目撃した」としながら、「米国およびその他の朝鮮を侵略している国の政府はいつ南朝鮮から自らの軍隊を撤退させるつもりなのかについて、今問わなければならない。一切の外国軍が朝鮮から撤退することは朝鮮問題の平和解決のための第一の前提条件なのだ。人民志願軍が一歩一歩朝鮮から撤退している時、米国は世界人民の衆目の集まるところで担うべき義務から逃げることは絶対できないのだ」(85)として、米国に対して在韓米軍の撤退を迫るのである。その一方、中国は中米会談の再開を呼びかける。五八年六月三〇日、中国外交部は声明を発表し、一五日以内に大使級代表団の派遣を要求したのである(86)。

米国に対話を呼びかけながら、中国は五八年七月一一日から八月一四日にかけて六個師団および特殊部隊計一〇万名を撤退させる。五八年二月の状態から考えて、この時点で既に一八万名が撤退し、朝鮮半島に残っている人民志願軍は七万名のみであった。それに対して在韓米軍がむしろ軍備を増強していることを中国側は繰り返し強調していた(87)。このような状況下、再び台湾海峡は緊張の度合いを高めることとなる。七月末からは制空権をめぐって中台間に戦闘が繰り返されていた台湾海峡の緊張は、五八年の第二期第二次撤退が終了した九日後の八月二三日、中国が金門、馬祖に砲撃を開始したことによって再び頂点に達することとなる(88)。第二次台湾海峡危機である。

この時期、米国は中国との対話を拒否していたわけではない。中国側の六月三〇日の要求に対して米国は、中国側の要求した期限から二日遅れた七月一七日、これに同意する書簡を送っていたのである。しかし、その時点で中国は既に「砲撃するつもりだった」という(89)。興味深いことに、中国の「砲撃」決意と五八年の第二期第二次人民志願軍撤退には時期的一致がある。中国は台湾海峡を緊張させることによって何を得ようとしたのだろうか。第一期人民志願軍撤退同様、撤退によって生じた兵力の余裕を台湾方面に向けさせた可能性はある。さらに言えば、中国側の設定した期限から二日遅れた米国の対話同意の書簡を拒否したことを考える時、六月三〇日の中米会談要求それ自体、人民志願軍の撤退とそれによって生じた余力を台湾方面に向けるための時間稼ぎであったとする可能性も否定できまい。また逆に、人民志願軍撤退によって生じた朝鮮半島での軍事バランスの不均衡を前提として台湾で緊張状況を作ることによって、米国の関心を台湾海峡に集中させようとした可能性も否定できまい。後に毛沢東は、この台湾海峡危機について「我々も少し緊張情勢を作り出して、西側が我々に緊張情勢を作ってはいけないと要求するようにさせることである。西側に緊張情勢を作り出すことを怖れさせることは、我々にとって有利なのである」(90)と語ったという。

いずれにせよ、台湾海峡における危機発生によって、米国は当然それに介入することとなるが、五八年九月四日、ダレス国務長官は武力行使放棄に関して米中会談を提案し、六日に周恩来がこれに同意し、台湾海峡での危機的状況は一応回避され(91)、五八年九月一五日米中会談が再開されるのである(92)。米中会談が再開された直後の九月二六日から一〇月二六日にかけて三個師団および志願軍総部そして後勤歩哨部隊の合わせて七万名が撤退し、人民志願軍司令部が開城に板門店休戦委員会代表団として残された以外、中国軍は完全に朝鮮半島から撤退した(93)。この後、台湾に対する砲撃も一日おきに行われる象徴的・儀式的なものとなったのである(94)。

もとより、金門・馬祖砲撃で頂点に達する第二次台湾海峡危機へと中国を導いたのは、何よりも中国の内政上の問題、中米関係、中ソ関係など複合的要因であったと言ってよく(95)、第二期人民志願軍撤退とそれにともなって生じる朝鮮半島での軍事的不均衡をその主要因として数えることは難しい。ただ、中国にとっての人民志願軍撤退が対米関係の一環として認識されていたとすれば、当時の中国指導者が朝鮮半島での軍事バランスの変化を意識した可能性は否定できない。事実、五八年の第二期第二次撤退中の七月二七日の『人民日報』は朝鮮休戦協定締結五周年を期して「朝鮮戦争を忘れてはならない」との社論を掲載し、朝鮮戦争勃発当時と比較する時、国連安保理でのソ連の役割が強化され、米国の行動が世界的な賛同を得られるものではないと強調しながら、「我々は米国が中国の領土である台湾を占領しており、南朝鮮に軍隊を駐留させていることを忘れてはならない」として朝鮮問題と台湾問題の連繫をあらためて印象づけ、「抗米援朝の歴史が証明しているように、かりに侵略者が頑なに我々に対して戦争を強いようとするなら、我々は戦争を恐れはしない」としていた(96)。中国が意図的に人民志願軍の撤退と同時併行的に台湾海峡での緊張状態を造成したとすることさえ完全には否定できないのである。少なくとも台湾海峡での危機発生によって、米国の関心は台湾海峡に集中し、その結果、朝鮮半島での紛争発生の可能性は低下することとなったのである。

一方、中朝関係に目を移せば、台湾海峡危機と朝鮮問題を連繫させることにより、中朝関係は米国という共通の敵をあらためて認識することにより再び緊密な関係を取ることとなる。少なくとも、第二期撤退を実施に至らしめるまで、中朝両国は米国による戦争再発の可能性を低く見ていたと言ってよい。その意味で、第二次台湾海峡危機の発生は金日成に米国の脅威をあらためて実感させるに十分だったはずである。むしろ人民志願軍を撤退させることによって中国は北朝鮮に米国の脅威を実感させ、中国の存在意義、必要性をより強く意識させることができたのである。中国にとってそれは北朝鮮との関係を強化する絶好の機会であった。この時期、中国は北朝鮮との関係維持にさらに神経を砕く。五八年九月二七日には五九～六二年の長期貿易協定と中国の北朝鮮に対する二つの借款協定が締結されたのである(97)。この後、金日成は、五八年一一月二一日から一二月一〇日にかけて中国、北ベトナムを訪問するが、その際、中国は北朝鮮との関係の重要性を強調する。五八年一一月二二日、北京駅で金日成を代表とする北朝鮮代表団を迎えた周恩来は、中朝関係を「唇歯相依の苦楽をともにした関係」と評した(98)。さらに周恩来は朝鮮政府代表団の宴席で、「中朝両国人民には伝統的友誼がある。その友誼は長期間にわたって共同の敵に反対する革命闘争の中で生まれ発展してきたものであり、それらは我々両国人民のきわめて親密な苦楽をともにした関係を体現し、また高度な無産階級国際主義の精神をも体現しているのである」(99)とし、中朝関係の堅固さを強調した。また、五八年一一月二四日、北京市長彭真は北朝鮮政府代表団に対して「朝鮮人民が米国の侵略に反抗して偉大な勝利を収めたことは、自らの祖国を守ったのみならず、米国侵略者が台湾と朝鮮の両翼から中国大陸に侵攻し世界戦争の陰謀を発動しようとする企てに厳重な打撃をあたえた」[100]（傍点・引用者）として、朝鮮戦争の意味を再び確認した。さらに彭真は「我々は米帝国主義が我々両国に対し侵略と威嚇をしていることを一時も忘れていない。米帝国主義は朝鮮南部を蛮拠するのみならず中国の領土台湾をいまだに占拠している」[101]としたのである。そして、彭徳懐も一一月二四日の宴席で「米帝国主義者はかならず朝鮮と中国の領土から出ていかなければならない」[102]として朝鮮問題と台湾問題の連繋について強調した。

一方、北朝鮮も中国との関係を良好に維持することに余念がなかった。一一月二五日に武漢で毛沢東と会談を行った金日成は、その後北ベトナムを訪れ、その帰路、一二月六日に再び武漢に毛沢東を訪れたのである[103]。また、北ベトナム訪問中も金日成は中国に対する配慮を忘れなかった。五八年一二月一日の北朝鮮と北ベトナムの共同声明でも米国が台湾海峡の緊張状態を激化させているとして、「両国政府代表団は、中国の不可分の領土である台湾および沿海島嶼を解放するために決起した中国人民の闘争を積極的に支持するとともに、米国は中華人民共和国に対する内政干渉を即時中止し、台湾地域から自らの軍隊を撤退させなければならないと再度強調する」[104]とされていた。金日成が中国に対して如何に神経を砕いていたかを窺い知ることができる。

さらに一二月八日の中朝共同声明では中国が「自らの祖国の平和統一を勝ち取るための朝鮮人民の闘争を積極的に支持」し、また、北朝鮮が「台湾、澎湖列島および台湾海峡から米国のすべての武装力を撤収せよという中国人民の要求と中国の完全統一を実現しようとするその正義の闘争を全面的に支持する」[105]とされていた。もとより、この時期の北朝鮮の対外姿勢の基本は、社会主義陣営の団結を前提として、いかに自らの自由度を高めるかにあったため、この一連の中国に対する配慮は、中朝関係のみならずより広い意味での帝国主義との闘争を有利に展開するためのものであったことは事実であろう。帰国後、報告を行った金日成が「社会主義陣営の東方最前線をしっかりと守ることによって兄弟人民の我々に対する期待に応えなければならない」[106]としたことはそれを如実に物語っていた。このように中朝両国は従前通り「唇歯の関係」、「伝統的友誼」を強調していたが、これまでの検証を前提とする時、ここで周恩来が語った「唇歯の関係」は、朝鮮戦争参戦に際して繰り返されたものとは微妙に異なり、中朝間の齟齬を内包するものとなっていたのである。

結語

以上の考察から明らかなように、二期に分かれた人民志願軍の撤退にはそれぞれの特徴があった。まず、第一期撤退は、中朝二国間関係の文脈ではなく、より広範な国際関係的文脈から開始されたと考えられる。当時の中国の平和攻勢をアピールすることが主目的であったと言ってよい。ジュネーブ会議以降の中国は自らの平和的姿勢を国際社会にアピールすることで国際的地位の向上をめざしていた。朝鮮半島からの人民志願軍の撤退はその手段であった。ただし、中国は米国の行動に対して警戒感を弱めていたわけではなかった。とりわけ、自ら国内問題として位置づける台湾問題をめぐっての米国の行動は中国にとっては明らかに内政干渉であり、それは許容できるものではなかった。それゆえ、台湾海峡危機と時期を同じくして行われた第一期第一次人民志願軍撤退に際して中国は、米国の次の「侵略目標」が台湾であるとの認識から、台湾海峡に自らの力量を集中させるべく、負担となっていた人民志願軍の撤退を開始したのである。

そして、第二期撤退は、主として中朝関係の文脈から実施されたと言ってよい。そもそも人民志願軍撤退中断それ自体が、ある意味で、「主体」宣言、八月全員会議事件をめぐっての延安派の粛清など、中国の影響力を排除しようとする金日成の動きを牽制するものと位置づけられるものであった。しかし、中ソの内政干渉にもかかわらず、国内の延安派の粛清を周到に進めることに成功した金日成にとって、北朝鮮国内の権力基盤を安定的に維持するためには人民志願軍の撤退が必要不可欠であった。撤退再開にあたってイニシアティブを取ったのは金日成であった。しかし、米国との関係を前提とする時人民志願軍撤退再開は中国にとっては必ずしも好ましいことではなかった。この時期、中国は、第一期撤退の時期以上に米国に対する警戒感を強めていたのである。にもかかわらず中国は、人民志願軍を撤退させることとなる。既に延安派の象徴であった金料奉が粛清され、金日成の権力基盤確立が後戻りし得ない状況下、必要以上に人民志願軍駐留に拘泥することは北朝鮮との関係を動揺させる結果を招くだけであった。それゆえ、中国側は人民志願軍を撤退させることとなる。時を同じくして第二次台湾海峡危機が発生し、米国の関心は台湾海峡に集中し、再び朝鮮半島での紛争再発の可能性は低下したのである。また、台湾海峡危機が時期的に人民志願軍撤退と同時進行したことで、中国は北朝鮮に中国の重要性をむしろ痛感させることができたのである。

先に指摘した通り、中国にとって東アジアに存在する朝鮮半島、台湾、ベトナムの三つの戦線は、米国と直接対峙する地域であった。それゆえ、この三者の関係が連繋するのは当然のことと言えよう。しかし、中国にとって朝鮮半島問題はたんに対米関係の一環としての意味以上のものがあった。それは、対ソ関係から演繹される重要性であった。この時期内部潜行していた中ソ対立の関係から、同じ社会主義陣営に属する北朝鮮との関係を良好に維持する必要があったのである。中国は、「唇歯の関係」「血で固められた伝統的友誼」との文言を最大限繰り返し、北朝鮮との関係に配慮せざるを得なかったのである。

中国は米国との関係を一応安定させ、北朝鮮との関係も安定させることに成功した。そして、朝鮮半島から撤退した人民志願軍を別の地域、あるいは別の目的に利用することができたのである。それが、台湾海峡に対する警戒にあてられた可能性はある。また、大躍進政策に導入された可能性もある。いずれにせよ、中国が、人民志願軍の撤退によって当時自らが推進しようとした内外の政策を実現するための環境を整えることに成功したことは間違いないのである。

この一連の過程は、米国という共通の敵を中朝両国がともに意識する過程であったと言ってよい。しかし、中国の内政干渉と北朝鮮の主体を確立しようとする自己主張が両国の関係にある種の亀裂を生じさせたことだけは確かだった。その意味で、「伝統的友誼」との文言が強調されるにもかかわらず、中朝両国は、中朝関係を規定する第三の要因である伝統的関係について互いに不信感を内包することとなったのである。それゆえ、中国にとって北朝鮮との関係は中朝関係を規定する第三の要因である伝統的関係よりもむしろ、第一の要因であるより具体的な安全保障を前提とする関係へと変質していったと言ってよい。これ以後、中朝両国は繰り返し「唇歯の関係」を確認することとなるが、この時点でも既にそこには微妙な齟齬が内包されていたと言わざるを得ないのである(107)。

第2章 友好協力相互援助条約と対米認識の共有過程

——北朝鮮にとっての中国

問題の所在

朝鮮戦争休戦以後、金日成が一貫して求めてきたのは北朝鮮内における自らの権力基盤確立であった。前章で考察した通り、一九五五年一二月二八日に「主体」の必要性を強調した金日成は北朝鮮国内におけるイデオロギー解釈権を独占して、五八年三月の朝鮮労働党第一次代表者会までに一応の権力基盤を確立した。それが、延安派、ソ連派を通して行使される中ソ両国の北朝鮮に対する影響力を排除する過程であったことは既述の通りである。

しかし、金日成が権力を引き続き維持していくためには、たんに国内の反金日成派の力を封殺するだけでは不十分であった。六〇年代に入って公然化する中ソ論争を背景として、北朝鮮は自らの立場を明らかにする必要性に迫られたのである。それは金日成が獲得した「主体」——すなわち北朝鮮国内におけるイデオロギー解釈権のみで抗しきれるものではなかった。中ソ論争を背景として自らの立場を明確にすることは、場合によっては中ソいずれかの側に立つことを意味し、その結果、国内の反金日成派からの批判のみならず中ソいずれかからの直接的批判にさらされる危険性があった。まさにより積極的な「主体」の確立が必要とされたのである。

このような状況下、韓国で発生した軍事クーデターを契機として、北朝鮮は安全保障上の危機感を抱き、ソ連、中国とそれぞれ友好協力相互援助条約を結んで中ソ両国の朝鮮半島に対する影響力を制度化する。北朝鮮が自らの安全を維持するためには自国の力のみならず中国、ソ連の援助が必要不可欠だったのである(1)。また、それは北朝鮮が希求する南朝鮮革命の文脈から考えた時、南朝鮮革命を背後から支える軍事的な民主基地を強化するという点でもきわめて大きな意味を持っていたと言ってよい。

しかし、それは、金日成が五〇年代を通して慎重に手に入れた「主体」を喪失しかねない危険性を伴う行為であった。とりわけ中国との関係について言えば、人民志願軍撤退によって排除することに成功した中国の影響力を再び朝鮮半島に呼び込みそれを制度化しかねない危険な行為だったのである。

本章では、韓国の軍事クーデターを前後する時期に焦点を合わせて、北朝鮮が中国との関係をあらためて緊密化していく過程を記述するとともに、北朝鮮にとっての中国の存在意義を明らかにすることを目的としている。その際、北朝鮮と中国の平和共存についての認識のズレを軸に分析を進める。中ソ論争で争点となっていた平和共存の問題は、南北分裂状況にあり米国と韓国という二つの具体的闘争対象を有していた北朝鮮にとってとくに重要な意味を持っていたからである。

武力統一の可能性を残したかった北朝鮮は、米国との闘争と韓国との闘争の二つに連続性を持たせて理論的に整合性を与えてソ連、中国の朝鮮革命への関与を確保し、なおかつ平和共存が無制限に適用されることを回避する必要があったのである。そして、それを中ソ両国に認めさせることこそがまさに金日成が自己主張した「主体」――すなわち「活動における革命的真理――マルクス・レーニン主義の真理を体得することが重要であり、その真理を我が国の実状にあうように適用する」(2)ことにほかならなかったのである。それゆえ、北朝鮮の中国に対する姿勢も、平和共存路線に対する北朝鮮の認識を軸に規定されるのである。本章ではそれを常に念頭に置きつつ議論を進めたい。

1　平和共存路線をめぐる認識の相違

一九五九年一〇月二六日、北朝鮮の南日《ナムイル》外相は「祖国の平和的統一について」との演説を行い、「今なお続いている分裂は、南北朝鮮人民の不安と憂慮をいっそう濃くさせている。では、これらすべての不幸と災難からの突破口をどこに求めるべきだろうか。ただ一つ、我が祖国を平和的に統一させる道があるのみである」(3)として祖国統一を平和的に達成することの重要性を強調していた。祖国統一についての北朝鮮のこの認識はソ連共産党第二〇回党大会以降定式化された平和共存路線を前提としたものであったが、南日は平和共存路線の正当性を印象づけた五九年九月のフルシチョフ訪米(4)を評し、以下のように西側諸国との平和共存を前提とする国際環境認識を明らかにしていた。「偉大なソ連と社会主義陣営の粘り強い平和愛好の対外政策の実施は、国際緊張緩和のための闘いで著しい前進をもたらした。とくに最近のソ連内閣首相フルシチョフ同志の米国訪問は、国際緊張の緩和と平和の強化を達成するうえで一層の励ましと展望をもたらした。今日、平和と話し合いの理念はさえぎることのできない時代の潮流となり、国際関係を支配するようになった」(5)。フルシチョフ訪米をきわめて高く評価し、しかもソ連の主張する平和共存路線に支持を与えた発言である。

しかし、中国にとって、北朝鮮がフルシチョフ訪米を高く評価することは決して好ましいことではなかったはずである。この時期の中ソ関係が、中ソ対立公然化の直前というきわめて微妙な時期に差し掛かっていたからである。そもそも、中国は、ソ連が中国の核開発支援を約束した国防新技術協定を五九年六月に凍結させたことを、その三カ月後に行われたフルシチョフ訪米と関連づけて理解していたし(6)、訪米直後のフルシチョフ訪中に際して中ソ両国は共同宣言すら発表することができなかったのである(7)。その際、平和共存路線の妥当性をめぐる諸問題が中ソ間の争点となったことは間違いない。既にこの時期の中国の平和共存路線についての認識はソ連のそれとは明確に異なっていた。すなわち当時の中国は、米国の「平和的ポーズ」が侵略的本性を隠蔽するための戦術であり、米国のめざす平和とは社会主義の消滅にほかならないと考えており、平和共存に対するフルシチョフとの認識の相違は明らかだった(8)。中ソ論争の火種を内包し(9)、しかもフルシチョフの訪中によって中ソの平和共存についての認識の相違が公然化した直後に、南日がソ連の路線を高く評価する演説を行ったことが中国にとって好ましいものであるはずはなかった。フルシチョフ訪米をきわめて高く評価した南日の発言は、この当時の北朝鮮と中国の平和共存路線についての認識の相違を象徴するものだったのである(10)。

とくに、米国それ自体に対する中朝間の認識にはきわめて大きな差があったと言わねばならない。中国は、当時の「平和状態」をソ連が大陸間弾道弾を保有したために米国が戦争を起こせなくなり、その結果もたらされた平和であると評価していた。すなわち中国は、当時の「平和状態」をソ連の平和共存路線の妥当性によってもたらされたものではなく、たんに米ソ間の軍事力の均衡によってもたらされた「平和状態」として捉えており、米国の侵略性それ自体については変化がないと判断していたのである(11)。中国の米国に対するそうした認識は、五九年一月に開催されたソ連共産党第二一回党大会でのフルシチョフ報告に対する中国側の評価によく表れている。同大会におけるフルシチョフの報告の大半は平和共存路線の重要性について言及されたものであったが、同報告を報道するにあたって中国は、帝国主義が戦争を挑発する可能性に警鐘を鳴らすことにその重点を置き、フルシチョフが発言した「敵内部の区別」、米国との対話の必要性、平和共存を実現するための相互協力については言及を避けたのである(12)。これに対して北朝鮮は「米国の一部侵略階級が緊張状態緩和の趨勢を命がけで曲げてしまおう」としている、として、米国内部の矛盾について強調していた(13)。すなわち、中国が米国の侵略的性格を重要視して、その内部矛盾については重きを置かず、平和共存路線の妥当性について否定的な姿勢を堅持していたのに対して、北朝鮮は、もちろんそうした侵略的性格が米国にあることは認めつつも、米国内部の矛盾を前提として、少なくとも米ソ間の平和共存路線についてはその妥当性を認めていたと言ってよい。

南日の演説の直後の五九年一〇月二九日、『人民日報』は社論を掲載し、米国に対して在韓米軍の撤退を要求しつつ、次のように米国の侵略性に変化がないことを強調し、朝鮮半島での平和的統一が困難であることを印象づけた。「中国人民志願軍が撤退して一年が過ぎた。この一年の間、米国は南朝鮮からの撤退を拒否したばかりではなく、むしろ一面では南朝鮮への新型武器導入を進めて南朝鮮にミサイル基地を打ち立てた、また一面では李承晩軍隊へのコントロールを強化して積極的に戦争の準備を進めさせた。……朝鮮の平和的統一の実現を阻害し、南朝鮮を永久に占領し、南朝鮮を利用してそれを極東における新たな侵略を進めるための跳躍台にしようという野心を米国が企てていることは誰の目にも明らかだ」(14)。そして「米国当局もかつて平和を希望すると表明したことがある。そうであるならば、人々は、米国に対して実際の行動で平和に対する誠意について証明することを要求する理由があり、南朝鮮から米軍を撤退させることは最低限なされなければならないのである」(15)として米国の「平和的ポーズ」を批判したのである。中国にとって朝鮮問題は、対米問題としての意味こそがその中心であったため、中国の批判が直接米国に対して向けられるのは当然であったと言えよう(16)。さらに同社論では「最近米帝国主義は公然と我が国の領土台湾を長期に侵略占領することを堅持し、さらに、武力を持って我が国の内政に干渉すると威嚇している。と同時に日本の武装化と日本軍国主義の復活を加速し、『日米安全保障条約』を強引に改定し、両国の軍事同盟を強化しようとしている」(17)として、朝鮮半島のみならずより広範な東アジア地域における米国の行動に対して警戒感を強めていた。中国は帝国主義の侵略性に変化がない限り朝鮮半島でも台湾でも、真の意味での平和共存はあり得ないとの判断を持っていたと言ってよい。

一方、前述の通り、北朝鮮にとって朝鮮半島の問題は、対米問題、対南問題の二つの意味を持っていた。しかも、より重要だったのが対南問題であることは言うまでもない。それゆえ、北朝鮮にとって祖国統一の「放棄」にも繋がりかねない韓国との平和共存は認められるはずはなかった。祖国統一が北朝鮮の推進する朝鮮革命の重要な目標の一つであったからである。これらを前提として、北朝鮮では、五五年四月に金日成《キムイルソン》が提起した「四月テーゼ」によって、北朝鮮の革命と南朝鮮の革命をそれぞれの独自性を強調することによって実質的に切り離し、北朝鮮のみで社会主義段階へ移行するとの路線が採択されていた(18)。それは、もちろん、スターリン理論で封じ込められていた北朝鮮での社会主義革命の開始を宣言するという積極的側面を持ちつつも(19)、祖国統一の側面について言えば、朝鮮戦争の失敗によって武力による統一が困難であることが明白となった状況下、北朝鮮国内の社会主義建設を優先させることで韓国に対する相対的優位を確保し、それを誇示しながら韓国内部の動揺を誘引しようとするものであった(20)。より具体的に言えば、この時期の祖国統一路線は、二段階革命を基本とし、第一段階では革命によって南朝鮮の現政権を倒し、第二段階で、その後樹立された南朝鮮の民主的政権との間で平和的統一を実現するというものであった(21)。しかし、この「四月テーゼ」では、米国に対する具体的な闘争方法については明確には語られていなかった。もちろん金日成が米国との闘争の必要性について言及しなかったわけではない。金日成は、南半部の地主、隷属資本家、親日派、親米派、民族反逆者とともに「米帝国主義侵略勢力」を「革命の敵」として挙げ、米帝国主義侵略勢力の打倒の必要性を繰り返し、「我が党と人民政権と大衆団体を一層強化し、南北朝鮮人民のすべての愛国的、民主主義的勢力を我が党の周りに一層固く団結させ、米帝国主義と李承晩《イスンマン》一味に反対する全人民的革命闘争に決起させる」としていた(22)。それゆえ、南朝鮮の革命は「一方で反帝国主義的民族解放の課題を遂行し、他方では南半部ではまだ地主の圧迫と搾取を受けている広範な農民達を解放する反封建的課題を遂行する」反帝反封建革命として規定されていたのである(23)。

南朝鮮革命を指導するのは北朝鮮の朝鮮労働党とされていたが、その闘争の主要な対象は明らかに「米帝国主義」ではなく「李承晩一味」であった。祖国統一との関係からより重要で具体的な問題、すなわち在韓米軍撤退についての具体的な闘争方法については語られていなかったのである。その意味で「米帝国主義」との闘争はある意味で象徴的な存在として強調されていたと言える。

逆に言えば、当時の北朝鮮にとって米国に対する明確な闘争方法を持つ必要はなかったと言うべきかもしれない。まず、当時の北朝鮮は「帝国主義陣営は、それ自体が持つ内部矛盾と軋轢のために、ますます衰退している」(24)と認識していた。それゆえ、朝鮮半島のみに限定して言えば、韓国内での革命勢力の成長によって、朝鮮半島内部での革命勢力と帝国主義の力関係が圧倒的に革命勢力優勢へと変化することによって米軍は撤退せざるを得なくなる、との判断があったと言ってよい。しかも、米国との関係は当然東西陣営間の対立の中に位置づけられるものであり、ソ連を中核とする社会主義陣営対帝国主義陣営の構図の中に位置づけられるものであった。

また、先に指摘した通り、北朝鮮はソ連の平和共存路線に支持を与えていたが、そうであるとすれば、朝鮮半島における米国との闘争についても平和共存路線を前提とするものでなければならなかったはずである。先の南日の演説における米国に対する非難が、「米侵略者は、我が祖国の分裂を永久化するために、平和的統一のための朝鮮人民のいかなる努力も実現できないように妨害し、朝鮮人同士が会うことすらいやがっている」(25)(傍点・引用者)とされており、米国に対する直接的批判であると言うよりはむしろ米国によって「会うこと」――すなわち韓国との間の平和的統一が妨害されていることに非難を集中している。これは、北朝鮮が米国との直接的な闘争方法を準備していなかったことを示唆するものと言ってよい。

もっとも北朝鮮は、少なくとも、如何にして米軍を撤退させるかについての明確な闘争方法を準備していなければならなかったはずである。祖国統一は北朝鮮にとっての最重要課題の一つであり、そのためには在韓米軍の撤退は必要不可欠であったからである。しかし、米国との関係はソ連が規定した通り平和共存であらざるを得なかったし、たとえ朝鮮半島に限定したとしても、北朝鮮にとって米国との平和共存を明確に否定することは困難だった。五八年の第二次台湾海峡危機に際してのソ連の反応は、かりに北朝鮮が朝鮮半島で米国との緊張を高めた場合のソ連の行動を予見させるものであったはずである。五八年七月から対米対決姿勢を強めていた中国に対してフルシチョフは急遽北京を訪れて中国側の「冒険主義」に対して自重を促したという(26)。北朝鮮が直接米国との危機を高めることは台湾海峡危機と同じ構造を有していたと言ってよい。ある意味で北朝鮮は米国との直接的な闘争方法を持つことを許されなかったとさえ言えるかもしれない。それゆえ、北朝鮮は、米ソ平和共存を前提として、朝鮮革命路線を構築せざるを得なかったのである。また、米国が在韓米軍の駐留継続を対ソ戦略の一環として位置づけていることを前提とする時(27)、実際に北朝鮮が武力を用いて祖国統一を実現することはおろか、北朝鮮が直接働きかけて在韓米軍を撤退させることさえ不可能でもあった。結局、北朝鮮としては、米ソ平和共存を前提として韓国に対して平和的統一提案を繰り返しながら韓国における革命的状況を造成することを祖国統一路線の中心的課題とするしか仕方がなかった。そして、朝鮮半島における米国の影響力に対する評価を曖昧にしたまま、在韓米軍撤退は韓国での革命的状況造成後に自動的に約束されたものとされたのである。それこそがまさに、五五年の「四月テーゼ」における祖国統一路線であった。

そしてそれは、フルシチョフ訪米と前後する時期まで基本的に変化はなく、ジュネーブ会議以降、北朝鮮は各種の平和的統一提案を韓国に対して行っていたのである(28)。その意味で、北朝鮮のこの祖国統一路線は五五年のバンドン会議以降、五八年までの間、台湾に対して呼びかけられた中国の平和解放路線(29)と同じ構造を持っていたと言ってよい。しかしながら、第二次台湾海峡危機を経て中国が徐々に平和共存路線に修正を加えたため(30)、中朝間の平和共存についての認識の差は拡大していかざるを得なかったのである。

2　北朝鮮の平和的統一路線——反帝反封建民主主義革命に対する期待

一九六〇年四月一九日、韓国で所謂「学生革命」が発生し、李承晩大統領が退陣に追い込まれるという事態が発生した。北朝鮮は「学生革命」を「李承晩徒党のファッショテロ統治を撤廃するための英雄的ソウル市学生、市民達の大衆的蜂起」(31)と評価し、「四月テーゼ」における革命第一段階が達成されることに期待を寄せたのである。そして六〇年四月二一日、朝鮮労働党中央委員会は「学生革命」について「南朝鮮人民に告ぐ」との声明を発表し、「南朝鮮人民は新しい政治、新しい制度、新しい指導を要求し、自由と生活の権利を要求している……北半部の豊かな資源と強力な経済的土台に依拠しない限り、余すところなく破壊された南朝鮮の経済を建て直すことも極限に達した南朝鮮人民の悲惨な生活状態を改善することもできない」(32)とした。北朝鮮は、自らの経済復興をアピールすることにより韓国での反帝反封建民主主義革命を促進しようとしたのである。既に北朝鮮は、五カ年計画を成功裏に達成して自らを「社会主義工業・農業国」と位置づけていた(33)。ある意味で積極的な「平和的統一」路線であったと言える(34)。

ここで注意しなければならないのは、この時期の北朝鮮の認識が、米国に対する警戒を指摘しつつも、革命第一段階にあたる反帝反封建民主主義革命に対する展望がきわめて楽観的な印象を与えることである。この「平和的統一」路線は、米国の姿勢に変化がないことを強調しつつも、米軍が撤退せざるを得ないであろうことを前提として主張された「平和的統一」路線であった。すなわち北朝鮮は、南朝鮮の人民が団結して決起すれば米軍も撤退せざるを得ず、反帝反封建民主主義革命が順調に達成されるというきわめて楽観的な展望を抱いていたと言ってよい。これは先に指摘した、「内部矛盾によって衰退している」という帝国主義に対する認識を基本とする平和共存路線の正当性を前提とした楽観的展望であった。

これに対して中国は事態の推移を冷静に見守っていた。「学生革命」発生直後の『人民日報』は、「北朝鮮の主張を完全に支持する」としながらも、「ソウルのデモ参加者を血なまぐさく鎮圧した李承晩集団の第一五師団は侵略朝鮮米軍司令部が特別に停戦ラインからソウルに派遣したものである」ことを指摘して、「まさに米帝国主義者が南朝鮮人民の最も凶悪な敵である」(35)としていた。そして、四月二八日には、中国共産党中央委員の発言として、「南朝鮮人民の愛国的な示威闘争は米帝国主義に対する沈痛な打撃である。現在米帝国主義は南朝鮮における隷属統治を挽回するためにまさに南朝鮮の情勢に対し干渉を強めている」。「米国防部長は侵略朝鮮米軍を増強して南朝鮮人民を鎮圧する武装力を強化することを表明した。一方、米帝国主義は欺瞞を用いて南朝鮮人民に対する同情を装いながら南朝鮮人民の闘志を弱め、南朝鮮人民の目標を他に移そうと企んでいる」(36)として米国の対応に警鐘を鳴らしていた。中国は、米国の対応によって「学生革命」の趨勢が決定されるであろうことを前提として、米国の干渉がむしろ拡大するであろうと判断していたと言ってよい。すなわち中国は、朝鮮問題が朝鮮の内政であり外国勢力の干渉はゆるされないとしながらも、米国の朝鮮に対する姿勢に変化がない限り、韓国における革命闘争が長期化するであろうと予測していたのである。

この認識の相違には、両者の朝鮮半島における帝国主義に対する評価、さらには米国の影響力の大きさについての評価の差が如実に表れている。すなわち、既述の通り中国には平和共存が米ソ間の力の均衡によってもたらされたものとの認識があり、米国の基本姿勢に変化がなく、なおかつ米ソ直接角逐の場となっているわけではない朝鮮半島にまで米ソ間の平和共存が直接的に影響を及ぼすものではないとの判断があったと考えられる。前章で考察した通り中国にとっての朝鮮問題がたんなる地域問題ではなく対米関係の一環として認識されていたことを前提とすれば、米国の「侵略性」に警鐘を鳴らし続けてきた中国にとって朝鮮半島での米国の行動は、決して楽観視し得るものではなかったはずである。

それに対して北朝鮮の認識は、先の通り、米国の侵略性に変化がないことについては認めつつも、「内部矛盾によって衰退」している帝国主義は人民の闘争によって短期的に打開できる、としていたところに特徴があった(37)。北朝鮮の楽観的認識は、「学生革命」発生後、金日成によって行われた統一提案にもよく表れている。一九六〇年八月一四日、金日成が解放一五周年慶祝大会で新たな祖国統一方案を発表したが、そこでは、(1)南北自由選挙による統一、(2)即時選挙が不可能な場合は過渡的対策として南北朝鮮連邦制を実施、(3)連邦制すら不可能な場合は南北の実業界代表からなる経済委員会を組織、南北経済交流を実施、(4)米軍を撤退させ南北の兵力をそれぞれ一〇万人以下に縮小すること、が提案されたのである(38)。この提案には北朝鮮の自信がよく示されていると言ってよい。すなわち、人口比二対一であったにもかかわらず南北自由選挙を提案しただけではなく、連邦制が不可能な場合、南北経済交流を実施することを提案しているが、北朝鮮にはそうした交流を通じて、自らに有利な状況が造成されるという判断があったと思われるからである。ここには米国が引き続き南朝鮮を「強占」し得ないことを前提とした、「共産主義の平和的輸出」に対する楽観的展望があったと言えよう。

もちろん、北朝鮮も同提案を発表した時点で、北朝鮮の望む状況が既に達成されたと判断していたわけではなかった。とりわけ「学生革命」に対しては厳しい評価を与えていた。同大会で演説を行った金日成は「学生革命」について、「南朝鮮人民のこのたびの闘争は最後まで徹底的に行われず、完全な勝利を勝ち取ることができなかった」と評価し、「この闘争に広範な労働者、農民が参加できなかった」ことにその主要因を求め、勝利を収めるためには「労働者、農民をはじめ広範な人民大衆が闘争に参加しなければならない。そしてこの闘争は、必ず徹底した反帝国主義、反封建主義的闘争にならなければならない。……南朝鮮の愛国的な全人民が反米闘争に総決起する時こそ、米侵略者は南朝鮮にいたたまれなくなってそこから出ていかざるを得なくなるであろう」(39)(傍点・引用者)としたのである。このように金日成の批判は、労働者、農民に向けられたものであり、米国そのものに向けられたものではなかった。逆に、「労働者、農民をはじめ広範な人民大衆が闘争に参加」しさえすれば、米国が引き続き南朝鮮を「強占」し得ないであろうというきわめて楽観的な展望として評価することができるのである。

「学生革命」に対する冷徹な評価にもかかわらず、北朝鮮は米国に対する認識を改めたわけではなく、結局この時点では米ソ間の平和共存を前提とした朝鮮革命路線に修正が加えられることもなかったのである。それゆえ、北朝鮮はこの後も、各種の提案を繰り返すことによって「革命の平和的輸出」に期待をかけるのである(40)。とくに、経済分野についてのアピールはまさに経済闘争に限定した革命観を前提としたものであったと言ってよい。たとえば、第二期第八次最高人民会議で報告を行った崔庸健《チェヨンゴン》副首相は、「国の分裂が南朝鮮にもたらした重大な悪結果と関連して、南朝鮮社会では自立経済樹立に関する問題に大きな関心が払われており、そのためには、南北間の経済および文化交流を実現すべきだという要求がいよいよ力強く提起されている」として、戦後復旧を速やかに達成した北朝鮮の経済的有利を強調しながら、「今日南朝鮮の社会と各界各層の人民の間で、祖国の平和的統一をかならず、しかも遅滞なく勝ち取らねばならないという目覚めが非常に高まっており、かつてないほど平和的統一の機運が高まってきていることを示している」(41)として、経済、文化交流を中心においた提案を行うのである。とりわけ、「相互に記者を交換し自由な取材活動を展開することによって、全人民が南北の実情をよく知るようにしなければならない」とし、「運輸逓信分野において南北間の障壁を取り除くため、全国的な貨物直通輸送対策を講じなくてはならず、ソウル―元山間、新義州―釜山間に直通旅客列車を運行し、南浦、清津、興南、仁川、木浦、釜山などを互いに開放して南北間の海上輸送対策を樹立しなければならない」としたことは、北朝鮮の自信を窺わせるものであった。それはまた、各種の自由往来を繰り返すことにより自らの体制の優位をアピールできる、との判断から行われた提案でもあった。そして、「北半部に既に蓄積された経済的、技術的力量に基づいて南朝鮮の経済発展をあらゆる角度から援助することは我々の民族的義務であり、このうえのない喜びである」(42)としたのである。

この後、崔庸健演説の内容を踏襲する「南北の経済・文化交流に関する北朝鮮最高人民会議の意見書」が最高人民会議で正式に採択された。「意見書」では、「もし、南朝鮮当局が連邦制さえ受け入れがたいと言うならば、我々は南北朝鮮の実業界の代表からなる経済委員会を組織し、南北間の経済交流と協力だけでもかならず実現しなければならない」とし、「南北間の経済交流と協力はただちに解決することができ、また解決しなければならない緊急の課題である。南北朝鮮の政治制度の相違が経済交流と協力を不可能にすることはない」として、「政治問題はさしおいて」も交流、協力を進めようということが繰り返し強調されていた(43)。この時期、北朝鮮は、自らの経済復興の成功を背景として、韓国内での政治的動揺に直面し、経済分野での統合を土台として韓国との連邦制を実施し、その過程で自らが優位に立つという統一方法を模索していたのである。それはソ連の平和共存路線を前提とした革命状況認識であり、統一路線であった(44)。

しかしながら、これらの提案にもかかわらず韓国の状況は北朝鮮が期待するような展開を見せることなく、その後、張勉政権の脆弱性も手伝って韓国政局は動揺し、北朝鮮は、張勉《チャンミョン》政権に対して否定的評価を下すこととなったのである。たとえば、六一年四月二〇日付『労働新聞』の論説では、張勉政権は次のように評されていた。「米帝国主義の直接的な指揮と操縦の下に、張勉一味は、李承晩時代のすべてのファッショ的悪法と弾圧機構を継承・補強して、傀儡軍と警察を一層増強し、『暴力鎮圧』訓練まで敢行しながら、人民を野獣的に弾圧し、民権を完全に蹂躙・抹殺している」。そして、「南朝鮮の人民と青年と学生は、四月人民蜂起で流した血の代価を求めるために、反米救国闘争の旗幟を一層高く掲げ、米国植民地統治を終息させ、自主的祖国統一を実現する時まで、一層断固として頑強に、一層決定的に闘争せよ！」と呼びかけ、「米帝国主義の走狗として、売国的背族行為とファッショ・テロ統治を敢行する張勉一味に、逆賊李承晩とまったく同じ運命が待っていることを思い知らせよ！」としたのである(45)。

このような状況認識の下、北朝鮮では六一年五月一三日に祖国平和統一委員会が結成され、その結成大会で、「外部勢力の排除」「民主主義に基づく自由な南北総選挙」「連邦制」などが主張された(46)。声明では「その範囲や規模にかかわりなく、まず接触し協商しよう」と呼びかけられていたが、ここでも依然として韓国の状況を自らに有利な状況であると判断する北朝鮮の認識に変化はなかったと言ってよい。すなわち、張勉政権の脆弱性は明らかであったし、内部矛盾によって米国が劣勢に立たされている状況下、接触を多様化することで、「共産主義の平和的輸出」を実現し得る可能性がより高くなるとの判断があったと言ってよい。「学生革命」による短期的成果については実現しなかったものの、その後の韓国での動揺は、北朝鮮に韓国での反帝反封建民主主義革命を期待させるに十分だったのである。

3　北朝鮮の米国認識の修正——韓国軍事クーデターに対する評価の変化

北朝鮮で祖国平和統一委員会が結成された三日後、韓国で軍事クーデターが発生した。中央放送を通して布告された張都暎《チャンドヨン》中将の第一声は、「反共を国是」とする、「自由友邦諸国との連帯をより強固なものとする」「共産主義と対決することのできる実力の培養」など、北朝鮮との対決姿勢は明らかであった[47]。にもかかわらずクーデター発生直後の北朝鮮の軍事クーデターに対する評価は曖昧なものであった。もちろん北朝鮮が軍事クーデターに対して肯定的評価を与えたわけではなかったが、当初からクーデターを否定的に捉えていたわけでもなかったのである。クーデターの翌五月一七日、朝鮮中央通信社は「南朝鮮で造成された事態と関連して」との声明を発表し、クーデターの中心人物の一人である張都暎中将の「親米」、「反共」的態度について警戒を喚起し「南朝鮮駐屯『国連軍』司令官マグルーダーは米帝の忠僕である尹潽善《ユンボソン》とともに張都暎に頻繁に会い、各種の術作を弄している。そして張都暎は米帝国主義者達と結託する道に進んでいる」としてクーデターの行方に対して警鐘を鳴らしていたのである[48]。先に指摘した通り、軍事革命委員会の発表した革命公約は、「反共体制の再整備」「国土統一のため共産主義と対決し得る国家の建設」、など北朝鮮に対する対決姿勢を旨とするものだったからである。

しかし、北朝鮮はこうした動きに対して注意を喚起する一方、「米帝の傀儡」である張勉政権の崩壊を必然的なものとし、「南朝鮮の軍人達は人民の側に確固として立ち、米侵略者達の撤去を強力に求め外勢を排撃して民族自主的な平和統一のために堅固に闘争しなければならない……南朝鮮の愛国的軍人達が人民と一致団結して我が民族内部の問題を自らの手に取り戻し難局打開に臨めば、米帝のその如何なる威嚇や内政干渉策動も十分に排除することができる」[49]としていた。そこに如実に示されていたように、北朝鮮は、クーデター以後の軍部の態度如何によっては反米闘争が高まり、北朝鮮の望む状況変化、すなわち、韓国で「四月テーゼ」の革命第一段階が達成され、第二段階の前提条件となる「交渉可能な政権」の登場に期待を寄せていたと言ってよい。とりわけ、革命第二段階の前提条件となる「交渉可能な政権」の登場との関連で言えば、クーデター以後の政権と米国の関係が重要であった。それゆえ、北朝鮮はクーデター発生以後の韓国の政治状況と米国の関係に注意を喚起し、「民族内部の問題を自らの手に取り戻」すことを強調し、「交渉可能な政権」の条件として、対米自立的な政権であることを強調したのである。

既に指摘したように、クーデター発生直前の韓国の状況について北朝鮮は、張勉政権が「李承晩とまったく同じ運命」をたどることに期待を寄せていた。北朝鮮にとっては、軍事クーデターが朝鮮革命の一環として位置づけられるものとなるのか、それともそうした流れを逆行させる動きとなるのかが大きな問題であった。それを規定するのは、米国と韓国軍部との関係であった。北朝鮮の主張する平和的祖国統一は外勢排除による自主的統一を旨としていたからである。北朝鮮は、軍を含む「南朝鮮のすべての愛国勢力が堅く団結して米帝国主義者とその手先どもに反対する闘争に立ち上が」ることに期待を寄せていたと言ってよい。それゆえ、クーデターの趨勢が依然として流動的なこの時点ではクーデターそのものを否定することはなく、軍指導層の親米的態度と張都暎の動向に注意を喚起するにとどまる曖昧な評価となったのである。

クーデター発生から二日後の五月一八日、張勉総理は臨時閣議を招集し、軍事革命委員会への政権移譲を決議し、また、尹潽善大統領が非常戒厳令を追認し、軍事革命に対する全国民的支持と協力を訴えた(50)。クーデターの方向性は徐々にではあるが定まりつつあったが、この時点でも依然として米国がクーデターに対する態度を明らかにしていなかったことから、北朝鮮は完全に期待を捨てたわけではなかったようである。そのため、この時点での北朝鮮の韓国に対する批判も米国との関係を主要な対象としたものではなく、韓国の新政権の性格に対して向けられたものであった。たとえば、五月一九日に、モンゴル親善使節団の歓迎宴で演説した崔庸健は、「歴史の経験が見せてくれるように人民の支持のない如何なる軍事独裁も長続きせず、自らの滅亡を免れえないのである」(51)としていた。批判の中心は、韓国の新政権と米国の関係ではなく、新政権が国民の支持を得ていないことに向けられていたのである。

ところが、この崔庸健の演説が行われた同日、米国はクーデターに対する態度を明らかにした。五月一九日、米国務省スポークスマンは、革命公約に期待するとの声明を発表したのである(52)。そして革命委員会が国家再建最高会議と改称し、張都暎を議長、朴正熙《パクチョンヒ》を副議長とした(53)。ここに軍事クーデターの方向性は明らかになり、北朝鮮の期待は完全に断たれたと言ってよい。すなわち、革命政権と米国の関係が明らかになったことで、少なくとも短期間のうちに「四月テーゼ」の第一段階が達成される可能性はなくなったのである。それは韓国の軍事クーデターが北朝鮮の期待する朝鮮革命の一環として位置づけられる事態ではなくなり、むしろ北朝鮮の認識では造成されつつあった革命状況を後戻りさせる事態へと移行する可能性が高まったことを意味したのである。これ以後北朝鮮の態度は明確になり、批判の矛先も米国に直接向けられることとなる。五月二〇日付の『労働新聞』は「米帝は南朝鮮を軍事ファッショの坩堝《るつぼ》に追い込んでいる」との社説を掲載し、「米帝侵略者達」が朝鮮の分断永久化のために「自らの植民地ファッショ統治を南朝鮮人民達に引き続き強要」しているとし、「我々は我が祖国南半部で米帝とその走狗達が作り出したファッショ的軍事独裁統治と彼らの野獣的な弾圧および虐殺蛮行を糾弾し、阻止させなければならないことを全世界の人民達に訴える」としたのである(54)。

さらに北朝鮮では、五月二〇日に、平壌市群衆大会が開催され、「米帝とその走狗達の犯罪的策動を粉砕しよう」と訴え、韓国での「反米救国闘争」の必要性を強調しながら、軍事クーデターの中心人物と米軍の関係を批判した。同大会で行われた金一《キムイル》副首相の声明には北朝鮮のそうした姿勢が如実に表れていた。金一は韓国での非常戒厳令の宣布によって政党、社会団体の活動が禁止されたことを挙げ、クーデターを「ファッショ分子」による「親米、反共」的クーデターとして位置づけた。さらに金一は、「我々は祖国の平和的統一を促進させ、近づく祖国の平和統一の大事業を能動的に迎えるためにさらに一層の準備をしなければならず、統一された後の国の繁栄と全民族の幸福のために社会主義建設をさらに成功裏に進めなければなりません」と呼びかけたのである(55)。

この一連の過程を北朝鮮は、後に次のように評価している。「米帝国主義と張勉一味は南朝鮮人民の不退転の闘争を押さえようとあらゆる手を尽くしたが、闘いは刻一刻と『予想外の事態』へと発展した。狼狽した米帝国主義は植民地支配を維持、強化するために、一九六一年五月一六日、傀儡軍内部の極端なファシスト分子を操ってクーデターを起こして張勉『政権』を退陣させ、最も暴虐な軍事ファッショ独裁『政権』を登場させた」(56)。後にこのような評価が与えられた五・一六軍事クーデターではあったが、北朝鮮は当初、韓国での政治変動が自らの望む方向に進み、「四月テーゼ」における革命第一段階が達成され、対米自立的政権が登場することに期待を寄せたのである。にもかかわらず事態は北朝鮮の望む方向には進まず、結局北朝鮮は朝鮮半島における米国の影響力について認識を修正せざるを得なかったのである。このような軍事クーデターに対する北朝鮮の評価についての一連の変化は、たんに韓国での反帝反封建民主主義革命が頓挫してしまったことを意味するにとどまらず、韓国における「反共」的な政権の誕生を意味し、それはすなわち、自らの安全保障問題と直結する深刻な問題となった。米国が韓国の軍事政権を支持する以上、今度は北朝鮮自らが安全保障環境を再調整する必要に迫られたのである。

北朝鮮がこのように米国に対する認識を変化させたのは、六一年に米大統領に就任したケネディがインドシナへ関心を示していたことが大きく影響していると思われる。ケネディは、五九年一月に誕生したキューバ革命政権を亡命キューバ人によって打倒しようとしたが、六一年四月一九日にビックス湾上陸作戦が完全に失敗したため、それを埋め合わせるべくインドシナに対する政策を見直し、南ベトナムの米軍事顧問団を増員させていた(57)。これについて金日成は次のように述べている。「米帝国主義者は小さな国であるキューバに武装干渉を行いましたが屈辱的な惨敗を喫し、ラオスの内政に干渉しようとしましたが、そこでも惨敗を喫しました。……帝国主義者達は滅亡の日が近づけば近づくほど冒険をするということを知らなければなりません。奴らはどうせ死ぬのであれば冒険でもしてみようと考えるのです」(58)。ケネディのインドシナでの行動がいずれ朝鮮半島にまで及ぶであろうとの危機感を金日成が持ったとしても不思議ではない。

この一連の過程は、北朝鮮が、自らがめざす「祖国の平和的統一」に対して米国がどのような姿勢・態度を取るかということについての認識を修正する過程であり、中国との関係で言えば、中国の認識に近づく過程であったと言ってよい。中国は、クーデターの方向性が明らかになった後、五月二一日に『人民日報』に社論を掲載し、韓国での事態を「米帝国主義が南朝鮮で製造した軍事ファシストクーデター」と位置づけ、「米帝国主義はなぜこのたびのファシスト軍事政変をあわてて策動しなければならなかったのだろうか。米通信社が明らかにしたところによれば、これは『張勉政府の執政が九月以降既にコントロールできなくなっていた』からである」としていたのである(59)。

六一年五月二八日、金日成は「兵器工業のいっそうの発展のために」との演説を行い、兵器生産の増大を強調した。金日成は、「国を建設し民族と祖国を防衛するためには、強力な国防力が必要です。国防力とは国を防衛する力を意味します」とした。そして同演説で金日成はクーデターを「(米国が)軍事ゴロをそそのかして『軍事クーデター』を引き起こし、平和統一を主張する南朝鮮の愛国者と民主人士、青年学生を手当たり次第に検挙、投獄、虐殺しています」(括弧内・引用者)とし「祖国の統一を阻み、分裂を永久化し、南朝鮮で植民地支配を引き続き実施しようとする米帝国主義者の陰謀」と位置づけた。そして「帝国主義の侵略と戦争挑発を防止し、平和を維持するためには警戒心を高めなければなりません」(60)としていたのである。

北朝鮮では一九六〇年には五七年に開始された五カ年計画を繰り上げて達成し、七カ年人民経済発展計画の準備が始められていた。既に、六〇年一二月に開催された朝鮮労働党中央委員会一二月全員会議では、七カ年計画の方向性が明らかにされていたのである(61)。金日成は「七カ年計画の基本課題は、勝利した社会主義制度に依拠して全面的な技術改造と文化革命を遂行し人民生活を画期的に向上させることにある」として、七カ年計画が人民生活の向上をめざす計画であり、民生部門拡充のための計画であると位置づけていた(62)。それゆえ、重工業部門についても、軽工業の発展のために必要な機械と原料の安定的供給が中心課題とされたのである。このように既に民生部門拡充を中心課題とする経済計画がスタートしていたにもかかわらず、金日成があらためて国防力増強を訴えたことは、五・一六軍事クーデター以後の韓国の動静が北朝鮮に安全保障上の脅威を与えたことを如実に物語るものであったと言ってよい。

4　二つの友好協力相互援助条約

北朝鮮で韓国の軍事クーデターに対する警戒心が高まる状況下、北朝鮮の要請によって六一年五月末からソ連第一副首相コスイギンが北朝鮮を訪問した(63)。韓国での政治変動を背景として自国の安全保障上の危機を感じていた北朝鮮がコスイギン訪問に対して如何に大きな期待を寄せていたかは、コスイギン歓迎宴に際しての金日成の次のような発言にもよく表れている。「昔から、我が国には、よい隣人は兄弟よりもっと親密だという言葉があります。朝鮮人民は、ソ連人民のような隣人を身近な友として持っていることを大きな幸福と考えており、マルクス・レーニン主義とプロレタリア国際主義の不敗の紐帯で連結された朝ソ親善を限りなく貴重に感じています」（傍点・引用者）(64)。既に中ソ論争が公然化していた状況下のこの発言は、明らかに中国を意識したものであったと言ってよい。北朝鮮としては「兄弟」である中国との関係よりも「よい隣人」ソ連との関係が重要であることを、強調しようとしたのである。

ソ連訪朝団歓迎平壌市民大会でコスイギンは、平和共存路線の正当性を強調しながら、北朝鮮の戦後復旧計画の成果的達成を評価し、さらに韓国で発生した軍事クーデターに関連して、「朝鮮民主主義人民共和国の社会主義的獲得物」を守るためには、ソ連が「如何なる援助も提供する用意がある」ことを言明した(65)。金日成は、このソ連からの「援助」をより確かなものとするために六月二九日から七月一〇日にかけてソ連を訪問した。金日成は、ソ連指導部との間で、七カ年計画の期間である六一年から六七年にソ連が北朝鮮に対して技術上の協力を提供することに関する協定の実行状況を審議し、七月六日には「朝鮮民主主義人民共和国とソビエト社会主義共和国連邦間の友好、協力及び相互援助に関する条約」（以下、「ソ朝条約」と記す）を締結した(66)。続いて金日成は、中国からも安全保障上の援助を取り付けるべく中国を訪問した。金日成は、七月一〇日から一五日にかけて中国を訪問し、七月一一日には、やはり「中朝友好協力相互援助条約」を締結することに成功したのである(67)。

二つの条約によって北朝鮮は、自らの安全保障上の担保を制度化することに成功したと言ってよいが、ここで注意しなければならないのは、ソ朝条約と中朝友好協力相互援助条約に微妙な違いがあることである。たとえば、中朝友好協力相互援助条約の第二条では次のように記されている。「両締約国は、両締約国のうちいずれか一方に対する如何なる国家からの侵略もこれを防止するためにあらゆる措置を共同で講ずる義務を負う。締約国の一方が、ある一国または数カ国の連合から武力侵攻されることにより、戦争状態に陥った場合、締約国の他方はあらゆる努力を尽くして、遅滞なく軍事的およびその他の援助を提供する」(68)(傍点・引用者)。これに対して、ソ朝条約の第一条は次の通りである。「締約双方は、今後とも極東と全世界の平和と安全の保障を目的とするあらゆる国際的活動に参加し、その高貴な課題の遂行に寄与することを声明する。締約国の一方が、ある国家または国家の連合から武力進行を受けて戦争状態に陥った場合、他方の締約国は遅滞なく自らが保有するあらゆる手段を持って軍事的およびその他の援助を提供する」(69)(傍点・引用者)。

二つの条約を比較すると、韓国でのクーデターに直面した北朝鮮にとっては、中朝友好協力相互援助条約の方がより積極的担保であったはずである。すなわち、ソ朝条約ではあくまでも「極東と全世界の平和」を前提としているのに対して、中朝友好協力相互援助条約ではそうした前提条件なしに「あらゆる措置を共同で講ずる義務を負う」として「義務」との文言が用いられているのである。中国にとってはこの部分がまさに中朝友好協力相互援助条約の核心であったはずである。その後中国は、中朝友好協力相互援助条約第二条を繰り返し強調していくのである(70)。また、ソ朝条約が五年ごとに更新されるとされたのに対して、中朝友好協力相互援助条約は無期限とされた(71)。北朝鮮にとって中朝友好協力相互援助条約の方がより強力な安全保障上の担保であったことは間違いない。

当初から中国は、明らかに北朝鮮との関係を強化しようとしていた。金日成の訪問に対して中国は最大限の賛辞を与えたのである。たとえば、中朝友好協力相互援助条約締結の翌日行われた宴席で周恩来は以下のように発言し、中朝関係の緊密化を強調した。

中朝両国は唇歯相依の友好的隣国であり、また社会主義大家庭の中の親密な兄弟である。我々両国人民の間の友誼は既に試練に耐えてきた。我々はこれまでたびたび強調してきたように、朝鮮人民が中国人民に与えてくれた支持と援助が、中国人民が朝鮮人民に与えた支持と援助に比べてより早く、より多かった。今日、社会主義陣営の東方の最前線を守る朝鮮民主主義人民共和国が、我が国の安全と建設を保障し、アジアと世界の平和を擁護するための最大の要素となっている。我々は中朝両国人民の偉大な友誼を永遠に重要視するであろうし、また朝鮮人民の中国人民に対する力強い支援に対して永遠に感謝するであろう(72)(傍点・引用者)。

中国が北朝鮮に対して与えた援助よりも、北朝鮮が中国に対して与えた援助の方が多い、との発言は金日成に対する最大限の賛辞であったと言ってよい。そもそも、この時の金日成の訪問は、北朝鮮が、韓国での軍事クーデターとその後の韓国の状況を目の当たりにして、平和共存路線、とりわけ米国に対する認識を修正せざるを得ない状況に追い込まれた後の訪問であったと言ってよい。しかもそれが中国の状況認識への接近であったことは既述の通りである。もちろんその後も北朝鮮はソ連に対して最大限の配慮をしていたと言ってよいが、中国にとって、金日成の訪問が北朝鮮との関係を緊密化する絶好の機会であったことだけは間違いなかった。とりわけ、ソ連で既にソ朝条約が締結された後の訪問であっただけに、中国としてはソ朝条約よりもより実質的内容をともなう条約を締結するだけでよかったのである。

その意味で、この後発表された中朝共同声明はきわめて興味深い内容を含んでいた。それはソ連に対する批判である。ソ朝条約締結後に発表されたソ朝共同声明ではまったく言及されることのなかった「現代修正主義」批判が、中朝共同声明には盛り込まれていたのである。中朝共同声明では「双方はユーゴスラビアの指導層が代表する現代修正主義が、現在の国際共産主義運動で主たる危険であると一致して認め、それと断固戦うべきであると強調した」(73)、とされていた。六〇年春から既に戦争と平和の問題について公開論争を行っていた中ソ関係(74)を考える時、「ユーゴスラビアの指導層が代表する」との文言はあるものの、同文言がソ連を意識したものであったことは間違いない。また、中国が主導で現代修正主義批判を言及させたことも間違いない。帰国直後に行われた金日成の演説では、現代修正主義批判にはいっさい言及されなかったのである(75)。それに対して中国は、金日成帰国後も両者が現代修正主義に共同で闘うことを強調していた(76)。中国は北朝鮮に対してソ連以上の安全保障上の協力を約束する一方、北朝鮮に対して中国寄りの態度を取ることを要求したのであろう。現代修正主義批判について言及して中朝関係の緊密化を印象づけたこの共同声明は、コスイギン訪朝に際しての金日成の発言から考えるときわめて大きな変化であったと言ってよい。中朝友好協力相互援助条約は、それほど金日成にとっては大きな意味を持っていたのであろう。

また、北朝鮮にとってソ朝条約はその信頼性において若干疑問の余地が残されていたのも事実である。周知の通り、当時のソ連は西側諸国との平和共存路線を主張していた。しかも、六一年一月六日に、フルシチョフは、「世界共産主義運動の新たな勝利のために」との演説を行って、「世界戦争」と「世界戦争」へとエスカレートする可能性のある「局地戦争」には反対であり好ましくないが、「民族解放闘争」と「人民の反乱」は「最も好ましく、かかる紛争には共産主義者は十分な支援を惜しまない」としていた(77)。北朝鮮にとって朝鮮半島での紛争が「局地戦争」と位置づけられるのか、「民族解放闘争」と位置づけられるのかは、とりわけ韓国での政治変動を背景として、重大な問題として意識されていたと言ってよい。その意味で、ソ朝条約は、朝鮮半島での紛争をどのように位置づけるかというきわめて微妙な解釈を曖昧にしたまま締結されたものであった。それゆえ、実際に朝鮮半島で「紛争」が発生した場合、ソ連がそれをどのように解釈するかによって、ソ連の「援助」が北朝鮮の期待するほどのものとならない可能性もあったのである。それに対して中朝条約では「如何なる国家からの侵略をもこれを防止するためあらゆる措置を共同で講ずる義務を負う」との表現が用いられたため、中国の解釈による「援助」の幅は少ないはずであった。

帰国後金日成は、ソ朝条約と中朝条約を「防衛的性格をおびた条約」「平和愛好的性格をおびた条約」と位置づけたが、同盟との名称は用いられなかったものの、その内容から二つの条約が朝鮮半島での紛争を前提とした同盟条約であることは明らかだった(78)。さらに「この条約は我が祖国の平和的統一事業に抵触しないばかりか、むしろ、米帝国主義者の侵略的策動を抑制することによって朝鮮で平和を維持し、我が国の平和的統一を実現するための有利な条件を作り出してくれます」(79)とした。二つの条約が「米国を首魁《しゅかい》とする帝国主義」を対象に締結されたことを示唆したのである。両条約が米国を対象に締結されたものであるとすることによって、金日成は、中ソ両国からの安全保障上の援助がたんに北朝鮮の安全を維持するという局地的な安全保障問題を前提としたものではないことを、強調したのであった。

また、金日成は「朝ソ両国間、そして朝中両国間に締結された友好、協力および相互援助条約は、我が人民の利益に符合するだけでなく、平和と民族独立と社会的進歩のために闘争するアジア人民と、さらには全世界人民の利益にも符合するのです。この条約は、アジアにおいて米国を首魁とする帝国主義者の侵略と戦争挑発陰謀を抑制し、極東と世界平和を強化するのに重要な寄与をなすでしょう」(80)として、朝鮮半島における紛争が「民族解放闘争」であることを強調することも忘れなかった。金日成は、両条約が米国を対象に締結され、それが朝鮮半島だけに焦点を合わせた地域的なものではなく、「極東と世界平和を強化する」ものであることをアピールすることによって、ソ連と北朝鮮の路線の同一性を強調する一方、朝鮮半島における紛争を「局地戦争」ではなく「民族解放闘争」であると強調することによって、ソ連に対しても同様の解釈を期待したのである。北朝鮮はとりわけ韓国での軍事クーデター発生以後、朝鮮革命とアジア、アフリカ、ラテンアメリカ諸国の反帝・反米闘争との連帯を強調してきた(81)。それは、北朝鮮の革命が「局地戦争」ではなく「民族解放闘争」であるとの位置づけを必要としたためである。しかし、この点についてフルシチョフの解釈は依然として曖昧なままであった(82)。

ところで、当時の北朝鮮にとって中国との間に条約を締結することは容易であったはずである。先に指摘した通り、中国は明らかに北朝鮮との関係強化を求めていた。中ソ論争が公然化し、なおかつ台湾問題を含めてアジアにおける米国の行動に警鐘を鳴らし続けてきた中国にとって、朝鮮半島への影響力を制度化することは望ましいことであったはずである。しかも、金日成は中国訪問前にソ連との間にソ朝条約を締結していた。かりに金日成が中国に対して中朝友好協力相互援助条約の締結を要求しなかったとしても、中国側が北朝鮮に対して条約の締結を迫ることは明らかであった。しかし、ソ朝条約はそうではなかったはずである。すなわち、ソ連にとって朝鮮半島の紛争に制度的に組み込まれることは、かりに朝鮮半島で紛争が発生した場合、もちろん先に指摘したようにソ連の解釈による部分は多いものの、朝鮮半島で米国と対決しなければならない状況に追い込まれる危険性があったからである。それはフルシチョフが推進してきた米ソ平和共存路線そのものを瓦解させる危険性すら孕んでいたと言ってよい。ソ連にとってそれが好ましいことではないことは、既述の第二次台湾海峡危機に際してのソ連の対応からも明らかであった。一方、北朝鮮にとってはソ連との条約は必要不可欠であった。まず、中ソ論争が公然化した状況下、中国とのみ条約締結をすることは、「中国寄り」の姿勢を取ることを意味し、それは社会主義陣営の団結に動揺を与えることを意味するものであり、北朝鮮の望むところではなかった。北朝鮮にとっては中国と条約を締結するためにもソ連との条約は必要不可欠だったのである。また、米国との関係から言っても、中朝友好協力相互援助条約だけでは不十分だったはずである。

先述の通り金日成は両条約の防衛的側面を強調していたが、両条約締結への動きが韓国での軍事政権の誕生がその起点であったことを考える時、確かに当時の北朝鮮にとって朝鮮半島での紛争は好ましいものではなかった。朝鮮半島での紛争発生の可能性を低下させるためには、米ソ間で成立している平和状況を朝鮮半島にも適用させる必要があったのである。そのためにはソ連との条約がより重要な意味を持っていた。そうした状況下、北朝鮮が、中国との条約締結の可能性を示唆しながらソ連に対して条約締結を迫ったとしても不思議ではない。当時の北朝鮮にとって、中国の存在は、ソ連にソ朝条約を締結させるためのカードとしての意味も持っていたと言ってよい。中国もそれを前提として北朝鮮に対してソ連よりもより積極的な安全保障上の担保を与えたのかもしれない。

いずれにせよ、北朝鮮にとって、ソ朝条約と中朝友好協力相互援助条約は一対で締結されなければならなかった。いずれか一方だけでは十分ではないことは、朝鮮戦争が証明していた。また、それは、北朝鮮がイデオロギー的に中ソいずれにも与《くみ》しないとする姿勢を維持しようとしたことにとどまらず、かりにいずれか一方とのみ条約を締結した場合、中ソが直接武力衝突した時、北朝鮮の行動はその条約に拘束され、中ソ武力衝突に巻き込まれる危険性を孕んでいたのである。もちろんその時点ではその可能性は皆無に等しかったが、中ソ論争が既に公然化していた状況下、金日成としてもそうした可能性をまったく無視していたとは考えにくい。それゆえ金日成は、二つの条約を締結することを前提として、自国の利益を極大化しなければならなかったのである。

この一連のやりとりを経て、北朝鮮は中国と認識を同じくし、中国もまたそれを利用することによって中朝関係の緊密化をはかろうとしたのである(83)。そしてその結果、北朝鮮にとって中国は安全保障上最も重要な国となったのである。北朝鮮をめぐる中ソの駆け引きはともかくとして、北朝鮮にとってかりに朝鮮半島で紛争が発生してしまった場合、確実に援助を与えてくれるのが中国だったからである。中朝友好協力相互援助条約はそれを制度化したものだったのである。

結　語――朝鮮労働党第四次大会における「南朝鮮革命」路線

両条約が批准された翌日、朝鮮労働党第四次大会が開催された。大会報告で金日成は朝鮮革命の課題が「勝利した社会主義制度に依拠して全面的な技術改造と文化革命を遂行し、人民生活を画期的に向上させることにある」(84)と言明し、民生向上の必要性を強調したのである。四次大会は七カ年計画の基本課題が明らかにされたという意味において重要であったが、対南路線において新たな修正が行われたという意味からも重要であった。大会報告を行った金日成は、「南朝鮮革命」を反帝反封建民主主義革命として位置づけ、「民族解放革命」であるとした。金日成は朝鮮半島での政治変動を「民族解放革命」であることを明言することで、暗に「地域紛争」としての性格を否定したのである。もちろんこれは、五五年の「四月テーゼ」以来の定義を踏襲するものであった。ところが、南朝鮮革命を推進する前衛党は朝鮮労働党ではなく、「南朝鮮人民の独自の党」でなければならないとしたのである。金日成は、「革命的党がなく、明確な闘争綱領も持たず、従って基本大衆である労働者、農民が広く抗争に参加できなかったため、四月蜂起は徹底的に組織的に展開されず、南朝鮮人民は、その流血の代価を米帝国主義の別の手先に横取りされなければならなかった。同様に、革命的党の指導がなく、労働者、農民、兵士大衆の自覚が足りなかったため、南朝鮮人民は軍部上層部のファッショ分子による権力の奪取を防ぐことができず、民主主義的権利に対する敵の攻撃に立ち向かって、効果的な反撃を組織することができなかった」と述べた(85)。

たとえ韓国で「革命的雰囲気」が造成され、「人民蜂起」が発生したとしても、「マルクス・レーニン主義を指針とし、労働者、農民をはじめ広範な人民大衆の利益を代表する革命的党」の存在なくしては、南朝鮮革命を成功に導くことはできないと断じたのである。

さらに以下のように米国についての認識をあらためて強調した。「北朝鮮には『国軍』の敵はおらず、労働者、農民の軍隊である人民軍は決して南朝鮮の兄弟と闘かうことを望みません。『国軍』の真の敵は我が国土を占領している米帝国主義者であり、その手先一味であります」(傍点・引用者)。「『国軍』兵士と下級将校は、朝鮮人同士を闘かわせようとする米帝国主義者の凶悪な策動に惑わされることなく人民の側に立ち戻り、米国軍の指揮官と『国軍』上層反逆者一味の命令を断固拒否し、米帝国主義とその手先に反対して闘かうべきである」。「我々は米帝国主義者に反対して闘かう人であれば、その過去を問わないし、その階級的な立場や社会的地位、政見、信仰の如何にかかわりなく、ともに手をたずさえて進むでありましょう。たとえ過去に祖国と人民に背く罪を犯した人であっても、もし当人が自分の過ちを悔い国の平和的統一のために奮い立つならば、我々はその人を心から歓迎するであろうし、祖国が統一された後にも最後まで包容していくでしょう」。

そして、南朝鮮革命を「朝鮮革命の一つの構成部分でありつつも、南朝鮮の植民地封建的社会経済制度と階級関係に固有の矛盾を解決しなければならない地域革命としての相対的独自性を持っている」(86)と位置づけた。四次党大会で採択された南朝鮮革命路線は、ある意味で、米国の長期駐留を前提とした革命路線であったと言ってよい。すなわち、「南朝鮮独自の党」の必要性が付加された新たな朝鮮革命路線は、駐留を続ける「米帝国主義」との具体的闘争方法を用意するものであったとも言えるのである。この時期、北朝鮮はクーデター指導層との接触を模索していた。まず、六一年八月末、朴正熙の実兄と親しかった朝鮮労働党連絡部の黄泰成《ファンテソン》を密使として韓国に派遣した(87)。また、同じ時期、南北間で秘密接触が繰り返されたという(88)。北朝鮮がクーデター指導層との接点を形成しようとしたこれらの事実は、「真の敵」「米帝国主義」に対する北朝鮮の一つの闘争形態として位置づけられよう。祖国統一路線の修正は、学生革命、軍事クーデターという韓国での政治変動についての北朝鮮の認識の変化、すなわち米国の「存在の大きさ」に対する評価の修正にともなって行われた修正であった。

北朝鮮の米国の「存在の大きさ」に対する評価の修正は、後の北朝鮮の四大軍事路線に繋がっていく。六二年一二月に開催された朝鮮労働党中央委員会第四期第五次全員会議で、(1)全人民武装化、(2)全国土要塞化、(3)全軍現代化、(4)全軍幹部化、の四つを旨とする路線が採択された(89)。いわゆる四大軍事路線である。この四大軍事路線はその文言からきわめて攻撃的な印象を受けるが、北朝鮮はそれを「我々の防衛力を鉄壁のように強化して、我々が常に動員体制にある時にのみ、敵は敢て我々に襲いかかれない」(90)として、その防衛的性格を強調した。確かに当時の北朝鮮をめぐる国際環境は、六二年一〇月に発生したキューバ危機におけるソ連の威信低下、翌一一月の金・大平メモによる日韓国交正常化の可能性など、北朝鮮に危機意識をもたせるに十分なものであった。それゆえ、四大軍事路線には、南北関係をふくむ朝鮮半島をめぐる国際情勢に対する危機意識を背景とする北朝鮮の現実的対応としての側面が存在するのも事実である。

もっとも、四大軍事路線が防衛的性格を有しているからといって、北朝鮮が南朝鮮革命を後退させることを意味したわけではない。同会議では「祖国の平和統一の大事変を能動的に迎える」ことを確認し、「一朝有事のさいには、国のすべての力と財産を軍事的目的に利用することができるよう準備しなければならない」としているのである。その意味で、北朝鮮は依然として南朝鮮革命を背後から支える軍事的な民主基地でもあった。

この後、金日成は「国防における自衛」を強調することとなるが、四大軍事路線は、キューバ危機に象徴されるソ連への不信を前提として自らを取り巻く国際環境の危機的状況に対処するために自衛力を高めるという、いわば国防における自力更生路線とも言い得るものであった。全員会議が終了して三日後の六二年一二月一七日付『労働新聞』は「全人民が武装し、全国土を要塞化しよう」との論説を掲載し、「米帝国主義に反対する闘争を離れては、如何なる平和闘争についても語ることができない」(91)としたのである。

こうした「米国の存在の大きさ」についての認識を中国と共有する過程で、北朝鮮は結果として明確に中国寄りの姿勢を取ることとなった。しかし、それは必ずしも「中国一辺倒」を意味したわけではなかった。確かに、朝鮮半島で紛争が発生した場合、中国がより積極的な安全保障上の担保であった。しかし、紛争発生の可能性を低下させるためには中国よりもソ連との関係がより重要な意味を持っていた。また、経済分野についてもソ連との関係は重要であった。前述のように、北朝鮮は既に開始されていた民生部門中心の七カ年計画を重工業中心へと修正する姿勢を見せていたが、朝鮮労働党第四次党大会で明らかにされた七カ年計画は当初の予定通り民生部門中心の経済計画であった。そこには、金日成がソ朝条約締結時、ソ連側指導者との間で話し合われたソ連の北朝鮮に対する援助が組み込まれていた可能性を考えることができる。とりわけ、当時の中国は大躍進政策の失敗とその後の天災によって経済的にきわめて困難な状況にあり、北朝鮮に対して経済的な援助を提供する余裕はなかった。北朝鮮にとって、依然としてソ連は重要な存在であったのである。

しかし、にもかかわらず北朝鮮にとってより多くの安全保障上の担保となる中国との関係は、北朝鮮にとってより重要な存在であったことは間違いない。そしてそれは、北朝鮮が米国の「侵略的性格」を意識すればするほど重要な存在とならざるを得なかった。結局、北朝鮮にとっての中国の持つ意味は北朝鮮の米国に対する認識を軸に、その重要度が決定されることとなったのである。それゆえこの一連の過程を経て、東西冷戦状況が存続し、米国との対決姿勢が続く限りにおいて、中ソ論争に際しても、少なくとも北朝鮮がソ連一辺倒の姿勢を示さないことだけは確かになったのである。

第3章

中ソ論争と北朝鮮の革命路線

――中朝関係の上限

問題の所在

一九六〇年代になって表面化する中ソ対立は六三年に一つのピークを迎える。中国が六三年六月一四日付で「国際共産主義運動の総路線に関する提案」との書簡をソ連共産党に送ってソ連を批判し、それに対してソ連も、六三年七月一四日に「ソ連の党諸組織、全党員に宛てたソ連共産党中央委員会の公開状」を公表してこれに抗したのである。その後中国は「公開状」批判を、一方ソ連は「総路線」批判を繰り返し、中ソはイデオロギー的対立を深めることとなった。この過程で、「平和共存」「平和的経済競争」路線、第三世界での民族解放闘争に対する評価などが中ソ論争の争点とされた。さらに中国は、六一年のソ連共産党第二二回党大会で定式化された「全人民の国家」「全人民の党」の概念を初めて批判し、ソ連も「社会主義建設の総路線」「大躍進政策」「人民公社」など中国の革命路線について初めて公開で批判した。それぞれの国内路線に対する批判まで行わざるを得ないほど両者の対立は深刻をきわめたのであった。そのため、双方の意見の相違を調整するために六三年七月五日からモスクワで中ソ会談が開催されるが、七月二〇日に中国が休会動議を提出して会談は決裂してしまった(1)。

このような状況下に行われた中朝首脳の相互訪問——すなわち、六三年六月の朝鮮労働党中央委員会副委員長・崔庸健《チェヨンゴン》を団長とする朝鮮労働党代表団の中国訪問と、同年九月の中華人民共和国主席・劉少奇の北朝鮮訪問は、熾烈化する中ソ論争を背景に行われただけに両国の緊密化をより鮮明に印象づけるものであった。この相互訪問によって中朝両国は「完全に見解の一致を見た」ことを強調する(2)。キューバ危機以降のソ連の威信低下を前提とする時、北朝鮮にとって中国との関係はきわめて重要な意味を持つこととなったのである。

従来、中ソ対立期の北朝鮮の対中国、対ソ連政策は、北朝鮮が中国とソ連の間を往復して「ソ連傾斜」「中国傾斜」を繰り返して自国の利益を極大化する、ある種の「振り子運動」として認識されてきた。そうした観点からすれば、六三年はまさに北朝鮮が「中国傾斜」をとった時期として認識される年であった。しかし、この過程での両者の発言、および共同声明の内容を詳細に検討してみると、「完全に見解の一致を見た」とされる両国間には微妙な認識のズレが存在していた。従来の研究では、北朝鮮の対中国、対ソ連政策が「振り子運動」として認識される余り、中ソ論争での争点で北朝鮮がどのような立場を取ったかについての分析は等閑視されがちであったため、この微妙な差には注目されてこなかった(3)。ところが、熾烈なイデオロギー論争が展開される過程で表れた路線上の微妙な「ズレ」は中国と北朝鮮のめざすものの相違を示唆して余りある。この「ズレ」こそが、中朝関係を規定する第二の要因であるイデオロギー上の関係の遠心力を意味するものなのである。

本章では、両国首脳の相互訪問で合意された内容を中心に、中ソ論争で争点となった諸点について中朝間の認識の「ズレ」を整理し、中朝関係の枠組みの中で相互訪問の意味を捉えなおしてみたい。後に詳述するように、北朝鮮の中国に対する自己主張はイデオロギー上の関係で慎重に行われたが、その際中国と朝鮮半島の歴史的関係が利用された。その過程を検討することで、中朝関係を規定する第三の伝統的関係の遠心力について明らかにされるであろう。

1 ソ朝関係の悪化――多元的社会主義陣営の団結

一九六二年二月から六三年一月に開催されたチェコスロバキア、ブルガリア、ハンガリー、東ドイツなど東欧社会主義諸国の共産党大会で、ソ連は、中国、アルバニア非難を強めた。そこで熾烈な中国共産党非難が展開されたのである(4)。また、ソ連は、キューバ危機以降、中国よりの姿勢を見せ始めた北朝鮮に対しても圧力を加え始めた。とりわけ、六三年一月に開催された東ドイツ共産党第六回大会は、北朝鮮とソ連の対立を決定的なものとした。

同総会では熾烈な中国批判が展開されたが、朝鮮労働党代表として同総会に参加していた党中央委員会政治委員会委員・李孝淳《リヒョスン》は、総会での演説そのものを拒否され、総会に提出した演説草稿さえ参加各国党代表に手渡されなかったという(5)。この演説草稿は六三年一月二二日付の『労働新聞』に掲載されたが、それによれば李孝淳は「現代修正主義」と「教条主義」に反対して「社会主義陣営の団結を強化」することの必要性を強調しようとしていた(6)。しかし、ソ連にとって重要だったのは北朝鮮の中国に対する評価だった。李孝淳の草稿で中国は「偉大なソ連とともに我が社会主義陣営の三分の二の人口を擁する強大な中華人民共和国の存在とその威力の壮盛は、帝国主義者達に深刻な危惧と不安を与えており、彼らに対する厳重な打撃となっています」(7)と表現されていた。李孝淳は中国にソ連と同等の地位を与えようとしていたのである。さらに問題となったのは、ソ連の中国非難が、一九五七年のモスクワ宣言と六〇年のモスクワ声明で確認された社会主義国家間、共産党および労働者党間の互恵平等、相互不干渉の精神に反しているとされていたことである(8)。中国との間に熾烈なイデオロギー論争を展開していたソ連にとって、社会主義陣営内での中国の地位をソ連と同等に格上げし、さらにモスクワ宣言、モスクワ声明を持ち出して社会主義諸国間、共産主義志向政党間の平等を強調したこの北朝鮮のこの発言から、北朝鮮が中国寄りの姿勢を取ったものとソ連に認識されても不思議ではなかった。

さらに北朝鮮は、六三年一月三〇日付『労働新聞』で中国擁護を展開する。「社会主義陣営の統一を守護して国際共産主義運動の団結を強化しよう」と題された同論説では、再び次のように社会主義陣営内での中国の存在をソ連と同等に位置づけた。すなわち、「かつて資本主義の包囲の中で単独で社会主義の道を切り開いてきたソ連を擁護することがすべての共産主義者達の神聖な義務であったように、今日ではソ連と中国をはじめとする社会主義陣営全体を積極的に守り、その統一と団結をあらゆる面から強化するために闘うことが、すべての共産主義者の崇高な革命的義務となる」(9)とされたのである。さらに同論説では、東ドイツ共産党第六回大会での一方的な中国非難を批判して、「米帝国主義者と国際反動勢力がヨーロッパと、とくにアジア侵略と戦争挑発の策動を露骨化し、気違いじみた反中国キャンペーンを展開している条件のもとで、これは結局、敵の反中国コーラスに仲間入りするのと何ら変わりのないことである」(10)としていた。

このように北朝鮮は、中国にソ連と同等の地位を与え、社会主義陣営の中で孤立する中国を擁護したのである。しかしここで注意しなければならないのは、これら一連の中国擁護に際しても、北朝鮮がかならずしも「中国一辺倒」というわけではなかったことである。前述の李孝淳の演説草稿では、「現代修正主義」と「教条主義」がともに批判されていたが、それはソ連に対する批判であったと同時に中国に対する批判でもあった。かつて北朝鮮にとっての「主体」の必要性を強調する際、金日成は教条主義批判の形態を取った。その具体的批判の対象には延安派が含まれていたことは第1章で述べた通りである。それを前提とする時、「教条主義」に対する批判が中国を意識したものであった可能性は排除できないのである。さらに、前述の六〇年一月三〇日付『労働新聞』論説で「そもそも共産主義者の隊列をあちら側、こちら側に分けること自体がきわめて危険なことだ」(11)と警鐘を鳴らしていたことからも、北朝鮮が必要としていたものを推し量ることができる。当時の北朝鮮は、韓国での軍事政権の誕生と日韓国交正常化への動きの中で、自らの安全保障上の脅威を強く意識していた(12)。その脅威に対して北朝鮮が必要としていたのは帝国主義陣営に対抗する社会主義陣営の団結だったのである。北朝鮮にとって、中国批判の結果社会主義陣営の団結に亀裂が生じることは、「帝国主義」を利する行為以外の何物でもなかった。それゆえ、北朝鮮は中国に対する一方的非難を「分裂主義」と断じていたのである。分裂状態にある朝鮮半島において米国と直接対峙し、「帝国主義」との闘争にあたって社会主義陣営の団結の必要性を痛感していた北朝鮮にとって、それはきわめて自然な対応であったと言ってよい(13)。

また、北朝鮮が中国擁護を行うことは、間接的にソ連に対して社会主義の多様性を強調する効果があった。当時北朝鮮は自給自足を意味する「自立的民族経済」の樹立をめざしていた(14)。とくに金日成がソ連共産党第二二回党大会に参席して以来、北朝鮮は自国の革命は主として北朝鮮の国内的力量によって進められるべきであるとする「自力更生」の立場を取っていた(15)。これに対してフルシチョフは、スターリン死後の動揺する社会主義陣営を経済的分業によって再編成しようと試み、北朝鮮を経済分業に参加させようとしていた(16)。それゆえ北朝鮮にとって、中国が自らの社会主義路線の独自性を維持すべくソ連との間で論争を展開していたことは好都合であった。かりに社会主義陣営内での中国の地位が上昇すれば、社会主義陣営内で社会主義路線の多様性が受け入れられることを意味したのである。それゆえ北朝鮮は、社会主義陣営内での中国の地位の上昇を強調したのである。そしてそれは、北朝鮮自らの社会主義路線の独自性を間接的ではあるもののソ連に対して主張することと同義でもあった。

もっとも、この時点で北朝鮮が主張していた自力更生は社会主義的国際分業と対立する概念ではなかった。金日成は「自力更生」を「国際分業に反対することではなく、それと矛盾」するものでもなく、むしろ「自力更生」によって「自立的民族経済」を樹立することこそが、国際分業に効果的に参加できる唯一の方法であると主張していたのである(17)。これは、毛沢東の主張した「自力更生」とはその意味が違っていた。すなわち、毛沢東は、抗日戦争以来の経験から国際的援助に依存せず、自民族の力によって中国革命を推進することの必要性を強調し、「自力抗戦」とともに「自力更生」を主張したのである。それは、たんに自立的民族経済の樹立をめざす北朝鮮の国内的文脈での「自力更生」とは異なり、ソ連に対抗するための国際的文脈での「自力更生」でもあった。毛沢東が、「自力更生」を「自力抗戦」と一対で主張した理由はここにあった(18)。それゆえ、同じ「自力更生」を主張しながらも北朝鮮と中国との間には微妙な認識のズレが存在したのである。この時点で北朝鮮がめざしたものは、中国を擁護して中国側に立ち、社会主義陣営内でのソ連の権威に挑戦することではなかったのである。

このように北朝鮮は、ソ連の路線と自国の路線の相違の矛盾を糊塗しながらソ連との対立が表面化することを避けつつ、あるいはソ連からの批判をかわしながら社会主義陣営の団結を強調したのである。もちろんソ連にとっても社会主義陣営の団結は必要不可欠であり、前述の通りフルシチョフは社会主義諸国間の経済分業によって社会主義陣営の団結を維持、再編成しようとしていたが、それは北朝鮮の望む社会主義陣営の団結とは決定的な違いがあった。ソ連のめざした社会主義陣営の団結とは、まさにソ連を唯一絶対の中核とする社会主義陣営の団結だったのである。社会主義陣営内でその地位を向上させてきた中国との間で熾烈なイデオロギー論争を展開して中国を共産主義陣営から排除しようとしたことは、その証左と言ってよい(19)。だが、北朝鮮にとってソ連のみを唯一絶対の中核とする社会主義陣営の団結は好ましいものではなかった。それはソ連と他の社会主義国との間に上下関係を造成する可能性があり、そして、何よりもそれはソ連が自らの革命原則、対内外政策を北朝鮮に対して強要する可能性を秘めていたからである。事実、農業共同化、「自立的民族経済」建設路線をめぐって、この時期ソ連から北朝鮮に対して圧力が加えられていた(20)。北朝鮮がそれに屈することは、まさに「主体」の喪失そのものだったのだ。

社会主義の多様性と社会主義陣営の団結という二つの条件をともに必要としていた北朝鮮の望む社会主義陣営の「在り方」とは、多様性を前提とした社会主義陣営の団結、すなわち多元的社会主義陣営の団結とでも呼び得るものであった(21)。

2　中朝共同声明と「教条主義」批判

一九六三年六月五日から二三日にかけて、党中央委員会副委員長・崔庸健を団長とする朝鮮労働党代表団が中国を訪問する。崔庸健は六月一六日に毛沢東と会談し、六月二三日には劉少奇との間に共同声明を発表することとなる(22)。中朝共同声明では、中朝両国がマルクス・レーニン主義をそれぞれの革命の前提条件に合わせて創造的に適用していることが次のように謳われた。

劉少奇主席は、兄弟的な朝鮮人民が社会主義建設事業で収めた偉大な成果を熱烈にたたえた。金日成同志を首班とする朝鮮労働党は、マルクス・レーニン主義の普遍的真理を朝鮮革命の実践に創造的に適用して、正しい路線と政策を提示した。朝鮮人民は社会主義建設の総路線である千里馬運動の旗幟《きし》を高く掲げ、自力更生の方針を揺るぎなく貫くことによって、自立的民族経済の土台を築き上げた。自力更生の原則に立って社会主義を建設する朝鮮労働党の方針は、愛国主義と国際主義を結びつけた朝鮮人民の革命精神をはっきりと具現したものである(傍点・引用者)。

崔庸健副委員長は、中国人民が中国共産党と毛沢東主席の指導の下に、社会主義建設事業で収めた偉大な成果を熱烈にたたえた。中国人民は、中国共産党の周りに一枚岩のように団結し、国の内外のあらゆる敵の陰謀を勇敢に粉砕し、ここ数年来続いた厳しい自然災害がもたらした一時的な困難を成功のうちに克服して、国民経済のすべての部門を全面的に好転させ、工業と農業のいっそう強固で堅実な基礎を築いた。中国共産党はマルクス・レーニン主義の原理を中国の実践に創造的に適用し、社会主義建設の総路線、大躍進、人民公社の三つの赤旗を高く掲げ、中国人民を社会主義建設の勝利へと導いている(23)。

中国と北朝鮮は双方の具体的な国内社会主義建設路線を評価し合ったのである。これまで北朝鮮はソ連との対立を回避すべくイデオロギー的糊塗を繰り返してきたが、中ソが国内路線を批判し合っている状況下に発表されたこの共同声明は、北朝鮮の中国寄りの姿勢を象徴するものとなった。

しかし、興味深いことに、この中朝共同声明には「教条主義」についても次のように言及されている。「現代修正主義に反対すると同時に、教条主義にも反対しなければならない。教条主義者達はマルクス・レーニン主義の一般的真理を国内革命と国際革命の具体的実践に結びつける原則に根本的に違反し、頭を使わず関係のあるすべての事実を研究しないで、国内外の重大な諸問題で他人の言う通りに発言し、他人の行くがままについていくことによって、党を実践から離脱させ、大衆から遊脱させている」(24)。もちろん、内容から考えて、この「教条主義」が中国を意味するものでないことは明らかであった。それゆえ、共同声明に「教条主義」批判が盛り込まれていたとしても必ずしも不思議ではなかった。ところが、崔庸健が帰国した翌日の『人民日報』は、この時の北朝鮮代表団の訪中を「双方の立場と観点は完全に一致した」と評価したにもかかわらず、「教条主義」批判についての言及は避けたのである。「中国人民は今後も朝鮮人民とともにマルクス・レーニン主義とプロレタリア国際主義の旗幟を高く掲げ、帝国主義に反対し世界平和を勝ち取るために、社会主義陣営と国際共産主義運動の団結を維持するために、現代修正主義に反対しマルクス・レーニン主義の純潔性を守るために、また、社会主義と共産主義を建設するために、肩を並べて闘い、手を携えて前進する」(25)としたのみで、「教条主義」についての言及は一切控えられていたのである。中国が「教条主義」批判について意識していたのは間違いない。また、さらに興味深いことに、六三年七月二四日に行われた崔庸健も帰国報告では「教条主義」についてふれなかった(26)。結局、中朝共同声明で言及されたにもかかわらず、この「教条主義」批判について双方はそれ以後言及を控えたのである。

それでは、中朝いずれが「教条主義」について言及することを求めたのであろうか。中ソ論争に際して中国がソ連に「教条主義」として批判されていたことを前提とすれば、共同声明に「教条主義」批判の文言を挿入することに中国が積極的だったはずがない。もちろんここでの「教条主義」との文言は先に指摘した通り中国に対する批判ではなかったが、中国にとって、自らに対する批判を連想させる「教条主義」との文言が共同声明内に盛り込まれることが好ましいことであるはずはなかったからである。一方、北朝鮮は「教条主義」批判に対して積極的であった。先述の通り、東ドイツ共産党第六回大会に提出された李孝淳の演説草稿でも「現代修正主義」と「教条主義」がともに批判の対象とされていた。何よりも北朝鮮の「主体」模索の動きは「教条主義」批判によって開始されたのである(27)。共同声明に「教条主義」批判を挿入することについてイニシアティブを取ったのが北朝鮮であることは、間違いなかろう。

しかし、その意味するところが別にあったとしても、「教条主義」という文言を使用することによって生じる意味について、中ソ両社会主義超大国の狭間にあって両国との関係に神経を砕いてきた北朝鮮の指導者が無神経であったはずはない。では、なぜ北朝鮮は「教条主義」を共同声明に挿入する必要があったのだろうか。その理由は北朝鮮のソ連に対する配慮に求められる。すなわち、既述の通り、当時の北朝鮮にとって最も重要だったのは社会主義陣営の団結であった。北朝鮮は社会主義の団結を動揺させる行為を批判し、ソ連をはじめ東欧諸国の中国批判についても「敵の反中国コーラス」を助長する行為以外の何ものでもない、と批判していたのである。かりに共同声明で「現代修正主義」に対する批判のみが強調されれば、北朝鮮が「中国一辺倒」の姿勢を取ったことを象徴するものとなったであろうし、それはすなわち逆の意味で、社会主義陣営の団結を動揺させる「分裂主義」にほかならない。さらに北朝鮮が中国の路線に従って「中国一辺倒」の姿勢を取れば、それは北朝鮮にとって「主体」の喪失を意味する。それゆえ、「現代修正主義」批判の印象の強い中朝共同声明にあえて「教条主義」批判を入れることで「中国一辺倒」との印象を払拭しようとした可能性が考えられる。

また、それを中国に対して認めさせることこそが北朝鮮にとって「主体」を中国に対して認めさせることにほかならなかったとも言える。そもそも共同声明での「教条主義」批判が、一九五〇年代から北朝鮮国内で展開された「教条主義」批判を意味することは明らかであり、中国に対しては、それが中国を想定したものではなく、五〇年代に北朝鮮国内に発生した「教条主義」の誤りに対する批判である、との説明が可能であったはずである。にもかかわらず、もちろん中国にとってそれは決して愉快なことではなかったに違いないが、「教条主義」批判に対する言及を削除することにこだわる余り北朝鮮との関係を悪化させてしまうことも、当時の中国にとって決して好ましいものではなかったはずである。それゆえ、中国は「教条主義」との文言を共同声明に挿入することを認めて北朝鮮に決定的な踏み絵を踏ませず、ある意味では北朝鮮に「貸し」をつくったと言えるかもしれない。

もっとも、「教条主義」批判を展開することは当時の劉少奇をはじめとする中国指導層にとっても、きわめて危険なことであったと言ってよい。なぜなら六三年六月、毛沢東が「前一〇条」を出していたからである。劉少奇と鄧小平は、六三年九月、毛沢東の「前一〇条」を訂正して「後一〇条」を出して毛沢東の「教条主義」的路線を修正していたのである(28)。中国が微妙な国内権力闘争の火種を内包していた時期であっただけに、『人民日報』には「教条主義」が言及されなかったのかも知れない。劉少奇をはじめとする当時の中国指導部の思惑がいずれにあったかは別にしても、共同宣言に「教条主義」批判が盛り込まれたことで、結果的に北朝鮮は、後に毛沢東によって実権派として批判の対象となる劉少奇、鄧小平らと「完全一致」したことを印象づける結果となった。

前述の通り、六三年七月二四日に行われた崔庸健は帰国報告では、先の『人民日報』同様、両国の見解の「完全一致」と「現代修正主義に対する闘争」が繰り返し強調されただけで、「教条主義」については言及されなかった(29)。北朝鮮でなぜ「教条主義」批判について言及されなくなったのかについては必ずしも明らかではないが、北朝鮮としては、共同声明で中国に「教条主義」批判の挿入を認めさせるだけでソ連に対する言い訳としては十分だったはずである。もとより、当時の北朝鮮が中国寄りであったことは間違いないが、そうであるとすれば、ことさらに「教条主義」批判を繰り返すことで中国との関係を悪化させることはできなかったであろう(30)。「教条主義」批判は、一度で十分だったのである。

崔庸健は次のように語って社会主義陣営の団結の必要性を強調した。「兄弟党間に発生する意見の相違はモスクワ声明に規定されたように、平等な立場で協商を通じて忍耐強く解決しなければなりません。兄弟党間の思想上の意見の相違を国家的関係にまで拡大することは、我々の隊列の団結を破壊する分裂行為として厳しく糾弾されねばなりません」(31)。北朝鮮は、あくまで社会主義陣営の団結を動揺させる行為それ自体に対して批判を加え、ソ連に対して直接的に批判することを避けたのである。北朝鮮は必ずしも「中国一辺倒」ではなかったのである。

3　主体の承認と中国批判——中朝関係の限界

劉少奇も一九六三年九月一五日から二七日に北朝鮮を訪問した。この北朝鮮訪問は、劉少奇をはじめとする中国指導者達が六三年七月にソ連を訪問し、ソ連との路線上の意見調整をすることができずに帰国した(32)後に行われた訪問であっただけに重要な意味を持っていた。劉少奇の北朝鮮訪問前から、中国の姿勢は明らかであった。六三年九月九日の北朝鮮建国一五周年記念に際して、中国は北朝鮮に対して最大限の賛辞を送っていたのである。まず、周恩来が駐北京北朝鮮大使館で開催された建国一五周年式典に参加して、千里馬運動、青山里方法など、北朝鮮の社会主義路線を絶賛したのである。周恩来は「マルクス・レーニン主義を堅持して現代修正主義に反対し、社会主義陣営と国際共産主義運動の団結を堅持して分裂に反対し、無産階級国際主義を堅持して大国拝外主義と民族利己主義に反対」しなければならないと強調しながら「中朝両国人民は生死を同じくし、艱難をともにした戦友であり兄弟である」として、「中朝両国の血で固められた戦闘友誼」を強調したのである(33)。さらに同日、『人民日報』は「朝鮮人民の偉大な祝日」と題する社論を掲載し、やはり千里馬運動、青山里方法など北朝鮮の社会主義路線を評価しつつ、「朝鮮民主主義人民共和国は社会主義陣営の東方の前哨に強固にそびえ立ち、アジアと世界平和の積極的で信頼に足る保衛者となっている」(34)として北朝鮮の国際共産主義運動における貢献に賛辞を与えたのである。そして「中朝両国の友誼と団結の強化は、社会主義陣営の共同利益に符合するのみならず世界平和と人類の進歩のためにも有利である。共同の事業と共同の理想のために、中国人民は永遠に朝鮮人民と団結をともにし、戦闘をともにし、共同して前進する」とされた(35)。中国側は明らかに北朝鮮との関係強化をめざしていた。ソ連との関係が修復不可能となり、中国としては何としても北朝鮮を自らの側に立たせたいと考えたのである。ソ連との間で双方の国内路線に対する批判を展開して関係悪化の頂点に達していた状況下、北朝鮮の具体的国内社会主義建設路線を評価したことからも中国側の意図するところを読み取ることができよう。

こうした雰囲気の中、九月一五日から劉少奇が北朝鮮を訪問する(36)。一八日に開催された歓迎宴で劉少奇は次のように北朝鮮の路線の正統性を強調していた。

朝鮮人民は大志を抱き、理想を持ち、勤勉かつ勇敢でよく辛苦に耐えて奮闘する偉大な人民であり、朝鮮民主主義人民共和国は帝国主義に反抗する革命の烈火の中で成長したものであり、戦争の試練を経るとともに建設の試練も経た偉大な国家であり、朝鮮労働党はマルクス・レーニン主義の旗幟を一貫して高く掲げ、プロレタリア国際主義の原則を一貫して堅持している偉大な党であります。このような党、このような国家は独立独歩、何ものにも侵されないものであり、打ち破ることのできないものであります。……朝鮮労働党は長期にわたる帝国主義に反対する革命闘争の中で、社会主義革命と社会主義建設の事業の中で、一貫して自力更生の革命的精神を持って幹部と人民を教育してきました。自力更生の革命的精神はマルクス・レーニン主義と完全に符合しています(37)。

劉少奇は北朝鮮のイデオロギー的正統性をあらためて認めたのであった。

中ソ会談の決裂後に行われた訪問であったため、劉少奇の演説の大半はソ連に対する批判で占められていたが、注目すべきは、ソ連の路線との対比の中で北朝鮮の路線が、肯定的に評価されていることである。たとえば劉少奇は、ソ連が「国際分業」路線を主張して「自力更生」路線に反対していることを指摘し、「どの国家の革命と建設も必ず自力更生を主とし、外部援助の獲得を従としなければなりません。どの社会主義国家も断固として自力更生を主とする建設方針を執行し、本国人民の労働と知恵に頼り、本国の資源を十分に利用し、本国の経済を速やかに発展させてこそ、初めてお互いに完全な平等を保持し、お互いに独立と主権を尊重し、お互いに内政干渉しない原則に基づき、かつまたプロレタリア国際主義の原則に基づいて有無相通じ、相互援助し密接に協力することができるのです」(38)と述べたのである。このように劉少奇はソ連と北朝鮮の路線の相違を際立たせることによって北朝鮮の正統性を強調したのである。しかし、中国側がソ連と北朝鮮の路線の相違を明確に強調しながら北朝鮮の正統性を認めるという方法を用いたことで、北朝鮮は難しい立場に立たされた。すなわち、中国が北朝鮮の主体を認めることは歓迎し得ることであったが、ソ連との路線の相違を強調されることはソ連との関係を悪化させる危険性があり、より広い意味では北朝鮮の望む社会主義陣営の団結に動揺を与える結果を招く危険性を孕んでいたのである。前節で指摘したように、北朝鮮は何もソ連の権威に挑むことをめざしていたわけではなかった。中朝協調を喧伝しながらも北朝鮮はソ連に対する配慮を見せていた。北朝鮮は、ソ連との路線の相違を曖昧にしつつ、ソ連に対して自己主張をして来たし(39)、そしてそうした姿勢は中ソ会談決裂後も基本的にはかわらなかった。ソ連という「敵」を共有することで中朝親善が強調されることは、北朝鮮にとって必ずしも歓迎し得ることではなかったのである。

これに対して北朝鮮は巧妙に対応した。北朝鮮は劉少奇の北朝鮮訪問を最大限歓迎することで中朝緊密化を印象づける一方、きわめて巧みに中国に対する批判を展開したのである。それは、ソ連科学院編の『全世界史』という書の朝鮮関係の記述部分を批判するという表面上のソ連批判の形態を取って行われることとなった。劉少奇が北朝鮮を訪問している期間、『労働新聞』は「『全世界史』(ソ連科学院編)朝鮮関係叙述の厳重な錯誤について」と題する論説を掲載したが、この論説はこれまで北朝鮮が中国指導者の北朝鮮訪問時期に合わせてソ連批判を行ったとして、この時期の北朝鮮の姿勢が「親中反ソ」として位置づけられる証左として評価されてきた(40)。しかし、その内容を詳細に検討すると、この論文がきわめて巧妙な中国批判の文書となっていることがわかる。

北朝鮮の批判の第一の点は、朝鮮民族の起源の問題であった。『全世界史』では、朝鮮民族の起源が中国からの移民とされているのに対し、論説ではその移民が朝鮮半島を訪れ得るはずがないとし、さらに壇君神話の記述が存在しないことに批判が集中している。しかも、そうした錯誤の原因は「中国の封建史家と朝鮮の事大主義の封建史家によって創作された」「三～一世紀から中国人達の間で創作され始め、その後徐々に内容が添加された」ことによるとされている(41)。

また、「前三～一世紀から中国人は朝鮮に対して多くのことを知るようになり、その封建統治輩はここを侵略していった。国の文化水準が高く、人民の礼儀範節がすばらしいそうした朝鮮を中国の封建史家達は自国の『聖人』達、とくにその中でも伝説的要素が少なくない箕子の『教化』に繋げて、その侵略政策を正統化、合理化しようとした」としている(42)。

さらに、同論説では、他国による侵略に対する記述の過ちを指摘しているが、それが隋、唐など中国からの侵略行為に対する批判であった。そして、六一二年の隋・高句麗戦争で「戦闘員一一三万に後方部隊まで動員し三〇〇万名の大軍を出動させた」として「人類の歴史は、この時まで他国の侵略にこれほどの大軍が動員された実例をほとんど知ることはできない」としたのである。さらに「高句麗人民の侵略者に反対する闘争は六六八年に国が新羅―唐連合軍によって滅ぼされた後もたゆまなく続けられた。彼らは新羅、百済人民とともに侵略者を我らが土地から駆逐するために抗戦を続け、六七六年に朝鮮半島から侵略軍を駆逐した。満州地域で高句麗遺民達はいくつかの城に依拠して抗戦を続け、ついに渤海国を創建した。渤海は唐の勢力を遼西から駆逐して八世紀には高句麗の故地をほとんど完全に修復し、二〇〇余年間『海東盛国』の名前で轟かせた。しかし、無知な『全世界史』の著者は渤海を高句麗遺民達とはまったく関係のない『満州国家』と、無責任にも乱暴に処理したのである」(43)。

前述の北朝鮮の歴代中国王朝に対する批判を評価する際に興味深いのは、中朝国境画定に際しての両国間のやり取りである。中朝両国から正式に発表されたわけではないが、中国側資料によれば、一九六二年一〇月一二日に周恩来と金日成の間で国境条約が調印されたとされている(44)。その際の周恩来は、インドとの国境問題を解決するため中国側が努力したにもかかわらずインド側がそれに応えなかったため、中印関係が悪化し、中印国境が緊張したことを例に取り、中国にその意志さえあればインド軍を撃退することは「簡単であった」と説明したのである(45)。北朝鮮との国境条約を締結する際になぜ周恩来が中印国境問題について説明する必要があったのかは明らかではない。もちろん、当時中印関係が北朝鮮にとって関心事であったことは間違いないため、それについて周恩来が事情を説明したとも考えられる。しかし、インドを撃退することは「簡単であった」との文言を聞いた金日成が、それをある種の威嚇として受け止めたとしても不思議ではない。それゆえ、前述の『全世界史』批判は北朝鮮にとってたんなる歴史問題ではなく、わずか一年前に発生した問題と密接に関係する問題であった可能性も否定できないのである(46)。

当時北朝鮮が強調していたのは、多様性を前提とした社会主義陣営の団結であったが、各社会主義志向国が多様性を維持するために障害となるものがソ連の大国主義であった。それゆえ、北朝鮮はモスクワ宣言、モスクワ声明に依拠してソ連の大国主義的姿勢に対して批判を加えていた。前述の『全世界史』批判の中で展開されている批判は、もちろんソ連の歴史学者の記述の錯誤についての批判であり、また、中国とは関係ない部分についても批判されていたが、批判の多くが中国の朝鮮に対する「侵略」行為に対する記述の「誤り」に対して向けられたものであった。そしてそれは、過去の中国の大国主義的姿勢に対する批判ではあったが、北朝鮮が問題とした大国主義に対する批判は、まさに現在の中国の姿勢を象徴するものとも解釈し得た。国境問題を例に引くまでもなく、北朝鮮にとってそれは過去の問題ではなく現実の問題としても意味を持っていたのである。

北朝鮮は、ソ連批判を強調しながら、実質的にそして巧妙に中国をも批判していたのである。もちろん同論説の批判の対象が主としてソ連であったことは間違いないし、また歴史的事実をめぐる批判でもあったことも事実である。しかし、前述のような中国大陸の国家の朝鮮半島への「侵略行為」についての誤りを正す行為は、中国にとっては必ずしも愉快なものではなかったはずである。それゆえ、最高潮に達した中朝関係を印象づける劉少奇の北朝鮮訪問中に、このような論説が『労働新聞』に掲載されたことの意味を軽視することはできない。この文書をたんに「反ソの証左」とするわけにはいかないのである。逆に北朝鮮が必ずしも「中国一辺倒」ではなかったことを示す象徴的論説として評価できるのである。

このように微妙なズレを内包しながらも、「抗日闘争」「朝鮮戦争」をともに闘ったという共通の経験を基盤として成立していた中朝の「伝統的友誼」「唇歯の関係」には、六三年の中朝両国首脳の相互訪問によって、新たに「現代修正主義」に対する闘争についての経験の共有が付け加えられることとなったのである。

4　北朝鮮の社会主義路線

中ソ論争の激化に際して北朝鮮を自らの側に立たせようとする中国の事情と、ソ連に対して「主体」を承認させたいという北朝鮮側の事情によって中朝関係の緊密化は促進されたと言ってよい。しかし、それのみならず、ソ連の平和共存路線と、その背景にあるフルシチョフの「帝国主義」認識に対して、中朝両国がともに異を唱え双方が帝国主義に対する認識を一にしていたことが両国の関係緊密化を一層促進したものと思われる。

1　「帝国主義」認識

中朝共同声明で、中朝両国は、「帝国主義との闘争」を「イデオロギー的闘争と経済的競争に限定して解釈」すべきではなく、むしろ多方面にわたる闘争の必要性があることを強調した(47)。中朝両国は、「帝国主義との闘争」についての認識の一致を確認し、イデオロギー的・経済的闘争に限定したフルシチョフの平和共存路線と決定的な相違を確認したのである。

フルシチョフの平和共存路線は米国との戦争を回避できるという「戦争可避論」を背景としているが、それは米国との「交渉可能性」というソ連の対米認識を前提としている(48)。それに対して北朝鮮は、米国を「戦争挑発者」と規定して、米国の「交渉不可能性」を前提とした対米認識を有していた(49)。

ソ連と北朝鮮の米国に対する認識の相違は、中ソ会談決裂直後の六三年七月二五日に、米ソ英間で締結された部分的核実験禁止条約を契機として一層明確なものとなった(50)。北朝鮮は、部分的核実験禁止条約を締結することによって米国の「戦争挑発行為」を防止することはできないとの立場を取り、「核兵器の全面的禁止および廃棄のような、世界各国人民の利益に直接関係する問題を根本的に解決するために、世界のすべての平和愛好力量が一層堅く団結して緊密に闘争しなければならないであろう」と主張した(51)。北朝鮮は「交渉可能性」を前提としたソ連の米国に対する態度を批判すると同時に国際社会における重要問題を米ソ英という大国間でのみ決定するという、いわばソ連の「大国主義」的態度に対しても非難を加えた(52)。この点は、中国も同様にソ連の「大国主義」的態度に対して非難を加えていた(53)。

しかし、ソ連の米国に対する「妥協的」、「投降的」態度、およびソ連の「大国主義的」態度に対する批判で軌を一にした中朝両国ではあったが、そのめざすところには微妙な相違が存在していたものと思われる。核開発に情熱を注いでいた中国が、部分的核実験禁止条約が自国の核開発を阻害することになるであろうことを指摘して、核を大国が独占することに対して批判を加えた(54)のとは異なり、部分的核実験禁止条約に対する北朝鮮の批判は、核兵器を大国が独占することよりもむしろ国際社会の重要問題を大国間の協議によって一方的に解決していこうとするソ連の「大国主義」に対する非難に重点が置かれていたと言ってよい。米ソ英三国間で国際社会の重要問題を協議して解決していこうとするソ連の態度は、社会主義陣営内で自らを唯一の「中核」として位置づけていたがゆえの行動であったと北朝鮮が判断したとしても不思議ではない。それは北朝鮮のめざす「多元的社会主義陣営」の団結を阻むものであったからである(55)。

2　「革命の継続」と「プロレタリア独裁」

中ソ論争の争点の中で、ソ連が共産党第二二回党大会で主張した「人民の国家論」をめぐる問題は、中国にとっては「人民の国家論」それ自体についての議論よりも、「プロレタリア独裁の消滅」との関連において重要であった。生産力の発展よりも人間の意識を刺激することにより生産関係の意識的変革に社会発展の原動力を見出していた中国にとって、「プロレタリア独裁の消滅」にともなう「革命の継続」否定は許容できないものであったと言えよう(56)。それゆえ、ソ連共産党第二二回党大会での「プロレタリア独裁の消滅の宣言」とも受け取れるフルシチョフの「新綱領」は、六二年の八期一〇中全会で「階級闘争激化論」を定式化していた中国にとって受け入れがたいものであったと考えられる(57)。フルシチョフの「新綱領」では、ソ連が「全人民の国家」へと転化したとして、プロレタリア独裁の消滅を現実のものとして語り始めていた(58)。これに対して中国は、先の「国際共産主義運動の総路線に関する定義」で初めて「全人民の国家」論に対する反駁を開始し(59)、プロレタリア独裁の消滅はマルクス・レーニン主義の根本原則から考えて「あり得ない」と断じて、「新綱領」を「資本主義の復活」であると批判したのである。ここに、ソ連共産党第二二回党大会で採択された「全人民の国家」論と、八期一〇中全会で採択された「階級闘争激化」論を背景として、中ソ論争は「階級闘争の継続」の問題をめぐって公開のイデオロギー論争を展開することとなった。

北朝鮮は、「階級闘争」と「プロレタリア独裁」について、中朝共同声明の中で、一応中国との間に認識の一致を確認していた。共同声明では「修正主義者達は……彼ら自身が革命を行わないばかりでなく、他人も革命をできないようにしている」(60)と位置づけ、中朝両国が依然として革命途上にあり革命を継続する必要があることを示唆し、ソ連の「人民の国家論」にともなう「プロレタリア独裁の消滅」に対する否定的態度を示していた。

崔庸健は帰国後の報告で次のように述べて、北朝鮮が引き続き人民に階級意識で武装させることを言明している。「我々は、全勤労者をマルクス・レーニン主義的革命精神と我が党の革命伝統および階級敵を憎み、自己の党と自己の人民と自己の社会主義祖国を熱烈に愛する階級意識でしっかりと武装させ緊張した動員体制を引き続き堅持するであろうし、敵のいかなる蠢動《しゅんどう》も粉砕して平和と社会主義の東方の前哨を頼もしく守るでしょう」(61)。

そして、六三年九月八日の北朝鮮建国一五周年祝賀大会で報告を行った崔庸健は北朝鮮の「プロレタリア独裁」認識を明確にしたのである。崔庸健は、北朝鮮で既に「社会主義制度が勝利した結果、生産力は古い生産関係の束縛から解放され、人間による人間の搾取は永遠に清算され」た、として、「我々の社会には搾取階級も被搾取階級もありません」と述べた(62)。崔庸健は北朝鮮において既に階級対立が一掃されたことを明言したのである。しかし、崔庸健は、北朝鮮での階級闘争の終了を前提として「階級闘争の試練を経なかった新しい世代の青年」に対しても引き続き、階級意識を芽生えさせ、「新たな階級闘争」に備えさせ、「プロレタリア独裁」を強化するという北朝鮮の態度を言明したのである(63)。

北朝鮮がプロレタリア独裁の強化を強調したことは、結果として、中国との紐帯《ちゅうたい》をより緊密化することとなった。既述の中ソ会談決裂以後の六三年九月一五日から二七日にかけて行われた劉少奇の北朝鮮訪問に際して、北朝鮮は「プロレタリア独裁の強化」について、中国との間の同意を確認することとなった。九月一八日に平壌市歓迎大会で演説を行った劉少奇は階級闘争の問題についてふれ「プロレタリアートが政権を取った後も、非常に長い間、階級闘争の存在は依然として継続する」(64)として、プロレタリア独裁の強化を強調し、プロレタリア独裁強化の理由として帝国主義の存在という外部的条件と「人民内部の矛盾」という内部的条件を挙げ、六二年の八期一〇中全会で採択された「階級闘争激化論」を背景とした中国共産党の革命認識を述べていた(65)。

これに対して北朝鮮も劉少奇の帰国後、プロレタリア独裁強化を強調していくこととなる。北朝鮮のプロレタリア独裁強化は、中国のそれと同じく、やはり帝国主義の存在という外部的条件と「人民内部の矛盾」という内部的条件によって成立する。北朝鮮の認識によれば「国際的規模で展開されている階級闘争」は熾烈をきわめており、「社会主義諸国における資本主義復活を妄想しながら、これら諸国人民の中にブルジョア思想と西方の頽廃的生活様式を伝播するために手段と方法を選ばない……このような条件の下で、帝国主義イデオロギーと『現代修正主義』を克服し、反帝闘争、革命闘争を強力に推進するためには、何よりも勤労大衆を階級意識でしっかりと武装させなければならない」として、外部的条件に起因するプロレタリア独裁強化を強調している(66)。また北朝鮮は、内部的条件に起因するプロレタリア独裁強化についても「古い思想的残滓は、社会主義革命が勝利した後にも長い間残っている……古い思想の残滓を清算し、人々を共産主義意識で武装するための決定的闘争を展開しないならば、帝国主義者の不断の思想的侵入が存在する条件下で、それはむしろ蘇生され、助長され得る。社会主義、共産主義建設が進む過程において古い思想が助長されるならば、それは社会主義、共産主義の勝利を遅延させるだけでなく、社会主義の獲得物を危険に陥らせることになる」(67)とした。北朝鮮は、社会主義政権が成立した後にも、人間の中には依然として「資本主義的」要素が残っており、しかも「帝国主義」が存在する以上、人間の中で「資本主義」の復活する可能性が残っているとし、「資本主義」復活の可能性が残っている限り引き続き革命を継続して人民に階級意識を持たせなければならない、としたのであった。この外部的条件と内部的条件に起因するプロレタリア独裁強化は、まさしく中国のプロレタリア独裁強化とその認識を一にしたものとして評価されよう(68)。

もっとも階級闘争の形態については、中国は社会主義革命は「一歩一歩」「平和的な道を通じて」遂行されるとしてその独創性を見せていた時期から、北朝鮮は社会主義革命が激しい階級闘争を伴うとの立場を取っていた(69)。従って、中国との関係を強化するために北朝鮮は自国の革命路線を「修正」したわけではなかった。むしろ中国が「階級闘争激化」へとその革命路線を変更させた結果、階級闘争の形態についての認識を一にすることができたのである。

プロレタリア独裁強化についての中国との間の同意を背景として北朝鮮は、ソ連の「人民の国家論」に対して批判を繰り返していく。たとえば、北朝鮮は「今、一部の人達は……勤労者の階級意識を麻痺させ思想的混乱を作り出し、階級闘争を放棄しようとしている。彼らは……プロレタリア独裁がその使命をすべて果たしたかのように言っている。このようなことは、社会主義陣営を弱める危険な態度である」(70)としていた。さらに「世界革命は終わっていない。……この世に帝国主義が存在する限り共産主義者達は闘争を中止するわけにはいかない」(71)として、継続革命を主張していた。

北朝鮮によれば、「プロレタリア独裁なくしては社会主義を建設できないばかりでなく共産主義も建設できない。マルクス・レーニン主義の創始者は共産主義が実現され国家が凋落するに至るまでプロレタリア独裁以外の他の如何なるものも予見したことがない。社会主義が勝利したからと言って、プロレタリア独裁がもはや必要ないと言いながらプロレタリア独裁と革命的規律を弱化させ、勤労者の階級意識を麻痺させることは、ただ反革命に有利な条件を作ることにほかならない」(72)とされている。つまり北朝鮮は、「共産主義の世界的規模での勝利」まで、プロレタリア独裁以外の形態の政権は考えられず、プロレタリア独裁は消滅しないとの立場を取ったのである。

ここで注意しなければならないのは、北朝鮮の「人民の国家」批判が、中国が強硬に主張した「人民の国家」にともなう「プロレタリア独裁消滅」に対する批判というよりは、むしろ「人民の国家」の成立にともなう「プロレタリア独裁消滅」を、北朝鮮に強要することに対する批判に重点が置かれていることである。北朝鮮が、「自身が革命を行わないばかりでなく、他人も革命できないようにしている」としてソ連を批判したことは、北朝鮮の「人民の国家」論批判が「プロレタリア独裁の消滅」そのものについてよりも、むしろソ連の革命原則を北朝鮮に強要しようとするソ連の「大国主義的」態度についての批判であったことを示唆して余りある。それはまさに自国の「主体」を守ることに北朝鮮が重点を置いていたことの証左でもある。

既に主体を宣言し、社会主義の多様性を前提とする時、北朝鮮にとって「プロレタリア独裁の消滅」はソ連の国内問題として処理し得るものであったはずである。それゆえ、北朝鮮は自国に「プロレタリア独裁」の消滅を強要しようとするソ連の「大国主義的」態度に非難の力点を置いたのである。

3 「民族解放闘争」

中ソ論争が尖鋭化する過程では、また民族解放闘争に対する双方の見解の相違も明確にされた。アジア、アフリカ、ラテンアメリカ諸国が民族解放闘争を展開している状況下で、この民族解放闘争に対してどのような態度を取るかは、社会主義諸国にとってきわめて大きな問題であった。それは社会主義陣営と西側陣営の二つの陣営以外の、所謂第三世界の位置づけという問題をも内包していたのである。中ソ論争が新たな次元に突入したことで、この問題は一挙に噴出することとなった(73)。

北朝鮮にとって、民族解放闘争に対してソ連および中国がどのような姿勢を取るかはきわめて重要な問題であった。南朝鮮革命を民族解放闘争として位置づけている北朝鮮にとってそれはたんに世界革命との関連で議論される第三世界認識にとどまらず、朝鮮革命そのものにも大きな影響を及ぼすものであったからである(74)。

ソ連の民族解放闘争に対する姿勢は、六一年一月六日のフルシチョフの所謂「戦争宣言」で明確にされた。フルシチョフは民族解放闘争と局地戦争を峻別して、局地戦争は世界戦争に発展するので好ましくないが、民族解放闘争と人民蜂起は最も好ましく、共産主義者は民族解放闘争と人民蜂起に支援を送る、と宣言していたのである(75)。南朝鮮革命を民族解放闘争として位置づけてきた北朝鮮にとっては、このフルシチョフの「戦争宣言」はきわめて勇気づけられるものであったに違いない。この時期、北朝鮮は韓国での革命発生に期待を寄せていた(76)。もしかりに民族解放闘争である南朝鮮革命が発生した場合、ソ連からの援助が得られるものと北朝鮮が判断しても不思議ではない。ところが、実際にはフルシチョフは極地戦争のみならず、しばしば社会主義革命に直結するはずの民族解放闘争にすら冷淡な態度を取ることがあった。フルシチョフ時代後期の六一～六二年にかけて、ソ連の発展途上国への援助は著しく低下していたのである(77)。

中朝共同声明では、「社会主義陣営の力はますます強まっており、アジア、アフリカ、ラテンアメリカの民族・民主主義革命運動は空前の高まりを見せている。この二つの強大な勢力は、互いに支持し合い、励まし合いながら歴史の前進を推し進め、世界の様相を変えている」との認識を示し、民族解放闘争をきわめて高く評価している(78)。さらに「平和共存をイデオロギー闘争と経済競争だけに限定して解釈することはできない。ことに社会主義と資本主義国とのあいだの平和共存を、抑圧民族と被抑圧民族の関係にまで拡大してはならず、平和共存を口実にして帝国主義に反対する闘争や各国人民の革命闘争を支持するという国際的義務を放棄してはならない」として、ソ連の民族解放闘争に対する態度を非難した(79)。後に北朝鮮は、六四年一月二四日付『労働新聞』に「民族解放闘争の旗幟を高く掲げよう」との論説を掲載し、以下のように世界革命が達成されるまで、民族解放闘争を引き続き強化していく必要性を強調していた。

一部の人達は、植民地主義制度が既に崩壊してその残滓だけがいくらか残っており、民族解放革命の課題がほとんど完遂されたかのように主張している……共産主義者を自称する人達が、どうして帝国主義者の宣伝に相づちを打ちながら、もはや植民地主義制度が残っていないなどと言って人々を欺瞞することができようか?……あらゆる形態の植民地主義を一掃し、人民が完全な民族的自由を享有することができる時まで、決して反帝・民族解放闘争を止めることはできない。被圧迫人民は、民族解放闘争の炎を一層高めて、帝国主義植民地体制を完全に一掃すべき歴史的課題を完遂しなければならない(80)。

また、北朝鮮は後にソ連の民族解放闘争に対する態度について明確な不満を洩らし、「口先だけでは民族解放闘争を支持すると言いながら社会主義が『経済的競争』で資本主義に打ち勝ち、また『軍備撤退』が実現されれば、解放も独立もひとりでに達成されるといい、甚だしくは人民の解放闘争に対して、それが大戦争の『火花』になるおそれがあるという口実のもとに闘争を放棄するよう説教するのは、結局植民地従属国人民に恥辱の奴隷の境遇を永遠に甘受せよということにほかならない」と断言している(81)。民族解放闘争に関するこうしたソ連と北朝鮮とのあいだの認識の相違は、北朝鮮が朝鮮革命の一部である民族解放闘争としての南朝鮮革命を抱えているため、より深刻な問題であったと思われる。しかもソ連が民族解放闘争を積極的に阻止する姿勢を示していたことは、北朝鮮にとっては自国が民族解放闘争として位置づけていた南朝鮮革命の推進を困難にするものであり、それはまた、革命を独自的に進めていこうという北朝鮮の主体に抵触するものであったと言えよう。それゆえ北朝鮮にとっては、ソ連との路線の相違の中で民族解放闘争についての認識の相違が最も深刻であり、なおかつ埋めがたいものであったと見てよい。

ところで、北朝鮮は第三世界の民族解放闘争がすべて社会主義革命へと繋がるものとして認識していたようである。すなわち、北朝鮮は南朝鮮革命を民族解放闘争として位置づけており、なおかつ南朝鮮革命が朝鮮革命の重要な構成部分であるため、民族解放闘争がすべて社会主義革命へと繋がるという認識を持っていたと思われる。北朝鮮の認識からすれば、民族解放闘争に対するソ連の態度は南朝鮮革命に対するソ連の態度と直結しており、それゆえ北朝鮮にとってはソ連の民族解放闘争に対する態度はきわめて重要なものであったと言えよう。

また、「帝国主義者との協力を唱える人達は、世界革命の問題を解決する方途として平和共存を持ち出す。彼らは平和共存が今日の核兵器時代に革命を行う『唯一の道』だと主張している。だから、被抑圧民族の第一義的課題も、民族の独立と自由のための闘争だという。……平和共存が保証されれば、社会主義と資本主義の経済的競争で帝国主義が敗北し、従って民族解放はひとりでに成し遂げられるだろうと騒ぎ立てる。彼らは、民族解放運動が平和共存に服従すべきであり、結局革命を行ってはならないと説教しているのである」(82)として、民族解放闘争が平和共存に服従すべきではないことを北朝鮮は強調している。これは、世界革命を民族解放闘争に優先させることに対する反発であったと解釈し得よう。北朝鮮は、世界革命と民族解放闘争に優先順位を付けるべきものではなく、相互補完的に達成されるものとの認識に立っていたのである。しかも、民族解放闘争を平和共存に服従させることは、民族解放闘争としての南朝鮮革命が後退することを意味するだけでなく、北朝鮮が朝鮮革命を独自の方法で推進していくことすら困難にするものであったと言えよう。それはまた、北朝鮮の「主体」の喪失に繋がるものでもあったのである。

結　語

一九六三年は北朝鮮にとってまさに「中国傾斜」として位置づけられる年であった。確かにキューバ危機を契機として北朝鮮は中国との関係を強化する。しかし、この「中国傾斜」は必ずしも「中国一辺倒」と同義ではなかった。北朝鮮は中ソ論争での争点について、それぞれ中国との間に微妙な相違点を有していた。もちろんソ連に対する信頼性は低下したものの、朝鮮革命を推進しようとする北朝鮮にとって社会主義陣営の団結は必要不可欠なものであった。それゆえ北朝鮮は、実質的には中国との関係を強化しつつも、巧妙にソ連との関係にも配慮したのである。それはまた、前章で考察した中朝関係を規定する第二の要因であるイデオロギー上の関係についての北朝鮮の対中姿勢を踏襲するものであったと言ってよい。表面上のイデオロギー的な協調を繰り返せば繰り返すほど、中朝両国はイデオロギー上のズレを内に蓄えて行かざるを得ないのである。こうした関係こそが中朝イデオロギー関係の特徴をなしていると言っても過言ではない。

朝鮮戦争以後、中朝関係が最も緊密な時期として位置づけられる年が一九六三年であった。しかし、「完全に見解の一致を見た」との表現にもかかわらず北朝鮮が「主体」を維持し「中国一辺倒」を回避したことで、北朝鮮は中朝関係の上限を自ら設定したと言ってよい。そして中国もまた、中ソ論争を背景として、北朝鮮に少なくとも「ソ連傾斜」の姿勢を取らせないためにも、そうした上限を受け入れざるを得なかったのである。こうして中朝関係には上限が設定されたのである。

このように北朝鮮の中国、ソ連に対する姿勢はたんに「中国傾斜」「ソ連傾斜」として位置づけられるものではなかった。もちろん、結果として北朝鮮の中国、ソ連に対する姿勢がある種の「振り子運動」を繰り返すのは事実である。しかし、この時期の中国と北朝鮮の関係緊密化が、ソ連に対するある種の「不満」を中朝両国が共有することによって成立していたことを前提とする時、北朝鮮の「振り子運動」は北朝鮮の中ソ両国に対する「不満」の大きさによって規定されると言ってよい。すなわち、その時々の状況によって北朝鮮は、より大きな「不満」に対抗するために、より小さな「不満」と妥協する。程度の差はあるものの常に中ソに対してある種の「不満」を有していることを前提とする時、北朝鮮の対中、対ソ姿勢は決して「ソ連一辺倒」「中国一辺倒」にはなり得ない。その意味で、北朝鮮が中ソ両国に対して認めさせようとしてきた「主体」とは、中ソ両国に対する「不満」の表明であったとさえ言えるのである(83)。

いずれにせよ、中朝の「唇歯の関係」「伝統的友誼」とは、抗日戦争、朝鮮戦争をともに戦った経験を共有することによって成立していた関係であった。そして、六三年の中朝両国首脳の相互訪問によって、「唇歯の関係」「伝統的友誼」には新たに「現代修正主義」に対する闘争経験を共有することが付け加えられたのである。しかしながら、それを付け加える過程は、まさに双方の微妙な認識のズレを明確にする過程であったとも言える。中朝両国は団結を強化しながらも、逆に対立の危険性を内包させていったのである。とりわけ、北朝鮮の中国に対する自己主張が、中国と朝鮮半島の歴史を利用しながら行われたことは、この時期の北朝鮮の中国に対する姿勢が、中朝関係を規定する第三の要因である伝統的関係の遠心力の側面が際だった時期であったことを示している。そしてそれは、北朝鮮の中国に対する姿勢を潜在的に規定する最も大きな要因なのである。

第4章

両国関係修復の政治力学

中朝関係の下限

問題の所在

一九六四年一〇月一四日、ソ連共産党中央委員会は、フルシチョフの党第一書記、党中央委員会幹部会員、ソ連閣僚会議議長の職からの辞任を承認したが、後にこのフルシチョフの辞任は「解任」であったことが明らかにされた(1)。この直前、ソ連と中国、北朝鮮の関係は世界共産党会議とアジア経済会議、さらにはベトナム支援問題をめぐって最悪の状態にあった(2)。六四年四月三日付『プラウダ』は、六四年二月のソ連共産党中央委員会総会での決議を掲載し、中国を分裂主義と断じて、「中国共産党指導部の誤った考え方と危険な行動に対して公然と断固たる行動に出る」必要性を強調しながら、六四年三月七日付で中国共産党中央委員会宛てに書簡を送り、ソ連共産党と中国共産党間の会議を開催し、その後世界共産党会議を開催して社会主義陣営の団結をはかることを提案した。しかし中国は、両党会議と世界共産党会議の開催が社会主義陣営をむしろ分裂させる結果を招くとして、これを拒否していた(3)。このような状況下、北朝鮮も六四年四月一九日付『労働新聞』で「国際共産主義運動を分裂させようとする策動を阻止しよう」との論説を掲載して、世界共産党会議を「兄弟党と兄弟国を社会主義陣営から排除するための『集団的措置』」であるとして批判を加え、中国と立場を同じくしていた(4)。さらに、八月三一日付『労働新聞』では、世界共産党会議を「共産主義ブロック」の分裂をもたらそうとする「陰謀」であり、ソ連が「共産主義ブロックを掌中に収める」ことを企図している、としたのである(5)。また、六四年六月一六日から二三日、平壌で第二回アジア経済会議が開催されてアジア経済会議事務局を置く八カ国中七カ国が参加し、二八カ国がオブザーバーとして参加したが、ソ連とインドは除外された。会議はソ連批判の場となり、中国代表はソ連の「経済的、イデオロギー的闘争」に限定した平和共存路線を批判し、ソ連を「新植民地主義」と断じたのである。これに対してソ連は、六四年八月一八日付『プラウダ』に「誰の利益のために」との論説を掲載して、アジア経済会議を「経済学に無知」な「中国の意志には何でも従おうとする連中」によって開催された会議であり「アジア・アフリカ諸国の分断をはかるために開かれたもの」と断じていた(6)。また、北朝鮮も、九月七日付『労働新聞』に「なぜ平壌経済討論会の成果を中傷しようとするのか」との論説を掲載し、「アジア・アフリカの代表達が『プラウダ』には皆『無学な輩《やから》』にしか見えないと言うのか」として先の『プラウダ』の論説に反論していた(7)。

ところで、中ソ論争が公然化して以降、中国と北朝鮮は関係を緊密化するが、その背景にフルシチョフの存在があったことは否定できない。革命の継続の問題、平和共存路線、民族解放闘争など、中国、北朝鮮はともにフルシチョフの路線を受け入れることができなかったからである。それゆえフルシチョフの解任劇はソ連と中国、北朝鮮の関係を変化させる可能性を秘めていた。前章で考察した通り北朝鮮は「中国一辺倒」の姿勢を取っていたわけではなく、これらの諸問題について中朝両国の認識には微妙な相違が存在し、両者の関係緊密化には限界があった。ある意味で、フルシチョフ時代の中朝関係は、フルシチョフという共通の敵の存在によって本来中朝間に存在するさまざまな認識の相違が隠蔽されていたとさえ言える状況にあった。

後に詳述するようにフルシチョフの解任を契機として、中朝間のさまざまな認識のズレが顕在化することになる(8)。そうした方向性は、中国の文化大革命の発生によってさらに拍車がかかり、両国関係は最悪の事態を迎えるが、六九年一〇月の中国国慶節を契機として中朝関係は再び回復へと向かうこととなる。

本章では、フルシチョフ解任以後、中朝両国が関係を悪化させる過程を跡づけ、その後中国の文化大革命の開始とともに最悪の状態に陥った両国関係が回復する過程を検証することにより、両国関係を修復へと向かわせたものを分析する。それは、中朝関係を規定する第二の要因であるイデオロギー上の関係のズレを第三の要因である伝統的関係が修復する過程でもある。これらの分析を通じて、両国関係の下限が明らかにされるであろう。

1 フルシチョフ後のソ連認識の相違

フルシチョフ解任直後、中国のソ連新指導部に対する評価は慎重なものであった。ソ連新指導部がフルシチョフ路線を踏襲するか否かが依然として不明確であったからである。もちろん、中ソ論争が公然化する状況下、フルシチョフに対して厳しく非難を加えていた中国は、フルシチョフ解任を肯定的に評価したが、それがすぐさま中ソ関係の回復へと繋がったわけではなかった。中国がソ連との関係を改善するためには、世界共産党会議問題とベトナム支援問題の二つについてソ連との間に妥協点を見出す必要があったのである(9)。

ソ連新指導部の姿勢は、フルシチョフ解任後約一カ月後に開催された第四七回一〇月革命記念式典を契機として徐々に明らかなっていく。同式典でソ連は、重工業よりも消費財生産を優先する、ソ連共産党第二〇回党大会におけるスターリン批判の有効性を再確認する、平和共存路線を維持する、部分的核実験禁止条約を維持する、国際共産主義運動の団結をはかる、これらの目的のため世界会議を招集する、などとして自らの姿勢を明らかにしたのである(10)。それらはまさにフルシチョフ時代の中ソ間で争点となっていた諸問題であり、中国にとってソ連新指導部の姿勢はフルシチョフ路線を踏襲するものでしかなく、それを受け入れることは不可能であった。それゆえ、一九六四年一一月二一日の『紅旗』に「フルシチョフはなぜ退陣したか」との社説を掲載してソ連新指導部を「フルシチョフなきフルシチョフ路線」として位置づけ、これと徹底的に闘う、としたのである(11)。しかし、ここで注意しなければならないのは、ソ連新指導部が基本的にフルシチョフ路線を堅持することが明らかになっても、なお中国はソ連新指導部との関係改善を完全に放棄したわけではなかったことである。なぜなら中国は、フルシチョフの解任それ自体を、中国の核実験成功を契機とするソ連内部の変化の結果として評価していたからである(12)。この時点でも中国は、世界共産党会議とベトナム支援問題についてのソ連の譲歩を期待していたと言えよう。

一方、北朝鮮のソ連新指導部に対する姿勢は中国のそれとは異なっていた。北朝鮮の基本姿勢は前述の第四七回一〇月革命記念式典の時点で決定していた。北朝鮮からは金一《キムイル》第一副首相と金昌満《キムチャンマン》副首相が同式典に参加するためソ連を訪問していたが、両名はソ連新指導部と数度にわたって会談を持ち、ソ連側が「米帝に反対して闘争することについての問題、植民地民族解放運動を支持することについての問題、内政干渉をしないことについての問題などをすべて支持した」という(13)。それらはまさにフルシチョフ時代に北朝鮮がソ連に対して求めてきたものであった。それゆえ、この時点で、北朝鮮としてはソ連との関係を改善するための障害はなくなったと言ってよかった。もっとも、中国のソ連に対する姿勢が依然流動的な状況にあったため、北朝鮮は慎重に行動した。たとえば、六四年一二月三日付『労働新聞』に掲載された「国際共産主義運動の団結を強化し、反帝国革命闘争を強力に展開しよう」との論説では、国際共産主義運動が十分な団結力を欠いていることを指摘し、その原因として社会主義諸国の帝国主義に対する態度、民族解放闘争に対する態度、そして、社会主義陣営の団結と国際共産主義運動に対する姿勢を挙げてフルシチョフ時代のソ朝間の相違が総括されただけで(14)、ソ連新指導部に対する評価は明確には語られていなかった。

しかし、北朝鮮がソ連新指導部との関係改善を求めていたことは明らかであった。当時の北朝鮮を取りまく国際環境は、北朝鮮にとって従来にもましてソ連の必要性を痛感させる状況であったからである。六四年に入って日本と韓国の国交正常化の可能性が高まり、しかも北朝鮮はそれを米国による政策として認識していた。たとえば、六四年三月二六日付『労働新聞』には「米帝国主義は日本軍国主義者と自分達の南朝鮮傀儡を結託させることによって、南朝鮮での自分達の植民地統治体制を維持しており、さらにはアジアの傀儡達の『反共』軍事ブロックを結成して、この地域のいたるところで昂揚している反米闘争を取り鎮めようと妄想している」(15)としていた。さらに、フルシチョフ解任直後の六四年一〇月三一日、韓国はベトナムとの間に駐越南韓国援助団地位協定を締結し、ベトナム戦争への支援を正式に決定していた(16)。北朝鮮は『反共』軍事ブロック」をたんなる象徴的な存在ではなく、より実質的な脅威として認識せざるを得なくなっていたのである。北朝鮮にとっては、この「『反共』軍事ブロック」に対抗するためにもソ連との関係を改善する必要性を痛感していたと言ってよい。

このように中朝のソ連新指導部に対する評価には相違が存在していたが、六五年二月のソ連コスイギン首相のハノイ、北京、平壌歴訪は中国のソ連新指導部に対する姿勢を好転させることとなった。とりわけ、ハノイを訪れていたまさにその時、米国による北爆が開始され、ソ連としてもベトナム支援に積極的姿勢を示さざるを得なかったことは中ソ関係を好転させる好材料となった(17)。そして、北朝鮮を訪れたコスイギンに対して北朝鮮は最大限の賛辞を送った。二月一一日に歓迎宴で演説した金日成は、コスイギンの訪問が「我が人民を喜ばせています」と述べ、「あなた方の訪問が我々両国人民の間に結ばれた親善と団結を強化するだけではなく、社会主義陣営の統一」に貢献する、としたのである(18)。これに対してコスイギンも翌一二日に開催された平壌市民大会で、「栄光に満ちた朝鮮労働党の指導の下に、あなた方の国の労働者は最近数年間に社会発展のあらゆる分野で、きわめて大きな前進を成し遂げました」(19)と述べて、北朝鮮の社会主義建設路線の正当性を強調した。さらにコスイギンは「朝鮮民主主義人民共和国の経験を含むアジア社会主義諸国の歴史的な経験は、東方のあらゆる人民に、如何にすれば政治的独立を達成した後に数世紀来の後進性を急速に克服し、民族経済を打ち立てて進歩の道を早く進むことができるかを示してくれております。……各々の国は、自己の想像力、自国の人民の創造性と勢力に依拠しながら、世界の社会主義の発展に寄与しております」[20]としていた。北朝鮮の社会主義路線を認めたとも取れるこの発言は、北朝鮮にとってはまさにソ連が自らの「主体」を認めた発言として評価し得るのである。

ソ連が北朝鮮の「主体」を認めたことは、二月一四日のソ朝共同声明でより明確になる。共同声明では、両国関係が友好的かつ親善に満ちたものであったことが強調され、ソ連新指導層の姿勢変化が確認された。まず、「双方は、朝鮮民主主義人民共和国とソ連の間の経済的、文化的連繋を強化、発展させ、平等、国家主権と領土保全に対する相互尊重、内政不干渉の原則に合致するように、親善と協力の精神で互いに援助しなければならない条約上の義務の重要性を特に指摘した」[21]として、兄弟国、兄弟党間の互恵平等、内政不干渉の原則を確認した。次に、「朝鮮民主主義人民共和国とソ連は、帝国主義と植民地主義に反対し、民族解放と民主主義と社会進歩のため武装闘争を含む各種の正義の闘争を繰り広げているアジア、アフリカおよびラテンアメリカ人民を全面的に支持することを声明する」[22]として、民族解放闘争に対する両国の認識の一致を確認した。また、共同声明は核兵器の問題についてふれ、西ドイツの核武装の可能性に憂慮の意を表明し、部分的核実験禁止条約について両国の同意を表明していた[23]。

さらに、平和共存路線については、両国が、平和共存路線の精神を維持することが強調されたのである。ただし、北朝鮮が平和共存路線を民族解放闘争、地域革命に優先させるべく自らの姿勢を変化させたわけではなく、民族解放闘争と地域革命の重要性をソ連が認識したうえでの平和共存路線であったことを指摘しておく必要がある。共同声明では「極東での社会主義陣営の哨所である朝鮮民主主義人民共和国が帝国主義の侵略策動に反対し、平和をめざす人民の闘争と、すべての社会主義国の共同の大業に捧げられた重要な寄与である」[24]として、北朝鮮の社会主義陣営への貢献を強調したのである。北朝鮮にとってそれは、自らが主張する民族解放闘争と平和共存路線の間の整合性をソ連が認めたものとして評価できる内容であった。

もっとも、この共同声明は両者の合意事項を明らかにするというよりも、それぞれの立場で譲れない点を強調し合い、微妙な相違点については両者の解釈に委ねることができるよう曖昧な表現にとどめられたものであり、ソ連新指導部が第四七回一〇月革命記念式典で明らかにした基本姿勢を変化させたわけではなかった。しかし、解釈の余地を残したことによって、北朝鮮はソ連との路線上の対立が表面化することを避けることができたのである。ある意味で北朝鮮にとってはそれで十分だった。もちろんソ連新指導部の基本原則は、中国のみならず北朝鮮にとっても許容できるものではなかったが、ソ連が北朝鮮の「主体」を認めたことを前提とすれば、共同声明を北朝鮮自身の立場から解釈することで路線の相違が表面化することを避けることができたのである。

前述の通りコスイギン訪中を契機として中ソ関係も改善の兆しを見せていたが、ベトナム問題は中国の思惑とは明らかに異なる方向に向かい始めていた。歴訪を終えてソ連に帰国したコスイギンが、ベトナムと中国に対してベトナム問題についての前提条件をつけない国際会議の開催を提案したのである(25)。中国側によれば「二月二三日、ソ連共産党新指導部はこの提案に反対するベトナム政府の立場を無視し、また中国側の回答もまたずに、フランス駐在ソ連大使を通じて、フランス大統領と先の国際会議開催の問題について意見を交換した」と言う(26)。また、世界共産党会議についても二月二一日、『人民日報』はソ連が三月一日から世界共産党会議を開催する予定であることを報じ、その後連日批判を加えていた(27)。中国にとっては明らかに裏切り行為であった。こうして中国は再びソ連に対する対決姿勢を強めていくこととなる。中朝両国はともに世界共産党会議には参加しなかったが、それを前後する時期のソ連に対する姿勢に両者の相違はよく表れている。すなわち、口をきわめてソ連を批判した中国とは異なって北朝鮮は、この問題については沈黙を守ったのである(28)。これを契機として中朝は関係を冷却化していくこととなる。

両者のソ連新指導部に対する姿勢を分かつものは何だったのであろうか。北朝鮮にとってソ連との関係改善の必要性は先に指摘した通り、米国の脅威に対する認識であった。しかも既述の通り北朝鮮はソ連に対して自らの「主体」を認めさせていた。ひとたび「主体」を認めさせた以上、内政不干渉の原則が維持される限りにおいて国内の社会主義建設路線についてのソ連との相違は北朝鮮にとっては問題ではなくなり、残されたのは国際路線であった。北朝鮮は、既に六四年一二月三日付の『労働新聞』で「国際共産主義運動の団結を強化し、反帝革命闘争を強力に展開しよう」との論説を掲載し、「国際共産主義運動」の分裂がひとえに「帝国主義と闘うのか、闘わないのか、革命の旗を引き続き掲げ、植民地従属国人民の革命闘争を支持するのか、しないのか、マルクス・レーニン主義の原則とプロレタリア国際主義の基礎の上に立って社会主義陣営と国際共産主義運動の統一を保障するのかしないのか」をめぐる社会主義諸国間の意見の相違にあったとして、自らの立場を明らかにしていた(29)。そして、「共産党および労働者党が、帝国主義に反対する原則的な立場を堅持し、階級的戦友と被抑圧人民の革命闘争を積極的に支持し、兄弟党と兄弟国を国際主義的に支持、協力するならば社会主義陣営と国際共産主義運動の統一は保障されるであろう」として、ソ連との関係改善の可能性を指摘していた(30)。また、同論説では「実際の活動において破産した古い路線にしがみつき、他人にまでその道へと進まねばならないと騒ぎ立てる分別のない行動は断固排除されねばならず……実際の闘争の中で団結を模索することが重要である。ある個々の党や国の利己主義的立場から出発するのではなく、国際共産主義運動の全般的利益の原則的な立場から出発しなくてはならず、団結に最大の配慮をし、団結のために最善を尽くして真剣に努力することが必要である」(31)、とされていたのである。ある意味で中国に対する牽制とも受け取れる発言である。

もちろん中国にとってもベトナム問題は重要であった。とりわけ米軍による北爆はそうした中国の認識をさらに強めるものであった。しかし、時間の経過とともに北爆が中国にまで及ぶものではないとの認識が強まり、中国にとってソ連との関係は是が非でも改善しなければならないものではなくなっていったのである(32)。また、部分的核実験禁止条約に対する姿勢も中国と北朝鮮は異なっていた。依然として核兵器を保有する能力のなかった北朝鮮にとって、ソ連の帝国主義に対する姿勢――すなわち、米国に対する姿勢が変化すれば部分的核実験禁止条約については妥協できる範囲であったが、既に核保有国となった中国にとってそれは許容できる範囲を超えていたのである(33)。部分的核実験禁止条約は今後の自らの核兵器開発の道を閉ざされることを意味し、それは自らの核実験成功がフルシチョフ解任の契機となったとの認識を持っていた中国にとって受け入れられる問題ではなかったのである。

結局、この時期の北朝鮮と中国との関係はまさにソ連新指導部に対する評価を軸に規定されていたと言ってよいが、それはまた中朝双方が自らの安全保障を考える際に、米国の脅威をどの程度考慮していたかによって規定されたと言えるのである。すなわち、米国の直接的脅威をそこまで深刻に感じなかった中国と、ベトナムにおける米国の動きを『反共』軍事ブロック」として捉えていた北朝鮮では、ソ連との関係改善を必要とする度合いが異なり、その結果ソ連新指導部に対する姿勢も異なることとなったのである。こうした両者のソ連新指導層に対する姿勢の相違は徐々に、中朝関係を悪化させる方向へと導いていくこととなるのである。

2　「主体」の体系化と中朝関係の悪化

既に一九六三年の中朝首脳の相互訪問に際して中国に対して自らの「主体」を認めさせていた北朝鮮は(34)、前述の通りフルシチョフ解任後のソ連指導部と関係を改善する過程でソ連に対しても自らの「主体」を認めさせることに成功していた。それゆえ、北朝鮮も無制限にソ連との関係を緊密化しようとしていたわけではなかった。それは、フルシチョフ失脚直後の六四年一二月二一日付『労働新聞』に掲載された「偉大なマルクス・レーニン主義者、国際共産主義運動の卓越した活動家イ・ヴェ・スターリン」との論説によく表れている。北朝鮮は、スターリンが重工業優先路線を採用し、「立ち遅れたロシアを世界第一級の工業国に変え、一国での社会主義の勝利の可能性に関するレーニンの予言の正しさをはっきりと証明したばかりでなく、国際共産主義運動において普遍的意義を持つ貴重な歴史的経験を蓄えた」(35)とした。さらに、スターリンが「社会主義の下における階級闘争の合法則性を科学的に分析した基礎の上に立って、プロレタリアート独裁を不断に強化発展させることについてのレーニンの遺訓を確固として守り抜き、プロレタリアート独裁国家の将来の発展問題に対する深い解明を与えた」(36)として、プロレタリア独裁の強化こそがマルクス・レーニン主義の正統を継承するものであることを強調した。また、論説では、スターリンが「すべての被搾取、被圧迫人民の解放闘争を世界革命の一貫と見なし、彼らの闘争に常に大きな関心を向けた」として、民族解放闘争を世界革命の一貫として位置づけることの正統性を強調し、さらにスターリンが「帝国主義」を「侵略的、戦争の根元」として認識していたとして、それが「レーニンの学説」に基づいたものであったと強調したのである(37)。結局、北朝鮮はフルシチョフ時代のソ連と北朝鮮の路線の相違について、スターリンを「選択的」に評価することによって自国の路線の正統性を強調し、それを前提としてソ連との関係を改善しようとしたのである。

こうしてソ連との関係を改善していく過程で、北朝鮮は自らの「主体」を初めて主体思想との文言を用いて体系化することとなる。金日成《キムイルソン》は、六五年四月にインドネシアを訪問し、アリ・アハラム社会科学院で「朝鮮民主主義人民共和国における社会主義建設と南朝鮮革命について」との講義を行い、一つの国が真の意味で独立を維持するためには「思想における主体」「政治における自主」「経済における自立」「国防における自衛」が確立されなければならないとし、これが北朝鮮が一貫して堅持してきた立場であると語り、これこそが主体思想であるとしたのである(38)。この後北朝鮮は、この主体思想を基本とし、それを対外姿勢に演繹した自主路線を強調していくこととなる。

金日成は、「我が党が朝鮮人民の革命闘争と建設事業を正しく領導するうえで、何よりも重要なことは、主体を徹底的に確立することであった」と述べ、さらに続けて「主体を確立するということは、革命と建設のすべての問題を独自に、自国の実状に合うように、そして、主に自己の力で解決していく原則を堅持することを意味する。……これは、他人に対する依存心を捨てて自力更生の精神を発揮し、自己の問題はあくまで自ら責任を持って解決していく、自主的な立場である」(39)と述べた。ソ連、中国との距離の取り方の基本となる考え方である。

六六年三月から四月にかけて開催されたソ連共産党第二三回党大会を契機として、中国と北朝鮮のソ連新指導部に対する姿勢の相違はより明確になる。北朝鮮が崔庸健《チェヨンゴン》をはじめとする政府要人を多数派遣したのに対して、中国は代表団の派遣を拒絶したのである(40)。崔庸健は大会での演説で、ソ朝親善を強調し、ブレジネフもこれに対して「祖国統一のために米帝国主義に果敢な闘争を挑んでいる朝鮮人民を我々は全面的に支持する」(41)と述べた。ソ連共産党第二三回党大会は、ソ朝関係の改善を印象づける場となった。そしてそれはまた、中国と北朝鮮のソ連に対する姿勢の違いを明確にする場でもあった。

崔庸健は同会議で、「米帝国主義の指導の下に、このほど日本・佐藤政府と南朝鮮傀儡一味は不法な『韓日条約』を締結しました。『韓日条約』は、佐藤政府と南朝鮮傀儡一味間の政治・経済的結託であるばかりでなく、軍事的結託であります。米帝国主義は、この『条約』を足がかりにして侵略的な『東北アジア軍事同盟』をでっちあげ、アジアで単一の反共包囲網を完成しようと画策しています」(42)と述べ、日韓国交正常化を批判した。

さらに「現在、米帝国主義者は、ベトナムで侵略戦争を拡大しており、ベトナム民主共和国に対する強盗的な爆撃を強めています。米帝国主義のベトナム侵略は、社会主義陣営に反対し、民族解放運動を弾圧し、世界の平和を踏みにじる重大な挑発行為であります」(43)として、六五年二月以来の米国の北爆に対して強硬に非難した。北朝鮮がベトナム戦争に際しての米国の北爆を強硬に非難したのは、ベトナム戦争における米国の態度と朝鮮半島における米国の態度を同じ構造の中に位置づけていたからである。

金日成は後に「米帝国主義が大きな国とはできるだけ関係を悪化させないで主としてベトナムに侵略の矛先を向け、朝鮮、キューバ、東ドイツなどの分断諸国や小さな国を一つひとつ攻め取ろうとしていることに対して、社会主義諸国は、当然警戒心を高めなければなりません。これとともに、米帝国主義者が、アジア侵略に力を集中するため、ヨーロッパでは一時情勢をゆるめるか、または固定化しようと企むこともあり得るという点に注意しなければなりません。このような場合は、一つの戦線での緊張の緩和が全般的な国際情勢の緩和に役立つのではなく、かえって帝国主義者がほかの戦線で侵略を強めることができる条件を作ることになります」(44)と述べた。金日成は、このような状況認識から、社会主義大国であるソ連、中国に対して米国との安易な妥協を牽制すると同時に、中ソに対して世界各地での同時多発的な「帝国主義」との闘争の必要性を強調したのである。

北朝鮮のそうした姿勢は六四年に採択された三大革命力量論に遡及することができる。六四年二月の朝鮮労働党中央委員会第四期第八次全員会議では、「祖国統一偉業と南朝鮮革命を発展させる戦略的方針と闘争課題」として、北朝鮮の革命力量、南朝鮮の革命力量、そして国際的革命力量の必要性が強調されたのである。金日成は、「朝鮮革命は世界革命の一環であります」と述べ、朝鮮革命達成が世界革命に貢献することとなり、逆に世界各地での反米闘争が朝鮮革命を一層促進するであろうとしていた。そして米国が「世界のいたるところで抜き差しならぬ窮地に陥る」ことの必要性を強調していたのである。それはまた、朝鮮革命と世界革命の連続性を強調することで自らの安全保障を確保しようとするものでもあったと言ってよい(45)。

日韓国交正常化と米国の北爆によって、北朝鮮は自国の安全保障と世界各地での同時多発的な「帝国主義」との闘争の必要性を痛感し、あらためて社会主義陣営の団結強化の必要性を痛感したのである。六五年一月、韓国がベトナム派兵を決定したことで米韓関係が緊密化し(46)、さらに日韓関係の正常化によって東アジアでの対共産主義包囲網が現実味をおびるにつれて北朝鮮はますますそうした危機感を強めていたはずである。北朝鮮にとって朝鮮革命を世界革命の一環に位置づけるということは、たんに地域革命と世界革命の連続性を維持するというイデオロギー上の整合性を求める作業であるにとどまらず、自らの安全保障に直結する問題だったのである。一九六五年三月、ソ連が主催した「一九カ国共産党協議会」では、北ベトナム支援のための「統一戦線」の結成が提案され、北朝鮮はそれを中国に伝えた。しかし、中国はこの提案を拒否した(47)。ここに中国は、北朝鮮が必要としていた社会主義陣営の団結を明確に拒否したのである。これにより北朝鮮は中国との関係を悪化させることとなるが、次に詳述する文化大革命の発生によって両者の関係は最悪の状況を迎えることとなるのである。

3　文化大革命の開始と「自主路線」宣言

一九六五年六月、中国では文化大革命が開始されるが、北朝鮮にとってそれはきわめて大きな意味があった。何よりもまず、国境を隣接する中国での動揺は、米国・韓国と対峙している北朝鮮にとって自らの安全保障にとって大きな意味を持つ可能性があった。しかしそれ以上に重要だったのは、文化大革命が毛沢東による奪権闘争であったことである。文化大革命の趨勢は、六六年八月一日から一二日にかけて開催された中国共産党八期一一中全会によって明らかにされた。毛沢東は八期一一中全会の開催中である八月五日には「司令部を砲撃しよう――私の大字報」を発表し、劉少奇をはじめとする実権派を厳しく批判した。そして、八月八日には「プロレタリア文化大革命に関する決定」が公表され、当面の目的が「資本主義の道を歩む実権派」の打倒であることが明らかにされたのである(48)。北朝鮮にとって劉少奇が批判の対象とされていたことには大きな意味があった。

前章で考察した通り、北朝鮮は、六三年の崔庸健と劉少奇の相互訪問に際して共同声明を発表し、互いの社会主義路線の選択権を認め合うことで、中国に「主体」を認めさせていた。しかし、北朝鮮が「主体」を認めさせた相手は、文化大革命開始当時、毛沢東が打倒対象とした劉少奇だったのである(49)。既述の通り六三年の中朝共同声明には「教条主義」批判がその内容に盛り込まれていたが(50)、その際の教条主義が当時の中国国内について言えば毛沢東を意味していたことは間違いない。それゆえ、「教条主義」批判を共有することで北朝鮮は劉少奇指導下の中国との関係を強化することはできたが、逆に毛沢東との関係にはしこりを残すこととなった。文化大革命が毛沢東による権力奪取であったとすれば、北朝鮮指導部にとってそれは中朝関係それ自体をもう一度見直さざるを得ないほどの大きな意味があったと言えよう。北朝鮮としては、劉少奇に認めさせた「主体」をあらためて主張し再確認する必要性が生じたのである(51)。

北朝鮮は、中国の八期一一中全会の最終日にあたる八月一二日、『労働新聞』に「自主性を擁護しよう」との論説を掲載してあらためて自主路線を強調する(52)。論説では、北朝鮮が国内的に、五五年、五六年を通じて「教条主義」「修正主義」「事大主義」「民族虚無主義」との闘いを強いられてきたことが述べられ、「国際関係においても、我が党は自主的に活動した。我々は、現代修正主義との闘いも自らの判断に基づいて独自的に進めた」として、「現代修正主義」――すなわちソ連に対して、中国一辺倒の立場から中国擁護の姿勢を取ったのではなく、独自の立場からイデオロギー論争に臨んだことを強調したのである(53)。さらに「ある一つの国、ある一つの党が『世界革命の中心』あるいは『指導的党』になるということはあり得ない。個々の国の革命と建設については、その国の党が直接責任を持って指導している」。「近年、国際共産主義運動は自分の誤った路線と見解を他の兄弟党に押しつけ、それを受け付けないからと言って圧力を加え、内政干渉するなど、我慢できない現象が根絶されていないことを示している。我々はこうした大国主義的行動を許してはならない」として自らの「主体」を強調し、社会主義陣営内の大国主義的姿勢を非難したのである。

もとより、この論説は、とくに目新しい内容が含まれていたわけではないが、北朝鮮がイデオロギー的にソ連、中国から自由であることが、文化大革命の発生直後にあらためて強調されたことにこそ、その真の意味があったと言うべきであろう。論説では、「共産主義者は、独自にマルクス・レーニン主義の書を読み、理解することができる。彼ら(共産主義者)はマルクス・レーニン主義を基準にして自分自身で革命遂行の正しい道を見出すことができる十分な能力を有している。マルクス・レーニン主義の大家が別にあるわけではないのだ」(54)(括弧内・引用者)。同論説が発表された時期を考える時、ある意味で中国に対して向けられた北朝鮮の自己主張であったと言えるであろう。

さらに、六六年九月一五日付『労働新聞』には「トロツキー主義」と題する解説記事を掲載し、トロツキー主義を「左傾機会主義」と位置づけ、それが「右翼機会主義同様労働運動と共産主義運動のきわめて危険な敵」としていた(55)。これら一連の批判が文化大革命を念頭に置いたものであったことは間違いない(56)。

こうした北朝鮮の姿勢は、六六年一〇月に開催された第二次朝鮮労働党代表者会で定式化されて自主独立外交路線となったのである。第二次朝鮮労働党代表者会で金日成は「現情勢と我が党の課業」という演説を行い、各国共産主義政党の革命路線がソ連、中国から自由であることをベトナムを例に引きながら次のように述べた。

兄弟党はベトナム問題について論争ばかりしているわけにはいきません。ベトナム問題の主人公はベトナム労働党です。ベトナム労働党以外には、誰もベトナム問題を左右することはできません。兄弟党はベトナム問題についてあくまでベトナム労働党の方針に従うべきであり、ベトナム労働党の立場を支持すべきです。ベトナム民主共和国への兄弟国の援助についても、誰よりもベトナム労働党が正しい結論を下すことができるし、兄弟党は当然それを尊重しなければなりません(57)。

これがベトナム問題をめぐって非協力的な姿勢を取る中国に対する批判であったことは間違いない。また、同演説で金日成は次のように述べて、共産党、労働者党間の関係で、互恵平等、内政不干渉の原則が維持されなければならないと強調したのである。

自主性が保証されてこそ、それぞれの党が自国の革命を立派に行い、世界の革命につくすことができるし、国際共産主義の団結を強めることもできるのです。……兄弟党は完全な平等と自主、相互尊重と内政不干渉、および同志的協力の原則に基づいて相互関係を結ぶべきです(58)。

金日成は同演説で、現代修正主義に対する批判を展開するとともに左傾機会主義との闘争の必要性を訴えていた。「左傾機会主義は変化した現実を考慮することなくマルクス・レーニン主義の個別的な命題を教条主義的に繰り返し、超革命的なスローガンを掲げて人々を極端な行動へと導きます。またそれは、党を大衆から引き離し、革命勢力を分裂させ、主敵に攻撃を集中できないようにします」(59)。これが中国の文化大革命に対する批判であることはあらためて指摘するまでもなかろう(60)。

このように北朝鮮は自らの主体をあらためて整理し、中国に対しても自己主張したが、中国の反応は冷淡であった。六六年九月八日に中朝友好協会副会長・魏伝統は、北朝鮮建国一八周年を記念して演説を行うが、その演説は中朝親善よりもソ連に対する批判に集中していた。魏は「(ソ連は)ベトナムの抗米救国闘争に際して、表向きはそれを支持し、その実反革命的政策を取るという二面性を見せた。ソ連修正主義集団は米国を首魁とする各国の反動派と連合集団を形成し、反共、反人民、反革命、反中国の新たな神聖同盟を結成したが、それは必ず失敗する」(61)(括弧内・引用者)としたのである。ソ連寄りの姿勢を取る北朝鮮に対する牽制であったと言ってよい。さらに「帝国主義に反対しなければならず、現代修正主義に反対しなければならない。マルクス・レーニン主義と現代修正主義の闘争の中で、進むことのできる中間の道はない」(62)としたのである。中国にとって北朝鮮の主張する自主路線はある意味では「中間の道」であったはずである。これを北朝鮮の自主路線に対する批判として読むことができるのだ。事実金日成も、中国のこうした評価に対して強く反発している。

共産主義者は自らの言うことを聞かないとか自らと見解が異なるとか言って兄弟党を軽率に評価してはならず偏見を持って対するべきではありません。まして、自主的な立場を堅持している兄弟党に対してあれこれレッテルを貼ってはならないのです。現在、ある人達は我が党をはじめとするマルクス・レーニン主義党に対して「中間主義」「折衷主義」「機会主義」などというレッテルを貼っています。彼らは我々が「無原則な妥協の道」を選んでおり「二つの椅子の間に座っている」と言っています。これは戯言《たわごと》に過ぎません。我々にも自らの椅子があるのです(63)。

少なくとも北朝鮮は「中間の道はない」とする中国の姿勢を北朝鮮に対する批判として受け止めていた、と言ってよかろう(64)。

このように中国の文化大革命の開始と北朝鮮の自主路線宣言によって、両国関係は冷却化していくことになる。これ以後、北朝鮮に対して毛沢東の名義で送られた電報は、六六年七月から六九年九月の期間、一本も発表されることはなかった。また、国慶節に際して『人民日報』に報道された各国からの電報の紹介では、六六年については、アルバニア、北ベトナムの次に報道され、内容も詳細に報道されているものの(65)、六七年については、アルバニア、北ベトナム、マリ共和国、コンゴに続いて五番目に報道され、内容も簡単な紹介にとどまっている(66)。そして、六八年については、一二カ国からの電報の最後に紹介されている(67)。一方の北朝鮮も、文化大革命の発生以降、中国の国慶節への代表団も派遣はせず、両国の記念日の慶祝行事についても駐中国北朝鮮大使館、駐北朝鮮中国大使館で一応続けられるものの、それについては事実関係が報道されるにとどまるきわめて形式的なものとなった。

既に多くの研究によって明らかにされているように、文革期の中朝関係は、紅衛兵の金日成批判によって熾烈をきわめたが、にもかかわらず、公式的な形での批判は避けられていた。紅衛兵による金日成批判は壁新聞を通して行われたものであるため、その詳細な事実関係は明らかではないが、たとえば、北朝鮮国内の権力闘争にまつわるもの、金日成を修正主義者でありフルシチョフと同類であるとするもの、金日成が文化大革命を誹謗中傷している、とするものなどなど、その内容の真偽はともかくとして、紅衛兵が金日成、および北朝鮮に対する批判を強めたのは事実であろう(68)。そしてついに北朝鮮は、六七年一月二六日に朝鮮中央通信社声明を発表し、「最近北京をはじめ中国各地の紅衛兵新聞、壁報、ビラなどでは、あたかも我が国で『政変』が起きており、これにより政治的不安定状態が造成されているかのごとき虚偽宣伝が進行されている」として、それを否定したのである(69)。声明では、北朝鮮では「党および政府指導者達、全人民達と人民軍隊は一つの思想によって固く団結している」としながら「英勇的人民軍隊は我が党の領導の下に、共和国北半部での社会主義戦取物を鉄壁の城のごとく守り、敵の如何なる侵略も撃退する万端の態勢を整えている」(70)としていた。

　このように両国関係はきわめて緊張した状況に陥り、ついには、北京、平壌からそれぞれ大使を事実上召還するに至ったのである。中朝両国が対立を公然化していたわけではないので両国の大使がいつの時点でそれぞれ本国に召還されたかは必ずしも明らかではないが、文化大革命発生当初の駐中国北朝鮮大使・朴世昌《パクセチャン》は、六六年一一月二一日に正式に離任し翌二二日に帰国している(71)。それ以後の行事、たとえば翌六七年二月八日の朝鮮人民軍創建一九周年記念式典、および四月一八日に開催された映画会などは金在淑《キムジェスク》が代理大使として主催している(72)。そして、六七年六月二〇日に玄俊極《ヒョンジュングック》が駐中国大使として赴任しているが(73)、それまで約七カ月間にわたって駐中国大使が空席の状態だったのである。ところが、新たに赴任した玄俊極大使も、六七年九月九日の北朝鮮建国一九周年記念式典を主催したが(74)、その後の行事についてはやはり金在淑が代理大使として代行することとなる。たとえば、一〇月二五日の中国人民志願軍の朝鮮戦争参戦一七周年記念式典には金在淑が臨時大使として参席し(75)、七〇年四月一五日の金日成の五八歳の誕生日の式典から玄俊極が主催している(76)。また、中国側について言えば、六六年一〇月二七日に開催された人民志願軍参戦一六周年記念式典に駐北朝鮮中国大使・焦若愚が参加したとの報道があるが(77)、それ以後、焦若愚の活動は報道されていない。そして、六七年七月一一日に開催された駐北朝鮮中国大使館で開催された中朝友好協力相互援助条約締結六周年記念映画上映会を、王彭が臨時大使として主催しており(78)、その後も七〇年三月四日の七〇年度中朝相互供給貨物議定書調印に至るまで、やはり王彭が代理大使として各種行事を代行していることが報道されている。もちろんこれらの報道だけで両国の大使が召還されていた時期を特定することはできないが(79)、先に述べた通り、駐中国北朝鮮大使が七カ月間にわたって空席であることそれだけでも、文化大革命期の中朝関係が如何に難しい状況にあったかを如実に物語っている。

　また文革期の中国では、紅衛兵による金日成批判とともに国境問題が深刻化していたと言う(80)。第3章で考察した通り、双方公表していたわけではないが、中国側の資料によれば六二年一〇月一二日、北朝鮮を訪れていた周恩来と金日成の間で国境条約が調印されたとされている[81]。それを前提とする時、両国間で国境問題が正式に問題化したとは考えにくいが、紅衛兵が国境問題をめぐって北朝鮮を非難した可能性は否定できない。文革期以降、金日成が白頭山のほとりに立つ写真が頻繁に宣伝されたことから[82]、両国間で国境問題が議論されたとの説があるが[83]、北朝鮮にとって金日成政権の正統性との関連から白頭山が特別な意味を持っていたことを考えれば、かりに正式に両国間で問題化しなかったとしても、白頭山周辺地域の国境問題が議論されることそれ自体が北朝鮮にとって好ましいことではなかったはずである。それゆえ、金日成の写真を大々的に公表するなどの手段で、自らの正統性を主張しようとしたことは十分に考えられる。ある意味で、白頭山こそ金日成が主張した「主体」を象徴する存在であったとさえ言えるかもしれないのだ[84]。

文化大革命期の中朝関係の実態がどのようなものであったかについては、依然として不明な部分が多いが、いずれにせよ、中朝両国の建国以来最悪の状態であったことだけは間違いないであろう。

4　関係修復の政治力学――崔庸健、金日成の秘密訪中

前述の通り文化大革命期の中朝関係はきわめて深刻な状態にあったが、中国、北朝鮮ともに相手の党、政府を対象として公式の形で批判を展開することはなかった[85]。たとえば先に指摘した朝鮮中央通信社声明でも批判の対象とされていたものは「紅衛兵新聞、壁報、ビラ」であった[86]。なぜ中国は北朝鮮を名指しで批判しなかったのだろうか。中国にとって、ソ連を現代修正主義とすれば、中国とソ連の間で自ら独自路線を取ろうとする北朝鮮も程度の差はあるものの修正主義であったに違いない。中ソ対立が公然化していた状況下、中国としては名指しで北朝鮮を攻撃することで北朝鮮がソ連寄りの姿勢を示すことを嫌った可能性は高い。また、直接国境を接する北朝鮮との関係を真に悪化させることは、とりわけ中ソ関係が最悪の状態に陥っていた以上、対米安全保障の観点からも好ましいもので

はなかったはずである。

一方、北朝鮮が直接名指しで中国を批判しなかったのはある意味で当然と言えるかもしれない。当時の北朝鮮は社会主義陣営の団結を従来以上に必要としていた。米国と直接対峙している北朝鮮にとって、中国との関係悪化は後方に不安を残すことを意味していた。それゆえ、中国との関係を最悪の状況に陥れることはできなかったのである。ただ、この時期の北朝鮮は米国からの脅威認識を従来になく高めていただけに、ソ連との関係を破綻させることもできなかった。前節で詳述したように、北朝鮮は自主路線を強調していく。それは中国、ソ連に対して一つひとつ認めさせていた「主体」を体系化する過程として評価することができるが、より現実的な問題として北朝鮮の対米脅威認識を前提とする時、ソ連、中国いずれとも関係を悪化させることができなかったのである。すなわち、中ソいずれか一方のみとの関係緊密化だけでは米国からの脅威に対して依然として不安を残すのは事実であり、またいずれか一方とのみと関係を緊密化することは、中ソの対立に巻き込まれる危険性があった。それゆえ北朝鮮は、ソ連、中国いずれとも適当な距離を置き、なおかつ両者との関係を最悪の状況に追い込まないよう自主路線を宣言したとも言えるのである。「主体」の体系化、自主路線は、そうした対米認識を原動力とするものとして評価できる側面もあるのである(87)。いずれにせよ、双方相手を名指しで批判しなかったことは重要であった。かりに両者、あるいはいずれか一方が公然と相手に対する批判を繰り返した場合、両国の関係修復はより複雑な過程をたどらざるを得なかったと思われるが、対立が公然化しなかったことによって中朝関係の修復は比較的容易であった。一九六九年、中国と北朝鮮はそれぞれ程度の差こそあれ中朝関係の修復を必要としていたのである(88)。

六九年春、中国とソ連の関係は、珍宝島＝ダマンスキー島での国境軍事紛争、さらに六九年夏には新疆地方を中心とする国境軍事衝突によって最悪の事態を迎えていた(89)。そのような状況下、中国にとってソ連と北朝鮮の関係強化は好ましいことではなかったはずである。むしろ中国は、ソ連との対抗上、北朝鮮との関係改善を必要としていたと言ってよい。一方、北朝鮮にとって中ソ関係が最悪の状況にあることは、ベトナム戦争における敗北さえ懸念させるものであったに違いない。北朝鮮は、ベトナム戦争での勝利のためには中ソ両国の協力が必要であるとの認識を持っていたからだ。既述の通り何よりも北朝鮮が中国と関係を悪化させた端緒は、ソ連の提案する北ベトナム支援のための「統一戦線」形成を中国が拒否したことにあった。また、六九年のホー・チ・ミン大統領の死は北朝鮮にそうした認識を一層強く抱かせたかもしれない。かりにベトナム戦争が北ベトナムに不利に展開して米国が再び朝鮮半島に関心を示した場合、北朝鮮にとって中国との関係強化は必要不可欠なものであったと言ってよい。また、かりに北朝鮮がベトナム戦争について楽観的な展望を持っていたとしても、六九年七月二五日のグァム・ドクトリンによって米国の関心がベトナムから朝鮮半島に移る可能性についての懸念は排除し得なかったはずである。グァム・ドクトリンによって米国はアジアからの撤退を明らかにしていたが、金日成は後にグァム・ドクトリンによっても米国の「侵略性」に変化はなく、その方法が変わっただけ、と断じていた(90)。そうであるとすれば、金日成にとって、米国がベトナムからの撤退によって生じる軍事力を朝鮮半島に移動させる危険性を排除することはできなかったはずである。また、かりに米国がグァム・ドクトリン通りアジアから撤退したとしても、ベトナムに派遣されていた韓国軍が再び朝鮮半島に戻ることは明らかであり、それにともなって朝鮮半島の軍事バランスが自らに不利になるとの判断があったかもしれない。また、かりに北朝鮮がきわめて楽観的な視点で事態の推移を見守っていたとすれば、米国のアジアからの撤退によって朝鮮半島における軍事バランスが自らに有利な状況へと変化することを期待したかもしれない。そうだとすれば、そうした自らに有利な状況を確実なものとし、さらには安定させるためにも中国との関係改善は必要だったはずである。いずれにせよ、北朝鮮にとって中国との関係修復は必要不可欠なものだったのだ。第2章で考察した通り、北朝鮮にとって、米国の脅威に対するより直接的な安全保障上の協力を与えてくれるのが中国であったからである。このように中国と北朝鮮は、それぞれ程度の差はあるものの中朝関係の修復を必要としていたと言ってよい。残されたのは関係修復のための具体的手続きだけであったが、前述の通り中朝両国は対立を公然化させていなかったため、そのプロセスは比較的容易なものであった。

中朝関係修復へのプロセスは、北朝鮮側によって開始された。北朝鮮は、中朝友好協力相互援助条約締結八周年に際して、「朝鮮人民は、台湾省を解放するための中国人民の闘争を積極的に支持し、共通の敵である米帝を頭目とする帝国主義の侵略および戦争策動に反対して、アジアと世界の平和および安全のために、中国人民と一つの戦線で戦うであろう」(91)(傍点・引用者)としていた。北朝鮮は明らかに中国との関係改善を必要としていた。こうした姿勢を前提として、一九六九年一〇月一日の国慶節に行われた中国建国二〇周年記念式典に、崔庸健を団長とする代表団が参加したのである(92)。これを機に中朝関係は修復する。中国にとっては文革初期に混乱していた対外関係を調整する時期だったのである(93)。北朝鮮を国慶節に招待したことによって、それまでの関係を清算し、関係修復を内外に印象づけることができたのである。しかし、その動きは既に国慶節の数週間前から進められていた。六九年九月、ホー・チ・ミンの葬儀に参席した崔庸健はその帰路中国を訪れて、非公式に周恩来と中朝関係改善のために少なくとも二度にわたって会談を行ったのである(94)。崔庸健・周恩来非公式会談が中国の呼びかけによるものであったのか、あるいは北朝鮮側の呼びかけによるものであったのかは明らかではないが、関係修復のイニシアティブを取ったのは北朝鮮であった。九月一〇日の第一次会談で周恩来は、崔庸健が「金日成首相が両国関係を改善することを望んでいること」を伝えたことに対して謝意を表しているのである(95)。そして、翌一一日には崔庸健の歓迎宴が開催され、歓迎宴の後、夜一一時から第二次会談が開催された(96)。二回にわたる会談で具体的に何が協議されたのかは明らかではないが、この会談を契機に中朝関係が改善に向かうことになったことだけは間違いない。

しかし、崔庸健の国慶節参加についてはぎりぎりまで問題があったようである。崔庸健の中国訪問は、国慶節の前日夜遅くであった。九月三〇日の夜一一時三〇分に崔庸健を代表とする北朝鮮代表団の歓迎式典が飛行場で行われたとされているのである(97)。中朝関係改善の意向を既に中国に対して伝達していた北朝鮮が代表団を派遣することを逡巡したとは考えられない。それゆえ、北朝鮮代表団を招請するか否かについて中国側で何らかの問題があったことが予想される(98)。

しかし、いったん訪問した後の中国側の北朝鮮代表団に対する姿勢は丁重なものであった。建国二〇周年式典の当日の晩、周恩来は北朝鮮代表団の歓迎宴に参加する(99)。当日の周恩来は、国慶節の行事についてはともかくとして、午後にベトナム指導者との会談を持ったものの代表団の歓迎宴には参加せず、北朝鮮代表団の歓迎宴にのみ参加していたのである(100)。中国が如何に北朝鮮の代表団に対して丁重な扱いをしたかを窺わせる。翌一〇月二日には、周恩来と崔庸健は再び会談を行う(101)。また、訪問期間中に崔庸健と会談を行った毛沢東は、「我々は両国の関係をよくしなければならない。あなた達の方針は正しいし、金日成の方針も正しい。私達の目標は同じである」と述べたという。また、崔庸健が金日成の訪中を提案したのに対して、毛沢東は「我々は金日成同志の訪中を歓迎する。あるいは周恩来総理を朝鮮に派遣することもできる。公式訪問、非公式訪問いずれも可能であり、その後に金日成同志を中国に招請する」としたという(102)。こうして、中朝関係は全面的に関係改善へと向かうことになるのである。たとえば、一〇月二日に開催された建国二〇周年祝賀演舞会の参席者としてベトナム、アルバニアなどに先立って北朝鮮代表崔庸健の名前が最初に報道された(103)。そして、中国人民志願軍参戦一九周年の六九年一〇月二五日には、邱会作中国人民解放軍副総参謀長、郭沫若全人代常務委員会副委員長が平壌の中国大使館で開催された人民志願軍参戦一九周年の宴席に参席し、劇映画『戦友』が放映されたのである(104)。人民志願軍参戦記念日については、一六周年であった六六年には報道がなく、六七年の一七周年については李天祐人民解放軍副総参謀長、韓念龍外交部副部長が出席したものの、六八年にはやはり報道がないなど中朝関係の悪化を印象づけていた。六九年一〇月一日以降の中朝関係は文革開始以前の状況に徐々に戻りつつあったのである。

そして、七〇年三月には、文革期にそれぞれ帰国していた大使が帰任し、板門店の軍事休戦委員会の中国側代表団も戻ったという(105)。中朝関係は正常化へと向かうこととなったのである。こうした流れを決定的にしたのは、七〇年四月五日から七日の周恩来の北朝鮮訪問であった。四月五日、平壌空港で演説を行った周恩来は、両国が抗日闘争、朝鮮戦争でともに闘い、「戦闘友誼」を深めてきたとした(106)。そして今回の北朝鮮訪問が崔庸健の国慶節に際しての中国訪問への答礼訪問であるとしながら、「我々は、両国の指導者間の相互訪問が必ずや我々両国の友好関係をさらに強固にし発展させるものと信じている」と結んだ(107)。また周恩来は四月五日の歓迎宴で演説を行い、グァム・ドクトリン以降の米国のアジア政策に批判を加えていた(108)。さらに、四月七日の中朝共同声明では、中国文化大革命を含めて双方の路線がそれぞれ高く評価され、最後に周恩来の北朝鮮訪問が「中朝両国の伝統的友誼と協力関係を一段と強化し、発展させるうえで新たな貢献をした」(109)とされた。こうして中朝関係は一応修復したのである。

しかし、中朝が完全に関係を修復するためには最高首脳間の和解が必要であった。北朝鮮が「主体」を認めさせた相手は毛沢東が打倒対象とした劉少奇であり、北朝鮮は毛沢東の中国を暗に批判しながら自主路線を宣言していたからである。それゆえ、中朝が完全に関係を修復するためには毛沢東と金日成の間の和解が必要不可欠だったはずである。その意味で中朝関係を完全に修復させたのは、その後の金日成の秘密訪問であった。一〇月八日から一一日にかけて金日成が秘密裏に中国を訪問したのである(110)。

中国側の資料によれば、七〇年一〇月八日午後三時五〇分に金日成は中国に到着した。その夜の八時三〇分から一〇時五〇分まで毛沢東主催の晩餐会が行われ、翌一〇月九日、午前一〇時からやはり迎賓館で金日成と周恩来が会談を行う。そして、翌一〇月一〇日には第二次金日成・周恩来会談が早朝七時四〇分から午後一時三〇分までという実に六時間弱におよび、夜七時から八時四〇分まで再び毛沢東が面談し、八時四〇分より迎賓館で歓迎宴が催されている。そして翌一一日午前、金日成は飛行機で平壌に帰国している(111)。中国側の金日成に対する丁重な対応を窺い知ることができる。またこの秘密訪問の時期を考えれば、金日成が如何に中朝関係に神経を砕いていたかを知ることができる。周知の通り七〇年一〇月一〇日は北朝鮮の党創立二五周年記念日であった(112)。朝鮮労働党党創立記念日に金日成が中国を訪問していたという事実それ自体が、金日成の中朝関係修復に対する意欲を窺わせるものであると言ってよい。これにより中朝関係は完全に修復したのである。

もっとも、この時期を設定したのがかりに中国であったとすれば別の意味が生じることになる。朝鮮労働党創立二五周年記念式典があったにもかかわらず中国を訪問したことは、金日成の中朝関係修復への意欲を窺わせるものではあるが、その一方で毛沢東が金日成を呼びつけた可能性も否定し得ないのである。当時の中朝の非対称な関係を前提とすれば、毛沢東があえて党創立二五周年記念式典に時期を合わせて金日成を呼び、金日成の姿勢を試したとしても不思議ではないし、金日成が中朝関係修復のためにそれに従ったとしても不思議ではない。この中国訪問自体非公開であったため、訪問決定までの経緯については明らかではないが、かりに毛沢東が金日成の姿勢を試したとすれば、金日成の中国に対する不信感は拭いようのないものとなったに違いない。金日成・毛沢東会談によって確かに中朝関係は修復したが、その日程がどのような経緯によって設定されたのかは、これ以後の中朝関係に大きな影響を及ぼすものとなったに違いない。

結　語

両国関係を修復に向かわせたものは何だったのだろうか。既述の通り、北朝鮮にとって、中ソ武力衝突、ホー・チ・ミンの死、あるいはグァム・ドクトリンにともなうベトナム情勢の変化と米国の姿勢変化への可能性などが大きな意味を持っていたのは間違いない。金日成は、中朝関係修復を決定づけた中国訪問直後に開催された朝鮮労働党第五次大会で「統一への平和的移行はあり得ない」(113)として強硬路線を取ることを示唆していた。北朝鮮の強硬姿勢が、米国からの直接的脅威に対する安全保障上の必要性によるものか、あるいは、米国のアジアからの撤退によって朝鮮半島における軍事バランスが自らに有利に変化するとの判断によるものかは別にしても、北朝鮮が強硬路線を取るためには、中国との関係改善が必要不可欠であったことだけは間違いない。

また、中国にとってもやはりグァム・ドクトリンは重要であっただろうが、それよりも重要だったのは六九年三月と八月に発生した中ソの衝突であろう(114)。既に中国は、六八年のソ連のチェコ事件への軍事介入を契機として、ソ連を「現代修正主義」から「社会帝国主義」と位置づけて批判を強めていたが(115)、中ソ武力衝突によって中ソ関係は最悪の状態にあった。中国としては北朝鮮がソ連寄りの姿勢を取ることを防ぎたかったのである。また北朝鮮にとってもチェコ事件に対するソ連の対応は、ソ連に対する不信感をあらためて強く意識させることになり、中国との関係改善の必要性を十分認識したに違いない。

このように中国と北朝鮮の関係修復を順調になさしめたものとして、以上のような国際環境上の諸条件を指摘できるが、それと同様に大きかったのが崔庸健の存在である。一九二五年に中国共産党に入党していた崔庸健が、中国にとって特別な意味を持った存在であったことは間違いない(116)。五六年八月全員会議事件を契機とする延安派の粛清によって親中派人士が粛清されてしまった状況下、崔庸健はある意味で中国側にとって北朝鮮で最も信頼し得る人物の一人だったはずだ。崔庸健という人物の存在も両国関係を修復させるための重要な要素だったのである。この過程は、中朝関係を規定する第二の要因であるイデオロギー関係での両者の齟齬を第三の要因である伝統的関係によって修復する過程として、評価することができるのである。

あらためて指摘するまでもなく、中国にとって北朝鮮は、ソ連、米国との関係の中から生じる重要性を持っていた。すなわち、中国にとって北朝鮮との良好な関係は、社会主義陣営内での自らの立場を確保するために必要であり、また、自らの安全保障に直結する米国との関係から必要であったと言ってよい。それゆえ、中ソ関係、中米関係いずれか一方が悪化すれば、中国は北朝鮮との関係を緊密化する方向に進むこととなる。一方、北朝鮮にとっては対米関係を軸に、ソ連、中国が位置づけられ、その時々の重要性の変化によってソ連、中国との関係が規定されてきたと言ってよい。東西陣営間の対立においてソ連の存在が重要であったことは言うまでもないが、北朝鮮にとって自らの安全保障に直結する重要性を持っていたのは中国であった。それゆえ、朝鮮半島の分裂状況が続き、なおかつ北朝鮮が米国との闘争を放棄しない限りにおいて、北朝鮮にとって中国の重要性が完全になくなることはなかった。中朝両国間固有の要因によって関係が最悪の関係になろうとも、北朝鮮が中朝関係を破綻させることはなかったのである。

そして、このような国際環境の構造上の関係を伝統的関係が補塡することこそ中朝関係の特徴なのである。既述の通り悪化した両国関係を修復する過程で、崔庸健の存在に象徴される伝統的関係が大きな役割を果たすのである。それゆえ逆説的ではあるが、崔庸健のように中国と深い関係を持ちなおかつ中朝関係で一定の役割を演じ続けてきた人士が死亡するなどして存在しなくなることは、中朝関係の修復力を低下させることを意味する。時間の経過とともに中朝関係が修復力を低下させることは間違いないのである。

第5章

米中接近と北朝鮮の対米直接交渉提案

――「唇歯の関係」「伝統的友誼」の綻び

問題の所在

米国のアジア政策の変更を意味するグァム・ドクトリンと、それに続く中国の国連代表権獲得、さらには米中接近に象徴される一九六〇年代後半から七〇年代初頭の東アジアの国際関係の構造的変化は、金日成《キムイルソン》が朝鮮労働党第五次大会で明らかにした「統一への平和的移行はあり得ない」(1)とする北朝鮮の対南政策に重大な修正を迫るものであった。七一年八月六日に開催されたシアヌーク歓迎平壌大会で、金日成は韓国の与党民主共和党を含むあらゆる政党、大衆団体、個人と接触する意志があることを明らかにし、七一年九月から南北赤十字会談が板門店で開催されたのである。朝鮮半島に二つの政権が誕生して以来、韓国と北朝鮮が初めて公式に行った当局者間の接触である(2)。この後、七一年一一月からは南北赤十字会談とは別に政治問題を討議するための秘密交渉が開始され、七二年五月には李厚洛《イフラク》韓国中央情報部長と朴成哲《パクソンチョル》北朝鮮第二副首相が相互にソウルと平壌を秘密裏に訪問していた(3)。そして、七二年七月四日、李厚洛と金英柱《キムヨンジュ》朝鮮労働党組織指導部長の名義で南北共同声明が平壌とソウルで同時に発表されたのである(4)。

これまで米中接近が朝鮮半島に与えた影響としては、前述の南北対話を促進したという点が指摘されてきた(5)。もちろん、それまで相手の存在それ自体を否定してきた南北双方が共同声明まで発表したことの意味は十分評価されるべきであろうし、それを可能にしたのが米中接近というアジアの構造変化に後押しされた南北の姿勢変化であったことは間違いない(6)。しかし、果たして米中接近が朝鮮半島に与えた影響はそれのみであったのだろうか。南北対話は七三年の金大中事件(7)を契機として中断してしまい、その翌年、北朝鮮は韓国と平和協定を締結しようとする姿勢を変化させ、米国に対して平和協定締結を求めて直接交渉しようとする(8)。後に詳述するように、北朝鮮の米国に対する姿勢変化には多分に米中接近の影響を看取し得るのである。

本章では、米中接近に際して、北朝鮮がどのように自らの国際関係認識を理論的に修正したのかを検証し、それが北朝鮮の具体的な対外姿勢にどのような影響を与えたかを明らかにすることを目的としている。それはすなわち、中朝関係を規定する第一の要因である対米安全保障についての両者の認識の共有が形骸化することを意味し、それとともに第三の要因である伝統的関係の求心力も形骸化していく過程でもある。これらの分析によって、そうした北朝鮮の国際関係認識の修正が中朝関係にどのような影響を与えたかが明らかにされるであろう。

1　米中接近と周恩来の秘密訪朝

グァム・ドクトリンが発表される一年前の一九六八年九月、金日成は北朝鮮建国二〇周年慶祝大会で演説を行い、朝鮮革命について次のように述べていた。「共和国北半部における社会主義建設は、朝鮮革命の一部分であり、朝鮮革命は世界革命の一環です」(9)。そして、北朝鮮での社会主義建設の促進と、在韓米軍の撤退の重要性を強調し、「平和と民主主義、民族独立と社会主義をめざす全世界人民の共同闘争を発展させるために全力を尽くしております。米帝国主義をはじめとする帝国主義の侵略と戦争の政策に反対し、世界平和と人類の進歩のために闘うのは、我が共和国が対外活動の分野で堅持している一貫した方針なのです」(10)、と述べた。さらに金日成は「米帝国主義は、現代の最も野蛮で、最も破廉恥な侵略者であり、世界帝国主義の頭目です。米帝国主義は、滅びゆくその境遇からの活路を、国際的な緊張の激化と軍備競争の強化、そして新たな侵略戦争に求めようとして必至にもがいています。……とくに、社会主義諸国に反対する米帝国主義者の侵略と破壊策動が、ここ数年来一層激しくなりました」(11)としていた。また金日成は、朝鮮半島での戦争発生の危険性とそれに対する北朝鮮の態度について次のように述べた。

朝鮮における米帝国主義者の新たな戦争挑発策動は、既に重大な段階に入りました。彼らは、南朝鮮で新たな戦争を積極的に準備しており、朝鮮民主主義人民共和国に反対する軍事的挑発を一層露骨に強行する道に入りました。……朝鮮人民は、戦争を欲するものではありませんが、決して戦争を恐れはしません。もし敵が我々に新たな戦争を強いるのであれば、全人民は、共和国北半部の偉大な社会主義の獲得物を守り、祖国の完全解放と統一を成就するために、アジアと世界の平和を守るために英雄的な闘いに進んで立ち上がり、敵に殲滅《せんめつ》的な打撃を与えるでしょう(12)。

当時の北朝鮮は、プエブロ号事件、青瓦台（韓国大統領官邸）襲撃事件など、一連の強硬路線を取っていた時期であり(13)、金日成の演説から読み取れる朝鮮革命認識、帝国主義認識、米国認識が前述のようにきわめて厳しいものであったのも当然のことであるが、ここで重要なのは、当時の北朝鮮が「朝鮮革命は世界革命の一環」との認識を有していたことである。すなわち、朝鮮革命は世界革命との連繋を前提して構築されるものであったのである(14)。

金日成は、帝国主義との闘争について次のように語っていた。「アジア、アフリカ、ラテンアメリカ諸国人民の解放の偉業は終わっていない。地球上に帝国主義が生き残り、人民を抑圧し略奪している限り、人民は片時も反帝闘争をゆるめるわけにはいかない。闘いは、地球上からあらゆる形態の植民地主義を終局的に一掃する時まで、抑圧され虐げられていたすべての民族が自己の独立国家を建設し、社会的進歩と民族の繁栄をもたらす日まで続けられなければならない」(15)。金日成は帝国主義との徹底闘争を主張し、そのための革命継続の必要性を強調していた。

そして、米国がグァム・ドクトリンを発表した後の七〇年一一月に開催された朝鮮労働党第五次大会で演説を行った金日成は、グァム・ドクトリンについて次のように述べた。

米国の現在の支配者達は、アジアに対する侵略政策を覆い隠すため、何らかの政策の変更についてさかんに騒ぎ立てています。しかし、米帝国主義者がアジアで実施している侵略政策のうちで変わったものは何一つなく、また、決して変わるはずもありません。変わったものがあるとすれば、それはただ、その侵略性と狡猾さがさらに強まっているということだけです。米帝国主義者は、自らの武力を直接動員して侵略を強化する一方、悪名高い「新アジア政策」に基づいた日本軍国主義をはじめアジアの追随諸国と傀儡どもを動員して、主として「アジア人同士を闘わせる」方法で、アジアに対する自分達の侵略的野望を容易《たやす》く実現しようとする一層凶悪な目的を追求しています。米帝国主義者のこのような侵略策動によって、アジア全域における情勢は極度に先鋭化しており、全般的な世界平和は重大な危機にさらされています(16)。

金日成は、グァム・ドクトリンを「アジア人同士を闘わせる」方法であると断じて米国の侵略性に変化がないことを強調し、むしろ、その侵略性の度合いが強まり、狡猾さを増したとしていた。北朝鮮の朝鮮革命観、対米認識はグァム・ドクトリンによって変化することはなかったのである。

しかし、実はこの時、北朝鮮が自らの革命認識を大幅に修正しなければならない事態が水面下で進行していた。中国が米国との間に秘密交渉を進め、七一年七月九～一一日にはキッシンジャー大統領補佐官が秘密裏に中国を訪問し、七月一六日にはニクソン訪中が劇的に発表されるのである(17)。中国側が北朝鮮に対してキッシンジャーの秘密訪問について事前に通告していたかどうかは明らかではないが、何よりもこの米中接近はまったくの秘密外交によって成立した劇的な出来事であったことから、おそらく北朝鮮は中国から事前にそうした通告を受けていなかったものと思われる。それゆえ、中国は北朝鮮との関係に配慮せざるを得なかった。中国が米国と関係改善することは、米国との闘争の必要性を強調している北朝鮮との関係を悪化させる危険性があったからである。それを示唆するように、キッシンジャーの中国訪問と時を同じくして行われた中朝友好協力相互援助条約締結一〇周年記念行事では、一〇周年ということもあって、北朝鮮側は金仲麟《キムチュンリン》朝鮮労働党政治委員会委員を団長とする代表団を、中国側は李先念副総理を団長とする代表団をそれぞれ派遣し、中朝関係の紐帯の強さが誇示されたのである(18)。

中国代表団歓迎の宴席で演説を行った李先念は、これまで中国と北朝鮮が、抗日闘争、朝鮮戦争をともに闘ってきたことを回顧しながら、「かりに米帝国主義と日本軍国主義が欲に目がくらみ、向こう見ずにも侵略戦争を中朝両国人民とアジア各国の人民の頭上に再び押しつけてきたならば、彼らは必ずや自業自得となり、さらに悲惨な失敗に遭遇するであろう」(19)としていた。さらに李先念は、翌日の一〇周年大会で、日本が「『大東亜共栄圏』の迷夢を妄想している」として、「日本軍国主義は既に日増しにアジアの危険な侵略勢力」となっていることを強調し、中朝条約の第二項を引用しながら「かりに米日反動派が侵略戦争を、中朝両国人民の頭上に押しつけようとするならば、中国人民はまったく猶予することなく、武器を持って朝鮮人民とともに再び肩を並べて闘い、必ずや徹底的な勝利を得るでしょう」(20)としたのである。当時北朝鮮が警戒していたのは、六五年の日韓国交正常化以来の日米韓の連繋によるいわゆる「『反共』ブロック」であった(21)。それゆえ、李先念のこれらの発言は北朝鮮を大いに勇気づけるものであったに違いない。さらに七月一一日には『人民日報』『紅旗』『解放軍報』が「帝国主義侵略の同盟強化に反対する」との共同社論を掲載し、同様に「日本の軍国主義がアジアの危険な侵略勢力」(22)であることが強調されたのである。そして、まさにニクソン訪中が発表される前日、李先念は告別宴で「かりに米日反動派が軽挙妄動にでた場合、彼らはかならず中朝両国人民とアジア各国人民の厳重な懲罰を受けるであろう。勝利は必ず中朝両国人民とアジア各国人民の側にある」(23)、と語っていたのである。

前述の通り李先念が北朝鮮を訪問している時、北朝鮮側は金仲麟を団長とする代表団を中国に派遣していたが、まさにこの時、キッシンジャーが中国を秘密訪問していたのである。そして、たとえば周恩来は七月一〇日の午後一二時一〇分からと午後四時一〇分から人民大会堂で二回にわたってキッシンジャーと会談を持ち、同日午後、同じく人民大会堂で朝鮮労働党代表団と会見を行い、代表団の歓迎宴に参加した後、迎賓館にて再びキッシンジャーと会談を行っているのである(24)。周恩来は同じ日に同じ人民大会堂でキッシンジャーと金仲麟の二人を相手に会談を行っていたことになる。キッシンジャーの訪問が北朝鮮に伝えられなかったことを前提とすれば、これは中国が北朝鮮との関係よりも米国との関係を優先させたことを意味する。それゆえ、前述のように李先念が従来通りの対米認識、国際関係観を強調していたことも、ある意味で北朝鮮を欺くものであったとさえ言えるのである。当時の中国の姿勢を象徴する事例として位置づけられよう。そしてそれは、北朝鮮にとって屈辱的とも言い得る事態であったに違いない。

ところが、七一年七月一六日のニクソン訪中発表後の北朝鮮の反応は意外にもむしろ現実的なものであった。確かに、北朝鮮が中国に対して不満を表明したのは事実である。七一年八月六日付『労働新聞』では「現在、反帝国主義闘争の時期であり、米国の帝国主義の融和的な欺瞞戦術の罠にかかるよりは、協力して米帝国主義に打撃を与え、圧力を加えよう」(25)と呼びかけたのである。既述のように、この時期の金日成は米国を世界革命の敵であり、同時に地域革命としての朝鮮革命の敵として位置づけていた。そして交渉不可能性を前提としてグァム・ドクトリン以後の米国の姿勢を「帝国主義者」の欺瞞としながら、それに対する警戒心を鼓舞し、「帝国主義者」との徹底闘争を強調していた。それゆえ、金日成が中国と接近しようとする米国の態度を「帝国主義の融和的な欺瞞戦術」と位置づけたのは当然と言ってよい。そして、「協力して米帝国主義に打撃を与え、圧力を加え」る必要性を強調し、米国と交渉しようとする中国の行為を「罠にかかる」行為として警鐘を鳴らしたのである。ところがその一方で、中国に対する批判を行ったまさに同じ七一年八月六日、金日成は「我々は、南朝鮮の民主共和党をふくむすべての政党、大衆団体および個別的な人士と、いつでも接触する用意があります」(26)として、韓国の与党・民主共和党との接触を示唆し、七一年九月から南北赤十字会談予備会談が開催されたのである(27)。それまでの北朝鮮の姿勢を考える時、北朝鮮にとって米中接近を受け入れ、それに対して現実的かつ迅速に対応をすることは困難であったに違いない。しかし、意外にもニクソン訪中が発表された七月一六日から三週間足らずで北朝鮮は前述のようなきわめて現実的な対応を取ることになる。実は、そこには中国の相当な配慮を見て取ることができるのである。まさにニクソン訪中が発表される前日の七一年七月一五日の早朝、周恩来は自ら平壌を訪れて金日成と二度にわたって会談を持ち、その日のうちに北京に戻ったのである(28)。中国側の資料によれば、会談では、ニクソン訪中とキッシンジャー秘密訪問について周恩来が金日成に対して直接報告したという(29)。北朝鮮にとっては、ニクソン訪中について韓国が米国からまったく知らされていない状況下、韓国よりも早くその事実を知っていたことは大きな意味があった。たとえそれが一日早いだけであったとしても、北朝鮮としては韓国との関係において優位に立ったとの印象を持ったはずである。ニクソン訪中発表前に周恩来自らが北朝鮮を訪問し金日成に対して米中関係について直接説明したことは、北朝鮮側が面子を保つに十分の行為であった(30)。この訪問によって少なくとも北朝鮮は、中国との関係を表面的に悪化させることはできなくなったと言ってよい。

さらにこの後、七月三〇日および三一日には北朝鮮の金一《キムイル》副首相が北京を訪れ、周恩来と二度にわたって会談を行っている(31)。この会談で金一は中国側に、米国側に対して八項目を伝えてほしいとしたという(32)。この後、中朝関係は活発な動きを見せる。たとえば、北朝鮮は鄭準澤《チョンジュンテク》副首相を団長とする経済代表団を中国に派遣し、八月一五日に中国との間に経済協力協定を締結する(33)。経済協力協定を締結するにあたって李先念は、「既に復活した日本軍国主義の野心は勃興しており、我が国の領土台湾と朝鮮の南半部でまさに露骨な侵略と拡張活動が日増しに行われている」(34)とし、日米反動派の陰謀は失敗するであろうとしていた。中国は、先の中朝友好協力相互援助条約一〇周年記念式典で確認した自らの姿勢を変化させないことを強調したのである。

七一年八月一八日には朝鮮人民軍総参謀長・呉振宇を団長とする軍事代表団が中国側の招請により中国を訪問するが、黄永勝中国人民解放軍総参謀長が朝鮮人民軍代表団の訪問に対して、「米帝およびその走狗が如何なる陰謀を企み施し、そして如何なる事態が発生したとしても、朝鮮人民、中国人民とアジア各国の人民は緊密に団結し、相互に支援し、面前の闘争を堅持し、必ずや惨憺たる失敗にいたるであろう」としていた(35)。中国は、ニクソン訪中によっても帝国主義に対する闘争を放棄するものではないことを北朝鮮に対して強調したのである。また黄永勝は、北朝鮮の軍事代表団に対して北朝鮮の四大軍事路線について具体的に言及してきわめて高い評価を与え、軍事協定を締結したという(36)。先の経済協力協定および、この軍事協定の実際の内容が具体的にどのようなものであったかは明らかではないが、中国が北朝鮮に多方面にわたる多大の援助を与えたことは想像に難くない。このように中国は、周恩来の秘密訪問と北朝鮮に対する各種援助によって、北朝鮮の中国に対する友好的姿勢を維持させようとしたのである。

2　北朝鮮の認識修正

中国が引き続き「帝国主義との闘争」を強調したとしても、米中接近がそれまでの北朝鮮の革命観、国際社会観に根本的な修正を迫る出来事であったことは間違いない。中国との良好な関係を維持することを前提とする時、北朝鮮はそれまでの自らの路線と米中接近というアジアにおける新たな現実との間に整合性を与える必要があったのである。

金日成は一九七一年九月二五日と一〇月八日に行われた朝日新聞編集局長と共同通信記者との談話で、ニクソン訪中について次のように語っている。

あなたがたは、ニクソンの中国訪問に関連して、我が国の対外政策に何らかの変化はないかと質問しましたが、我々は今のところ、ニクソンの中国訪問と関連して我々の対外政策を大きく変えなければならないとは考えていません。もちろん、国家の対外政策は固定不変のものではありません。国際情勢の変化に応じて対外政策を変更することもあります。しかし、我が国の対外政策は自主的な対外政策であり、我々は我々なりに自己の外交政策を持っています。従って、ニクソンが中国に行こうと、中国がどのような立場を取ろうと、それは我々に大きな影響をもたらすものではありません[37]。

このように、金日成はニクソンの中国訪問を中国の問題として規定し、それが自らの外交政策に及ぼす影響がないことを強調し、さらに続けて次のように語った。

ニクソンの中国訪問について言えば、それは勝者の行進ではなく敗者の行脚です。中国と米国の間には外交関係がありません。一国の元首が、外交関係のない国を直接訪れるというのは、歴史的に見てもまれなことです。これは、米帝国主義者が窮地に陥っていることを実証するものです。米帝国主義が窮地に陥っていなければ、こうまではしないはずです。もともと、米国の反動支配層は、社会主義諸国に対する封じ込め政策について非常に頑固な連中です。……中国に対してもやはり二二年間も封じ込め政策を実施してきました。米帝国主義は中国に対して躍起になって封じ込め政策を実施しましたが、中国は滅びるどころか、アジアの革命勢力として引き続き成長し強化されました。ニクソンが、これまで敵視してきた中国を訪問するということは、米帝国主義者が敗北の道で四苦八苦していることを物語るものです[38]（傍点・引用者）。

金日成は、ニクソンが米国の困難な状況を打破するためにやむをえず中国を訪問したとしてニクソン訪中の意味を糊塗し、朝鮮半島を取りまく国際環境が劇的に変化したわけではないとしたのであった。すなわち、米中接近を中国の変化として捉えず、ひとえに米国の変化によるものと位置づけて中国との路線の相違を曖昧にしたのである。

しかし、米中接近には中朝関係の構造そのものを変質させる可能性さえ含まれていたのである。北朝鮮にとって重要だったのは米中接近が、中国が台湾問題と米中関係を切り離したことによって成立したことであった[39]。もとより、中国の台湾問題に対する姿勢は、既に米中接近以前から変化が見えていた。中国は米国との間に七〇年一月二〇日と二月二〇日にワルシャワで会談を開き、台湾問題で一定の進展があったのである。ここで米国は、初めて台湾問題が中国人自身によって平和的に解決されるべきものであることを認め、中国も台湾問題の解決なしに対米関係改善はあり得ないとの立場を改めたのである。この合意は、七〇年四月末に米国・南ベトナム軍がカンボジアに侵攻し、中国がこれに激しく抗議したため一時的に中断されることとなるが[40]、米中接近はまさにこのような米中両国の認識の延長線上に成立した歴史的事件であったと言ってよい。

台湾問題と朝鮮問題の連繫は中朝関係を結びつける重要な要素であったが、それは中朝両国がともに分裂状態を解消するための最大の障害が米国であるとの認識を共有していることを前提としていた。それゆえ北朝鮮にとって台湾問題を切り離して成立した米中接近は、中台と南北朝鮮の分裂状態の解消のための最大の障害が米国であるとする認識を中国との間で共有できないことを意味したのである。キッシンジャー訪中に際して、毛沢東は「台湾問題は重要ではない、国際情勢こそが重要問題である。台湾は小さい、世界は大きい」[41]としたという。そしてニクソンもまた中国を訪問するにあたって「ベトナム問題を話に来たのではない」としていたが[42]、毛沢東とニクソンの発言は、まさに米中両国が、米中関係と台湾問題、ベトナム問題を切り離すという認識を共有していたことを象徴するものであったと言ってよい。第1章で考察した通り、中国にとって、台湾、朝鮮半島、ベトナムが米国との間の三つの戦線であるという認識こそが中国と北朝鮮を強く結びつける根拠となっていた(43)。台湾問題とベトナム問題が米中関係から切り離されたことを前提とする時、三つの戦線のうち残る朝鮮半島が棚上げされることは言うに及ぶまい。しかし、中国が米中関係と台湾問題を切り離したとしても、北朝鮮は依然として朝鮮半島の統一問題と対米関係を切り離すことはできなかった。それゆえ中国側が引き続き台湾問題と朝鮮問題の連繋を強調したとしても、実際には同床異夢でしかあり得なかったのである。

このように米中接近に対する中朝間の認識には大きな隔たりがあったと言わざるを得ないが、その後の情勢は北朝鮮が表面上の理論的糊塗によって中朝関係を維持することを難しくした。七一年一〇月一二日には、ニクソンが翌七二年五月以降、ソ連を訪問することが明らかにされたのである(44)。中ソ両国が米国との関係を改善する可能性が生じたことは、北朝鮮がもはや固定的な革命観を持ち続けることを不可能にしたと言ってよかった。さらに七一年一〇月二五日、中国の国連復帰が決定し、台湾が国連から脱退した(45)。世界的規模での構造変化が起きつつあったのである。

こうした趨勢にあって北朝鮮も自らの根本的姿勢を修正せざるを得なかった。七一年一二月二日、金日成は党幹部養成機関の教員に対して「党幹部養成事業を改善、強化するために」との演説を行い、その中で米中接近について次のように語った。

今日、米帝国主義者は内外で深刻な政治的、経済的、軍事的危機に陥っています。それだけにニクソンの中国訪問は、中国との関係を改善して緊張を一時緩和し、息をつく時間を稼ごうとすることにその目的があるのです。ニクソンの中国訪問は別に不思議なことではありません。世界の革命闘争史を振り返ってみると、共産主義者が情勢を革命に有利に変ええるために敵と一時妥協した実例が少なくありません。かつてソ連は革命に勝利した後、敵の不意の侵攻から祖国を守るために、敵と平和条約を結びましたし、第二次世界大戦の直前にもファシスト・

ドイツと不可侵条約を結び、日本帝国主義者とは中立条約を結びました。従って、ニクソンの中国訪問に神経をとがらせ、中国を非難する理由は少しもないのです(46)。

金日成は、ソ連がかつてヒトラー・ドイツと不可侵条約を結んだことを例に取り、中国が米国と関係を改善することが、帝国主義との闘争を放棄することを意味するものではないと強調したのである。さらに、金日成は次のように語った。

世界の革命闘争史には、共産主義者が帝国主義者と何か条約を結んだり対話を行うからといって、反帝的立場を捨てたり革命を放棄した例はありません。過去、ソ連はファシスト・ドイツと不可侵条約を結んでからも反帝的立場を捨てずに革命闘争を続けました。長年にわたって国内の反動勢力や帝国主義侵略者と闘ってきた中国共産党もニクソンが訪問するからといって、決して革命を放棄したり、社会主義諸国の利益にもとるようなことはしないでしょう(47)。

ここでは、米中接近をたんに劣勢を強いられた米国の変化として位置づけるにとどまらず、「条約を結んだり対話を行う」ことがむしろ革命闘争の一形態であるという積極的評価さえ看取し得る。興味深いのは、こうした認識の変化が、何も中国との関係のみを考慮して行われたものではなかったことである。この時期、北朝鮮は韓国との秘密接触を繰り返し、翌七二年七月四日には歴史的な南北共同声明を発表する。それゆえ、この時点で「条約を結んだり対話を行う」ことが決して「反帝的立場を捨てたり革命を放棄」することを意味するものではないことを強調していたことは、水面下で南北対話が進められていたことと合わせて考える時、示唆的である。

この後、北朝鮮は、七二年二月にニクソンが中国を訪問した際に発表された「上海コミュニケ」について、論評抜きではあるものの『労働新聞』で、両者の合意事項について詳細な報道を行ったのである(48)。

3　中国にとっての「朝鮮問題の朝鮮化」

前述の通り、米中接近に際して米中両国は台湾問題を棚上げにしていた。もとより、それを持って中国が「台湾解放」を放棄したことを意味したわけではなかったが、中国の立場からすれば、台湾問題が米中関係を決定的に阻害する要因ではなくなったことだけは確かであった。それゆえ、中国にとって朝鮮問題が米中関係を阻害する要因であろうはずはなかった。中国を訪問した際にニクソンが、ベトナム、朝鮮、日本、ソ連などの問題について話し始めた時、毛沢東はそれを遮り、「それらの問題に私は興味がない、それは彼（周恩来）があなたに話すことである」（括弧内・引用者）としながら、「あなた方は一部兵力を撤退させようと考えている。我々は兵力を国外に出さない」（傍点・引用者）と述べたという(49)。これこそがまさに、米中接近の真の意味であったと言えよう。すなわち、米中接近は、「地域問題の地域化」――より具体的に言えば、周辺地域の問題への自らの関与を避けることによって、それが米中関係に影響を及ぼさない構造をめざすものであったと言えるのである。中朝関係の文脈から考える時、米中接近に際して中国が必要としたものは、朝鮮問題が米中関係に決定的に影響を及ぼさないような構造、すなわち「朝鮮問題の朝鮮化」であった。そして、それはまさに米国の主張する「朝鮮問題の朝鮮化」と接点を形成し得るものであったのである(50)。この後中国は繰り返し台湾問題と朝鮮問題の連繫を強調するが(51)、「地域問題の地域化」という合意を前提とする時、米中関係の進展によって「朝鮮問題と台湾問題の連繫」の形骸化、すなわちともに米国を主敵とする中朝紐帯は形骸化し、「朝鮮問題と台湾問題の連繫」が中朝関係を結びつける要因とはなり得なくなっていたと言ってよかった。中国の立場からすれば、かりに朝鮮問題が紛糾したとしても、それがすぐさま米中関係の阻害要因となることはなくなったのである。とりわけ北朝鮮にとって、毛沢東が「兵力を国外に出さない」としたことはきわめて示唆的であった。もちろんそれは朝鮮半島ではなく、ベトナムを念頭に置いた発言ではあったが、かりに朝鮮半島で紛争が発生した場合、朝鮮戦争時のような支援を中国に期待することができなくなったとさえ言い得たのである。北朝鮮は当然そうした文脈で理解したはずである(52)。

ところで、米中接近はそれのみが単独で進展したわけではなく、米ソ和解とともに進展したことにその特徴があった。七二年五月二二日から二九日にかけて行われたニクソンのソ連訪問に際して、米ソは、ＡＢＭ(弾道弾迎撃ミサイル)制限条約、「米ソ関係の基本原則に関する文書」を締結し、米ソ間のルール作りが進められたのである。ソ連を訪問したニクソンは、「今回はベトナムについての首脳会談ではない」と断言し、「二つの偉大な国がどのようにしたら平和な世界のために貢献できるかを決めるための首脳会談である。そして我々はベトナム問題をその枠内に入れようとしている」として、ソ連訪問の目的を語っていた(53)。このように米中接近が、米ソ和解とともに行われたことは北朝鮮にとってきわめて大きな意味を持っていた。北朝鮮にとって、依然として朝鮮半島に米軍が駐留を続ける状況下、米中、米ソが関係を修復したということは、すなわち、在韓米軍の駐留を中ソ両国が是認したことと同義であった。米中接近に際して、かりに北朝鮮が従来の革命路線に固執して中国への不満を持ったとしても、米ソ和解を前提とする時、ソ連に傾斜するという選択肢はもはや北朝鮮には残されていなかったのである。それはまた、地域革命としての朝鮮革命と世界革命を連動させようとする北朝鮮の革命路線の観点からも不可能であった。先に指摘した、「条約を結んだり対話を行う」ことを革命闘争の一形態として位置づける北朝鮮の姿勢変化は、北朝鮮にとっては不可避であったと言ってよい。もはや北朝鮮としては、国際社会の潮流に乗って地域革命の枠内で韓国との「闘争」を続ける以外の方法はなかったのである。しかもその「闘争」は武力を用いたものではなく、平和的な方法によらなければならなかった。米中接近、米ソ和解を前提とすれば、北朝鮮が単独で武力を用いることは不可能だったからだ。そもそも朝鮮半島における武力を用いた闘争は世界革命の潮流の中で米国が劣勢に立たされていることが前提とならざるを得なかったが、米中接近以降の米国が劣勢に立たされているとは言いがたかった(54)。

こうした国際社会の潮流に乗って北朝鮮は韓国との間に秘密交渉を持ち、一九七二年七月四日、歴史的な南北共同声明を発表することとなるのである(55)。南北共同声明では自主、平和、民族大団結という南北統一についての三原則が確認された他、信頼醸成のために相互に誹謗中傷を中止、多方面にわたる交流の実施、ソウル・平壌間の直通電話設置などが確認され、これらの合意事項の推進および統一問題を解決するために南北調節委員会を発足させることが明らかにされた。

中国はこの南北共同声明に対してきわめて好意的な反応を見せた。七二年七月九日付『人民日報』社論では、南北共同声明が北朝鮮の主張してきた精神を反映するものであり、そこにいたる金日成の努力を讃えながら「現在、朝鮮人民自らが既に祖国の自主平和統一を模索する道を開いた。それゆえ、米帝国主義が朝鮮内部の問題に対して干渉する口実はなくなった。米国は南朝鮮に駐留するすべての軍隊を撤退させねばならず、同時に日本軍国主義勢力が南朝鮮での活動を続けることをやめさせねばならない」(56)(傍点・引用者)としたのである。この直後の七月一〇日の中朝友好協力相互援助条約締結一一周年を記念して中国が北朝鮮に送った祝電も、南北共同声明を讃えながら中朝友誼を強調することが中心であり、取りたてて米国、日本、韓国の行動に対して警戒感を表すことはなかった(57)。もちろん既に朝鮮問題は米中関係を阻害する要因とはならなかったが、かりに北朝鮮が従来通りの強硬路線を維持して韓国との対決姿勢を強め、中国の姿勢との違いを生じさせて中朝関係を悪化させることは、中国にとって好ましいものであるはずはなかった。それゆえ、北朝鮮が韓国との関係を改善することは朝鮮半島の緊張緩和の雰囲気を醸成することとなり、中国にとってそれは歓迎されるべきものであったのである。

もちろん無制限に南北関係が進展して、かりに朝鮮半島の現状承認が行われ、台湾問題でも同様の現状承認の機運が高まることは中国にとって大きな問題であったが、先に指摘したように中国が南北共同声明に際して「米帝国主義が朝鮮内部の問題に対して干渉する口実はなくなった」としたことは、朝鮮問題がもはや北朝鮮と米国の間の問題ではないことを強調するものであったと言ってよい。すなわち、中国は南北共同声明を「朝鮮問題の朝鮮化」として評価したのである。それゆえ、南北共同声明を北朝鮮の勝利として評価しながら、中朝友誼を讃え、米国、日本に対しては北朝鮮との関係を維持し得る範囲内での批判にとどめたのであろう。同様に七二年七月の中朝友好協力相互援助条約一一周年に際しての電報も中朝友好を強調するのみであったのだろう。

このような状況下、南北共同声明を契機として開始された南北対話は実質的な進展を見せることなく(58)、七三年六月二三日、韓国の朴正熙《パクチョンヒ》大統領が国連南北同時加盟を含む「平和統一外交政策に関する特別声明」を発表し、金日成も「祖国統一五大方針」を発表した。統一問題についての南北双方の発表は、両者の統一の最終形態とそこに至る過程についての思惑の相違を明確にした。北朝鮮は祖国統一五大方針で(1)南北間の軍事的対峙状況の解消と緊張緩和、(2)南北間の政治、外交、軍事、経済、文化の多方面合作、交流、(3)各界、各層の参加する大民族会議の開催、(4)連邦制―高麗連邦共和国、(5)二つの朝鮮排撃、の五つを主張したが(59)、その中で、中朝関係の文脈からいって興味深いのは、金日成が高麗連邦共和国という単一国号による連邦制の実施を主張したことである。これは、六一年に提案された連邦制同様、最終的な朝鮮統一への過渡的な措置として位置づけられていたが(60)、金日成は、この高麗連邦共和国を単一国号として国連に加盟することを主張したのである。朴正熙の「平和統一外交政策に関する特別声明」との間で埋めがたい溝を形成していたのが、まさにこの点であった。朴正熙は、国連をはじめとする国際機構に同時に加盟することを主張したが(61)、金日成は、南北両政権が二つの国号でそれぞれ国連に加盟することが、朝鮮半島に二つの政権が存在することに国際的認知を与えるものであるとして、徹底的にこれに反対したのである。

国連に対する北朝鮮のこの姿勢は、「二つの朝鮮」を嫌うという従来通りの姿勢として評価できるが、のみならず中国が国連代表権を獲得したことによってむしろ北朝鮮の姿勢がかたくなになったとすることもできる。中国が国連加盟を果たすと同時に台湾は国連を脱退していた。同じ分裂国家としての中国が単一議席で国連加盟を果たした状況下、北朝鮮が韓国と国連同時加盟をすることになれば、中台関係と南北朝鮮関係の非対称性を際立たせることとなり、朝鮮問題のみが国際的に現状維持で固定化してしまう危険性が高まったとさえ言い得たのである。それゆえ北朝鮮にとっては分裂状態の固定化を意味する二つの議席での国連同時加盟は容認できることではなかったのである。

もっとも、北朝鮮にとっては、中国の国連加盟によって国際機関を舞台とする対南政策の幅が広がったのも事実である。すなわち、ソ連と中国の二国が国連常任理事国となったことから、国連内での中国、ソ連を通した北朝鮮の発言力は大きなものとなったと言ってよい。かりに韓国が単独で国連加盟を申請したとしても、中国がそれを容認するはずはなかった。それゆえ、あえて韓国と同等の資格での国連の議席にこだわるよりも、国連外で多数派工作をするほうが北朝鮮にとってはよかったのである。事実、北朝鮮は六〇年代後半から第三世界外交を活発化させていた。北朝鮮は、「一九五〇年代後半だけでも国連で第三世界諸国が持っていた議席数は三〇パーセントに過ぎなかったが、六〇年代前半には既に五〇パーセントを超えていた」(62)と認識していた。そして、「米帝国主義者とその他資本主義諸国の間の矛盾、米帝の追従国家の内部分裂と混乱などは国連を舞台として米帝国主義者の地位を顕著に弱めている」(63)としているのである。これは既述の三大革命力量論の背景となる認識であるが、この後、北朝鮮は第三世界外交を活発化させる。そして文化大革命期に悪化していた中国との関係を改善した後は、中国を訪問した第三世界指導者を招き入れる方式でさらに、第三世界外交を活発化させたのである(64)。その結果、七〇年代前半に北朝鮮と国交を樹立する国家は徐々に増加し、七〇年二カ国、七一年二カ国、七二年八カ国、七三年一四カ国、七四年一四カ国、七五年には一二カ国が北朝鮮と国交を正常化したのである(65)。こうした攻勢により、北朝鮮は世界保健機関(WHO)など数多くの国連専門機構に正式加盟したが、それは韓国に対して有利に立つための方法であり、決して現状承認を自ら受け入れることを意味したわけではなかったのである(66)。

既述の通り南北対話が徐々に破綻していく過程で、中国は日本との国交を正常化して米中接近以降の国際関係の調整に一つの区切りをつけていた(67)。それゆえ、その後は必ずしも南北関係が良好に進んでいる必要はなく、北朝鮮との関係さえ良好に維持できればそれでよかったのである。金日成が祖国統一五大方針を発表した直後の『人民日報』は、北朝鮮の主張に対して支持を与えるとともに「台湾省はもともと我が国の神聖なる領土の不可分の一部分である。……台湾解放という歴史的任務を実現しよう」(68)としていた。もちろん、それは従来の中国の姿勢を変えるものではなかった。しかし、米中接近以後の国際情勢を前提とする時、それがそれまで中朝間で繰り返し強調された台湾問題と朝鮮問題の連繋とは本質的に異なるものであったことは言うまでもない。中国は、台湾問題と朝鮮問題の連繋を形骸化させて「朝鮮問題の朝鮮化」を強調することで、米中関係の進展と中朝関係の維持という、本来抵触しかねない二つの事象を両立することに成功したと言ってよかった。

ところが、中国が「朝鮮問題の朝鮮化」をめざしたことは、ある意味で自らの北朝鮮に対する影響力を制限したことと同義でもあった。すなわち、既述のように南北共同声明発表に際して中国は「米帝国主義が朝鮮内部の問題に対して干渉する口実はなくなった」としていたが、同様に中国自身も「朝鮮内部の問題に対して干渉する口実」をなくしたのである。もとより、完全回復したとは言え文化大革命期の中朝関係の悪化によって、北朝鮮が自らの自主路線を強調しながら第三世界外交を活発化させた結果、中国の北朝鮮に対する影響力は低下していたと言わざるを得なかった。また、逆に言えば、朝鮮半島の紛争に巻き込まれたくない、との中国の姿勢として評価することもできるかもしれない。いずれにせよ、中国が「朝鮮問題の朝鮮化」をめざし、北朝鮮が自主路線を追求することによって、中朝関係のそれまでの構造は徐々に綻びつつあったのである(69)。

4　対米直接交渉への力学

前節で考察した通り、北朝鮮にとって、米中接近以後の朝鮮半島情勢の変化は、自らを取りまく環境が現状承認され、さらには現状固定化へと進む危機感を感じさせるものであったはずである。しかし、北朝鮮としては朝鮮半島の現状承認、現状固定化が進むことは容認できなかった。それゆえ、南北対話が決裂したことはある意味で論理的帰結であったと言えようが、興味深いのは金大中事件を口実に南北対話を決裂させたことである。周知の通り金大中事件は日韓関係を悪化させる危険性を孕んだ事件であったが、当時の日朝関係は米中接近以後の国際関係の中で南北共同声明の発表と田中政権の成立を契機として徐々に進展を見せていた(70)。

誤解を恐れずに言えば、北朝鮮が米中接近に象徴される七〇年代初頭の中国の対外姿勢から学んだことは、単に敵と交渉することのみではなく、よりダイナミックな国際関係の中で台湾を孤立させることであったと言ってよい。すなわち中国は、台湾問題を一応棚上げにすることで「中国問題の中国化」を米国に約束させて米国との関係を改善し、その後日本との関係を改善した。この過程で中国は国連に復帰し、台湾は国連を脱退せざるを得ない状況に追い込まれた。すなわち、台湾と米国との関係を変質させ、日台関係を断交させ、国連においても中国が代表権を獲得し、台湾は国際社会で孤立状態に追い込まれていたのである。

北朝鮮の指導者が、韓国の同盟国である米国、日本と韓国の頭越しに接近することができれば、台湾同様、韓国を国際社会で孤立させられると考えたとしても不思議ではない。ただし、中国と北朝鮮とではその前提条件が大きく異なっていた。何よりも、かりに北朝鮮が日本、米国との関係を改善したとしても、それがすぐさま北朝鮮の国連単独加盟へと繋がるわけではなかった。むしろ同時加盟への動きを加速することとなり、それは北朝鮮の嫌う二つの朝鮮固定化へと繋がる危険性を有していた。それゆえ、国連についてはかたくなに単一国号による加盟を主張したのである。そして、日本との関係についても日本が北朝鮮とすぐさま国交を樹立できるわけではなかった。それは北朝鮮が日本との国交樹立によっていずれ日韓が断交することを求めていたからである(71)。この時点で北朝鮮としてはその条件を放棄することはできなかった。それゆえ、北朝鮮は短期的な対日目標として、日韓離間策を取ろうとした可能性がある。その意味で金大中事件は格好の材料となった。北朝鮮にとって日本と国交樹立ができないのであれば、せめて日韓の関係を悪化させたかったに違いない。

北朝鮮が韓国を孤立させようとする動きは、既に五〇年代にその端緒を見ることができる(72)。しかし、朝鮮革命を世界革命の一環と位置づけていた以上、米中接近という明示的な事象が顕在化するまでは、北朝鮮にとって、米国、日本をはじめとする西側諸国との関係模索は、あくまで世界革命の一環としての朝鮮革命の枠組みの中に封じ込められざるを得なかった。ところが、米中接近という既成事実を前提とすれば、かりに南北対話が決裂したとしても、北朝鮮は中国同様に米国と交渉する路を選ぶことが許されたはずである。米中接近を受け入れることで、北朝鮮はそれまで朝鮮革命の枠組みの中に封じ込められていた自らの対外政策を、革命理論の観点からも解き放つことができたのである。それは、北朝鮮自らが「朝鮮問題の朝鮮化」を受け入れたこと——すなわち、朝鮮革命と世界革命の連携を強調することで中ソ両社会主義大国を朝鮮半島情勢に関与させようとする思惑を放棄したことと同義でもあったが、それを前提とする時、北朝鮮にとっての「主敵」である米国との関係構築をめざすことはある意味で当然と言ってよかった。そして米国との関係を完成できれば、まさにグァム・ドクトリン以降の中国の国際関係の劇的調整と同様の構造を朝鮮半島をめぐる国際関係で実現することができるのである。逆説的ではあるが、北朝鮮は、自ら「朝鮮問題の朝鮮化」を受け入れることで、それまで地域革命の枠内に封じ込めていた朝鮮革命と世界革命の垣根を取り払い、自らの外交的選択肢を拡大したのであった。それを示唆するように、七三年四月、北朝鮮の最高人民会議第五期第二次会議で、「世界各国の国会と政府に送る書簡、米国国会に送る書簡」を採択し、在韓米軍の撤退を求めたのである(73)。

もっとも、この時点では依然として南北対話が行われていたため、同書簡の採択によって、北朝鮮が明確に韓国を孤立させようとしたとは評価しにくい(74)が、南北対話が決裂した後、北朝鮮のそうした姿勢は明確化することとなる。一九七四年三月二〇日から二五日にかけて開催された最高人民会議第五期第三次会議の最終日、北朝鮮は「米国国会に送る書簡」を採択し、米国に対して平和協定締結を提案したのである。書簡は、(1)米朝両国は、互いに相手側を攻撃しないことを誓約し、直接的な武力衝突の危険性を除去する。また米国は、韓国政権を庇護せず、統一を妨げず、朝鮮半島の内政に一切干渉しないという義務を負う、(2)米朝双方は、軍事力増強と軍拡競争を中止し、朝鮮半島外から兵器と作戦装備、軍事物資の持ち込みを一切中止する、(3)在韓米軍は「国連軍」の帽子を脱ぎ、最短期間内に一切の武器を取りまとめて完全に撤退する、(4)韓国からすべての外国軍隊が撤退したのち、朝鮮半島は如何なる外国の軍事基地にも作戦基地にもならない、の四点を内容としていた(75)。

北朝鮮の主張は、「朝鮮半島が統一されず、今日のような緊張した情勢と戦争の危険に直面するに至ったことの主な責任は、米国政府当局にあ」り、「緊張と戦争の危険の元凶である米国」との間で平和協定を結ばねばならない、というものであった(76)。しかし、ここで注意しなければならないのは、「緊張と戦争の危険の元凶」が米国であるとの認識は、何もこの時点で初めて言及されたわけではなく、第2章で述べた通り、六〇年四月一九日の韓国学生革命、および六一年の五月一六日の軍事クーデターという韓国の政治変動とその後の状況から、既に北朝鮮はそうした認識に至っていたのである。しかし、そうした認識があったにもかかわらず、北朝鮮はそれまで一貫して韓国に対して平和協定締結を提唱してきた。たとえば、七二年一月一〇日に『読売新聞』の質問に答える中で、金日成は次のように明言していた。「朝鮮での緊張を緩和するためには、何よりも朝鮮休戦協定を南北間の平和協定に替える必要があります。我々は、南北朝鮮が平和協定を結び、南朝鮮から米帝国主義侵略軍を撤退させるとの条件のもとで、南北朝鮮の兵力を大幅に縮小することを主張します」(77)(傍点・引用者)。こうした姿勢は少なくとも南北対話が継続している間は続き、先に指摘した最高人民会議第五期第二次会議で採択された「米国国会へ送る書簡」でも、平和協定についての言及はなく、在韓米軍の撤退を求めるのみであった。ところが、南北対話が実質的に決裂する契機となった七三年六月二三日の「祖国統一五大方針」では、南北平和協定に関する言及がまったくなかったのである。この時点で北朝鮮にとっては韓国との間に平和協定を締結する意志はなかったと言ってよい。もとより、既に考察してきたように、北朝鮮は「朝鮮問題の朝鮮化」を受け入れることによって、朝鮮革命を世界革命と連繋する地域革命の枠内に押しとどめておく必要はなくなっていた。すなわち、北朝鮮にとって、米国は理論的には韓国と同じレベルの革命の障害となったのである。それゆえ、南北対話の決裂によって、北朝鮮はまさに朝鮮革命の枠内で、米国を自らの交渉相手とすることができたのである。北朝鮮が平和協定を韓国ではなく直接米国と締結することを望んだとしても、それは朝鮮革命の枠内で処理される問題であったと言ってよい。これこそが北朝鮮が米中接近から学んだものと言えるかもしれないのである。

とはいえ、北朝鮮のこうした試みが成功するはずはなかった。米国が北朝鮮との交渉に応じなかったからである。米国はあくまで南北関係を優先させようとしたのである(78)。それゆえ、北朝鮮としては再びかつての路線――すなわち、社会主義陣営の協力を背景に対米対決姿勢を堅持する路線へと回帰せざるを得なかったのである。ベトナム戦争の趨勢は北朝鮮にそうした姿勢をより強めさせる結果となった。七五年四月一八日、サイゴン陥落直前に中国を訪問した金日成は、「もし敵が無謀にも戦争を起こすのであれば、我々は戦争で断固として応え、侵略者を徹底的に消滅するでしょう。この戦争で我々が失うのは軍事分界線であり、得るものは祖国統一でしょう」(79)と述べていた。

ところが、北朝鮮が従来の路線に回帰することを望んだにもかかわらず、米中接近後の中国は北朝鮮の期待する従来の中国とはその立場が異なっていた。金日成訪中の最終日に採択された共同声明では、訪問時の金日成の攻撃的な発言は影を潜めていた。金日成と中国首脳は、金日成滞在中に数度にわたって会談を持つが、当然ベトナム情勢を前提とする意見交換があったことは間違いなかろう(80)。しかし、その結果発表された共同声明の内容は、金日成の認識とは異なったものとなっていた。確かに共同声明では、中国が「朝鮮問題はいかなる外部の干渉を受けることなく朝鮮人民が自ら解決しなければならない」との立場をとっていることが謳われ、またベトナム情勢についてふれ、中朝両国が「米国は直ちにインドシナに対する侵略と干渉を停止」するよう要求していることが謳われていたが、世界革命について「かりに帝国主義が無謀にも新たな戦争を起こせば、帝国主義の滅亡は速まり、世界革命は勝利を収めるでしょう」とされたのみで、朝鮮半島に限定した言及はなかったのである(81)。

既述の北朝鮮の対米直接交渉提案に対して中国は全面的に支持を表明し、「米国政府は如何なる理由で（この提案を）回避するのか」（括弧内・引用者）として、米国政府に北朝鮮の提案を受け入れるよう主張していた(82)。しかし、その後、米朝関係の進展が見られず、しかもベトナム情勢に勢いを得た北朝鮮が再び強硬路線へと傾斜し始めたため、中朝両国の認識は再び乖離していったのである。「この戦争で我々が失うのは軍事分界線であり、得るものは祖国統一でしょう」とした金日成の発言と、その後の中朝共同声明の間の温度差は中朝間の認識の相違を如実に物語るものであった。この時点では、中国側にとって、米中接近以降整えてきた自らを取りまく国際環境の維持こそが最優先課題となっていた。もはや朝鮮問題をめぐって中国が米中関係を破綻させる可能性はなくなったのである。

結　語

一九七六年一月、そして、同年九月に、周恩来、毛沢東という二人の中国の指導者が相次いで他界した。その後の中国内の動揺に直面した北朝鮮にとって、毛沢東後の中国とどのような関係を形成するかはきわめて難しい問題であった。先に指摘した通り、ベトナム戦争終結に際して、強硬路線を主張した金日成と中国との温度差は明らかであり、その点については華国鋒新体制も同様であった。それを前提とする時、北朝鮮がソ連に傾斜してもおかしくはなかったが、米ソ関係も既に大きく変わっていた。結局、北朝鮮は華国鋒との関係を強化した。七八年五月五日から一〇日にかけて行われた華国鋒の北朝鮮訪問に際して、従来通りの中朝友誼が強調されたのである(83)。

第2章で考察した通り、五・一六軍事クーデター以降、北朝鮮は米国を「緊張と戦争の危険の元凶」として認識していた。武力による分裂状態の解消が困難な状況下、「緊張と戦争の危険の元凶」との交渉は北朝鮮にとって一つの選択肢であったはずである。にもかかわらず北朝鮮は米国との直接交渉を行わなかった。朝鮮革命を地域革命として定義している以上、北朝鮮にとっての革命対象は基本的には韓国であったし、米国との闘争は主としてソ連が担当すべきものだったのである。しかし、米中接近による国際環境の構造的変化は北朝鮮に対米直接交渉という選択肢を与えた。北朝鮮にとっての米中接近は、たんなる国際環境の構造的変化を意味するものではなく、自らの対外姿勢そのものに変化を招来するものであったと言ってよい。すなわち、米中接近以前、北朝鮮にとって米国との関係は東西陣営間の対立構造の中に封じ込められたものであった。たとえば中ソ論争期の北朝鮮は、ソ連の平和共存路線と自らの推進する朝鮮革命の整合性を持たせるためにイデオロギー的糊塗を繰り返していた(84)が、それは米国との闘争が、基本的にはソ連のみが担当すべきものであったためであったと言ってよい。それゆえ、米国を「緊張と戦争の危険の元凶」と認識しつつも、直接米国との関係を模索することはできなかったのである。

もちろん中国と米国の関係は何も米中接近によって開始されたわけではなく、台湾問題をめぐってジュネーブ会議以降断続的に米中会談は開催されて来た(85)。しかし、当時の北朝鮮にとって中国同様の行動を取ることは困難であった。何よりもまず、北朝鮮にとって中国と同様の行動を取ることはソ連との対立を先鋭化してしまう危険性があった。それゆえ、当時の北朝鮮は、朝鮮革命を世界革命の中に位置づけて、社会主義陣営の団結の必要性を強調してきた。自らが米国と直接交渉することは、すなわち自らが主張する社会主義陣営の団結を動揺させる結果を招来するものだったのである。

また、実際、米中接近以前、かりに米国と平和協定を締結することを提案したとしても、それはたんに世界革命との連繫を前提とする朝鮮革命の放棄を意味することとなり、金日成は自らの権力の正統性を失うことになる。そして、かりに金日成がそうした行動を取れば、それは国内の非金日成系グループから攻撃の対象とされることは間違いなかった。六〇年代末までは依然として金日成が国内の権力を完全に掌握していたとは言いがたい状況が続いていたのである(86)。また、六〇年代後半、北朝鮮はベトナム戦争を背景として世界各地での同時多発的闘争によって自らの朝鮮革命を達成しようとしていた(87)。そうした路線からも北朝鮮が米国との交渉を持つこと自体許されないことであった。ところが米中接近は、中国が米国との交渉を持つにとどまらず、米中関係を改善する状況を生んだ。これにより、北朝鮮は自らの外交的選択肢の幅を広げることができたのである。その結果、北朝鮮は米国との直接交渉の道を模索することとなったのである。

中朝関係の文脈で考える時、北朝鮮が対米直接交渉を行ったことは、北朝鮮にとっての中国の意味を変質させることとなった。既述の通り、北朝鮮にとって中国は対米安全保障の文脈からきわめて重要な存在であった。しかし、米国との関係を直接模索できるとすれば、北朝鮮にとっての中国の意味は変わってくる。さらに北朝鮮が、米中関係改善によって、かりに朝鮮半島で紛争が発生した場合の中国の協力に対する懸念を持った可能性も排除しえない。そのためにも北朝鮮としては、「緊張と戦争の危険の元凶」である米国と直接交渉を必要としたとも言える。さらには、北朝鮮の自主路線の観点から考えても対米直接交渉提案は自らの自主路線の幅を拡大することを意味していた。何よりも、ソ連、中国の路線と関係なく、米国と直接交渉することそれ自体が、真の意味での自主路線の完成を意味したと言っても過言ではない。

これ以後、中朝両国は、それを規定する第一の要因である対米安全保障のありかたについて必ずしも認識を共有できなくなっていた。すなわち、安全保障領域における北朝鮮にとっての中国の意味は、米国の脅威に対する安全保障上の必要性ではなく、米国との直接的関係を模索するための自らに有利な環境造成のための必要性へとその比重を移しつつあった。

このように米中接近とその後の南北対話の経験を経て行われた対米直接交渉提案によって、北朝鮮と中国の関係は根本的に変質せざるを得ず、中朝関係は、米中接近以前の関係とは構造的、質的に異なった関係になりつつあったと言ってよい。それゆえ、七八年の華国鋒の訪朝に際して確認された中朝友誼は従来のそれとは異なったものであったと言わざるを得ないのである。

第6章

改革開放路線と体制護持の相克

中国とは異なる選択

問題の所在

ニクソン訪中に象徴される米中接近は、七九年の米中国交正常化によって一応の区切りをつけることとなる。米国は台湾と断交して米華相互防衛条約も破棄し、一方の中国も「一国家二制度」を主張するなど、台湾に対して平和攻勢を仕掛けていた(1)。また、既述の通り、北朝鮮も既に七四年に対米直接提案を行い、米国との直接的関係を模索していた。この二つの事象は、少なくとも五〇年から五三年にかけて闘われた形態の戦争が再び朝鮮半島で発生する可能性がほとんどなくなっていたことを意味し、この時点で中国にとって「朝鮮問題の朝鮮化」はより確かなものとなっていたと言ってよい。より具体的に言えば、かりに北朝鮮が韓国に対して攻撃を開始して戦端が開かれた場合、中国が中朝友好協力相互援助条約に基づいて参戦する可能性は現実的には皆無に等しかったのである。そして、北朝鮮もそのことは十分理解していたと思われる。それを示唆するように八〇年一〇月に開催された朝鮮労働党第六次大会では、南朝鮮革命について言及されなかったのである(2)。

こうしてアジアにおける東西陣営間の対立は、経済分野に限定された競争へと収斂されていくこととなる。そうした環境を前提として、中国、北朝鮮は自らの体制の安定性を確保することをめざすこととなるが、その方法は異なっていた。中国では、七八年の一一期三中全会でいわゆる「四つの現代化路線」が採択されたが、これが改革開放路線の起点とされていることはあらためて指摘するまでもなかろう。それはその時点ですら、既に後戻りのできない選択であったと言ってよい(3)。中国のこうした姿勢が外交面で顕在化するのは、一九八二年になってからのことである。八二年九月の中国共産党第一二回全国代表大会において中国は、それまでの米国あるいはソ連を主要敵として設定し、それ以外の国と連合を組むという路線から、主要敵を設定せず、その時々で判断して対外姿勢を決定するという、所謂独立自主外交路線へと対外姿勢を変化させていたのである(4)。改革開放路線を前提とする限り、外交面において経済的利益が重視されることは言うまでもなかろう。一方の北朝鮮は、八〇年の朝鮮労働党第六次大会で金日成の実子金正日が登場し、後継者として内外に印象づけられた。まさに金正日後継体制確立過程にあったのである(5)。

中国の改革開放路線、北朝鮮の金正日後継体制は、それぞれ次元は異なるものの自らの体制の安定性を確保することをめざす試みではあったが、そのいずれも従来の伝統的マルクス・レーニン主義では説明が困難な政策であり、その意味で中朝両国にとってもはやマルクス・レーニン主義は建前になりつつあったとさえ言えるかもしれない。

本章では、米中接近と北朝鮮の対米直接交渉によって従来の「唇歯の関係」「伝統的友誼」が構造的に綻びつつある中朝関係を前提として、中国、北朝鮮それぞれが自らの体制安定のために如何なる目標を掲げて国内路線を取っていったかについて、検討することを目的としている。そしてその分析を通して、中国と北朝鮮がもはや建前としての「社会主義」と従来に比べて低下した安全保障上の利害の一致以外に共通の利益を見出せないという、まさに新たな中朝関係が明らかにされるであろう。それは、中朝関係を規定する第一の要因である安全保障関係、第二の要因であるイデオロギー関係、第三の要因である伝統的関係の比重が相対的に低下し、第四の要因である経済関係の比重が相対的に上昇する過程でもある。しかも、後に詳述するように経済関係の重要性の上昇にもかかわらず、両者はまったく異なった道を選択することとなる。それは、中国・北朝鮮の関係がそれまでの関係とはまったく異なるものへと変質していく可能性を示唆するものでもあったのである。

1　中朝のめざすそれぞれの道

朝鮮半島での紛争発生の可能性が低下した状況下、北朝鮮と中国はそれぞれの体制の安定性を維持すべく自らの進む道を模索することとなった。しかし、中国と北朝鮮ではその方法が違っていた。文化大革命後、四人組裁判に動揺した中国では、鄧小平体制が定着し、一九七八年の一一期三中全会で採択された所謂「四つの現代化路線」を契機として改革開放路線に着手することとなった(6)。経済発展に自らの体制の安定性維持と国家発展をめざしたのである。この時点から中国では、経済改革とともに政治改革の必要性が議論されるようになった。とりわけ、文革期の反省から、毛沢東の個人崇拝とその側近による権力の濫用、市民間の暴力抗争および紅衛兵などによって社会的混乱が繰返された原因が、中国政治が依然として制度化されていないこと、あるいは政治的リーダーシップの欠如に求められ、それらを改革することがめざされたのである(7)。鄧小平は党、政府機構の分権化、各級党委員会の意思決定の民主化、さらに労働組合や農民協会などを党から独立した利害代表機関とする、などの制度面での改革の必要性を唱えていた。もちろん中国の政治改革も「中国共産党の指導」という大原則について修正を加えたわけではなく、それを前提としたものであり、また当然のことながら政治改革それ自体に対しても中国国内にはさまざまな意見が存在し、それを実施するには多くの困難が伴った。それゆえ、鄧小平のめざした党内の民主化、制度化とは、政治体制の多元化状況を招来するものと言うよりはむしろ、文化大革命を教訓とする独裁の抑止がその真の目的であったと言うべきであろう(8)。

しかし、一たび政治改革へと動き出した状況は、その速度は調整することはできても方向性を変えることはできなかった(9)。また、経済改革を実現するためにも政治改革が必要とされた。文化大革命期の混乱を経て、華国鋒の洋躍進政策も失敗し、もはや鄧小平の現代化路線こそが中国の発展を実現するための唯一の方法であるとの認識が中国では優勢となっていたのだ(10)。

それに対して北朝鮮は、金日成《キムイルソン》の後継者として実子金正日《キムジョンイル》を定めることで北朝鮮の体制を安定させようとした。一九八〇年の朝鮮労働党第六次大会で金正日後継を内外に誇示した北朝鮮では、その後あらゆるものが金正日後継体制の確立へと収斂されていくこととなる。もとより金正日後継体制の形成は、既に六〇年代後半あるいは七〇年代前半から開始されていた。七三年には朝鮮労働党秘書局秘書に、そして七四年には朝鮮労働党政治局委員に選出されていたのである(11)。朝鮮労働党第六次大会が重要な意味を持つのは、同大会で政治局、秘書局、軍事委員会の三つの部署で職席を有したのが金日成と金正日の二人だけであり、それが内外に公式に明らかにされたためである(12)。金正日は七〇年代を通して宣伝扇動部門、思想教化部門を中心に自らの権力基盤を確立してきたが、そうした傾向は朝鮮労働党第六次大会で後継を内外に印象づけた後も変化がなく、とりわけ、八二年の金日成生誕七〇周年のための主体思想塔、凱旋門、人民大学習堂をはじめとする平壌市建設は金正日の功績として宣伝されることとなった(13)。それは、政治的シンボルを最大限利用しながら大衆動員しようというこれまでの北朝鮮の政治スタイルをより強めたものであったと言ってよい。

この過程で北朝鮮も、地方統治機構の名称変更、組織改編が繰り返されるなど、各種の制度改革が実施されることとなる。しかし、北朝鮮でめざされた政治改革は、その方向性が中国のそれとは明らかに異なっていた。すなわち、北朝鮮で模索された改革は分権化ではなく、北朝鮮社会の一元化をより強化する方向に向かったのである。たとえば、それまでの北朝鮮の地方統治機構は地方人民会議、地方人民委員会、地方行政委員会の三つによって構成され、それらを地方党委員会責任秘書が指導するという形態であった。ところが、八一年には行政委員会が実質的に廃止され、代わって経済指導委員会が設けられた。そして、この経済指導委員会は、八五年に、行政・経済指導委員会へと改編されて、さらに各道の党責任秘書が人民委員会委員長を兼任する人事が行われた。この結果、一九八五年以降、制度的には、党・人民委員会と行政・経済指導委員会の二元的指導の下にあったものの、党責任秘書が人民委員会委員長を兼任することとなったため、実質的に党の一元的指導体制へと改編されたと言ってよい。これ以後、北朝鮮では、党秘書と人民委員長の兼任は慣例化された(14)。それは、毛沢東に対する個人崇拝に反省した中国がめざした政治の制度化、党内民主化とは異なった方向性、すなわち金日成にすべての権力が集中する体制を地方組織にまで再整備して貫徹することをめざし、それをそのまま実子金正日へと継承しようとするものであった。体制を安定的に維持するという共通の目標を持ちつつも、中国と北朝鮮は徐々に異なった道を歩み始めていたのである。

中国と北朝鮮がそれぞれの道を選択した理由としては、両国のこれまでの歴史的経験が大きく影響しているものと思われる。中国は建国以来の中国政治の特徴として、「急進」と「穏歩」あるいは「紅」と「専」などと表現されるように、大きな政治変動を経験してきた(15)。しかもそれが権力闘争と密接に結びついていたため、政治変動にともなう国内の社会的動揺はきわめて大きなものであったと言ってよい。とりわけ文化大革命とその後の社会的動揺は鄧小平にとって記憶に新しいところであったはずである。それゆえ、鄧小平にとっての政治改革は、とりあえず、政治変動が国内の社会的動揺に移行しないよう制限することであり、それはとりもなおさず政治の制度化にほかならなかった。そして、そのめざすところは、それまでの毛沢東個人崇拝に象徴される政治の一元化からの脱却を意味する政治の多元化であったと言ってよい(16)。経済発展を国家目標の中心に据えた一一期三中全会から、少なくとも華国鋒との権力闘争が終了して自らの権力基盤が確立するまでの時期は、鄧小平にとってそうした政治変動の幅を抑制することこそが具体的な政治改革の課題だったのである。さらに言えば、鄧小平は中国政治の制度化の過程を利用しながら自らの政治権力を確立したと言っても過言ではない(17)。

一方北朝鮮では、もちろん内部的にはさまざまな政治変動を経験しているものの、表面的にはそうした政治変動を経験していない単線的な政治過程を経てきたことになっている。自らの権力基盤を確立した五八年の第一次代表者会に至るまで、金日成はさまざまな挑戦を受けてきたが、一九四五年一二月の朝鮮共産党北部朝鮮分局三次拡大執行委員会で分局責任秘書に就任し、北朝鮮における権力を掌握して以来、一度として制度的に金日成が権力の中核から退いたことはなかった(18)。さらに言えば、唯一思想体系の確立が宣言された一九六七年以降は、権力闘争の存在それ自体が否定されたため、北朝鮮は少なくとも社会的動揺を伴う政治変動を経験していないことになる(19)。このように北朝鮮がこれまで経験してきた政治過程は中国のそれとは異なり、ある意味で単線的な「歴史発展」であったと言ってよい。北朝鮮では既に六〇年代後半、あるいは七〇年代から金正日後継体制形成に着手していたが、北朝鮮が政治的安定を求めることはすなわち、こうした単線的な政治過程の延長線上に、既に決定されている金正日後継体制をさらに堅固なものとすることにほかならなかった。金日成から金正日への権力移行に際しての国内の動揺を抑えるためには、それまで以上に一元的な体制を強化する必要があったのである。そしてその手法は、思想教育の強化を中心として政治的シンボルを最大限に利用する大衆動員であった。

このようにともに政治的安定をめざしつつも、中国と北朝鮮ではそのめざすところが異なっていたのである。そしてそれは安全保障上の関係を最優先させてきた両国が、戦争発生の可能性の低下とともに、徐々に目標を異にしていく過程でもあった。しかも、そうした目標のズレは、かつて中ソ論争期に問題とされた社会主義建設の路線上の相違とは異なり、たんにマルクス・レーニン主義の解釈のズレにとどまらないより根本的な相違を意味していたはずである。中ソが熾烈なイデオロギー論争を展開していた一九六〇年代であれば、中朝それぞれの批判対象となる危険性の高い相違であった。にもかかわらず、この時期の中国と北朝鮮の関係はきわめて良好に推移することとなる。たとえば、八二年九月の金日成の中国訪問を契機として中国と北朝鮮は首脳訪問を定例化することを約束したという(20)。中朝両国にとって明らかにイデオロギーそのものの重要性は低下し、マルクス・レーニン主義はもはや「建前」としての意味しか持たず、両者の深刻な争点とはなり得なくなっていたのである。

2 改革開放路線の模索

そのめざすところは違っていたが、少なくとも経済改革の必要性は北朝鮮も痛感していた。一九七八年から開始された北朝鮮の第二次七カ年計画は実質的に失敗したため、北朝鮮は八四年から新たな経済政策を取らざるを得なくなったのである。もちろん北朝鮮当局が第二次七カ年計画の失敗を宣言したわけではなかったが、八五年、八六年は調整期とされ、第三次七カ年計画が開始されたのは八七年からであった(21)。しかも、第二次七カ年計画の時期にあたる八〇年に開催された第六次党大会で提示された一〇大展望目標での目標が、そのまま第三次七カ年計画の目標とされるなど、北朝鮮では新たな経済政策を取らざるを得ない状況にあったと言ってよい(22)。

この過程の一九八四年二月一六日、金正日の誕生日に行われた「人民生活を一層高めることについて」との演説は北朝鮮の新たな経済政策の契機となった。同演説で金正日は、「祖国統一偉業を実現するための闘争は北と南の間の政治軍事的対決であると同時に深刻な経済戦である」(23)として人民生活を向上させることの必要性を強調していた。そして、金正日は、「人民生活を画期的に高め、人民に豊かで文明的な生活を保障してこそ彼らが我が国の社会主義制度の真の優越性を実地の生活体験を通して深く認識し、このありがたい制度を命を捧げて守ろうという政治思想的覚悟を持ち得るのであります」(24)として、体制維持のためにはたんに思想教化のみでは不十分であり、物質的裏付けが必要であるとしたのである。政治的シンボルを最大限に利用して大衆を動員するという従来の方法とは、明らかに異なる方法であった。

これ以後北朝鮮がめざしたものは、具体的には、国内的には、人民生活の向上、国営企業の独立採算制強化、科学技術の重視などであり、対外面では、社会主義諸国との貿易拡大、合営法の制定などの動きであった。それは、ある意味で所謂改革開放路線の兆しとして捉えられるものであった(25)。そしてこれらの新たな経済政策に中国の改革開放路線が影響を与えたことは間違いない。次節で詳述するように、「人民生活を一層高めることについて」との演説は金正日の中国訪問後に行われたものであった。

当時の北朝鮮は金正日後継体制形成の最終段階にあったと言ってよいが、北朝鮮の新たな経済政策を中心的に推進しようとしたのがまさに金正日であった(26)。金正日体制の基盤を固めるためには不調が続く経済を再建する必要があったのである。とりわけ、韓国との比較においても金正日にとっては経済再建が必要不可欠なものであった。すなわち南北分裂状態にある北朝鮮の指導者にとって、韓国の経済状態よりも北朝鮮の経済状態が優位にあることを示すことは、自らの体制の優位を証明する方法であったし、それこそが自らの政権の正統性の源泉となり得たからである。逆に、韓国との経済力格差が拡大していくことは自らの権力の正統性そのものを否定する危険性を孕むものであった(27)。北朝鮮はそれまで重工業中心の自立的民族経済の樹立を目標としてきたが、既述の通り朝鮮半島での紛争発生の可能性は低下し、韓国との体制間競争は経済分野での競争、とりわけ民生部門における競争が中心とならざるを得なかった。韓国の体制よりも北朝鮮の体制が優れていることを北朝鮮人民に誇示するためにも、人民生活の向上は達成されなければならない重要な課題だったのである。

北朝鮮では既に第二次七カ年計画期から徐々に人民生活の向上が目標とされていたが、同路線が決定的になったのは金正日の先の演説であった。金正日は、軽工業革命、奉仕革命、奉仕精神の必要性などを指摘し、製品の包装品質に気を配ることまで指摘したのである(28)。金正日は、明らかに経済発展の原動力を個人の物質的欲求に求めようとしていた。

また、北朝鮮経済を悪化させたのは、中央集権化の徹底化によって企業の活力と柔軟性が奪われ、人民経済全体を硬直化させてきたことを指摘できるが、北朝鮮は八〇年代半ばからこうした状況を改善しようとした。「国営企業所独立採算制に関する規定」は「独立採算制企業所は企業所収入で支出を保障し、残る純所得は国家予算納付計画に従って国家に納め、その一部は企業所に残して使用することができる」とされた。国営企業所の独立採算制を徹底する動きは、個々の国営企業にとどまらず、それらを統合した連合企業所にも拡大適用されることとなる。この一連の新傾向は人民生活の向上同様、各個人の物質的欲求を刺激して経済発展の原動力にしようとするものであったと言ってよい(29)。

ところで、この時期既に中国では七八年一一期三中全会から開始された改革開放路線が一定の成果を見せ、八四年一〇月の一二期三中全会で中国は「経済体制改革に関する決定」を採択し、当初農村から開始された改革開放路線が都市にまで波及する方向性を見せていた。また、八〇年に制定された深圳など四都市に限定されていた経済特区が、八四年には上海、天津、大連など、沿海一四都市に経済技術開発区として拡大され、対外開放政策も軌道に乗り始めていたのである(30)。

これに対して北朝鮮も、対外経済開放の準備に取りかかっていた。その具体的な法的根拠が八四年九月に採択された合営法であった。これにより北朝鮮は中国、ソ連以外の外国から外資を導入する準備を整えたと言ってよい。北朝鮮は合営法制定に先立って、八四年一月に開催された最高人民会議第七期第三次会議で「南南協力と対外経済事業を強化し、貿易事業を一層発展させることについて」との決定を行い(31)、発展途上国、非同盟諸国との経済協力を拡大発展させ、五～六年以内に社会主義諸国との貿易高を一〇倍にし、北朝鮮の自主権を尊重して友好的に接する資本主義諸国との経済、技術交流および貿易を発展させることを目標としていたのである。

もっとも、自らに友好的な資本主義諸国との交流を目標に掲げていたが、当初から西側先進国の北朝鮮に対する積極的な投資を期待することが困難であることは明白であり、北朝鮮指導層もそれをよく理解していた。それゆえ、実際に北朝鮮が期待したのは在外朝鮮人であり、合弁相手も在日朝鮮人企業が中心となった(32)。その結果、八六年には日本の朝鮮総連（在日本朝鮮人総連合会）と北朝鮮政府により朝鮮国際合弁総会社が設立されたのである。中国の外資導入が当初華僑中心に進められたこと(33)は、北朝鮮の外資導入の手本となったと言ってよい。

こうして徐々にではあるが改革開放路線へと向かい始めた北朝鮮ではあったが、金正日後継体制形成の最終段階にあった北朝鮮にとって、たんに経済のみを発展させることができればよいというわけではなかった。周知の通り北朝鮮の体制は、可能な限り外部からの影響を排除して作られた時間的、空間的に完結したある意味での「神話の世界」の中で成立する体制であり、政治、経済、社会が主体思想という一元的価値基準によって貫徹される体制であったと言ってよい(34)。政治と経済の関係で言えば北朝鮮の一元的な政治体制は経済が中央統制下に置かれていたことによって成立していたと言っても過言ではない。経済の多元化は、社会の多元化、すなわち個人主義化へと向かい、結果として政治の多元化を求める動きへと進展する危険性をともなっていたのである(35)。北朝鮮指導層が最も懸念したのはこの点であった。それゆえ、とりわけ、経済特区については慎重にならざるを得なかった。果たして経済特区が資本主義を導入する窓口となってしまうのか、あるいは経済特区のみで封じ込められるものなのかは、依然として結論の出ていない問題であった。その時点では、いまだ対外開放政策が政治体制にどのような影響を及ぼすかについての中国の経験も流動的な状況にあったのである(36)。

3　金正日の改革開放路線認識

北朝鮮の改革開放路線模索には少なからず中国の影響を看取することができるが、八三年の金正日の中国訪問はその大きな契機となったと言ってよい。既述の通り、中国訪問後に金正日が行った「人民生活を一層高めることについて」との演説を契機として、北朝鮮は新たな経済政策を模索したのである。

金正日が単独で中国を訪問したのは一九八三年六月一日から一二日にかけてであった(37)。それは金正日が金日成の後継者として公式に登場してから初めての外国訪問であった。金日成の実子である金正日が金日成の後継者となることには内外から多くの批判が予想されたが、それを回避するためにも北朝鮮にとってソ連、中国からの承認が必要であった。その意味で金正日の中国訪問は、中国が金正日を後継者として認知したことを意味するものであったのである。

中国がいつの時点で金正日を後継者として公式に承認したのかについては明らかではないが、中国の公式メディアが金正日の名前を報じたのは、朝鮮労働党第六次大会についての報道が最初であった(38)。ただしその際、金正日をとくに後継者として報じたわけではなく、また、中国側が第六次党大会に宛てて送った祝電でも金日成の総秘書再選に祝辞を送っているのみで、表面的には後継者としての金正日については言及されていない(39)。この後、中国で金正日の名前が報じられたのは、北朝鮮の最高人民会議、労働党中央委員会全員会議での参加者として、あるいは各種行事の参席者としての報道のみで、金正日を金日成の後継者として特別に報道することはなかった。ただ、第六次党大会以降、徐々にではあるが、中国が公式に金正日を後継者として報道し始めたことは間違いない。たとえば、八二年一二月に金策工科大学と教育科学部門での協力を進めていくことについての協定を締結するために北朝鮮を訪問した中国の清華大学訪朝団に対して、北朝鮮の鄭浚基《チョンジュンギ》副総理が行った演説について『人民日報』は、鄭浚基が「金日成主席と金正日書記は常に我々が中国との友好関係を強化するよう指示していると述べた」(40)と報道している。鄭浚基の発言を引用する形ではあるが、金日成と金正日を同列に扱った発言がそのまま報道されているのである。

中国がより明確なかたちで金正日を後継者として扱ったのは、八三年五月二一日付『人民日報』で、労働党理論誌『勤労者』に掲載された金正日の論文「マルクス・レーニン主義と主体思想の旗幟を高く掲げて前進しよう」が紹介された時のことであった(41)。これはある意味で、その年の六月の金正日訪中に向けての準備であったと考えられるが、中国はこの時とくに金正日に対して後継者を意味する呼称を用いたわけではない。しかし、金正日の論文内容を『人民日報』紙上で紹介したことの意味それ自体を考えても、中国が、金正日の訪中を金日成の後継者の訪中として意識していたことは間違いない。もちろん、先に指摘した通り金正日後継の動きは、六〇年代後半、あるいは七〇年代から開始されており、中国も当然そのことは知っていたはずである。それゆえ、より早い時期、既に金正日を後継者として認めていたことは間違いないが、八三年の前述のような動きは、中国が金正日後継に認知を与えたことをより明確にするものであったと言ってよい。

ところで、金正日の中国訪問は、当初秘密訪問として扱われていたが、それは思わぬ形で明らかにされることとなった。七月六日、中国を訪れていた最高人民会議議長楊亨燮《ヤンヒョンソプ》が六月の金正日訪中を明らかにしたのである(42)。これを受けて翌七月七日、胡耀邦は金正日を「北朝鮮の指導者の一人」として紹介し、金正日が六月に中国を訪問していたことを明らかにしたのである(43)。中国が金正日に対して公式に指導者の呼称を与えたのであった。

金正日の中国訪問はなぜ秘密裏に行われたのであろうか。中国が金正日を北朝鮮の後継者として認知していなかったため金正日の中国訪問を内密に行いたかった、との可能性もあるが、かりにそうであればこの時点で金正日の中国訪問それ自体を拒否したであろう。訪問を受け入れたこと自体、中国が金正日を後継者として認知していたことの証左と言ってよかろう。しかも先に指摘したように、訪問に先立って金正日の論文を報道するなど、中国では金正日の訪中に向けてある種の雰囲気作りが行われていたと言ってよい。従って、保安上の問題から金正日の訪問を秘密にした可能性が最も高い。いずれにせよ、訪問時の中朝両国の間に金正日の訪問を秘密にすることについては合意があったと考えてよい。問題は、発表に際して両者に合意があったかどうかであるが、発表の経緯を考えれば、北朝鮮側が独断で行った可能性が高い。

一方、それではなぜ北朝鮮は、金正日の訪問を明らかにしたのだろうか。北朝鮮は金正日の中国訪問を明らかにすることで、国際社会に中国が金正日を後継者として承認したとの印象を与えたかったと言ってよかろう。北朝鮮にとって、金正日の訪問を受け入れたことは中国が金正日後継体制を認めたこと同義であったと言ってよい。そしてそれは、国際社会のみならず北朝鮮国内でも金正日後継体制を確立するためのさらなる担保となったはずである。また、ソ連に金正日後継を認めさせることを促す手段ともなり得たはずである(44)。また、中国の立場からすれば、金正日を後継者として認め、その訪問を受け入れたとしても、国際社会へのイメージから考えて、それを大々的に公表して中国の姿勢を印象づけたくなかったのかもしれない。いずれにせよ、北朝鮮にとってはこの中国訪問によって金正日後継を中国が認めたという事実について内外に宣伝することができたが、その発表の経緯からは中朝両国の微妙なズレを看取し得るのである。

　金正日は中国の広州をはじめとして経済特区を見学して帰国したことが明らかになっているが(45)、金正日の改革開放に対する姿勢にこの中国訪問が大きく影響していることは間違いない。それでは、金正日の改革開放に対する姿勢はどのようなものであったのだろうか。前節で考察した通り、金正日の訪中を契機として北朝鮮では所謂改革開放の兆しが見え始める。金正日も、既述の「人民生活を一層高めることについて」(46)との演説を行い体制を安定的に維持するためにはたんに思想教化のみならず物質的人民生活を向上させなければならないことを、次のように強調していた。「首領のために、祖国と人民のために命を捧げて闘うようにしようとすれば、党員と勤労者の中に思想教養事業を強化することとともに人民の物質文化生活を一段階さらに高めなければなりません」(47)。

　このような金正日の認識には、中国の改革開放路線を直接確認したことが影響していると考えられるが、その一方で、同演説を詳細に検討する時、金正日の中国に対する微妙な姿勢を垣間見ることができる。たとえば金正日は、思想教化による体制強化の限界を朝鮮戦争を例に取り、「祖国解放戦争の時期、我が人民と人民軍軍人が米帝とその走狗に反対し犠牲的に闘ったのは、決して党思想事業がうまくいっていたためではありません」(48)(傍点・引用者)としている。注意しなければならないのは、続いて、「事実、解放後、平和的建設の時期と祖国解放戦争時期には、反党反革命宗派分子達が、党思想事業部門に入り込み、党員と勤労者を首領の革命思想と我が党の輝く革命伝統で武装させるための教養事業を行わず、別の国の党の歴史をはじめ役に立たないものを押しつけ、事大主義と教条主義、民族虚無主義思想を広めました」(49)(傍点・引用者)としていることである。もとより解放後、および朝鮮戦争期に限定されているため、ここで言及されている「反党反革命宗派分子」が、朴憲永《パクホニョン》をはじめとする南朝鮮労働党グループを意味するものであったことは間違いない。ただし忘れてならないのは、武亭《ムジョン》の粛清に象徴されるようにこの時期の批判は少なからず延安派に向けられたものでもあった(50)。「別の国の党の歴史」「事大主義」「教条主義」「民族虚無主義」などの文言から、前述の批判がソ連、中国を対象とするものとして受け取れなくもないのである。とりわけ「教条主義」との文言は、五六年の延安派・ソ連派に対する批判が、実は中国、ソ連に対する間接的な批判であり、北朝鮮が自主路線を確立する過程で中国を「教条主義」として暗に批判したことを想起させる(51)。北朝鮮における改革開放路線の契機として評価される「人民生活を一層高めることについて」との演説の中で、金正日があえて「事大主義」「教条主義」「民族虚無主義」に対する警戒感を露にしたことの意味は決して軽視されるべきではないのである。金正日は、改革開放路線の必要性を認めつつも、その一方でそれが中国の路線の模倣ではなく、自らの主体的選択によるものでなければならないことを強調したと評価すべきであろう。金正日のめざした路線は中国のそれとは本質的な相違を内包していたと言えるのである。

「人民生活を一層高めることについて」との演説を行ってから三週間ほど後の八四年三月一〇日、金正日は党組織の強化を強調しながら、「我々はこれからも首領を中心とする党の統一団結を確固として固守していかねばなりません。国際共産主義運動の歴史には労働階級の党が統一団結の中心をなすことができず、つらい陣痛を経た実例が少なくありません」と述べていた。さらに金正日は「我が党では代を継いで団結の中心を保障する問題が既に解決されました。今日、世界の革命的人民は我が国で主体の革命偉業を最後まで完成できる担保を準備したことに対して高く評価しています。我々はこれに対して大きな誇りを持ち、偉大なる首領様と党中央を中心とする全党の政治思想的統一と革命的団結を一層強化しなければなりません」(52)(傍点・引用者)として、後継者問題が解決したことを強調している。

改革開放路線との関係で注目されるのは、「人民経済計画を間違いなく遂行しようとすれば経済指導幹部達が経済組織事業と生産指揮をよく行わなければなりません。経済指導幹部達が実態を具体的に了解掌握したことに基礎して、必要な保障対策を計画的に予見性あるように立てて、すべての生産過程が円滑に動いていくようにしなければなりません……社会主義経済建設を進めるためには人民経済のすべての部門、すべての単位で計画規律を厳格に守るようしなければなりません。人民経済計画は国家の法であり、誰も勝手に変更させたり破ったりすることはできません。個別的単位で計画規律を破り計画をそのまま遂行できなければ人民経済全般に大きな影響を及ぼすこととなります。人民経済計画に対しては誰も取り引きする権利がなく、無条件執行する義務以外にはありません」(53)としたことである。金正日が強調したのは計画、統制の固守であり、それは、中国のめざす改革開放路線の方向性とは逆行するものであった。それゆえ、改革開放の兆しと見られる北朝鮮の新たな政策も、実は当初から制限されたものであったと言わなければならないのである(54)。もとより、これらの事実は、この時期金正日が経済発展を実現するための人民に対する物質的刺激の必要性を痛感していたことを否定するものではない。しかしその一方で、中国との関係について言えば、金正日が中国に対する警戒感を隠さなかったことだけは確かなのである。皮肉なことではあるが、その意味でも北朝鮮の改革開放路線は中国を意識したものであったと言うことができる。

先に指摘した通り、金正日は、経済改革、経済開放が政治改革に連動することを警戒していたと言ってよいが、一九八六年から八七年には、北朝鮮にこうした危険性をあらためて痛感させる事象が発生した。すなわち、中国、ソ連の経済改革が政治問題化し、体制改革へとつながる危険性を示唆する事件が発生したのである。より具体的に言えば、八五年に登場したソ連のゴルバチョフ書記長はペレストロイカ、グラスノスチなどの政策を掲げて政治の民主化を主張していたし、また中国では胡耀邦が、学生の民主化要求の動きに対して寛容な対応をしたことを理由に総書記から解任されていた(55)。これら一連の動きは、北朝鮮に、経済改革がいずれ政治改革へと波及していくであろうことを予感させる事件であった。それゆえ、北朝鮮は改革開放路線に慎重にならざるを得なかったのである。こうして、北朝鮮の改革開放路線は八六年から八七年頃から減速していく(56)。

むしろ北朝鮮は体制維持のために思想強化を強調していく。金日成は、八六年五月、金日成高級党学校創立四〇周年を記念する「講義録」として「朝鮮労働党建設の歴史的経験」を発表し、同党のそれまでの路線を総括し、その正統性を強調するとともに、「首領の後継者問題」に言及した(57)。金日成は、「首領の指導的地位と役割は、その後継者によって変わることなく継承されなければならない」としたうえで、そのためには、「党と革命に限りなく忠実であり、全社会に対する政治的領導を円満に実施することのできる品格と資質を備えた人民の指導者」を後継者に選定するとともに、「その指導を実現することのできる組織思想的な基礎をしっかりと築き、指導体系を確立」することが必要であるとした。そして同党においては、それが「満足に解決された」、すなわち「我が党の思想と指導を継承できるよう党の首脳部がしっかりと築かれ、党の組織思想的な基礎が磐石のごとく固められ、党の指導体系が確立された」ことを明らかにしたのである(58)。

思想強化と指導体系の強化によって体制を強化しようとする傾向は、八六年に発表された「主体思想教養で提起されるいくつかの問題について」で金正日によって定式化された社会政治的生命体論によって一層拍車がかかることとなる(59)。首領を脳髄、党を神経、人民を細胞とするある種の国家有機体論は、集団主義を中核とする思想であったと言ってよいが、この社会政治的生命体論は、北朝鮮の改革開放路線の限界を規定してしまうこととなった。なぜならば、改革開放路線の進展はいずれ社会の多元化を招来し、個人主義へと向かうことがその論理的帰結であったが、社会政治的生命体論によって個人主義を完全に否定して集団主義の堅持を強調したことで、北朝鮮は自らの改革開放路線の外枠を決定してしまったのである。八六、八七年の改革開放路線の一時的停滞は、北朝鮮がこのような改革開放路線の外枠を決定するための調整期間であったと考えられるのである(60)。

先に指摘した通り、金正日は北朝鮮の改革開放路線への中国の影響を否定していた。前述の「主体思想教養で提起されるいくつかの問題について」の中でそれがより明確に表現されていたのである。そもそもこの論文は、一九八六年七月一五日付の論文ではあるが、実際に公表されたのは一九八七年になってからのことである。発表当時、同演説は第二部までが公にされ、それですべてと考えられていた。ところが実際には第三部が存在し、それが一九八九年一月に北朝鮮国内で公表されたのである。同演説の第三部で金正日は社会主義の優越性を強調し、「資本主義制度に対する社会主義制度の優越性を、どちらの制度が経済を発展させるうえでより有利かという観点からのみ見てはなりません。こうした観点を持つ人達はさまざまな事情から社会主義経済建設で一時的な難関が造成されると、まるで社会主義制度自体にその矛盾、欠陥などがあるかのごとく考えて資本主義に対して幻想を持つようになります」(61)とした。金正日は、経済発展の観点からだけで社会主義制度の優越性を論ずるべきではないことを強調しているのである。

これは経済的困難に直面した北朝鮮国内の動揺に対して警鐘を鳴らした発言として評価し得るが、その一方で資本主義への道を歩み始めていた中国に対する批判として受け取れなくもない。たとえば先に公表された同演説の第一部で金正日は次のように述べて、北朝鮮の自主性の必要性を強調していた。「大国や先進諸国に対しても幻想を抱くべきではありません。幻想は現実ではありません。我々は常に自国の具体的な現実から出発すべきです。大国や先進国だからと言って、いつも正しい道を歩むものではなく、またそれらの国の経験だからと言って、それがすべて我が国の実情に合うものでもありません」(62)。もとよりここで述べられている内容は、従来から北朝鮮で主張されている自主路線を忠実に踏襲する内容である。しかし、同演説第三部の先の引用部分と合わせて評価する時、しかも第一部および第二部が公表されてから二年半を経過してようやく第三部が内部的に公にされたことを考える時、第三部の先に引用した部分が中国に対する批判であったことは否定し得ないのである。

また、同演説第三部で金正日は次のように述べていた。「自立的民族経済建設問題を単純に経済建設問題としてだけ考えてはいけません。万一我が党が国の置かれている特殊な事情を考慮せずに経済建設で自主的な路線を堅持しなければ祖国の統一のために闘う南朝鮮人民達に我々が民族的自主性を堅持していることを納得させられず、自主性を志向する世界の進歩的な諸国の人民からも必ず支持と同情を受けることができません」(63)(傍点・引用者)。このように金正日は統一問題との関連から北朝鮮の自主性の必要性を強調していたが、金正日にとって改革開放とは、経済問題であるよりも政治体制の問題としての意味こそが中心だったと言ってよい。

この引用部分は、ある意味で経済発展よりも自らの自主性、すなわち「主体」の維持こそが北朝鮮の最優先課題であることを金正日が吐露した発言として評価できようが、先に引用した部分と合わせて評価する時、金正日は明らかに中国の改革開放路線が北朝鮮に与える影響力に対して強い警戒感を抱いていたと言ってよい。もっとも、その一方で、同演説が実施されてから一年後に先の論文の第一部、第二部が公表され、さらに二年半後に第三部が公にされたことを考える時、中国に対する批判についてはきわめて慎重に行われたことも事実である。北朝鮮は社会主義建設路線をめぐって中国との間で摩擦を生じさせないよう、しかし中国の改革開放路線が北朝鮮の体制改革に影響を及ぼさないよう配慮したと言ってよい。いずれにせよ、金正日の改革開放路線に対する認識が以上のようなものである以上、北朝鮮は中国とはまったく別の道を歩んでいくこととなったのである。

4 天安門事件と北朝鮮の体制護持

こうして改革開放路線の外枠が定まり、北朝鮮は再び制限された改革開放路線に向かうこととなるが、その過程で、一九八九年六月に中国で発生した天安門事件は、北朝鮮が自らの路線の正当性と集団主義の重要性をあらためて確認する事件となった。すなわち、過度な経済開放は人民を個人主義へと向かわせ、それが政治変動に連動して体制の危機へと繋がることが明らかとなったのである(64)。

天安門事件以後、北朝鮮では、「我々《ウリ》式社会主義」が強調されることとなる。一九九〇年の新年辞で金日成は「主体思想が具現された我が国社会主義制度の優越性を高く発揮させる」ことの必要性を強調し(65)、同年五月に開催された最高人民会議でもそれが強調された(66)。そして翌九一年六月、金正日は「人民大衆中心の我々《ウリ》式社会主義は必勝不敗である」との論文を発表して「我々《ウリ》式社会主義」について体系的に述べたのである(67)。この我々《ウリ》式社会主義の特徴は、「人民大衆中心の社会主義制度」とされていたが、それを実現するためには人民が金日成、金正日に対して忠誠を尽くし、それに対して金日成、金正日が人民に対して「愛」を与える、といういわば「愛」と「忠誠」の交換によって初めて成立する、とされていた点が重要であった。すなわち、これは、北朝鮮でさらに一元的体制を強化するための思想教育事業の一環であったと言ってよい。そしてそれはまた、社会政治的生命体論の延長線上に位置づけられるものであった。さらに、東欧、ソ連の社会主義崩壊現象の中にあって、他の体制と自らの体制を峻別するという目的もあったかもしれない。興味深いのは、この論文の中で「社会主義の純潔性」が強調されていたことである。それが改革開放路線を進める中国に対する批判であったとしても、不思議ではなかろう。

皮肉なことに、中国の天安門事件は、北朝鮮にもう一つの教訓を与えることとなった。すなわち、かりに改革開放路線が政治体制にまで影響を及ぼして政治変動が発生したとしても、最終的には軍の動向が政治変動の趨勢を決定するという教訓を与えたのである。北朝鮮は、改革開放路線が政治問題化した場合の処方箋を得ることができた。また、政治変動を軍によって封じ込めた場合、国際社会からの厳しい批判が予想されるものの、かりにそうした事態になっても中国の先例があり、北朝鮮のみが国際的孤立を強いられることはなかったのである。それゆえこれ以後、金正日は国内で軍を中心に自らの体制を固めていくことになる。

九〇年五月二四日、第九期第五次最高人民会議において、金正日は国防委員会第一副委員長に選出された(68)。国防委員会委員長は国家主席が兼任することとなっていたため、金正日は金日成についで軍で影響力を行使し得る立場に立ったのである。この時、同委員会副委員長には、呉振宇《オジンウ》・人民武力部長および崔光《チエグウワン》総参謀長の両人が選出されており、金正日の軍に対する指導権が、この両人のそれよりも高いものであることが示唆されたのである。

これを契機として金正日の軍に対する影響力拡大は順調に行われた。金正日は、軍部隊への視察を繰り返して(69)、軍に対する影響力を誇示し、ついに九一年一二月二四日、朝鮮労働党中央委員会第一九次全員会議で朝鮮人民軍最高司令官に選出されたのである(70)。さらに、一九九二年初頭からは、協同農場、企業、地域などが軍部隊に対して食糧、慰問物資を送り、軍は建設土木事業への協力など民生部門への援助活動を行うことによって、軍と民生部門間の相互協力と連帯を強化促進しようという「軍民一致運動」が全国的に展開され始めたが、こうした政策は金正日主導で行われた(71)。まさに北朝鮮を軍中心に再編成するとも言い得る状況が続いたのである。そして、同年四月には、金日成に「大元帥」の称号が送られるとともに、金正日に「元帥」の称号が送られ(72)、四月二五日には、朝鮮人民軍最高司令官として「朝鮮人民軍創建六〇周年記念」の軍事パレードを閲兵した(73)。

さらに、金正日は、九三年四月九日、最高人民会議第九期第五次会議において、国防委員会委員長に選出された(74)。本来北朝鮮憲法では、国家主席が国防委員会委員長を兼任するとされていたが、九二年の憲法改正では国家主席が国防委員会委員長を兼任するとの規定がなくなり、国防委員会委員長には「一切の武力を指揮統率する」権限が与えられたのである(75)。こうして金正日は軍中心に自らの権力基盤を固め、軍を背景に自らの権力を維持することとなったが、そうした趨勢はある意味で天安門事件以後のことであったと言ってよい。

軍中心に体制固めが進む一方で、北朝鮮は積極的に改革開放路線を進めていくこととなるが、その中心になったのは経済特区であった。九一年一二月には、羅津、先鋒地域を「自由経済貿易地帯」に設定して外国投資を誘致し、国際的な中継貿易貨物輸送基地、総合的な輸出加工基地、観光、金融基地として同地域を開発することが目標とされたのである(76)。これに伴って外国人投資法、自由経済貿易地帯法など各種の法的整備も行われた(77)。

また、改革開放を模索する動きは、九三年により明確になった。北朝鮮は、九三年一二月に開催された朝鮮労働党中央委員会第六期第二一次全員会議で第三次七カ年計画の一部失敗を認め、翌九四年一月一日の金日成の「新年辞」によって、いわゆる「革命的経済戦略」を推進していくことになる(78)。その内容は、「貿易第一主義」「軽工業第一主義」「農業第一主義」の三つを基軸とするものであった。第8章で詳述する通りこの直後金日成が急逝し、金正日にとっては金日成の「遺訓」が重くのしかかることとなったのである。金日成急逝直前の北朝鮮は核問題をめぐる緊張、経済的不調などきわめて厳しい状況に置かれていたが、それゆえ、金正日にとっては、何よりもまず北朝鮮の状況を金日成急逝以前の状態に戻すことが課題となった(79)。

とりわけ、経済状況の回復が急務とされた。北朝鮮は「革命的経済戦略」を実施していくこととなるが、実質的な成果を得るためには本格的な改革開放路線の選択が必要とされた。しかしながら、先述の通りそこには限界が存在していた。それをより明確に示したのが、九四年一一月四日に『労働新聞』に掲載された金正日の「社会主義は科学である」であった(80)。同論文では多くの国で社会主義が挫折した理由を、それらの諸国の社会主義が科学としての社会主義ではなかった点に求め、集団主義の必要性が強調されていた。とりわけ、私有制については、個人主義を助長し、社会的不平等の原因となるとして批判の対象とされたのである。

さらに金正日は、「社会主義の背信者」達が物質至上主義、経済万能主義に陥ったことを批判し、「社会主義の勝利のためには思想的要塞・物質的要塞を占領する必要がある」として思想強化の優先を強調していた。そして、「私的所有とそれによって生じる個人主義に基づく社会は必ず社会を敵対する階級に分裂させ、階級的対立と社会的不平等をもたらし、人民大衆に対する少数支配階級による搾取と圧迫を伴う」としたのである。また金正日は、「苦労は他人よりも先にし、楽は後回しにし、困難な仕事は自ら引き受け、成果は他人に譲る人間が真の共産主義者であり、労働階級の党の党員である」として、経済発展の原動力を共産主義者の崇高な革命精神に求めているが、これは、個人の物質的欲求に原動力を求めることを否定したことと同義であった。既述の通り金正日は必ずしも物質的刺激を否定する立場ではなかったが、東欧社会主義諸国の体制改革の動きと東欧社会主義陣営の崩壊は、過度の物質的刺激の恐ろしさを金正日に知らしめるに十分だったと言ってよい。

もとより、金正日のこうした姿勢は、中国で社会主義市場経済路線が採択された直後に明らかにされていた。チョン・ソンイル「所有形態における『多様性』とその反動性」『経済研究』一九九三年第一号（九三年二月二〇日発行）では、以下のように所有形態の多様性を否定していた(81)。すなわち、「生産手段に対する社会主義的所有は人民大衆が経済生活の真の主人として自主的で創造的な生活を行うことができるようにする物質的基礎である」「かつて社会主義を建設すると言った一部の諸国は、社会主義的所有を固守し、発展させず、社会主義を『改革』『改変』しながら革命的原則を捨てて、所有を『多様化する』方向へと進んだ」とされたのである。

同論文が発表されたのが、九二年一月から二月にかけて行われた鄧小平のいわゆる「南巡講話」を経て、社会主義市場経済路線が採択された九二年の中国共産党第一四回党大会直後の時期だけに、北朝鮮の改革開放路線に対する姿勢をより際立たせることとなった。また、この時期、中朝貿易も国際通貨による決済へと変更された(82)。北朝鮮にとっては、それまでの中朝関係が変質していくことを実感し得る事例であったに違いない。もっとも、中国の社会主義市場経済路線は、自由化や民主化を否定し、共産党の指導性を断固として維持し、党の指導を前提とした市場経済移行を意味していた。それは、もちろんその細部において異なる部分はあるものの、基本的には北朝鮮がめざすところと同じであった。しかし、中国との微妙な相違は金正日にとって最も重要な問題でもあった。それが所有形態の多様化の問題である。北朝鮮は自らの自主性を強調するためにも、この相違を際立たせて中国の社会主義市場経済路線との相違を明確にしなければならなかった。

また、たんに自らの自主性を強調するにとどまらず、韓国と国交を正常化した中国に対する北朝鮮の感情的なわだかまりがあったことも否定できないであろう。第7章で詳述するように、中国は九二年八月に韓国と国交を正常化していたのである。中国の社会主義市場経済路線に対する北朝鮮の姿勢は、たんに経済政策に対する評価ではなく、多分に政治的な問題を含むものでもあった。金正日は、前出の論文「社会主義は科学である」で、「社会主義の背信者らがブルジョア自由化と資本主義市場経済を引き入れて資本主義を復帰させたのも、人間に対する反動的観点と立場から出発したもの」として資本主義の復活に警鐘を鳴らしていたが、それはこの当時の北朝鮮の改革開放路線に対する基本的姿勢を示唆するものとして興味深い。

こうして、北朝鮮の改革開放路線の外枠が決定された。改革については所有形態の多様化については認めず、開放については、あくまで特定の地域を限定し、完全に封鎖する。そして、体制は軍中心に再編成する、というある意味でその後の金正日体制の原型ができあがったのである。この後、一九九〇年代後半には水害によって農業生産が大きな打撃を受け、中国の農家請負制と同様の分組管理制が導入されるが、それも先に指摘した通り所有形態の多様化へと進む動きではなく、具体的な成果を見せるには至らなかった。結局、北朝鮮の改革開放路線は、この所有形態の多様化を否定するという外枠が存在する限り限界を内包したものとならざるを得ないのである。

結　語

もとより、中国でも所有形態をめぐってさまざまな意見が存在し、とくに政治と経済の関係について激しい議論が展開されたが、それはある意味で当然のことと言ってよい。しかし、北朝鮮では、社会政治的生命体によって外枠が決定され、その中での改革開放路線を模索するしかなかった。政治と経済の関係については議論の余地を残しつつ改革開放路線を実態的に進めようとする中国とは異なって、北朝鮮は、むしろ、明確に経済改革と政治を密接に連携させ、経済改革が政治体制に及ぼす影響を極小化しようとしたのである。それは北朝鮮が自らの経済改革の限界を設定したことと同義でもあった。

冷戦の終焉によって、北朝鮮はかつてほどイデオロギー的整合性を求めなくなった。その第一の理由は、他の社会主義諸国、とりわけ中国とソ連からイデオロギー的立場を明らかにすることを求められなくなったからである。そして、第二に、北朝鮮国内で金正日に対抗できるグループがイデオロギー論争の形態で金正日に挑戦することがなくなったからである。それゆえ、改革開放路線が純粋に経済分野に限定された問題であれば、イデオロギー的修正は容易であろう。しかしながら先に指摘した通り、金正日は経済問題と政治問題の関係を明確化して密接に連繋させてしまった。すなわち、北朝鮮にとって改革開放路線の問題は、たんなる経済改革問題ではなく「体制のあり方」と密接不可分な問題となってしまったのである。それゆえ、北朝鮮にとって所有形態の多様化は曖昧にできない問題となったのである。

中朝はそれぞれの道を歩み始めていた。「伝統的友誼」「唇歯の関係」が綻《ほころ》びを見せ始めたことは、第5章で検討した通り、安全保障領域を中心とする対米認識を中朝両国がもはや共有できなくなっていたことを示唆するものであった。そして、そうしたズレは徐々に大きくなっていった。もちろん、この時点では依然として両者の関係を分かつような状況ではなかった。確かに金正日が中国訪問後に行った演説での「事大主義、教条主義、民族虚無主義」への不快感は、金正日時代になってからの中国との関係を予見させるものであり、中朝関係を規定する第三の伝統的関係が形骸化する可能性を示唆するものであったが、当時の状況下では北朝鮮の「主体」を前提とすれば、相互の体制に関わる問題については互いに認めあえばそれでよかったのである。冷戦の終焉と社会主義陣営の崩壊現象を背景として、中朝両国はそれぞれの理由から相手の存在を必要としたため、そうしたズレが対立にまで発展することはなかった。ただしこの時点ですら両者の経済路線についての認識の相違はもはや埋めがたい溝を形成していたと言ってよいが、それぞれの理由から中朝両国はそうした認識の相違を糊塗しながら相手の存在を利用したのである。そうした状況は中国の改革開放路線の進展とともに徐々にごまかしきれなくなっていくのである。

《補遺》中国の改革開放政策と北朝鮮の経済改革との比較

本章では、中朝がそれぞれ別の道を歩んでいく具体的事例として経済政策を取り上げたが、北朝鮮の経済改革は、単に経済政策のみならず、北朝鮮の政治体制、政策決定過程、国際環境などの関連から考察する必要がある。そうした観点から、ここで「補遺」として扱いたい。

北朝鮮の経済改革の可能性について議論される時、中国の改革開放政策が一つのモデルとされることが多い。しかし、中国の改革開放政策は必ずしも北朝鮮に適用できるものではない。とりわけ、中国と北朝鮮の政治過程の相違は、北朝鮮が中国型の改革開放政策へと進むことを難しくしている。そこで、ここでは、中朝の政治過程の相違、国際環境の相違などの観点から北朝鮮の経済改革について検討してみる。

1　政治体制および意思決定過程

(a)　政治体制と意思決定

改革開放政策が「政策」である以上、その政治体制との関連から議論される必要がある。改革開放政策以前の中国と北朝鮮はともに中央集権的体制を有しているという点については共通である。それゆえ、中国がそうであったように、かりに金正日政権が改革開放を決定した場合、強力な推進力を持ち得ることは間違いない。しかし、その一方で、中国に比べてより一元的体制を有する北朝鮮が改革開放へと踏み出すためには、金正日の「決断」が絶対条件となる。すなわち、当時の中国はもちろん中国共産党による一元体制ではあったが、後に毛沢東後継をめぐる党内での闘争の存在が明らかにされたことに象徴されるように共産党内にはある種の「多元」状況が存在していたと言ってよい。これに対して北朝鮮は指導党である朝鮮労働党に権力が集中しているというよりは、最高権力者である金正日に権力が集中するより一元的かつ硬直的政治体制と言える。こうした政治体制上の相違から、北朝鮮の政策は最高権力者の「恣意」にゆだねられる傾向が強く、北朝鮮が改革開放に向かうためには金正日の「決断」が絶対条件となるのである。

(b)　鄧小平にとってのインセンティブと金正日にとってのインセンティブ

また、周知の通り中国の改革開放政策が鄧小平のリーダーシップによって実現したことはあらためて指摘するまでもないが、その際、鄧小平にとって改革開放政策を推進して政策の正当性を証明することこそが文化大革命期の自らに対する「批判」から「名誉回復」して「復活」する手段であり、さらに自らの権力を強化するための手段であった。その意味で、鄧小平にとっては「積極的」インセンティブがあったといってよい。一方、金正日の場合、改革開放政策の推進が必ずしも自らの権力強化につながるわけではない。すなわち、改革開放政策は、その速度と程度の差はあるものの、いずれ対外開放を必要とし、そうした対外開放が結果として体制の多元化を招来する可能性があり、それは、北朝鮮の一元的体制に何らかの動揺を招来する危険性を孕むものでもある。金正日にとって、それがある種の「危機感」「恐怖感」を伴うきわめて困難な選択であることは間違いなかろう。それゆえ、金正日がそうした「決断」をするためには、この「危機感」「恐怖感」を乗り越えるだけのインセンティブが必要とされよう。

(c)　「積極的」インセンティブと「消極的」インセンティブ

また、このようなインセンティブは必ずしも「積極的」なものである必要はなく「消極的」インセンティブでも十分改革開放へ向かうことは可能であろう。すなわち、改革開放を実施しない場合、体制が維持できないという「危機意識」が先に指摘した体制の動揺を招来してしまうという「危機感」「恐怖感」を凌駕した場合、金正日が「決断」する可能性は高いはずである。ところが、朝鮮半島が分断状況にあることはそうした「消極的」インセンティブによる「決断」すら困難にしているのである。すなわち、体制維持の観点から考える時、改革開放政策の結果訪れるであろう北朝鮮国内の多元化状況がたんに政治体制の動揺を招来するのみならず、それが韓国による吸収統一に直結してしまうという危険性について金正日が如何に神経を砕いているかは想像に難くない。八九年の中国天安門事件の例を見るまでもなく、改革開放政策が一定の成果を得るまでには、程度の差はあるものの政治的動揺が伴うことは不可避と言えようが、南北分断状況にある北朝鮮の場合、そうした「動揺」への耐性が中国と比較する時明らかに脆弱であり、金正日もそれは十分認識していると言ってよい。そうした懸念が払拭されない限り、金正日が「決断」することはきわめて難しいのである。

(d) 政治過程の相違——リーダーシップの相違

前述の政治体制の相違は、両者の政治過程の相違に反映され、中国と比較する時、北朝鮮の政策は持続性、一貫性の点で不安定なものとならざるを得ない。中国の政治過程は「紅」と「専」の路線闘争として分析される。この二つの政策の優劣関係がその時々の中国の姿勢を規定してきたと言ってよいが、改革開放政策を実施する際に中国の政治過程が効果的に作用した側面がある。すなわち、既述の通り中国の改革開放政策に鄧小平の強力なリーダーシップが必要であったことは言うまでもないが、その鄧小平のリーダーシップとは、政策の正当性を前提としたリーダーシップであり、もちろん微調整は可能ではあるものの基本政策の変更はすなわち、自らの正当性そのものに疑義を挟む結果となる。先に指摘した通り改革開放政策の推進は鄧小平の権力を強化する手段であったことは間違いないが、その一方で鄧小平ですら自らの政策に縛られることとなるのである。ところが北朝鮮の場合、金日成が権力を掌握して以来、中国のような「紅」「専」の弁証法的政治過程を経てきてはいない。もちろん、北朝鮮が路線闘争を経験してこなかったわけではない。周知の通り一九五〇年代には、北朝鮮内の反金日成グループが中ソと北朝鮮との政策の相違を根拠として金日成の主張する政策の正当性に異議を唱えて、そのリーダーシップに挑戦したし、また中ソ論争期、北朝鮮は自らの政策を明確化することを迫られた。ところが、金日成は、国内的挑戦には、「中国式でもないソ連式でもない我々《ウリ》式」——すなわち「主体」でこれに抗し、中ソ両国を背景とする延安派・ソ連派との路線闘争に勝利を収める。また、国際的圧力に対しても金日成は中ソ論争を逆に利用して、北朝鮮の自立を維持することに成功した。そして、金日成がイデオロギー解釈権を独占することを意味する「唯一思想体系」が一九六七年に確立して以来、国内での政策をめぐる論争の存在そのものが否定され、少なくとも路線闘争は表面化することはなくなった。その結果として唯一思想体系以降の金日成のリーダーシップは、国際的には依然として政策の正当性との関係の呪縛から完全に自由ではなかったものの、少なくとも国内的には金日成のリーダーシップは政策の正当性と直接的に関係なく維持される構造となったのである。中国自身が改革開放政策を模索し、またソ連それ自体が解体してしまったため、金正日は国際的にも政策の妥当性と権力の正統性の関係の呪縛から解放され、政策の妥当性とは関係なく自らのリーダーシップを維持できるようになったのである。それゆえ、北朝鮮の改革開放政策は、中国のように路線闘争の過程を経るわけではなく、ひとえに金正日の「決断」によるものであり、たとえ北朝鮮が改革開放政策を模索したとしても、金正日が自ら策定した政策に縛られることがないため、それが一定期間維持されるか否かは、きわめて不安定であり流動的であらざるを得ないのである。

(e) **北朝鮮における「保守派対改革派」モデルの限界**

北朝鮮の政策決定過程を、「保守派」対「改革派」の対立構造として捉え、金正日をある種のバランサーとして位置づけて分析し、北朝鮮の改革開放政策が安定的、継続的に維持されない理由として、北朝鮮では「保守派」、とりわけ軍が有力な存在であり、軍が改革開放政策の阻害要因となっている、との見方がある。ある意味で、中国の政治過程モデルを援用する立場である。もとより、北朝鮮の政策決定過程についての研究は重要な課題であることに間違いないが、改革開放政策との関連で言えば、かりに「保守派」対「改革派」の対立構造があったとしても、大きな相違はないと言ってよい。すなわち、かりにそうであったとしても、金正日が決定したことを軍が金正日の意志に反して撤回させられるかについては、はなはだ疑問と言わざるを得ない。すなわち、かりに金正日がバランサーであったとしても、独裁者であったとしても、金正日が最終的に決定していることそれ自体は間違いはない。金正日を棚上げにして軍主導で決定がなされているわけではなく、金正日の決定を軍が撤回させられる訳ではないのである。それを前提とすれば、自ら策定した政策から金正日は自由であり、国内的拘束要因が存在しないことに変わりはない。北朝鮮は幾度となく改革開放政策へ踏み出す兆候を見せてきたが、それが必ずしも安定的、継続的に推移しない原因の一つはこのような政治過程、意思決定の問題と無縁ではなかろう。

2　国際環境

(a)　改革開放政策の前提条件——中朝を取りまく国際環境の相違

改革開放政策が市場経済への一定の参入を前提とすることを考えれば、国際関係の調整、とりわけ西側諸国との関係改善が同時進行する必要があることは中国の例からも明らかである。米中接近、日中国交正常化、米中国交正常化の一連の過程が、中国の改革開放路線において経済的に重要な意味を持ったことはあらためて指摘するまでもなかろう。しかし、西側諸国との関係改善は、たんに経済的な意味のみならず安全保障面での意味もあった。すなわち、改革開放政策の特徴の一つとして、経済改革を志向しながらも自らの政治体制への影響の極小化を模索することにあると言ってよいが、その際、最も大きな懸念となるのは、西側諸国が自らの政治体制への修正を迫ることである。それゆえ、改革開放政策を実施するためには、西側諸国との良好な関係を維持して西側諸国が「悪意」を持って自らの政治体制に修正を迫らない環境を作ることがその前提条件となるのである。また、それは国内での反対派を納得させるためにも必要不可欠な条件であると言ってよい。それゆえ、北朝鮮がいわゆる改革開放路線を取るためには米朝関係、日朝関係の改善が必要不可欠なのである。

(b)　安全保障上の「脅威」認識の相違

前述のような体制維持の観点から言えば、体制維持の要としての軍が国内保守派の最右翼となることが一般的と言ってよいが、よく指摘されるように、中国の改革開放政策は軍の近代化が同時進行したことによって国内保守派の反対を封じ込めることができたのである。もっとも、西側諸国の立場からすれば、軍の近代化は必ずしも好ましいものではないが、この点、中国にとってソ連の存在は有利に作用した。ソ連とのバランスを取らせるためにも米国も中国軍の近代化を容認することができたはずである。ところが北朝鮮の場合、中国にとってのソ連の役割を担う存在がなく、西側諸国にとって、北朝鮮の軍が近代化することは容認し得ないのである。西側諸国が、北朝鮮に改革開放政策を期待する動機の一つとして「不安定の源泉」としての北朝鮮を封じ込めるという目的以外に必ずしも積極的な理由が見つからないのである。一方、北朝鮮にとって軍の近代化なき改革開放は、北朝鮮の軍部にとって受け入れがたいものであるにとどまらず、先軍政治を標榜する金正日政権を前提とする限り、北朝鮮にとって受け入れがたいものであると言ってよい。

(c) 北朝鮮にとっての韓国、中国の意味

中国と比較する時、分断状況にある北朝鮮にとって韓国の存在は特徴的なものとなっている。韓国が中国にとっての香港の役割を担えるかは、もちろん、その時々の南北関係がどのような状態にあるかに左右されるものの、その可能性は十分あると言ってよい。しかし、北朝鮮の立場からすれば、韓国は必ずしも香港が中国の改革開放政策に際して果たした役割を担うことはできない。冷戦期は言うに及ばず、二〇〇〇年六月に金大中韓国大統領の北朝鮮訪問によって実現した南北首脳会談にもかかわらず、その後も北朝鮮は韓国との体制競争を放棄しているとは言えなかったからである。確かに、後に詳述するように南北首脳会談が実現し南北関係はそれまでの対立関係から協力関係へとその性格を変えたかに思われた。ところが、その後の展開は両者の関係が必ずしも協力関係ではなく、依然として北朝鮮にとって南北関係はゼロ・サム関係であり、韓国は政治的脅威としての意味を持ち続けていることを証明している。南北関係を体制競争とする認識を改めない限り、北朝鮮にとっての韓国は中国にとっての香港の役割を担うことはできないし、改革開放政策を実施する前提条件は整わないと言ってよい。

もっとも北朝鮮が韓国との関係を対立関係から協力関係へと認識を改めれば、韓国の存在はたんに経済的な意味にとどまるものではなく、西側諸国との調整という意味から北朝鮮にとって好材料となり得る。南北首脳会談以降、朝鮮半島情勢は大きく動き、結局は霧散してしまったもののクリントン米国大統領（当時）の北朝鮮訪問の可能性まで

議論されるに及んだ。この過程で韓国の果たした役割は決して過小評価することができず、韓国の果たし得る役割を象徴するものであったと言ってよい。しかし、北朝鮮が真の意味で韓国との平和共存を望んでいないとすれば、韓国の役割は限定的なものにならざるを得ない。

むしろ北朝鮮にとっては、既に改革開放で成果を得ている中国に一定の役割を期待することができよう。すなわち、北朝鮮にとって、中国の改革開放政策の初期に香港が果たした役割を中国が担うことに期待する方が実現可能性は高く、また、北朝鮮が改革開放を実施するための国際環境造成のための調整役を担うことは可能かもしれない。もとより、中国が北朝鮮に対して改革開放を強要しない、との姿勢を堅持しているため、結局中国が一定の役割を果たすためには、金正日の「決断」が必要不可欠であり、それによって改革開放政策の前提となる国際環境も規定されることとなる。

3　北朝鮮の経済改革の可能性と方向性

(a)　改革開放政策への相克

既述の通り、北朝鮮が改革開放政策を実際するためには、国際関係の調整が必要不可欠である。冷戦終焉後の二〇〇〇年の南北首脳会談以降の北朝鮮の動向はその意味でよい「兆候」として評価し得るものであった。しかしながら、二〇〇〇年の米国大統領選挙の混乱とその後登場したブッシュ政権の厳しい対北朝鮮姿勢によって失速することとなった。具体的には、ブッシュ新政権の米国は、核問題、ミサイル問題、通常兵器問題を軸に、クリントン政権とは異なって厳しい姿勢で臨んだ。一方の日本も、安全保障問題のみならず、拉致問題など、日朝間の問題が山積しており、関係改善の糸口すら見つけることが難しかった。そもそも、中国との比較で言えば、日米両国にとって、北朝鮮との関係改善は、北東アジア地域の「不安定要因」としての北朝鮮を封じ込めることこそが唯一の目的と言ってよく、その意味で、日米両国にとって「変化のない」北朝鮮との関係改善はきわめて難しいと言わざるを得ない。「体制への影響力を極小化」することが、改革開放実施の前提条件の一つであるとすれば、北朝鮮を取りまく環境は、北朝鮮が安心して改革開放へと踏み出すことを難しくしているのである。

(b) 韓国、中国の役割の限界

この点、韓国、中国が一定の役割を担う可能性があることは既に指摘した通りである。しかし、韓国について言えば、金正日の「決断」のみならず、韓国が一定の役割を果たすためには前提条件が存在する。すなわち、韓国が「包容政策（太陽政策）」を維持し、なおかつ、それを日米をはじめとする関係諸国との連携のもと推進することが必要となるのである。そもそも、二〇〇〇年の南北首脳会談を実現せしめた韓国の「包容政策」は、当初から日米に一定の役割を期待することを前提としたものであったにもかかわらず、そうした期待が日米の事情に対する配慮に欠けるものであったため、必ずしも韓国の思い通りの展開を見せたわけではない。クリントン政権に続いて登場したブッシュ政権期の事例はそれを示唆して余りある。また、このように単独では成立し得ない「包容政策」の目的は、それまで米朝関係を軸として展開していた朝鮮半島問題を南北関係に軸を移して自らがイニシアティブを取ろうとするものでもあった。「包容政策」は自らがイニシアティブを取るのではなく、国際関係の調整役に徹することによって初めて成立するものであり、それを逸脱した場合、韓国はその役割を行使し得ない。南北関係と国際関係を切り離して「包容政策」を維持することは構造上不可能なのである。

また、中国も韓国同様調整役を担うことが可能ではあるが、中国にとって朝鮮半島問題は、朝鮮半島を舞台とする対米関係の意味を持っているため、既述の通り金正日の「決断」がない限り、調整役を担うことは難しい状況にある。

(c) **必要とされる北朝鮮の自助努力と国際的拘束**

しかしその一方で、北朝鮮が改革開放を模索する動きを見せてきたことも事実である。たとえば九〇年代に入ると羅津・先鋒自由経済貿易地帯構想にともなって外国からの投資を規定する法令およびその他の各種関連法令が制定されたし、韓国との関係では、現代グループとの関係を中心に、金剛山観光開発、開城工業団地構想などが模索された。もとよりこうした動きは、国際社会の動向、とりわけ当時の韓国の経済的不調によって必ずしも大きな成果には結びつかなかったことも事実である。その原因は北朝鮮のそうした動きが安定的、かつ継続的に維持されないことにある。先に指摘した通り、それは北朝鮮の政治過程、意思決定過程によるところが大きいが、その一方で、そうした動きが大きな成果に結びつかない、ということも北朝鮮の姿勢が安定的、継続的に維持されない一因と言ってよい。それゆえ、たとえば、できるだけ国内の経済情報を公開して、外資政策の一貫性を保証し、韓国資本や外国企業に安心感を与えるとともに、投資先や業種などをめぐる選択の幅を広げるなど、従来の外資誘致政策からさらに進んで積極的姿勢を見せる必要があろう。北朝鮮がこれまで以上に積極的に改革開放政策を進めなければ大きな成果を得ることは難しいであろう。もっとも、それが北朝鮮にとってきわめて困難な選択であることは既述の通りであるが、少なくとも改革開放政策が不安定である限り外国資本の本格的参入はきわめて難しいと言える。

(d) 改革開放政策の前提条件としての金正日体制の維持——改革開放と体制改革の分離

金正日の権力がきわめて強固であることを前提とする時、政治体制の変化がない限り北朝鮮が改革開放政策を取る可能性はないとすることは、必ずしも正しくはない。北朝鮮では、政治体制の変化に関係なく、金正日の決断によって改革開放政策は取り得るのである。逆に政治体制への影響が生じる可能性が高ければ、北朝鮮は改革開放政策を取りにくいはずである。何よりも金正日にとって、北朝鮮の政治体制の変化は自らの立場を危うくする危険性を伴うものとして認識されているはずだからである。また、かりに北朝鮮の政策決定過程を中国モデルで捉えたとしても、北朝鮮が軍中心の政治体制であることから、国際社会が期待するような改革開放政策へと北朝鮮が本格的に踏み出すことは難しいであろう。周辺諸国が北朝鮮の体制変化を期待することはすなわち軍の警戒心を強めることに他ならない。

(e)　政治体制と経済発展の非連動——北朝鮮の改革開放政策と中国の経験

しかし、逆説的ではあるが、かりに改革開放政策を取ったとしても、それが政治体制の変化に直結しないとすれば、北朝鮮が改革開放政策を取りやすいことをも意味しているとも言える。すなわち、かりに改革開放政策が政治体制の変化と同時進行で行われなければならないとすれば、北朝鮮が改革開放政策を実施するためには多くの障害があり、政治体制変化のためには膨大な時間を要することとなる。しかし、かりに政治体制の変化と改革開放政策が必ずしも連動していないとすれば、金正日の「決断」によって改革開放政策へと踏み出すことは可能と言ってよい。この点、重要になるのが中国の経験である。改革開放政策に踏み出して以来、中国は共産党の一党独裁を維持している。もちろん、八九年の天安門事件に象徴されるようにその道のりは必ずしも平坦なものではないし、政治体制そのものに変化が生じていることは否定しようのない事実である。また、こうした過程での西側諸国の中国に対する姿勢も北朝鮮にとっては、ある意味で「和平演変」政策と映ったかも知れない。それゆえ、中国が政治体制を維持したまま改革開放政策を成功させて経済発展を達成することができれば、そうした中国の経験は金正日に「決断」を促すこととなるのである。中国の経験は金正日にとって大きな意味を持つこととなるであろう。

第7章 中朝関係の構造的変質

――中韓国交正常化

問題の所在

一九九二年八月二四日、中国は韓国と国交を正常化する。それまでにも韓国は、社会主義陣営の崩壊現象に後押しされる形で、北方外交を順調に進め、既にハンガリーをはじめとする東欧社会主義諸国との国交関係を樹立していた(1)。そして、ついに九〇年九月三〇日にはソ連と国交正常化したのである(2)。ここに朝鮮半島をめぐる国際関係の構造は大きく変質したと言ってよかった。すなわち、中国、ソ連が北朝鮮と、そして米国、日本が韓国と国交を持ち、南北双方ともに東西陣営の枠組みを超えて国交を持たない、という構造が変化したのであった。

既に多くの研究によって明らかにされている通り(3)、中韓国交正常化の起点は、一九八三年の中国民航機事件に際しての中韓接触に遡及されるが、それ以後の急激な国際関係の変化は、中韓国交正常化を後押しすることとなった。前章での考察から明らかなように、八〇年代以降中国と北朝鮮はそれぞれの道を歩み始めていた。さらに冷戦の終焉と東欧社会主義諸国の体制改革の動きに伴う社会主義陣営の崩壊現象は、中国と北朝鮮を取りまく国際環境を大きく変えていた。このような国際政治の構造的変動の延長線上に中韓国交正常化は位置づけられるのである。この過程は、中朝関係を規定する第一の要因である安全保障領域における両者の関係を完全に変質させることを意味していたと言ってよい。

その一方で、中国にとって韓国との関係を構築する過程は、北朝鮮との関係を微妙に調整する過程でもあった。しかもそれは、たんに中国、北朝鮮、韓国の三者間のバランスを調整するにとどまらず、米国をはじめとするより広範な国際関係の調整の中でバランスを取る過程でもあった。第5章で考察した通り、中国は朝鮮問題の朝鮮化を試みたが、その後、北朝鮮が米国との直接交渉を求めたため、朝鮮問題はたんなる地域問題の枠組みにとどまることなく、むしろ、国際問題化せざるを得なくなったからである。

本章では、以上の視点に立って、中韓国交正常化の過程を中国による多国間バランス調整の過程として捉え、その中で中朝関係に焦点をあてて考察したい。

1 中国にとっての北朝鮮――三者会談提案の意味

これまでの考察からも明らかなように、中国にとって北朝鮮との関係は、ともに社会主義を標榜する隣国としての関係であるにとどまらず、対米関係の文脈からきわめて重要な意味を持っていた。ところが、米中接近とベトナム戦争の終了、そしてそれに続いて米中が国交を樹立したため、八〇年代に入ってからの中国を取りまく国際環境は、対米関係を軸としてそれまでとはまったく異なるものとなっていた。中朝関係の文脈から言えば、それは中朝両国を結びつけていた重要な要素の一つであった対米安全保障についての認識を、中朝両国がもはや共有できなくなったことを意味したのである。もちろん、その後も表面的には従前通り「唇歯の関係」「血で結ばれた伝統的友誼」などの文言で飾られた中朝関係ではあったが、前章での考察の通り、既に北朝鮮とは異なる道を選択した中国にとって北朝鮮との関係をどのように調整していくのかは、きわめて難しい問題であらざるを得なかった。

一方、北朝鮮は、一九七九年の朴正熙《パクチョンヒ》暗殺とその後の政治変動を経て登場した全斗煥《チョンドゥファン》政権と対決姿勢を強め、八三年一〇月九日にはビルマのラングーンで全斗煥大統領をはじめとする韓国要人に対して爆弾テロを敢行したのである(4)。この事件について『人民日報』は、韓国、北朝鮮それぞれの主張を事実関係として報道したのみであった(5)。中国をもってしても、もはや北朝鮮の行動は擁護し得るものではなかったのである(6)。ところが、その直後北朝鮮は自らの姿勢を変えることとなる。翌八四年一月一〇日、北朝鮮の中央人民委員会と最高人民会議常設会議は平壌で連合会議を開き、朝鮮問題の平和的解決のため米朝両国に韓国を加えた三者会談の開催を提案することを決定し、米国政府・議会および韓国当局に送る書簡を採択したのである(7)。そして、一月二五日から二七日にかけて最高人民会議第七期第三回会議が開かれ、連合会議での決定が再確認されるとともに、「朝鮮で平和の保障を準備し祖国の自主的平和統一を促進することについて」と題する決定が採択された(8)。それまでの韓国に対する対決姿勢から考えれば、三者会談提案が北朝鮮にとってきわめて大きな姿勢変化であったことは言うまでもないが、その一方、米国が朝鮮半島問題解決のプロセスに韓国を関与させようとしていたことを前提とすれば、北朝鮮にとって三者会談は米国と直接交渉するための最も現実的な方法であった。

この三者会談提案に際しての中国の行動は、新たな国際環境の中での中朝関係を考えるうえで示唆的である。北朝鮮の最高人民会議で三者会談提案が決定された翌日、中国外交部代弁人は三者会談提案が「朝鮮半島の緊張を緩和するうえで有利であり、南北朝鮮の平和統一を促進するということについても有利である」として、積極的にこれを評価したが(9)、実際には中国はより積極的な役割を演じていた。すなわち、中国はラングーン事件の前日である八三年一〇月八日、米国に対して三者会談提案を打診し(10)、八四年一月、米国訪問中の趙紫陽総理が米国側に正式に伝えたという(11)。興味深いことに、三者会談提案それ自体を発案したのが中国で、それに対して消極的であった北朝鮮を中国が説得したというのである(12)。確かに、七四年以来、米国との直接交渉をめざして韓国当局との交渉を拒否してきた北朝鮮にとって、三者会談提案は米国との直接交渉を実現するための一つの手段であったことは間違いない。しかし、そのために韓国を正式の交渉相手として認めなければならないということは、それまで韓国政権の存在それ自体を否定してきた北朝鮮にとってきわめて難しい選択であり、北朝鮮が同提案に対して必ずしも積極的ではなかったとしても不思議ではない。

その一方、中国が三者会談提案に対して積極的であったことも理解できる。既に指摘した通り、新たな国際環境を前提として、中国は北朝鮮と対米安全保障についての認識を共有できなくなっていた。しかも、改革開放路線を開始していた中国にとって、それを成功させるために安定的な国際環境が必要だったはずである。それゆえ、韓国と北朝鮮の安定した関係を希望していたのは事実であろう。さらに言えば、急速な経済成長を達成した韓国からの資本導入の可能性を残しておきたい中国にとって、良好な南北関係が中韓関係を進展させるための前提条件であったことはあらためて指摘するまでもなかろう。中朝二国間関係の文脈から考えれば、北朝鮮が米国との直接交渉を望んでいる状況下、三者会談は南北関係を良好に維持するための最も現実的な方法であったと言ってよい。

しかし、朝鮮半島を舞台とする米国との関係を考える時、三者会談は中国にとって必ずしも肯定的側面ばかりではなかったはずである。何よりも三者会談提案は、当然のことながら中国を除外した会談であったことを忘れてはならない。三者会談の実現は、朝鮮半島に対する米国の影響力の増大を制度化することを意味していたとさえ言えるのである。中国が三者会談提案を発案したとすれば、中国は朝鮮半島に対する米国の影響力増大の制度化を容認していたことになり、逆に言えば、自らの朝鮮半島に対する影響力の相対的な低下、制限を容認していたとさえ言えるのである。

かりに中国が米国との対抗上、朝鮮半島に対する影響力を維持しようとしていたとすれば、三者会談よりも自らをも含めた四者会談の方が中国にとっては好ましいものであったはずである。実際、オーバードーファーによれば、八四年の三者会談提案の時期、中国が四者会談に「積極的との印象を受けた」という(13)。ところが、中国は公式的には四者会談構想に対して否定的な姿勢を堅持していた。八四年一月の訪米に際して三者会談提案を伝えた趙紫陽総理に対して米国は中国をも含めた四者会談を逆提案したが、中国はこれに関心を示しつつも応じなかったのである。そして、それを裏付けるように、八四年五月モスクワを訪れた金日成がチェルネンコ書記長との会談に際して「中国はこのような提案に反対している」として四者会談に対する中国の否定的な姿勢を語ったという(14)。

中国はなぜ四者会談構想に対して否定的な姿勢を堅持したのであろうか。そもそもこの四者会談構想は米国のフォード政権期に遡及することができるが、在韓米軍撤退方針を打ち出したカーター政権期にも米国から中国に対して働きかけがあったという。一九七七年ヴァンス国務長官が黄華中国外交部長にこの構想を提案したが、黄華の「関心は薄かった」という(15)。第5章で考察した通り、米中接近以後の中国の北朝鮮に対する姿勢は「朝鮮問題の朝鮮化」であり、北朝鮮も韓国との交渉を拒否して七四年に対米直接交渉を望んでいた。それを前提とする時、かりに中国を含めた四者会談が実現したとすれば、朝鮮問題をめぐって中国が米国との関係で難しい立場に立たされる危険性があったのである。七〇年代の中国が四者会談構想に対して消極的であったことも理解できる。

北朝鮮の対米直接交渉を求める姿勢は八〇年代に入っても基本的には変化はなかった。また、当時の中国と韓国の関係を考える時、中国が自らを含めた四者会談に対して必ずしも積極的にはなれなかったことも理解できる。改革開放路線の進展を背景として中国にとって韓国との経済関係を発展させる必要があったからである。事実この時期、中国民航機ハイジャック事件を契機として中国と韓国は正式に接触を持ち始めていた。ところが、かりに四者会談に参加した場合、中国の立場はきわめて難しいものとならざるを得なかったはずである。四者会談に参加した場合、中国は当然北朝鮮擁護の立場を取らざるを得なかったであろうが、結果的にそれは韓国との敵対関係を明示的に示す場となり、中国にとってはまさに踏み絵を踏まされることを意味したのである。韓国との関係がようやく緒についたところであった。中国にとってはむしろ自らの外交目標にとって否定的結果を招来する危険性を秘めるものであったと言ってよい。時期的に見て、四者会談に対する中国の消極的姿勢は中韓関係の文脈から説明することもできるのである。

確かに、当初中韓関係は経済関係に限定されたものではあり、中国も政経分離を強調していた。しかし、中国が韓国との経済関係の発展を望んでいたことは間違いなく、そのためにも中国が四者会談に参加して北朝鮮擁護の姿勢を明確にすることは中国にとって好ましいことではなかったはずである。四者会談の実現は当時の中国の朝鮮半島に対する思惑をむしろ阻害し、その結果中朝関係が悪化してしまえば、朝鮮半島に対する自らの影響力をむしろ低下させる危険性さえ孕んでいたとも言えるのである。中国にとって四者会談は南北関係が良好に維持されていることを前提として初めて現実的なものだったのである。それゆえ中国にとって三者会談提案は四者会談を実現するためにも必要不可欠なものであり、三者会談構想は四者会談の前段階として位置づけられるものであったのかもしれない。

もとより、中国がいつの時点で三者会談構想を発案したかにもよるが、ラングーン事件の直前に米国に対して三者会談提案を伝達していることから、少なくともその時点で中国が短期間のうちに三者会談で実質的な成果があがることを期待していたとは考えにくい。それゆえ、ラングーン事件が発生した時点で、中国にとっての三者会談提案は四者会談の前段階としての意味よりも、むしろラングーン事件によって緊張した南北朝鮮関係を安定させることにこそその短期的目標があったと考えられる。

それを前提とする時、さらに一つの可能性を排除することはできない。すなわち、逆説的ではあるが、中国は朝鮮問題に対する米国の影響力増大を望んでいたのではないか、との可能性である。もとより中国は、朝鮮問題への外部の干渉に警鐘を鳴らしつつ朝鮮問題が朝鮮人自身の手で解決されなければならないことを繰り返し強調していた(16)が、その一方で韓国との関係改善を必要としていた。しかし、それは北朝鮮との関係を犠牲にしない範囲内での関係改善であり、しかも韓国との関係構築が台湾問題に影響を及ぼさない、との前提条件があったはずである。朝鮮半島をめぐる国際関係のバランスの中で自らの外交目標を達成しようとしていた中国にとって、北朝鮮へのほぼ独占的な影響力はかえって負担であったとさえ言えるであろう。とりわけ、かりに中国が三者会談提案を四者会談実現のための第一歩として位置づけていたとすれば、ラングーン事件は北朝鮮の行動をコントロールすることが難しいことを思い知らされた事例であっただろうし、それゆえ北朝鮮へのほぼ独占的な影響力がかえって負担であることを中国に認識させるに十分だったはずである。中国が米国を朝鮮問題に制度的に関与させて自らの負担を軽減しようとしたとしても不思議ではない。

この後、金日成は、ソ連東欧諸国を歴訪することとなる。それに対して、中国は歓迎の意を表するのである。金日成がソ連東欧歴訪を終えた後の八四年八月、中国を訪問した姜成山《カンソンサン》総理に対して趙紫陽は、北朝鮮が「対外政策で友邦との関係を拡大し、世界各国人民の支持を争取し、同時にその他の社会主義国家との関係をうまくやった。我々も平和共存五原則の基礎の上に各国との友好合作関係を発展させることを主張すると同時に、その他の社会主義国家との関係を正常化することを望む」(17)として、金日成のソ連東欧歴訪を評価したのである。この後、北朝鮮はソ連との関係を強化していくことになる(18)。中ソ関係が依然回復していない状況下、従来の中国の立場からすれば、北朝鮮がソ連との関係を強化することは好ましいことではなかったはずである。ところが中国は金日成のソ連東欧訪問を肯定的に評価したのである。

三者会談提案の経緯、四者会談構想の公式的な否定、および金日成のソ連東欧訪問に対する評価から考えて、中国は北朝鮮との独占的な関係が負担になっていたと言ってよい。それゆえ、米国、ソ連と北朝鮮が関係を持つことをむしろ歓迎したのであろう。このように、これ以後の中国の対北朝鮮政策は、北朝鮮のみならず韓国をも含めた朝鮮半島全体との関係の中に中朝関係を位置づけ、米国、さらにはソ連まで含めたより広範な国際関係の中で朝鮮問題を処理するというものであった。この当時の中国の朝鮮半島政策の基本は、米中接近以降の「朝鮮問題の朝鮮化」から多国間のバランスの中で朝鮮半島情勢を安定させようとする「朝鮮問題の国際化」とも言い得るものへと変化していたのである(19)。

2　ソ韓国交正常化と朝鮮半島をめぐる国際関係の構造的変化

このような状況下、北朝鮮は一時的に韓国との関係を改善することとなる。一九八五年の韓国の水害に対する北朝鮮の援助を契機として南北関係は好転の兆しを見せるのである(20)。しかし、この時期、国際社会での南北関係は明らかに韓国有利に推移していた。一九八一年九月の第八四回国際オリンピック委員会で決定された韓国でのソウル・オリンピック開催が現実のものとなりつつあったのである。ソ連のアフガニスタン侵攻に抗議する形で西側諸国がボイコットしたモスクワ・オリンピック、そしてそれに対する対抗措置として社会主義諸国がボイコットしたロサンゼルス・オリンピックに続いて開催されるソウル・オリンピックの行方如何ではオリンピックそれ自体の存在意義が問い直されなければならないというきわめて厳しい状況にあったが、かりに韓国がオリンピックを成功させた場合、韓国の国際的地位の向上は間違いなかった。とりわけ、北朝鮮にとって重要だったのは、ソ連、中国という両社会主義大国がソウル・オリンピックに参加するか否かであった。かりに両国がオリンピックに参加すれば、それは韓国の推進する北方外交に拍車をかける契機となる可能性があった。そうした趨勢は既に八六年にソウルで開催されたアジア大会の時点で決定していたと言ってよい。中国が参加したのである(21)。この時点で既に中国のソウル・オリンピック参加は確実視されることとなった。

興味深いことに、中国はアジア大会に参加した時点で、既に韓国との国交正常化まで視野に入れた関係緊密化を念頭に置いていたようである。一九八五年、中国を訪問した公明党の竹入義勝委員長は、中国訪問直前に訪れた韓国での全斗煥大統領との会談の際のメモを読み上げ「中国との国交を開き、事務所を設置し、貿易を進めたい」という韓国側の意向を伝えたのに対して、鄧小平は「韓国についてはやりますよ」と国交樹立を示唆したという(22)。もちろん、この時点で中国が短期間のうちに国交を正常化しようとしていたとは考えにくい。しかしながら、韓国と国交正常化するというその方向性だけは決定していたと言えるであろう。

八三年に三者会談提案を米国側に伝達した時点で、中国は、米国と北朝鮮が関係を緊密化することを是認していた。そうであるとすれば、逆に中国にとって韓国と関係を緊密化することが外交的選択肢の一つであったとしても不思議ではない。ただし、依然としてこの時点で北朝鮮との関係を犠牲にしてまで韓国との関係を緊密化させようとしていたとは言えない。この時点で、中国にとって韓国の存在価値は、経済分野に限定されたものであり、政経分離の原則から経済関係のみ発展させられればそれでよかったのである(23)。それゆえこの時点でのアジア大会参加は、将来の国交正常化の布石と言うよりはむしろ、経済関係を発展させるための促進要因として位置づけられていたと言えよう。

このようにソ連、中国の参加が確実視されていたが、北朝鮮はＩＯＣ（国際オリンピック委員会）のソウル・オリンピック開催決定に対して、「オリンピック開催地として不適当」「二つの朝鮮政策」「オリンピックの基本理念に反する」などを理由に強く反発した。これに対してサマランチＩＯＣ会長の提案により八五年一〇月から八七年七月まで四次にわたってＩＯＣ主催の南北体育会談がローザンヌで開催されたが、結局両者は妥協点を見出すことができず、八七年一〇月に、北朝鮮は南北体育会談の事実上の中断宣言を行ったのである(24)。

そして、オリンピック参加申請を一カ月後に控えた八七年一一月末、大韓航空機爆破事件が発生した(25)。同事件はソウル・オリンピック単独開催を阻止するための北朝鮮の犯行とされるが、大韓航空機爆破事件についての中国の反応は、その後の中国の朝鮮半島に対する姿勢を象徴して余りある。国際テロ活動に反対するとしながら、「朝鮮南北双方はこの事件について既に自らの声明を発表している。我々はこれ以上これについて論評を加えるつもりはない」(26)として自らの苦しい立場を表明したのである。この時点で既に中国は、韓国、北朝鮮いずれの立場にも立てなくなっていたのである。こうして、中国、ソ連はそれぞれ八八年一月にオリンピック参加を表明することとなった。一方、北朝鮮も、八八年一月一二日、ソウル・オリンピック不参加を公式に声明するに至ったのである(27)。国際社会における地位獲得競争で韓国と北朝鮮の勝負はついたと言ってよかった。

この後、北朝鮮は自らの統一路線に修正を加えることとなる。オリンピック直前の九月八日、建国四〇周年慶祝報告大会で演説を行った金日成は、韓国側の南北サミット提案に対して原則的に肯定的姿勢を示しつつ、国交のない資本主義諸国との経済交流に言及するなど、西側諸国との関係改善に意欲を示した(28)。さらに八九年一月一日の新年辞で金日成は、北南政治協商会議を提案した(29)。金日成は連邦制統一方案を協議するために近い時期に平壌で北と南の各党、各派、各界各層の指導級人士で構成される会議を開催し、韓国の与党である民主正義党をはじめ各政党の党首および在野の指導者を招請するとしたのである。オリンピック問題で南北交渉が決裂して以降、北朝鮮の韓国に対する対話提案は、野党、在野人士にのみ対話を呼びかけ、与党を排除して、南北関係の中で韓国与党を孤立化させようとするものであった(30)。その意味で、与党民主正義党に対しても対話を呼びかけたことは興味深い。韓国与党との交渉可能性を示唆したのである。

しかし、事態は北朝鮮の予想をはるかに超える速度と規模で進展していった。ソ連、東欧社会主義諸国の体制改革の動きとそれを契機とする社会主義陣営の崩壊現象である。一九八五年にソ連共産党書記長となったゴルバチョフは、ペレストロイカ、グラスノスチなどの政策を掲げて登場したが、それがどの程度実際に実施されるかについては懐疑的な意見が多く、とりわけこれらの政策の結果、ソ連が自らの体制そのものに修正を加えるような改革を行うであろう可能性については否定的な見解が多かった(31)。ところが、ゴルバチョフの政策は自らの予想をも大幅に超えて進展し、それに呼応するように東欧社会主義諸国が自らの体制そのものに修正を加え始めたのである。

そうした潮流の中にあって、北朝鮮はイデオロギー教育を強化することでこれに対抗しようとしたが(32)、北朝鮮にとって東欧社会主義諸国の動揺がきわめて大きな衝撃であったことは言うまでもない。しかも社会主義陣営の崩壊現象は、たんに友好国が社会主義を放棄するにとどまらず、それが結果的に韓国の北方外交と連動して、かつて北朝鮮にとっての友好国であった社会主義諸国が次々と韓国との国交を樹立していく過程となったのである(33)。北朝鮮がこうした趨勢をきわめて大きな脅威として受け止めていたことは、間違いないであろう。

南北関係で有利に立とうとする韓国はそれまでにも共産圏諸国との関係樹立をめざしてきた。たとえば、一九七三年の朴正熙大統領の「平和統一外交政策に関する特別声明」では共産圏諸国との関係樹立を訴えていたし、また全斗煥政権期には北方外交が韓国外交の大きな課題とされていた(34)。もっとも韓国の積極的姿勢にもかかわらず、ソ連と韓国の関係は必ずしも良好なものではなかった。問題を孕みつつもソ朝関係が一応維持されていた七〇年代まではと言うに及ばず、たとえば、一九八三年九月に大韓航空機がサハリン上空で領空侵犯を冒したとしてソ連戦闘機に撃墜された事件で両国関係は緊張していたのである(35)。ところが、ペレストイカ、グラスノスチ政策を推進するゴルバチョフ登場以後の流れの中でソ連は韓国との関係改善を模索し、八八年九月のソウル・オリンピック参加を契機として両国関係は大きく進展する。そして、八九年四月にはソウルとモスクワにそれぞれ貿易代表事務所を開設するに至ったのである。こうした動きは九〇年に入って一層活発化し、ソ韓国交樹立が近いことを予感させた。三月には、金泳三《キムヨンサム》韓国民自党最高委員がソ連を訪問し、その後九〇年六月に米国を訪れていたゴルバチョフ大統領と会談を持つため急遽訪米した盧泰愚《ノテウ》大統領は、サンフランシスコでソ韓首脳会談を実現させたのである(36)。

ソ韓国交正常化への動きに対して北朝鮮は、かりに両国が国交正常化をすれば、それは朝鮮半島の分断を固定化することを意味する、として終始ソ連を牽制し続けた(37)。しかしながら、その三カ月後の九月三〇日、ついにソ連は韓国と国交を樹立するに至ったのである。経済改革をめざすソ連は韓国の資金と技術力を必要とし、また北方外交を推進して北朝鮮との国際社会での地位獲得競争で優位に立ちたい韓国の思惑が接点を形成した結果であった。

もちろんソ連は北朝鮮に対して一応の配慮を見せていた。九月初めに日本を訪れたシェワルナゼ・ソ連外相は、北朝鮮に立ち寄りソ連が韓国と正式に国交樹立をする方針であることを伝えたと言われている(38)。北朝鮮はこれに強く反発し、「ソ連は社会主義大国としての尊厳と体面、同盟国の利益と信義を二三億ドルで売り払った」として批判したものの(39)、ソ連と断交するなどの強い対抗措置を取ることはなかった。しかし、ソ韓国交正常化後の九〇年一一月、ソ連と北朝鮮の間で通商交渉が持たれ九一年以降の貿易が国際通貨決済による国際価格で行われることが決められるなど、ソ朝関係の冷却化が印象づけられた(40)。これにより朝鮮半島をめぐる国際関係の構造は完全に変質したのである。すなわち、中ソは韓国と国交を持たず、逆に日米は北朝鮮と国交を持たないという構造が崩れ去ったのである。

このように国際的に南北分裂状況を承認する動きにもかかわらず、ソ韓国交正常化によって中国はむしろ韓国との関係に慎重にならざるを得なかった。ソ韓国交正常化によって、中国が北朝鮮にとって唯一の後ろ盾となってしまったからである。中国までが韓国と国交正常化をしてしまえば、北朝鮮は完全に孤立することを意味し、そうした状況下、北朝鮮がどのような態度を取るかはきわめて不透明であったからである。

3　朝鮮半島の現状承認――南北朝鮮関係の進展と国連同時加盟

前節での考察の通り、社会主義諸国の体制改革の潮流の中で、ソ連は北朝鮮との関係を縮小しながら韓国との関係を構築した。その一方で、ソウル・オリンピック後に開始された米朝接触も繰り返され(41)、徐々にではあるが朝鮮半島をめぐる国際関係の構造は変質しつつあった。とはいえ、依然として中朝関係が流動的な状況の中で、中国は朝鮮半島情勢のバランスを考え、韓国との関係構築に慎重であらざるを得なかった。しかし、それだけで中国が韓国との関係に慎重だったわけではない。中国にとって北朝鮮の存在が再び必要とされる事態が発生したのである。八九年六月四日の天安門事件である(42)。天安門事件で国際的孤立を強いられた中国にとって、北朝鮮は数少ない友好国となった。六月一一日、北朝鮮は『労働新聞』で米国の対中制裁措置に対して「内政干渉」と位置づけこれを非難し(43)、翌一二日の『人民日報』はこの記事の論旨を紹介したのである(44)。国際的孤立を強いられていた中国にとって北朝鮮の米国に対する批判が歓迎し得るものであったことは間違いない。さらに北朝鮮は、天安門事件を中国が「反革命暴乱を成功裏に粉砕し」た、と位置づけ、金日成はまた、「我々は中国の党と政府が最近取ったすべての措置を支持している」と語ったという(45)。これ以後、中朝関係は緊密化する。それはある意味で、対米関係の緊張によって、本来の「唇歯の関係」「伝統的友誼」の意味が再び浮上したことを意味したと言ってよかった(46)。もっとも、表面的に中朝関係は緊密化したが、天安門事件は、少なくとも朝鮮半島と中国との基本構造を冷戦期のそれに逆戻りさせるものではなかった。本来の「唇歯の関係」「伝統的友誼」の関係を復活させるためには、対米関係の緊張を中朝両国が共有するとともに、中朝両国が韓国との敵対関係を維持していることを前提としなければならなかったが、既に中国と韓国の関係は変質してしまっていた。たとえば、八〇年代後半から徐々に進展していった韓国の対中投資は、天安門事件以後さらに増え続けたのである(47)。

一方、北朝鮮も、西側諸国との関係改善をめざす姿勢そのものを変化させることはなかった。とりわけ南北関係についてはめざましい進展を見せていた。八九年八月末から、北朝鮮は、韓国との交渉を実質的に進展させることをめざしたのである。ただし北朝鮮が韓国との関係改善に積極的だったのは、韓国との関係改善そのものを目的とするものではなく、米国、日本との関係改善を実現するための環境作りとしての側面が強かったと言ってよい(48)。にもかかわらず、韓国もまた、自らに有利な国際環境を背景として北朝鮮との交渉を望んだことから、九〇年九月、分裂以後初めて総理級会談が実現することとなったのである。もっとも、両者、とくに北朝鮮が自らに有利な状況で会談に臨もうとしたため、総理級会談が実現するまでにも、韓国在野人士釈放問題、会議の名称、形態をめぐってなかなか合意に達することができなかった。結局、七次にわたる予備会談と二次にわたる実務代表接触の結果、会議の名称は「南北高位級会談」とし、「南北間の政治・軍事的対決状態解消と多角的な交流・協力実施問題」を議題とすることとなった。そして、一九九〇年九月四日から七日、第一次南北高位級会談がソウルで開催された。朝鮮半島の南北で二つの政権が誕生してから初めて双方の総理が相対したのである(49)。

このような状況下に実現したソ韓国交正常化は、中国にとって中韓関係進展に慎重にならざるを得ない要因であったことは既述の通りである。しかし、その一方で中国が韓国との関係進展に慎重な姿勢を堅持することは、冷戦終焉以後の国際関係の構造的変化の中で中国のみが取り残されることを意味していたとも言える。さらに天安門事件によって国際的孤立を強いられていた中国にとって、かりに中韓関係を進展させられれば、それは自ら天安門事件の後遺症から脱するための一つの突破口とできたはずである。しかし、中国が韓国との関係を改善するためには北朝鮮がそれを是認する必要があった。南北関係が良好に推移していることは、そのための前提条件とならざるを得なかったのである。八九年九月九日、『人民日報』は社論を掲載して中朝の友好関係を強調しながら、「我々は北南双方の対話が続き積極的な成果が得られることを希望する」として、中国が「朝鮮問題はいかなる外部の干渉も受けない状況のもと、朝鮮人民自身が交渉して平和的に解決されなければならない」とする姿勢に変化はないことを強調したが(50)、それは中国の南北関係改善への期待を示唆するものであったと言ってよい。

もっとも、中国の期待にもかかわらず、南北高位級会談では、結局双方が自らの立場を主張するにとどまり、実質的な合意を形成することは容易ではなかった(51)。とは言え、これまでの南北関係の歴史を振り返れば、南北の総理が史上初めて相対し、南北の総理が盧泰愚大統領、金日成主席という両政権の最高指導者とそれぞれ会見を行ったことは、たとえ実質的な成果に乏しく象徴的な成果にとどまるものであったとはいえ、それ自体十分に評価されてしかるべきものであった。先に指摘した通り、韓国との関係を進展させようとする中国にとって、北朝鮮との関係を維持したまま韓国との関係を進展させるためには南北関係の改善が必要不可欠だったのである。もちろん、中韓関係の進展の速度は南北関係に従属するものとならざるを得なかったが、南北関係が良好に維持されていれば少なくとも中韓関係の進展という方向性それ自体が中朝関係に悪影響を及ぼすことはなかったのである。

その意味で、中国と朝鮮半島の関係の試金石となったのが韓国と北朝鮮の国連加盟問題であった。それはある意味で中国に跳ね返ってくる問題でもあった。当時の韓国は国連加盟に積極的な姿勢を見せていたが、台湾との間で「二つの中国拒否」の立場を堅持していた中国が、分裂状態の当事者としての北朝鮮の意志を無視した形で韓国の国連加盟問題が処理されることを受け入れたとすれば、北朝鮮との関係を断交しない限り朝鮮半島の分裂状態を是認することと同義であり、それが台湾問題に影響を及ぼす危険性は否定しようがなかったのである。

しかし興味深いことに、冷戦後の国際社会の動向の中で北朝鮮もその姿勢を徐々に変えることとなる。たとえば、九〇年五月二四日の最高人民会議第九期第一次会議において、金日成は統一が実現する前であっても南北が一つの議席で国連に加盟するのであれば、それは可能だと明言したのである(52)。統一後の国連加盟のみを提案していた従来の主張を、大きく転換させる発言であった。さらに、九〇年九月に開始した第一回南北高位級会談で、北朝鮮は国連加盟問題を「緊急議題」として、「単一議席による共同加盟」を韓国に対して提案したのである(53)。もちろん、この時点では依然として北朝鮮は「二つの朝鮮」固定化に繋がる国連同時加盟については否定的であった。統一前に単一議席で国連に加盟した場合、双方の意見が一致しない時には棄権に回るとの方式を提示し、たとえ「単一議席」であっても南北の独自の権限を認めることを前提としていたのである。

さらに九〇年一〇月一八日、第二次南北高位級会談に際して金日成は、姜英勲《カンヨンフン》総理を団長とする韓国側代表団に対して、「一つの民族、一つの国家、二つの制度、二つの政府に基づいた連邦制方式」による統一を呼びかけた(54)。「二つの政府が共存し得る」ことを北朝鮮が明確に宣言したのは、この時が初めてである。そして、九一年の「新年辞」において、金日成主席が「北と南の相異なる制度を一つの制度にする問題は今後ゆっくりと、穏やかに解決するように後代にゆだねることもできる」と述べた(55)。国連同時加盟を是認したわけではないが、北朝鮮が朝鮮半島の分裂状況を是認したことを意味したと言っても過言ではない。ソ韓国交正常化を前提とする時、韓国の単独国連加盟申請に対するソ連の「拒否権行使」はもはや期待できず、自ら分裂状況を是認したことで、北朝鮮はいずれ国連南北同時加盟が不可避な事態であるとの認識を持ったと言ってよい。

事実、一九九一年に入ると、北朝鮮はさらに姿勢を変化させていく。韓国が国連単独加盟をめざす動きに対して警鐘を鳴しつつも、同年五月四日、外国人記者団と会見した姜錫柱《カンソクチュ》外務第一次官が、国連加盟問題について「妥協案もあり、南北間で話し合う用意もある」と述べるに至ったのである(56)。そして、ついに一九九一年五月二七日には、北朝鮮外交部が声明を発表し、「一時的難局を打開するための、やむなく講じる措置」であることを強調しつつ、国連同時加盟を受け入れる旨宣言したのである(57)。こうして北朝鮮は国連同時加盟を認め、九一年九月一七日には、韓国と北朝鮮がともに国連加盟国となったのである(58)。

この北朝鮮の決断を促すうえで、中国が直接かつ間接的に果たした役割は大きなものがあったと言ってよい。既に九〇年一〇月、中国は韓国との間に貿易代表部を設置することに合意しており(59)、かりに韓国が国連単独加盟申請を行った場合、既に韓国と外交関係を有していたソ連ほどではないにせよ、中国にとって拒否権行使が難しい選択であったことは間違いない。そして、九一年四月には、先の合意に従って貿易代表部を相互設置し、中国は徐々に韓国との関係を構築していく。中国にとって韓国の国連加盟申請に拒否権を使うことはますます難しくなっていた。実際、九一年五月三日から六日まで北朝鮮を訪れた李鵬総理が、韓国が単独で国連加盟申請を行った場合、それに対する「拒否権行使」が難しいことを伝えたという(60)。この時の中朝首脳会談がどのような雰囲気の中で行われたかは明らかではないが、表面上、中朝友誼は強調された。李鵬は北朝鮮のこれまでの国内外政策の正統性を讃えるとともに、「四五年以来最初の高位級会談、北南体育、文芸面での交流も喜ばしい進展を見せた」として南北関係の進展を評価した。さらに、金日成が「朝鮮の統一は『一つの民族、一つの国家、二つの制度、二つの政府』を基礎とする連邦制方式で実現されなければならない」としたのに対し、李鵬もこれに支持を与えた(61)が、国連同時加盟に対する中国の姿勢は明らかにされなかった。李鵬帰国後の五月九日、中国外交部スポークスマンは、国連加盟問題が話し合われたことを認めたが、その内容の詳細にはふれず、「中国側は（南北）双方が対話と交渉によって、受け入れ可能な案を見つけるよう希望する。共和国側（北朝鮮）は南朝鮮と引き続き協議する意向を示した」(62)（括弧内・引用者）としていた。しかし、かりに韓国が単独加盟申請を行った場合、中国がそれを拒否することが難しいことは明らかであった。

また、九一年五月二〇日から二一日かけて開催された第三回日朝国交正常化交渉の席で、日本側が日朝関係改善のために南北国連同時加盟がきわめて有効であることを強く主張したことも、北朝鮮の姿勢変化に何らかの影響を与えたとしても不思議ではない(63)。周知の通り、九〇年九月に金丸信自民党元副総裁が田辺誠日本社会党副委員長とともに北朝鮮を訪問し、それを契機として九一年一月から日本は北朝鮮と国交正常化交渉を開始していたが、日本との関係改善によってもたらされるであろう経済協力は北朝鮮にとって大きな魅力だったに違いない。

もっとも、「一時的難局を打開するための、やむなく講じる措置」との沈痛な文言にもかかわらず、国連同時加盟は北朝鮮にとって必ずしも否定的な側面ばかりではなかった。何よりも、ソウル・オリンピック以後の南北関係の中で北朝鮮は明らかに劣勢に立たされていたと言ってよいが、韓国と同等の資格で国連に加盟することは、それまでに生じた韓国との格差を埋めることと意味したとも言えるのである。いずれにせよ北朝鮮は、これらのことを考慮に入れてそれまでの立場を変えて、南北国連同時加盟を受け入れることになったのである。

しかし、南北同時加盟直後の中国の北朝鮮に対する姿勢はその後の状況を考える時きわめて示唆的である。同時加盟発表後、中国は、同問題が南北朝鮮双方にとって受け入れ可能なものでなければならないことを一貫して主張してきた、として北朝鮮の決定が「朝鮮半島の平和と安定に寄与するであろう」として、北朝鮮の姿勢を高く評価したのである(64)。さらに銭其琛外交部長は、国連同時加盟を、北朝鮮が昨今の国際情勢を分析した結果選択した政策として位置づけ、世界各国の広範な支持を得るものであり、国際社会に大きな影響を与えるであろうと、国連同時加盟についての北朝鮮の決断を高く評価し、中朝関係の一層の緊密化を強調していた(65)。そして、九一年一〇月三日から一五日にかけて金日成が三九回目の中国訪問を行い、中朝関係がきわめて緊密であることが内外に誇示されたのである(66)。ところが、金日成が中国に滞在しているまさに九一年一〇月八日、中国を訪問していた公明党石田幸四郎委員長と、北京・中南海で会談した江沢民総書記は、中国と北朝鮮との関係について、「かつて一緒に戦った仲間であり、強い絆で結ばれているが、中朝は同盟国ではない。朝鮮半島の統一問題は自国で解決するものであり、基本的には平和共存五原則に基づき努力していくべきものだ」(傍点・引用者)と述べ、中朝関係が同盟関係ではないことを明言したのである。江沢民の「中朝は同盟国ではない」との発言は、石田委員長が中朝首脳会談の成果を尋ねたのに対して答えたものであった。江沢民は「今回の金主席の訪問は特別な問題解決のための訪問ではなく、中国、北朝鮮双方がともに関心を有するものについての意見交換だった」と説明した。しかし、江沢民は公明党代表団との会談に先立って中国を訪問していた金日成との間に首脳会談を開き、一〇月四日、江沢民が金日成に対して「中朝関係は国際情勢がどうなろうと変わることはない」と言明していた(67)。もとより、中朝首脳会談でいかなるやりとりが行われたのか、さらに「中朝は同盟国ではない」とした江沢民発言の真の意味するところは明らかではないが、金日成に対しては「国際情勢がどうなろうと変わることはない」としながらも、「同盟国ではない」とした江沢民の発言が、中朝関係が強い絆で結ばれた関係であるとの印象を対外的に薄めようとしたものであったことは間違いない(68)。国連同時加盟によって朝鮮半島の現状が国際的に承認された状況下、過度に中朝関係の緊密化を印象づけることで韓国との関係進展の可能性に対して否定的な影響を及ぼすことを嫌ったのかもしれない。実際、国連同時加盟が実現した後、中韓関係も急速に進展する兆しを見せていた。九一年一〇月のニューヨークにおける中韓外相会談に続いて、翌一一月、ソウルで開催されたアジア太平洋経済協力閣僚会議（APEC）第三次閣僚会議に参加するため、中国外交部長として初めて銭其琛が韓国を訪問したのである。銭其琛によれば、この時点で韓国側は国交正常化に意欲的であったが、中国は慎重な姿勢を崩さなかったという(69)。しかし、これ以後、中韓閣僚の接触は繰り返されることとなる。九二年二月には駐オーストリア大使として赴任が決まっていた李時栄《イシヨン》が中国を訪問し、韓国の李相玉《イサンオク》外相の命を受けて国交正常化に対する中国側の姿勢を打診していた。中国側は、九二年四月に北京で開催される国連アジア太平洋経済社会委員会（ESCAP）第四八次総会に際して開催されることになる李相玉外相との会談で国交正常化問題についても話し合える、と示唆したという(70)。

また、この時期、南北関係は朝鮮半島の核問題をめぐって進展が難しい状況にあったが、それに対する中国の姿勢は中朝関係がもはや従来の関係ではなくなったことを象徴して余りある。もとより、中国は北朝鮮の核兵器開発について批判的であった(71)。しかも、先の金日成の訪中時、中国は終始関係国間の交渉によって同問題が解決されることを希望していた。その際、中国の言う「関係国」は北朝鮮、韓国、米国の三国であり、そこには中国は含まれていなかったのである(72)。また、同時期ウィーン訪問中の銭其琛外交部長は朝鮮半島での核開発が好ましいことではないとして北朝鮮を批判していた(73)。いずれにせよ、「同盟国ではない」とした江沢民の発言、さらには核問題をめぐる中国の姿勢は、中朝関係がもはや従来の関係ではなくなったことを印象づけたのである。

核問題をめぐって中断していた南北対話は韓国側の譲歩によって再び進展を見せることとなった(74)。そして、一二月一一日から一三日に開催された第五回南北高位級会談では、「南北間の和解と不可侵及び協力交流に関する合意書」(以下、「南北基本合意書」と記す)が採択されたのである。南北基本合意書では、南北関係は「国と国との関係ではない、統一を志向する過程において暫定的に形成されている特殊な関係」(75)であるとされた。既述の通り九〇年の時点で金日成が「二つの政府」の存在を認め、なおかつ既に韓国と北朝鮮が国連同時加盟を果たしていたことから、国際社会もそして当事者としての南北双方も朝鮮半島の現状に承認を与えていたと言ってよかった。そして、南北関係を「特殊な関係」と位置づけた南北基本合意書の調印は、それをより確かなものにしたのである。中国は南北基本合意書に対して「朝鮮人民の利益と希望であるのみならずアジアと世界の平和にとってきわめて重要な意義を持つ」としてこれを評価した(76)。この直後、北朝鮮がＩＡＥＡ(国際原子力機関)との査察協定を受け入れることとなり、朝鮮半島の平和共存が徐々にではあるが制度化される趨勢にあった(77)。もはや中国にとって、韓国との関係改善についての阻害要因はなくなったのである。

4　新たなバランスの中の中国——中韓国交正常化

天安門事件の後遺症を如何に克服するかは中国にとってきわめて大きな課題であったが、九二年の鄧小平の南方談話(南巡講話)はその契機となった。天安門事件によって控えられていた諸外国からの投資はこれを機に再び回復していったのである(78)。そうした流れの中で、中国にとっての韓国の存在意義は以前にもまして大きなものとなっていた。しかも前節で考察した通り、ソ韓国交正常化、南北国連同時加盟、南北基本合意書の採択などによって、もはや中国にとって中韓関係の改善をためらう理由はなくなっていたのである。

しかし、国交樹立については依然として慎重であったはずである。確かに南北の現状承認は進み、朝鮮半島の平和共存は制度化されつつあった。しかし、それがより安定したものとなるためには、北朝鮮が少なくとも米国、日本のいずれかと、国交正常化を果たすか、あるいは国交正常化が日程に上っている必要があった(79)。当時、依然として北朝鮮と米国および日本との関係改善は流動的であったが、その一方で北朝鮮が米国との関係正常化を求めていたことは明らかであった。たとえば、一九九二年四月一二日、『ワシントン・タイムズ』に対して金日成は、米朝国交正常化について「しばしば状況を見る必要がある。私は、できるだけ早く貴国の大使館が設置されることを望むものだが、それは米朝双方の決定にかかっている。私の希望は、可能な限り早く（米国大使館が）設置されることだ」（括弧内・引用者）としたのである。そして、「北朝鮮側について言えば、準備は整っているのか」との『ワシントン・タイムズ』の問いかけにも、「そうだ」と答え、早期の米朝国交正常化への意欲を隠すことはなかった(80)。しかしその一方で、日米と北朝鮮の関係は、北朝鮮の核問題を軸に依然として難航をきわめていた(81)。このような状況下、中国としても中韓国交正常化に対しては慎重にならざるを得なかったはずである。

ところが、中韓国交正常化は予想外に早く実現した。九二年八月二四日、北朝鮮と日米との関係改善について見通しが立たないにもかかわらず、中国は韓国と国交を正常化したのである(82)。それは、それまでの中国と朝鮮半島の関係を構造的にまったく異なるものへと変質させる事態であった。中韓国交正常化は水面下で模索されていた。九二年四月に北京で開催された国連アジア太平洋経済社会委員会（ＥＳＣＡＰ）第四八次総会に際して開催された中韓外相会談を契機として中韓国交正常化交渉は加速するのである。こうして、九二年五月から七月にかけて三次にわたって予備会談が開催され、七月二九日には北京で本会談が開催され、共同声明文書の内容についても合意していた。この過程で中国側が最も神経を砕いたのは、秘密保持の問題であったという(83)。実際中韓国交正常化は、国交正常化に関する議定書署名の二日前である二二日まで明らかにされなかったのである(84)。こうして、八月二四日、中韓両国は国交正常化したのである。

中韓国交正常化が予想外に早く実現した理由としては、何よりも韓国がそれを望んだことを指摘できよう。韓国にとって中韓国交正常化はある意味で自ら推進してきた北方外交の完成を意味していたのである。ただし既述のように、中国は慎重であったはずである。いくら韓国が経済力を背景として中国に対して国交樹立を迫ったとしても、中韓国交正常化は、北朝鮮が米国あるいは日本との関係を進展させた後でなければならないとの判断が中国指導部にはあったはずである。にもかかわらず、中国は韓国との国交正常化に踏み切ったのである。興味深いのは、その背景には多分に台湾との関係を看取することができることである。当時の台湾は、いわゆる「弾力外交」を活発化させ「国連への復帰が長期的目標」と公言するようになり、九二年になると、ラトビア、ニジェールとも外交関係を樹立していた。さらに、フィリピンとの経済関係を公式化し、フランスおよびイスラエルからの戦闘機導入が検討されるなど、「弾力外交」をきわめて活発に展開しつつあったのである。また、九二年の春になって台湾の亜東関係協会が「駐日経済文化代表事務所」へと名称を変更して関係強化を印象づけたし、さらに同年八月初めにワシントンの国務省で開催されたアジア太平洋経済協力閣僚会議(ＡＰＥＣ)の教育相会議の際に、台湾の教育相と北米事務協調委員会代表が米国政府の招待を受けて会議の歓迎宴に参加したのである(85)。これら一連の事象は、中国を大いに刺激したに違いない。中国としては、如何なる手段を用いても台湾の「弾力外交」に歯止めをかけたかったと言ってよい。そうした視点に立つ時、アジアで唯一台湾との国交を有していた韓国が中国と国交を正常化して台湾と断行することは、中国にとってはきわめて魅力的な選択肢であったと言ってよい。

とは言え、中国にとって韓国との国交正常化は慎重を期さなければならない問題であることは既述の通りである。その点、中国は最大限の努力を払ったと言ってよい。中国が中韓国交正常化について正式に北朝鮮に説明したのは、国交正常化の約一カ月前である。九二年七月一五日、楊尚昆国家主席は北朝鮮を訪問し、金日成に対して中韓国交正常化の時期が来たという江沢民総書記からのメッセージを伝えた。金日成は、中国の独立自主外交を理解すると答えたが、晩餐会などの歓迎宴はなかったという(86)。北朝鮮は完全に中韓国交正常化を受け入れたわけではなかった。中国は八月に入って再び銭其琛外交部長を北朝鮮に派遣し、中国側の立場を説明せざるを得なかった。その結果、北朝鮮は一応中韓国交正常化を受け入れたという(87)。

こうして中韓は国交を正常化したが、中韓共同声明調印の後、記者会見に応じた中国の呉建民外交部スポークスマンは、「中国は引き続き平和共存五原則の基礎に立って朝鮮民主主義人民共和国との善隣友好協力関係を発展させる。中国が朝鮮民主主義人民共和国との間に調印している条約・協定に変化はあり得ない」と断言していた(88)。六一年に締結した中朝友好協力相互援助条約を、廃棄あるいは改定する意思のないことを明らかにしたのである。

また、中韓共同声明調印翌日の『人民日報』に掲載された社論では、次のように中韓国交正常化を決定した中国の立場を説明していた。「近年、国際情勢の変化に伴って朝鮮半島情勢も緩和に向かっている。昨年九月、大韓民国と朝鮮民主主義人民共和国が国連に同時加盟した。中韓経済貿易関係と民間の往来もきわめて大きく発展した。このたびの会談によって両国が外交関係樹立を決定したことは、両国人民の利益に完全に符合するのみならず朝鮮半島およびアジア太平洋地区の平和と安定に寄与する」(89)(傍点・引用者)としていた。中韓国交正常化に踏み切った背景として国際情勢の変化を挙げ南北国連同時加盟を挙げたのである。さらに国交正常化にあたって韓国が、「中華人民共和国が中国の唯一合法政府」であり、「台湾は中国の一部」であることを認めたことが指摘されていた(90)。中国としては、中韓国交正常化決定が韓国と北朝鮮の合意、すなわち南北が現状を是認したことを前提としたものであり、さらにそれが自らの台湾問題に波及するものではないことをあらためて強調したのである。

このように中国は北朝鮮に配慮していたが、北朝鮮が国際的な孤立感を感じるであろうことは間違いなかった。そして、孤立感を感じた北朝鮮が、日米との関係改善を急ぎ、事実上朝鮮半島でのクロス承認を進める方向へと向かうのか、あるいは北朝鮮がそれまでの姿勢を転換して再びかたくなな姿勢へ向かうのかについては流動的であった。当時の中国が前者の可能性に期待を持っていたことは間違いなかろうが、後者の可能性についての懸念をまったく持たなかったはずもないだろう。しかし、台湾の「弾力外交」の進展は、中国にとって一刻も早く中韓国交正常化を実現して台湾の動きを牽制しなければならないと感じさせられるものだったと言ってよい。それほど、当時の中国にとって台湾の「弾力外交」が神経質にならざるを得ない事態であったのであろうし、また、改革開放路線を進めるにあたって韓国の経済力が必要であった。

中韓国交正常化について北朝鮮のメディアは一切報道することなく、また、表面的には中国との友好関係が維持された(91)。こうして中国は表面的には何ら犠牲にすることなく韓国との関係を手に入れたのである。しかし、中韓国交正常化が中国の朝鮮半島全体に対する影響力を低下させたのは否定しようのない事実であった。この後、中国はさまざまな局面で北朝鮮との関係と韓国の関係のいずれを優先させるかという選択を迫られることとなる。そしてそれは、たんに中朝関係を難しくするにとどまらず、米国、および日本に中国の朝鮮半島に対する影響力の限界を明示的に示すことになった。少なくともその時まで北朝鮮に対して最も影響力のある国が中国であるということは、日本、米国、そして韓国の共通認識であったと言ってよい(92)。その意味で中国の朝鮮半島に対する影響力の低下は、中国の国際的評価に関わるものでもあったのである。そして、中韓国交正常化を契機として北朝鮮が自らの対外姿勢を再びかたくななものとしたことは(93)、こうした傾向を決定的なものとした。北朝鮮は、それまでの日朝国交正常化交渉、南北対話を徐々に中断させ、ついに九三年三月には核拡散防止条約（ＮＰＴ）からの脱退を宣言し、これ以後、対外関係を対米関係一本に絞ることとなるのである(94)。このように北朝鮮のＮＰＴ脱退の遠因が中韓国交正常化にあることは間違いないが、北朝鮮が明確に自らの対外政策の中軸を対米関係に置き、中国自身が南北いずれの側にも立てなくなったことから、中国の朝鮮半島に対する影響力の低下は否定しようのないものとなったのである(95)。

結　語

北朝鮮がＮＰＴからの脱退を宣言した後、中国は自らの北朝鮮に対する影響力の限界を国際社会で露呈せざるを得なくなる。北朝鮮の冒険主義的姿勢に対して国際社会は中国に「仲介者」としての役割を期待することとなったが(96)、中国は北朝鮮に対して影響力がないことを繰り返さざるを得なかったのである。この時点で、もはや中国には、北朝鮮にＮＰＴからの脱退を翻意させるだけの影響力がなかったと言ってよい。もっとも、自らの北朝鮮に対する影響力が限定的であることは、中韓国交正常化以前から繰り返し中国の要人達が言及していたことではあるが(97)、中韓国交正常化以降、とりわけ北朝鮮がＮＰＴ脱退を宣言した後の中国要人の発言は、中国の北朝鮮に対する影響力の限界をあらためて明示的に示すこととなったのである。

もっとも、本章で明らかなように、そうした状況は中国自らが望んだものであったとも言える。中国にとって依然として朝鮮問題は対米関係の一環であったが、中朝両国が対米安全保障を前提として互いに相手を必要とする従来の構造は米中接近、米中国交正常化、冷戦終焉の三つの段階を経て徐々に綻びてきた。その過程で、中国にとって北朝鮮との関係は徐々に負担になってきたはずである。とりわけ自らが改革開放路線を進め、韓国との関係緊密化が必要とされればされるほど、中国にとって北朝鮮とのほとんど独占的な関係は負担となっていたはずである。それゆえ中国は、朝鮮問題が国際的に負担分担されることを望んでいたと言ってよい。さらに北朝鮮も米国との関係構築を望んでいた。結果的に中国は北朝鮮という負担を米国との間で分担するよう働きかけたのではないだろうか。三者会談提案は中国にとってはまさに米中で朝鮮半島についての負担を分担しようというアイディアの祖型であった、と言っても過言ではなかろう。

とはいえ、朝鮮半島における米国の影響力が独占的になることを、中国は受け入れられなかったであろう。中国にとって米国は依然として、そこまで信頼に足る相手ではなかったからである。中国がめざしたものは、北朝鮮に対する独占的影響力を放棄して朝鮮問題を国際問題化し、その中で相対的影響力の優位を確保して朝鮮半島情勢についてのイニシアティブを確保するというものであったと言ってよい。そして、そうした基本姿勢は中韓国交正常化以降も続くのである。

中韓国交正常化以降、中国は北朝鮮に対する最大限の配慮を見せるが、北朝鮮の中国離れは明らかであった(98)。また、中国の意図とは別に、中国が北朝鮮、韓国両政権と国交を持ったことにより、中国の朝鮮半島に対する影響力は構造的に低下することとなった。南北両者の立場の相違を前提とする時、中国は南北いずれの側にも立てないため朝鮮半島問題に対して明確な姿勢を示すことができず、南北間の合意の必要性を繰り返さざるを得なくなったのである(99)。

また北朝鮮の立場からすれば、中韓国交正常化は中朝関係の最も根幹をなしていた安全保障関係を破綻させるものであった。すなわち、朝鮮半島でかりに紛争が発生した場合、六一年に締結された中朝友好協力相互援助条約の第二項に基づいて中国が北朝鮮を支援する可能性は皆無に等しくなったのである。ソ韓国交正常化にともなってソ朝友好協力相互援助条約の改定を申し出たソ連とは異なり(100)、中国は中朝友好協力相互援助条約の有効性を繰り返し強調したが、韓国と国交を正常化した中国が朝鮮半島での紛争に現実に介入できるはずはなかったのである。すなわち、中朝関係を規定する第一の要因である安全保障上の関係が完全に変質したと言ってよかった。それゆえ、既に第二の要因であるイデオロギー上の関係が形骸化してしまった状況下、北朝鮮にとって中国との関係は第三の要因である伝統的関係に限定されるものとなったとさえ言ってよかったのである。

いずれにせよ、七八年一二月の一一期三中全会以降の趨勢、さらには八二年九月の中国共産党第一二回全国代表大会で独立自主外交路線(101)が標榜されて以降の趨勢を考える時、一九九二年の中韓国交正常化は論理的帰結であったと言ってよい。そして、それが中国と朝鮮半島の関係を構造的に変化させるものであり、それにともなって中国の朝鮮半島に対する影響力も限定的なものとならざるを得なかったのである。そうした趨勢は、何も冷戦以後の状況変化を背景とするものではなく、中韓国交正常化の起点として位置づけられる八三年の中国民航機ハイジャック事件の際の中韓接触の後に行われた三者会談提案をめぐる中国の姿勢に、その祖型を見ることができるのである。

第8章

伝統的関係の終焉

——金日成死後の中国・朝鮮半島関係

問題の所在

中韓国交正常化直後の一九九二年九月九日、北朝鮮建国四四周年に際して『人民日報』に掲載された「社論」では次のように中朝関係が表現されていた。「中朝両国は山水が相連なる親密な隣国であり、中朝友誼は毛沢東、周恩来と金日成等の老革命家達によって育まれた堅固な基礎の上にある」(1)(傍点・引用者)。前章までの考察から明らかなように、中韓国交正常化までの過程で中朝関係の構造は大きく変容していた。しかしながら、「毛沢東、周恩来と金日成《キムイルソン》等の老革命家達によって育まれた」関係だけは依然として維持されていたのである。それゆえ、九四年七月八日の金日成の急逝は、中朝間の伝統的関係がまったく異なったものとなることを予見させたのである。

ところで、国交正常化以前から文言のうえでは中国が韓国と北朝鮮に対して等距離の姿勢を取ることを繰り返してきたことは第7章で見た通りである(2)。しかし、そうした認識を韓国、北朝鮮が中国と共有していたわけではない。北朝鮮にとって、それまでの中朝関係を考える時、中国が等距離の姿勢を取ることそれ自体が中朝関係の冷却化を意味したし、また国交正常化によって中韓関係が中朝関係を凌駕することを期待していた韓国にとって、中国の姿勢は韓国の期待を下回るものであらざるを得なかった。中国、北朝鮮、さらには韓国にとって、それぞれ「等距離」の持つ意味が異なっていたのである。それゆえ国交正常化以後の中国と北朝鮮、韓国の関係は、当事者間のこのような認識の相違によって複雑な過程をたどることとなるのである(3)。

本章では、中韓国交正常化以後、金日成急逝を前後する時期の、中国と朝鮮半島の関係の変化を跡づけることを目的としている。この時期の東アジアは、冷戦の終焉を背景として新たな秩序が模索される過程にあった。その中で核問題に端を発する北朝鮮の動向によって東アジア情勢は紛糾したのである。さらに、一九九四年の金日成急逝を前後する中朝関係の変容は、その後の東アジア情勢を分析するために明らかにされなければならないテーマでもある。後に詳述するように、この時期の中国の等距離政策は、金日成の死を契機として徐々に変容していく。それゆえ本章では、中朝関係の変容を中国の等距離政策の実質的変容過程として検証する。その際、先に指摘した中国の姿勢と韓国、北朝鮮の認識の間の温度差を常に念頭に置きつつ議論を進めたい。

1　制限された中韓関係の進展

国交正常化から約一カ月後の一九九二年九月二七日から三〇日にかけて、盧泰愚《ノテウ》大統領は中国を公式訪問した。この訪問が韓国の大統領にとって初めての中国訪問であったことは、改めて指摘するまでもない。盧泰愚は、楊尚昆国家主席、江沢民総書記、李鵬総理など中国の最高指導者達と会談を行い、中韓国交正常化を契機とするさらなる両国関係の進展の必要性を強調した(4)。盧泰愚の中国訪問には、現代、三星、大宇など韓国の財閥をはじめとする企業経営者が同伴したが、それは当面の中韓関係が経済関係の進展を軸に展開するであろうことを示唆するものであった。実際、中国訪問にあたっての盧泰愚にとっての重要な課題の一つは、国交正常化以前から進展してきた経済関係を制度化することであり、盧泰愚の訪問中、両国は貿易協定、投資保護協定、経済、貿易、技術協力委員会設立に関する協定、および科学技術協力協定を締結したのである(5)。

もっとも、当面の中韓関係が経済関係の強化を軸に推移するとしても、中韓国交正常化が中国と朝鮮半島の関係に変化を招来するものであったことに変わりはなく、それゆえ盧泰愚の訪問によって中国はそうした新たな姿勢を明確にしなければならなかった。中国のそうした姿勢は、訪問最終日に発表された「新聞公報」によく表れている。「新聞公報」では、中韓関係強化の必要性が強調されるとともに、南北対話の必要性が強調され、「中国指導者は、朝鮮半島の南北対話で進展が得られたことを高く称賛し、朝鮮半島の非核化共同宣言の目標が早期に実現できるよう希望するとともに、朝鮮南北双方による朝鮮半島の自主、平和統一の早期実現を支持すると重ねて表明する」(6)とされたのである。中国は、九一年一二月の第五次南北高位級会談の結果として締結された南北基本合意書、およびその直後に採択された朝鮮半島非核化共同宣言に象徴される南北対話の進展を高く評価し、「朝鮮南北双方による朝鮮半島の自主、平和統一」を支持する、とすることで北朝鮮と韓国に対する等距離の姿勢を明確に宣言した。もっとも、中国のそうした姿勢は既に中韓国交正常化以前から看取された。たとえば、中韓国交正常化を意識し始めた八〇年代後半から中国は、北朝鮮が一貫して主張してきた在韓米軍撤退問題については言及しなくなっていた(7)。天安門事件によって一時的にそうした中国の姿勢には変化が見られたが、九〇年一〇月、銭其琛副総理兼外交部長は、南北分断以後初の総理級会談となった九〇年九月に開催された南北高位級会談(8)をきっかけとし、あらためて双方の対話によって平和的統一を実現するよう希望する(9)、としたのである。先述の「新聞公報」の当該部分はそうした中国の姿勢を踏襲するものであったと言ってよい。

確かに、それまでの中朝関係を考える時、中韓国交正常化を前後して中国が韓国と北朝鮮に対して等距離の姿勢を取ったこと自体、中韓関係の緊密化と中朝関係の冷却化を印象づけるものであった。しかし、国交正常化にもかかわらず、中韓両国の政治関係の進展はきわめて緩慢なものであったと言わねばならない。たとえば、中国の最初の要人訪問となった銭其琛の韓国公式訪問は、国交正常化から九カ月を経た九三年五月のことであった。国交正常化が盧泰愚大統領の任期終盤に行われたとはいえ、中国要人の訪韓は、盧泰愚政権期には行われず、次の金泳三《キムヨンサム》政権になって初めて行われたことになる。それは明らかに中国側の事情によるものであった。前章で考察した通り、中韓国交正常化に際しての中国側の真の目的は台湾の「弾力外交」を封殺することであった。それゆえ、国交正常化を果たした中国にとって、韓国とのさらなる政治的関係の強化は必ずしも急ぐ必要はなかった。さらに、中韓国交正常化によって北朝鮮と日米との関係改善を急がせたい、との期待が中国にあったことを考える時(10)、中韓国交正常化によって北朝鮮が過度に孤立感を感じて頑なな姿勢を取ることは中国の望むところではなかった。これらの事情を前提とする時、中国は韓国との政治関係の進展については慎重であらざるを得なかった。国交正常化にもかかわらず、中国の韓国に対する姿勢は中朝関係を犠牲にしない範囲内という制限があったのである。

それゆえ、初めての要人訪問となった銭其琛の訪韓も、必ずしも韓国の望む展開を見せることはなかった。この時期、韓国にとって重要だったのは九三年三月に北朝鮮がNPT（核拡散防止条約）脱退を宣言して紛糾していた核問題であった(11)。NPT脱退宣言に際して中国は既に「条約の普遍性に有益なるよう、協議を通じて、問題がしかるべく解決されるよう望む。中国は一貫して朝鮮半島の非核化を支持するとともに、緊張緩和、安定へ向かうよう望んでいる」(12)としていたが、韓国は中国の北朝鮮に対するより積極的な影響力行使を希望していたのである(13)。にもかかわらず、韓国を訪れた銭其琛の発言は韓国を満足させるものではなかった。金泳三と会談を行った銭其琛は北朝鮮の核問題についてふれたが、そこでも南北当事者間の協議による問題解決を中国が望んでいること、朝鮮半島の非核化を中国が望んでいることなど、従前通りの主張が繰り返されたにすぎず(14)、かえって両者の温度差を浮き彫りにすることとなったのである。

韓国にとって中韓国交正常化は、九〇年九月のソ韓国交正常化とならんで、盧泰愚政権期に推進されてきた北方外交の一つの帰結であった。しかし、ソ韓国交正常化によってソ韓関係がソ朝関係に優先されたのに比べて、中韓国交正常化によって文言のうえでは南北等距離の姿勢を明確化したとは言え、前述の通り中国は韓国との関係を制限していた。その意味で、中国にとって中韓国交正常化は依然としてきわめて象徴的な存在にとどまるものであったと言わねばならない。しかし、韓国にとってそれを象徴的な存在にとどめておくことはできず、かりに北朝鮮との関係を断ち切らせることは不可能であったとしても、少なくとも中国に真の意味での南北等距離の姿勢を取らせる必要があった。そのため韓国は、中国最高指導者の韓国訪問の実現をめざしたのである(15)。中朝関係と比較する時、中韓間に指導者間の相互訪問が欠如していることは、中朝関係と中韓関係の緊密度の相違を際立たせていたからである。

しかし、その後も中国は慎重な姿勢を取りつづけ、中国首脳の韓国訪問については依然として流動的な状態にあった。もちろん中国要人がまったく韓国を訪問しなかったわけではない。たとえば九三年六月には中国全人代常務委員会副委員長である田紀雲が訪韓して韓国商工人との交流を行い、韓国企業の中国へのさらなる投資を要請していたし、さらに九三年九月には、李嵐清副総理を団長とする中国政府代表団も訪韓して大田万博を訪問し、中韓の経済関係強化、とりわけ韓国企業の対中投資を要請していた(16)。しかし、これら中国要人の韓国訪問の主たる目的は経済関係の強化であり、韓国側が望むような政治関係の進展に資するものとは言えなかったのである。韓国にとっては江沢民、李鵬など中国の最高首脳の訪韓が是非とも必要だったのである。

むしろ、この時期、中国は北朝鮮との関係修復を印象づけることとなる。六月初旬、ＮＰＴ脱退以降、北朝鮮が求め続けてきた米朝高官協議が開催されて一応最悪の事態が回避されたこともあり、七月二七日に平壌で開催された「祖国解放戦争勝利四〇周年」慶祝行事に参加するために北朝鮮を訪れた中国代表団は、中朝の良好な関係を印象づけていた。金日成と会談を行った中国側代表団団長の胡錦濤政治局常務委員は「中国の党、政府と人民は中朝両国の伝統的友誼を十分貴重に考えている」(17)（傍点・引用者）としたのである。また、歓迎宴で演説を行った胡錦濤は、米朝高官協議について肯定的な評価を与えながら、「中朝両党、両国、両人民間の親善と協力を絶えず強化し、発展させることは中国の党と政府の確固不動の方針である」(18)とした。これに対して、北朝鮮の桂応泰《ケウンテ》朝鮮労働党政治局員も、「中国の高位代表団の我が国訪問は血潮を持って結ばれた朝中親善を貴重に思う心情から出発したもの」(19)（傍点・引用者）としたのである。韓国の期待にもかかわらず、中韓国交正常化によっても中韓関係が中朝関係に凌駕することはなかったのである。

その後も韓国は中国に対して高位首脳の韓国訪問を要請するが、中国は慎重な姿勢を崩すことなく、結局、江沢民と金泳三の最初の首脳会談は、九三年一一月、アジア太平洋経済協力閣僚会議（ＡＰＥＣ）の首脳会談に参加するためにともに訪問中であったシアトルで行われることとなった。この席上、金泳三は北朝鮮の核問題解決のための中国の協力を要請し、江沢民も同問題の平和的解決のための協力を約束した(20)が、この会談についての中国の報道では、中韓国交樹立後一年以上にわたって両国が関係を強化してきたこと、中韓経済関係が発展していることが指摘されただけで、核問題については明確に言及されず、ただ「金泳三大統領が、韓国側は中国とともに各分野でさらなる協力と善隣友好関係の発展を望むと述べた」(21)とされたのみであった。この時、金泳三はやはり江沢民を招請したが(22)、江沢民の態度は依然として曖昧なままであった。そして、結局、金泳三の中国訪問が先に行われたのである。相互主義の立場に立てば、盧泰愚大統領の訪中の次は中国側の最高指導者が答礼として韓国を訪問する順番であったと言ってよいが、韓国の最高指導者が続けて中国を訪問することとなったのである。

九四年三月二七日から二九日にかけて中国を訪問した金泳三は、江沢民国家主席、李鵬総理、喬石全人代常務委員会委員長など中国首脳と会談を行った。この時期、北朝鮮の核問題は再び紛糾し(23)、とりわけ金泳三の訪中直前の三月一九日の南北協議で北朝鮮代表朴英洙《パクヨンス》が「『制裁』を加えようとしたり、挑発したりするなら、我が方は即時断固たる自衛的措置を取るだろう」。「戦争が起きれば（ソウルは）火の海になるだろう」(24)（括弧内・引用者）と発言するに至り朝鮮半島情勢は緊張をきわめていた。それゆえ、首脳会談でも核問題はその中心議題とされ、対話による解決をめざして中韓両国が協力していくことが合意されたのである(25)。しかし、韓国は、核問題について中国が北朝鮮に対してより直接的な圧力を加えることを希望していた。たとえば、江沢民との会談後、記者会見を行った金泳三は「北朝鮮の核開発問題を平和的に解決するために中国の能動的な役割を期待する」としたのである(26)。しかし江沢民は、北朝鮮、米国、韓国、IAEAの四者(四方)と米朝間、南北間、北朝鮮・IAEA間の三つの協議(三辺)を意味する「四方三辺」による核問題解決の必要性を強調するにとどめた(27)。むしろ、中国は北朝鮮の強硬姿勢に対する対抗措置として米韓合同軍事演習(チームスピリット)が再開されることについて否定的であった(28)。朝鮮半島情勢が緊張をきわめていた時期の訪問であっただけに、金泳三にとっては不満の残る訪中となったのである。

2　金日成の死と人民志願軍の完全撤退——伝統的関係の終焉

中韓国交正常化以後、江沢民、李鵬など中国首脳の韓国訪問がなかなか実現しなかったことは、中国の北朝鮮に対する配慮を示す事例として評価できようが、それは北朝鮮に対する配慮であると同時に金日成に対する配慮であったと言ってよかろう。また、金日成も中国に対して一定の配慮を怠らなかった。核問題が再び紛糾した後の九四年六月六日から一三日にかけて北朝鮮の崔光《チェグァン》人民軍総参謀長が中国を訪問し、江沢民、劉華清中央軍事委員会副主席らと会談を行って中朝親善を印象づけ、六月七日の崔光との会談で江沢民は、中朝関係を「血潮で結ばれた親善」「唇歯の関係」と表現した(29)。この代表団の訪中は、核問題をめぐって米朝関係の緊張が頂点にあったまさにその時行われた。周知の通り、六月一五日から一八日にかけて行われた米国のカーター元大統領の北朝鮮訪問によって最悪の事態は回避されたが(30)、朝鮮半島問題が米朝関係を軸に展開し、中国の影響力の低下が印象づけられていた状況の中で、北朝鮮が米国との間で一応の合意に達する直前に中国に軍事代表団を派遣したことの意味は軽視できない。もとより、中国側がどのような報告を受けたかは明らかではないが、少なくとも軍事的緊張が高まっている状況下での軍事代表団の訪中によって、中国は朝鮮問題における自らの影響力を誇示することができたはずである。たとえば、北朝鮮代表団の訪問中に江沢民はＮＨＫ（日本放送協会）のインタビューに答えて、北朝鮮に対する制裁に反対し、対話によって問題解決をめざすべきである、としていた(31)。さらに、代表団が帰国したまさに同日、北朝鮮はＩＡＥＡ（国際原子力機関）からの脱退を表明するに至るが、中国は対話による解決という従来からの姿勢を崩さなかった(32)。このような一連の中国の反応は、北朝鮮人民軍の総参謀長崔光の中国訪問を前提とするものであっただけに重みのあるものであった。こうした事例は、中朝間で良好な意思疎通が行われていることを示唆するものであり、それはまた、中国の北朝鮮に対する一定の影響力を印象づけるものだったのである。北朝鮮に対する影響力を国際社会にアピールするためにも、江沢民は中朝関係を「血で結ばれた伝統」「唇歯の関係」と表現する必要があったのだろう。

ところが、実際には、この軍事代表団の訪中以前に、北朝鮮はそれまでの中朝関係を完全に変質させる可能性のある政策を決定し、既に発表していた。一九九四年四月二八日、北朝鮮は軍事休戦委員会北朝鮮代表団の板門店からの撤収を発表し、米国に対して「休戦協定にかわる新しい平和保障体系樹立の交渉」を提案したのである(33)。北朝鮮の主張する新しい平和保障体系とは、朝鮮戦争休戦協定がもはや効力を維持し得ないとの前提に立ち、米国に対して平和協定の締結を迫るものであった。それは、冷戦終焉以後、国際的孤立状況にあった北朝鮮が米国との直接交渉に自らの体制維持をかけようとする試みであったと言ってよい。中韓国交正常化を契機とする北朝鮮の対米中心姿勢を象徴する事象として評価することができるのである(34)。

北朝鮮の米国に対する新しい平和保障体系樹立交渉提案は、中朝関係に直接影響を及ぼす問題であった。何よりも、中国は北朝鮮がもはや効力を維持し得ないと断定した休戦協定の署名当事者であった。そして、中国にとって朝鮮戦争休戦協定はたんに朝鮮半島と中国の関係のみならず対米関係としての意味を持っていた。第１章で考察した通り、中国の朝鮮戦争参戦は米国からの直接的脅威を意識して行われたという側面があったからである。その意味で北朝鮮の主張は、中国にとって、中国の朝鮮半島に対する影響力の排除を意味するとともに、米国の影響力の拡大とその制度化を意味していたと言ってよい。また、第1章で見た通り、中国人民志願軍の撤退は五八年に完了していたが、開城に板門店休戦委員会代表団として人民志願軍司令部が駐留を続けていた(35)。既述のように、休戦委員会北朝鮮代表団の撤退は既に発表されていたが、それを前提とする時、休戦委員会代表団として駐留を続けていた人民志願軍司令部も当然撤退を余儀なくされることとなる。

以上の事情を前提とする時、北朝鮮が米国に対して新しい平和保障体系樹立を提案する以前に、中国と北朝鮮の間で同問題について協議が行われ、何らかの合意がなければならないであろう。朝鮮戦争で共に戦った経験が中朝関係を強く結びつけるものであったことはあらためて指摘するまでもないが、その意味で、休戦協定と人民志願軍司令部の駐留は中朝関係を象徴するものでもあったからである。両者の間で同問題について議論が行われたかどうかは明らかではないが、北朝鮮の提案に際して中国は沈黙を守り続けた(36)。さらに、先に指摘した北朝鮮の軍事代表団の訪中に際しても同問題が公的に言及されることはなかった。少なくとも同問題について中国が納得し得るような合意はなかったと言ってよい。中朝親善が強調された北朝鮮軍事代表団の中国訪問ではあったが、そこには不協和音が内包されていたのである。こうした双方の不協和音は、金日成の急逝を契機として徐々に顕在化することとなる。

一九九四年七月八日、金日成は八二歳で死去した。金日成は、一九四五年一二月一七日、朝鮮共産党北部朝鮮分局責任秘書に就任して以来、およそ半世紀のあいだ北朝鮮の権力の中枢にあり続けた。金日成の死は、カーター訪朝によって核問題をめぐっての最悪の事態が一応回避され、まさに米朝交渉にその行方が委ねられていた時の突然の出来事であった。それゆえ、北朝鮮のみならず朝鮮半島をめぐる国際関係にきわめて大きな影響を及ぼすことが懸念されたのである。しかし、北朝鮮の対外関係の調整は迅速なものであった。もとより、金日成の急逝が米朝交渉当日にあたっていたため、米朝交渉は一時中断せざるを得なかったが、交渉はすぐさま再開されたのである。

一方、中朝関係も表面的には良好に推移しているとの印象を与えた。中国は金日成の死に際してきわめて迅速に対応し、江沢民、李鵬、喬石の三名の名義でそれぞれ弔電が送られた(37)。その際、中国は、金正日《キムジョンイル》を「新しい指導者」と呼称して、朱昌駿《チュチャンスン》駐中国大使に「最高司令官金正日同志に我々の敬意と熱い慰問を伝えるよう」依頼したのである(38)。一方、北朝鮮も中国に対する配慮を忘れなかった。崔光は中国の建軍節にあたる八月一日、「偉大な首領金日成同志が生涯を捧げて整え育てた朝中親善は、我が党と国家、革命武力の最高領導者である親愛なる金正日同志の賢明な領導の下に、我が国において輝かしく実現されている」(39)としていた。さらに九月二九日、国慶節に際して中国を訪問中であった李鍾玉《リジョンオク》副主席は「我が人民は金日成主席の生前の意志を奉じ、金正日同志の領導の下に朝中親善を発展させるために引き続き努力する」(40)と述べ、また、金正日も、中朝国交樹立記念日である一〇月五日に、中朝関係を「血潮でもって結ばれ、歴史のあらゆる試練に打ち勝ってきた」として「代を継いで強化、発展するものと信じる」との祝電を送ったのである(41)。このように、金日成急逝後の中朝関係は少なくとも表面上は順調に進展しているとの印象を与えたのである。

ところが、実際には中朝関係はきわめて厳しい局面を迎えていた。北朝鮮は外交部副部長宋浩京《ソンホギョン》を中国に派遣し、先に指摘した板門店休戦委員会代表団の撤退を中国に対して求めたのである。八月三〇日に中国外交部副部長唐家璇は宋浩京と会談を行い、中朝両国が朝鮮休戦協定の当事者として過去四〇年間、朝鮮半島の休戦を維持し、平和と安全のためにともに努力してきたことを確認しながら、新たな国際情勢を前提として朝鮮半島での新しい平和保障体系が必要である、として、人民志願軍司令部の撤退に応じた(42)。しかし、中国側の不満は明らかであった。何よりも、八月三〇日の時点では米朝交渉の行方が依然として流動的な状況にあった(43)とは言え、人民志願軍撤退は朝鮮半島を舞台とする米中関係の文脈から考える時、中国の北朝鮮に対する影響力の低下を印象づける結果となったからである。それを示唆するように、九月一日に宋浩京と会談を持った銭其琛は、米朝交渉の進展を希望しつつも、新しい平和保障体系についてふれ、「新しい平和メカニズムが成立する以前、朝鮮休戦協定は依然として有効であり、関係国すべてが休戦協定を遵守しなければならない」(44)(傍点・引用者)、としていた。「朝鮮休戦協定は依然として有効」との文言は中国の不満を示唆して余りある。既述のように、中国にとって北朝鮮の主張する新たな平和保障体系とは、朝鮮半島における米国の影響力の拡大と中国の影響力の縮小を制度化しようとする試みであったが、それは台湾の李登輝総統の訪米、米越関係正常化、南沙諸島への介入とともに、アメリカの対中エンゲージメント政策の一環として認識されるものであったとさえ言い得るのである(45)。この後、中国は「朝鮮休戦協定は依然として有効」との発言を繰り返して自らの不満を表明し続けることとなるのである。

ところで、北朝鮮はなぜ、金日成急逝直後のこの時期を選んで中国に対して人民志願軍司令部の撤退を迫ったのだろうか。金日成死後の北朝鮮が最優先した課題は米国との交渉再開であり、この時期依然として米朝交渉の行方は流動的であった。それを前提とする時、まさにこの時期、中国に対して代表団の撤退を迫ることは、米国に対して休戦協定が無効であることを印象づけ、新しい平和保障体系樹立のための交渉を求める北朝鮮の決意を示すことができたはずである。また、金正日が権力継承に際して金日成の権力確立の過程を意識したかもしれない。第1章で考察したように、金日成の権力基盤は中国人民志願軍の撤退過程で確立されたが、中朝関係の文脈から言えば、金日成の権力基盤は中国に対する「主体」を確立することと同義であった。もとより、中国の影響力が低下した状況下の金正日にとって中国人民志願軍の意味は、依然として国内的な基盤を確立し得ていなかった五〇年代の金日成にとっての中国人民志願軍の意味とは比較にならないほど小さなものであったと言ってよい。しかし、権力継承に際して金正日が、金日成と同じように中国に対する「主体」をあらためて確認することを象徴的に欲した可能性は否定できない。

いずれにせよ、九四年一〇月二七日に開始された人民志願軍司令部の撤退は、同年一二月一五日を持って完了した(46)。中国側は不満を表明しつつも人民志願軍撤退に応じたことになる。この問題をめぐって中朝両国間でどのようなやりとりがなされたかは明らかではないが、後の状況を考える時、北朝鮮はかなり強引な手法を用いたようだ。たとえば、中国人民志願軍司令部の撤退が完了した翌年の九五年二月、北朝鮮は、朝鮮休戦協定に基づいて設置された中立国監視委員会のポーランド代表団に対して二月いっぱいで撤退を求めたが、その際の北朝鮮の態度は人民志願軍撤退をめぐっての北朝鮮の強硬姿勢を想起させる。そもそも、中立国監視委員会の各国代表に対する撤退要請は、やはり九四年夏以降に行われていたが、九四年一二月に韓国を訪問したポーランドのワレサ大統領は「脅しや懐柔にはとらわれることなく、役割を果たしていく」と自国の代表団を撤収させる考えのないことを表明していた(47)。にもかかわらず、二月二八日にはポーランド代表六人が板門店から強制撤収させられたのである。その際、北朝鮮は、代表団の板門店常駐施設への食料や電気、水道の供給中断を実施したという(48)。中国が繰り返し「休戦協定は依然として有効」として不満を隠さなかったことを考える時、北朝鮮が中国に対してポーランド同様のきわめて厳しい対応で人民志願軍司令部の撤退を迫った可能性さえ完全には排除し得ないのである。

ここで想起されるのは、金日成の中国に対する配慮である。一九五〇年代の人民志願軍撤退に際して金日成が中国に対して細心の配慮を怠らなかったことは第1章で考察した通りである(49)。かりに、金正日が人民志願軍司令部に対してポーランド同様の対応を行わなかったとしても、金正日の中国に対する姿勢は金日成のそれと比較する時明らかに配慮に欠けるものであったと言わざるを得ない。たとえば、人民志願軍司令部撤退を要請する際に金正日が中国に派遣した使者は外交部副部長の宋浩京であった。かつて金日成が人民志願軍撤退に際して南日外相を使者として派遣したことと比べる時、外交部副部長を使者として派遣した金正日の手法はいかにも事務的な印象を与える。また、撤退完了後、金日成は中国を訪れて毛沢東をはじめ中国指導層との会談を行ったが、人民志願軍司令部の撤退完了後、それに関連して金正日が中国を訪問したという事実はない。金日成の死はまさに中朝の伝統的関係の終焉を意味したと言ってよい。

もとより、五〇年代に行われた人民志願軍撤退に際しての中国に対する金日成の過分なまでの配慮は、当時金日成が依然として北朝鮮国内の権力を完全に掌握していたわけではなく(50)、しかも中ソ論争が胚胎されていたことを前提とするものであった。さらに、人民志願軍撤退にもかかわらず、金日成にとって依然として中国の支援は米国との対抗上必要不可欠なものであった(51)。その点、金日成死後の金正日にとっての中国の存在は、金日成にとっての中国の存在とはまったく異なったものであったと言ってよい。それゆえ、人民志願軍司令部撤退問題をめぐる金正日の中国に対する処し方は、金日成と金正日それぞれにとっての中国の持つ意味の違いを象徴する事例と言ってよい。もっとも、既述の通り、新しい平和保障体系提案は、金日成の死去以前に既に決定されていたことであり、金日成も同様に中国に対して人民志願軍司令部撤退を迫った可能性はある。しかし、かりにそうであったとしても、金日成はおそらく金正日とは違って中国に対して慎重に配慮した手続き、手法を取ったであろう。いずれにせよこの一連の過程で中国が金正日に対して不満を残したことだけは間違いないのである。

3　金日成死後の中韓関係の進展——李鵬、江沢民の訪韓

人民志願軍司令部撤退をめぐる中朝間の相互応酬は、金正日が必ずしも金日成時代の伝統的関係を踏襲するものではないことを中国に認識させるに十分だったはずである。また、金日成死後に再開された米朝交渉の結果、九四年一〇月一三日には米国と北朝鮮の間に合意枠組みが成立して、これ以後北朝鮮の核問題はこの合意枠組みを軸に推移することとなり、朝鮮半島情勢は一応危機的状況を脱していた(52)。もちろんそれは中国にとっても好ましいことであったが、そうした朝鮮半島の緊張緩和を背景として韓国との関係を進展させようとする中国にとって難しい事態が生まれていた。金日成の死を契機として南北関係が悪化していたのである。

前述の九四年六月のカーター訪朝に際しては核問題のみならず、南北問題も議論され、金日成はカーターに対して金泳三大統領との最高首脳会談を約束し、その後の南北交渉で日程まで決定していた。かりに実現していれば、南北両政権誕生以来、初の最高首脳会談となるはずだった。ところが、韓国で金日成の死に対して弔意を示すかどうかをめぐって議論が紛糾したのを契機として北朝鮮は韓国に対する非難を強め、それ以後、金泳三政権下の南北関係はきわめて難しい状況に陥ったのである(53)。米朝合意によって核問題の危機的状況が回避されたことを背景として、韓

国との関係を進展させたい中国にとって南北関係の緊張は好ましいことではなかった。中国にとっての中韓関係の進展には、中朝関係を犠牲にしない範囲で、との制限があったからである。ところが、にもかかわらずこれ以後中国と韓国は徐々に関係を緊密化していくこととなる。

そうした動きは、李鵬の韓国訪問によって幕をあけることとなった。李鵬の訪韓は金日成の急逝から約四カ月後、そして休戦委員会代表団人民志願軍司令部の撤退発表から二カ月後の九四年一〇月三一日から一一月四日にかけて行われた。既述のように、李鵬の韓国訪問直前に米朝間に合意枠組みが成立していたが、それが韓国を訪問する李鵬にとって好ましいことであったことは言うまでもない。ただし、中国の立場からすれば、既に九四年六月一五日のカーター訪朝の際に、金日成が金泳三との首脳会談を約束した時点で、高位指導者が韓国を訪問することが容易になっていたのは事実である。もっとも、李鵬訪問が人民志願軍司令部の撤退時期に行われたことは中朝関係の冷却化と中韓関係の進展の対比という点できわめて象徴的であった。

韓国を訪問した李鵬は金泳三と会談を行い、国交正常化以後の中韓関係を総括し、さらなる関係強化の必要性――、とりわけ経済関係強化の必要性を強調した。また、核問題について李鵬は、ジュネーブにおける米朝合意枠組みを評価しつつ、協議と対話の方法こそが有効である、としてこれまで制裁に反対してきた中国の正当性を強調した(54)。訪問中、李鵬は航空協定などに調印し(55)、また、大宇、三星、現代などの企業家と会談を持ち、韓国企業の中国へのさらなる投資を要請した(56)。その後、韓国各地を訪問した李鵬は、訪問の最終日にあたる一一月四日、済州島で記者会見を行い、米朝合意枠組みを評価しながらも、北朝鮮の主張する新しい平和保障体系について、新協定が締結されるまで「休戦協定は依然として有効」、との立場をあらためて強調したのである(57)。

しかし、この時点でも依然として中国は北朝鮮に対する配慮を怠らなかった。李鵬が韓国を訪問したまさに同じ日、江沢民は北朝鮮の祖国統一民主主義戦線中央委員会代表団と接見していたが、同日の北京放送は、李鵬訪韓に先だってこの接見を報道し(58)、翌日の『人民日報』も二つのニュースを同じ大きさで報じたのである(59)。結局、李鵬の訪韓も韓国の望むものとはならず、帰国した李鵬に対しても公的には中韓経済関係の強化についての評価が集中したのである(60)。

しかし、中韓関係緊密化の方向性は定まっていた。李鵬の訪韓から約半年後の翌九五年四月一七日から二二日にかけて、喬石全人代常務委員会委員長が韓国を訪問した。これにより、金日成の死去に際して弔電を送った三名のうち二名が韓国を訪問したこととなり、徐々に中国は真の意味での等距離姿勢を取るようになったと言ってよい。しかし、喬石の訪韓に際しても、中国は等距離姿勢を踏み出して韓国との関係を緊密化することには慎重であった。北朝鮮問題について中国のより積極的な役割を期待した金泳三に対して、喬石は「朝鮮半島の平和はアジアのみならず世界の平和にとっても重要である。我々はこの方向で努力する」(61)とするのみであったのである。

このように、李鵬、喬石の訪問は韓国の期待を満足させるものではなかった。確かに、前節で考察した新しい平和保障体系提案と人民志願軍司令部撤退問題をめぐる応酬は、中朝関係が従前とは異なったものとなるであろうことを予感させた。その意味で、中国は北朝鮮に対する配慮から韓国との関係の緊密化を制限する必要はなかったはずである。しかし、その一方、韓国との関係緊密化を急ぐあまり北朝鮮が中国から離れ、米国に接近するようなことがあれば、朝鮮半島における米国の影響力が拡大する危険性があった。とりわけ、九四年一〇月の米朝合意枠組み以来、北朝鮮をめぐる国際関係は米朝関係を軸に推移していたのである。かりに中国が韓国との関係を北朝鮮との関係よりも優先したとの印象を与えてしまえば、北朝鮮の対外姿勢はますます対米中心へと傾斜し、中国の朝鮮半島に対する影響力は低下してしまうこととなる。また、金泳三政権が北朝鮮の体制崩壊をめざしていたことも、中国にとって韓国との関係を制限せざるを得ない要因であった。それを前提に韓国との関係を進展させれば、北朝鮮の反発は必至であり、その結果朝鮮半島情勢が紛糾することは九三年からの核危機を想起するまでもなく中国にとって決して好ましいことではなかった。かりに北朝鮮の体制が動揺すれば、大量の難民が発生する危険性もあり、中国にとっては大きな負担となることは間違いなかったからである。伝統的関係が終焉してしまった後も、中国は依然として北朝鮮に対する配慮を怠ることができなかったのである。

ところが、中国のそうした姿勢も、九五年五月の李洪九《イホング》韓国外相の訪中を契機として徐々に変化を見せる(62)。その背景には、次節で詳述する北朝鮮と台湾との関係強化があった。九五年四月、台湾から北朝鮮にチャーター直行便四便が飛んだのである(63)。中国にとってそれは許容し得るものではなかった。この後、中国は徐々に韓国寄りの姿勢を取り始める。李洪九は李鵬、江沢民と会談を持ったが、その際、中国首脳は明確に韓国と「共同歩調を取る」としたという。たとえば、李鵬との会談直後に李洪九は、「北東アジアの平和維持のために韓国と中国が共同歩調を取らなければならないというところに意見を同じくした」と述べたという(64)。それまでの等距離から一歩踏み出した発言であったと言ってよい。とりわけ、それまで曖昧な態度を取り続けていた中国が年内の江沢民訪韓と中韓間の高位将校を含む軍事交流を約束した(65)ことは、その後の中韓、中朝関係を象徴して余りある。中国は韓国との関係を優先し始めたのである。

そしてついに、九五年一一月一三日から一七日にかけて江沢民が韓国を訪問した。国交正常化から実に三年以上の時間が経過していた。ただ、重要なのは、この時点で江沢民はまだ国家主席として北朝鮮を訪問していなかったことである。もちろん、この時金正日は、父親の死に対して「喪に服す」との理由から依然として正式に後継者として登場していなかった時期であり、江沢民が北朝鮮を訪問することができなかったとは言え、江沢民は北朝鮮よりも先に韓国を訪問することとなったのである。にもかかわらず、依然として江沢民の韓国公式訪問に対する中韓両国の認識には温度差があった。伝統的関係が終焉し、北朝鮮に対する配慮は低下していたとはいえ、前述の通り、北朝鮮の中国離れが進むことは、朝鮮半島を舞台とした米中関係の文脈から中国にとって好ましいものではなかった。それゆえ、訪韓時の江沢民の発言も必ずしも韓国側を満足させるものとはならなかった。韓国国会での江沢民の演説の大半は、中国の改革開放の現状と中韓経済関係でしめられ、朝鮮半島問題については従来通り、南北間の対話による解決の必要性が繰り返されたにすぎなかったのである(66)。そして、一一月一四日の青瓦台での金泳三との首脳会談の後に行われた共同記者会見では、「周辺諸国の理解と協力の下、南北当事者による対話を通じた解決」と休戦協定の遵守が確認されただけであった(67)。

確かに、江沢民の発言は、北朝鮮に対する配慮から、韓国側の望むものではなかったが、江沢民が国家主席として北朝鮮よりも先に韓国を訪問したことの意味は決して軽視され得ないはずである。また、休戦協定の遵守を韓国との間で確認したことだけでも、休戦協定に対する北朝鮮の姿勢についての中国の不満を垣間見ることはできる。さらに江沢民の訪韓によって、金日成の死に際して弔電を送った三名すべてが韓国訪問を果たしたことは、金日成死後の中国の韓国と北朝鮮に対する姿勢を象徴するものでもある。江沢民が従前通り南北間の対話による問題解決の必要性を繰り返して南北等距離の姿勢を堅持したとしても、中国が徐々に韓国寄りの姿勢を取り始めていたのは明らかであった。そして中国のそうした姿勢変化の背景には、次に詳述する北朝鮮と台湾の関係緊密化があったのである。

4　金正日時代の中朝関係と台湾

金日成死後の中朝関係を分析する際、北朝鮮と台湾の関係はきわめて重要な意味を持つ。これまで中国は、朝鮮半島の現状固定化をめざしつつも、その時々で、国際的な「二つの朝鮮」承認の動きが自らの「一つの中国」の原則に影響を及ぼさないよう神経を砕いてきたからである。前章で考察した中韓国交正常化は、中国が「二つの朝鮮」を承認したことを意味していたが、その際の「一つの中国」問題との切り離しについては、既に指摘した通りである(68)。

そもそも、台湾と北朝鮮の関係は中韓国交正常化以前に遡及できる。八八年に登場した李登輝政権の「弾力外交」を背景として、台湾は第三世界のみならず共産圏諸国との関係改善を模索し、九〇年以降、ハンガリー、チェコスロバキアに領事業務も行う貿易事務所を設置するなど、旧東欧共産圏諸国との関係改善を急いでいた。そして、九一年九月、台湾は、キューバとともに北朝鮮との貿易を間接貿易に限って解禁したのである(69)。経済関係の進展が先行する状況は、ある意味で国交正常化以前の中韓関係と同様の構造であったと言ってよい。しかし、注意しなければならないのは、既述の通り、中国が韓国との国交正常化を急いだ主たる目的が、まさにこの「弾力外交」を封殺することにあったことである。それを前提とする時、中国にとって北朝鮮が台湾との関係を緊密化することは許容できるはずはなかった。ところが、北朝鮮は台湾との経済関係を徐々に進展させていった。中韓国交正常化直後の九二年一〇月、北朝鮮の「金剛山国際貿易開発会社」が台北に貿易事務所を開設することが明らかにされたのである(70)。台湾の立場からすれば、台湾が北朝鮮に対して経済関係を結ぶことは、台湾と断交した韓国に対するある種の抗議行動としての意味を持っており、北朝鮮にとってそれは中国に対する不満の意思表示としての意味があった。両者のそうした思惑の一致が貿易事務所の開設につながったと考えられるのである。さらに、こうした動きは経済領域にとどまらず、九四年六月二四日には北朝鮮の閣僚クラスとして初めて北朝鮮の国家体育委員会委員長が東アジア競技大会連合会議に出席するために台北を訪問したのである(71)。もっとも、この時点では北朝鮮も台湾も、両者の関係が外交関係ではないとする立場を堅持していた。たとえば台湾は、この直後の金日成の死に際しても、北朝鮮と外交関係がないことを理由に具体的措置は取らなかった(72)。

しかし、金日成の死後、北朝鮮と台湾の関係はさらに緊密なものとなっていく。まず、九五年四月、台湾から中華航空のチャーター直行便四便が平壌へ飛んだのである。これは、四月二八日から開催される「平和のための平壌国際体育文化祝典」見学などを目的に、台湾の旅行社十数社が計画したものであったが、中国にとってそれが不快なものであったことは間違いない(73)。さらに、同年一一月、経済使節団が北朝鮮に派遣された。もとより、この代表団の北朝鮮訪問も、羅津・先鋒自由経済貿易地帯への開発協力や、相互の経済事務所開設などについて協議することを目的とする経済領域に限定されたものではあった(74)が、両国の関係緊密化は明らかであった。そして、翌九六年三月には秘密裏に北朝鮮の経済当局代表団が台湾を訪問し(75)、北朝鮮の国際旅行社が観光業発展のため台北に事務所を開設したとの報道もあった(76)。そして、九六年五月、台湾省議会の農林委員会は、食糧危機に苦しむ北朝鮮に対して食糧援助を行うため、同委員会の名義で北朝鮮に視察団を送った(77)。

一方、北朝鮮も九六年六月、李成禄《リソンロク》対外経済委員会副委員長が台湾の与党である国民党の党営企業の招請を受けて台湾を訪問した(78)。その後、九六年九月、台湾の財界団体が訪朝し、羅津・先鋒自由経済貿易地帯を視察、投資セミナーに参加(79)するなど、徐々に経済関係は進展し、双方の貿易も九五年以来、既に総額で一〇億台湾ドル以上に達したとされたのである(80)。経済関係に限定されていたとはいえ、北朝鮮と台湾の際立った関係強化が中国にとって不快なものであったことは間違いない。こうした北朝鮮と台湾の関係緊密化が、台湾海峡危機と同じタイミングで顕著になったため、中国は神経質にならざるを得なかった。李登輝の米国訪問に端を発して中台関係が緊張し、九五年七月、八月および九六年三月に中国が台湾海峡で大規模な軍事演習を行ったのである(81)。北朝鮮と台湾の接近はこの時期とくに顕著だった。とりわけ、李成禄の台湾訪問は中国にとって許容しがたいものであった。確かに李成禄は対外経済委員会副委員長の立場で台湾を訪問したが、経済閣僚とはいえそれが北朝鮮高官の台湾訪問であったことにはかわりなかった。しかも、李成禄の台湾訪問直前に行われた洪成南《ホンソンナム》副総理の中国訪問時、中国は北朝鮮に対する多年度経済援助を約束していた。

九六年五月二一日から二五日にかけて中国を訪問した洪成南は経済技術協力協定に調印し、中国が北朝鮮に対して二万トンの食料を援助することが公表されていたが(82)、実際には多年度大型援助が約束されていたという。その内容については、この時から五年間にわたって毎年「穀物五〇万トン、石油一三〇万トン、石炭二五〇万トン」を提供し、「半分は無償、残り半分の有償分は国際価格の三分の一」との報道と(83)、やはり今後五年間にわたって毎年「食料五〇万トン、石油一二〇万トン、石炭一五〇万トン」を提供し、「半分は無償供与、残り半分は友好価格取引」「その他の消費財も八割を友好価格取引」の報道(84)がある。援助内容に相違はあるものの、この二つの報道から中国が北朝鮮に対して多年度大型援助を約束していたことは間違いなかろうが、かりにそうした密約が中朝間にあったとすれば、中国にとって台湾と関係を緊密化しようとする北朝鮮の行為は背信行為以外の何ものでもなかったはずである。それゆえ中国は、「(中国と)国交を有する国が台湾と公式の往来や公的な関係を持つことに反対する」(85)(括弧内・引用者)として不快感を表明したのである。

このように台湾問題をめぐって中朝関係はきわめて厳しい状況にあったが、そうした中朝の齟齬は、この時期、米国と韓国が共同提案した四者会談への北朝鮮と中国の反応にもよく表れている。九六年四月一八日、米韓両国は、米国、韓国、北朝鮮に加えて中国の四者によって朝鮮半島問題を討議しようとする四者会談を提案する(86)。米韓側からすれば、それは南北対話を拒否して米国との直接交渉を求める北朝鮮の新しい平和保障体系提案への対抗措置としての意味を持っていたが、中朝関係の文脈で考える時、それは朝鮮問題への中国の一定の影響力を制度化することを意味していた。対米交渉を軸に自らの対外関係を調整しようとする北朝鮮にとって、四者会談はそうしたプロセスを複雑にする可能性があったが、それとともに中国に対する信頼感の欠如は四者会談に対する北朝鮮の否定的態度の要因であったと考えられるのである(87)。一方、中国にとって四者会談はむしろ好ましいものであった。事実、四者会談が提案された直後の九六年四月一九日、オランダのハーグでクリストファー米国務長官と会談を持った銭其琛外交部長は四者会談について「理解」を示したという(88)。九六年三月の台湾海峡危機によって緊張した対米関係を前提とする時、中国にとって四者会談は米国との関係修復の機会とすることができたはずである(89)。しかし、北朝鮮は四者会談提案に対して曖昧な態度を取り続ける(90)。四者会談への姿勢の相違は、中朝両国間の意思疎通の欠如を証明するものであり、この時期の中朝関係を象徴するものでもあった(91)。

一方、北朝鮮と台湾の関係緊密化はさらに進み、九七年一月、核廃棄物をめぐる北朝鮮と台湾の関係が明らかにされた。台湾電力は九七年一月一三日、低レベル放射性廃棄物六万缶分を今後二年間で北朝鮮に移送、貯蔵してもらうことで正式契約したのである(92)。詳細については明らかではないものの、廃棄物の委託料として、総額約六九〇〇万ドルを求めているとの報道もなされた(93)。韓国はこれに対して、北朝鮮と台湾が秘密裏に交渉を行ったことを問題視して、核汚染の危険性など、その安全性について疑義を唱えたが、一月二四日、韓国の姜敏秀在台湾代表が台湾経済部の許柯生次長と会談して移送反対を強く申し入れた(94)。しかし、台湾側は「契約は経済行為であり、電力会社に関与する立場にない」とこれを拒否したのである(95)。そもそも、かつて中国が核廃棄物の処理を請け負うことを条件に、台湾が中国製ウランを購入するとの報道もあった(96)。それを前提とする時、核廃棄物処理問題はたんに北朝鮮が台湾との関係を緊密化することによって間接的に中国を刺激するにとどまらず、直接中国を刺激する問題だったのである。中国にとってそれはもはや容認し得ない問題であった。それゆえ、それまで沈黙を守り続けていた中国が、一月二八日に初めて、同問題がたんなる環境問題ではなく「敏感な要素を含む問題」であるとしながら、「台湾当局は中国と友好国の関係を破壊しようとしており、関係国は警戒すべきだ」として、北朝鮮に対して暗に警告したのである(97)。さらに、中国、韓国両政府は、台湾の核廃棄物の北朝鮮搬入問題への対応策を協議するため、北京で実務会談を行ったのである(98)。中国の不満にもかかわらず、北朝鮮、台湾の基本姿勢に変化は見られず、ついに九七年五月、中国外務省スポークスマンは北朝鮮への台湾の放射性廃棄物の貯蔵委託問題について、「台湾は中国の領土の一部であり、台湾がその処理で問題に直面しているのであれば、大陸は協力する用意がある」とまで表明せざるを得なかったのである(99)。

核廃棄物をめぐる北朝鮮と台湾の動きは、中国を強く刺激したと言ってよい。それは、たんに北朝鮮と台湾の二国間関係の緊密化を意味するものではなく、直接的に中国を刺激する問題であった。さらに、この過程で処理の金額が盛んに指摘されたことは興味深い。すなわち、北朝鮮は中国に対して中国が最も嫌う台湾との関係を金額で表現することによって、暗に中国に対して台湾との関係を取りやめるための代価を明示していたとさえ言えるのである。この後、北朝鮮と台湾の関係は具体的に進展を見せることはなかった。それが北朝鮮の中国に対する配慮の結果なのか、あるいは台湾側の事情によるものなのかはわからない。しかし、この一連の過程で北朝鮮が常に中国を意識したことだけは間違いないのである。この当時の北朝鮮と台湾の一時的関係緊密化は金正日時代の中朝関係を象徴する事例となったのである。

結　語

「毛沢東、周恩来と金日成によって育まれた堅固な基礎」のうえにあるはずの中朝関係は、金日成の死によって徐々に変質していった。前述の通り、金日成死後に発生、もしくは活発化した休戦委員会代表団人民志願軍司令部撤退問題、北朝鮮と台湾との関係緊密化は、中朝関係の変容を印象づける事例となった。中朝の伝統的関係は金日成の死とともに終焉したのである。

もとより、金正日が中国にとって敏感なこれらの問題の重要性を意識していなかったはずはない。しかし、金日成と金正日とでは、中国に対する恐怖感が違っていたと言えるかもしれない。自らの権力基盤の確立が中国からの自立と同義であった金日成と、北朝鮮が既に中国に対する「主体」を確立した後に後継者となった金正日では、中国の脅威に対する認識に差があったとしても不思議ではない。第6章で考察した通り、八三年、金正日は訪中直後に改革開放路線について是認しながらも中国の路線を模倣するものであってはならないことを強調したことはそれを象徴している。少なくとも金正日は中国に対してある種の警戒感を持っていたと判断すべきであろうが、それは恐怖感ではなかったのかも知れない。

また、金正日にとって中国は特別な国ではなくなっていた。かつてソ連の存在は、金日成に中国の存在が不可欠なものであることを意識させた。しかし、ソ連邦が解体して中ソ対立が存在しえない状況下、北朝鮮にとって中国の存在意義も低下したと言わざるを得ない。また、米国との関係も、核問題の紛糾以後、米朝二国間交渉によって処理されることとなり、米国からの直接的脅威に対抗するための中国の存在意義も低下したと言ってよい。逆に、地政学的、構造的に中国にとって北朝鮮は一定の存在価値があった。それを前提とする時、金日成時代の伝統的関係がなくなったとしても中国からの一定の援助を維持できるとの計算が金正日にあったかもしれない。いずれにせよ、中朝関係を規定する第三の要因である伝統的関係は完全に変質したと言ってよい。

しかし注意しなければならないのは、にもかかわらず北朝鮮にとって中国の存在がまったく必要なくなったわけではないことである。既述の通り、中国の北朝鮮に対する多年度経済援助は北朝鮮にとってある種の「生命線」と言っても過言ではない。その意味で、中朝関係を規定する第四の要因である経済関係の重要性はこれ以後ますます大きくなっていく。また、北朝鮮の政治体制が維持される限り、北朝鮮と米国の関係は常に緊張を孕むものであり、程度の差はあるもののそれは米中関係も同様であった。中朝両国にとって、第一の要因である安全保障関係の重要性が完全に喪失されたわけではないのである。それを前提とする時、北朝鮮にとって中国の存在意義は、かつてに比べれば低下したとはいえ依然として大きなものであると言わざるを得ない。

一方、中韓国交正常化によって南北の板挟みとなって積極的役割を演じられなくなった中国は、金日成の死によって、ますますそうした状況に拍車がかかっていた。既述の通り、九七年一月、核廃棄物処理問題をめぐる北朝鮮と台湾の関係進展が明らかにされたが、その直後の九七年二月に北朝鮮の黄長燁《ファンジャンヨプ》秘書が北京で韓国に亡命申請をしたのである。同問題は多分に黄長燁秘書の個人的問題として位置づけられるものではあったが、当初、それが朝鮮半島情勢に及ぼす影響はきわめて大きなものであろうと予想された。事実、北朝鮮は同事件を韓国による拉致事件であるとして韓国との対決姿勢を強めたのである。中国の問題処理の仕方によっては中朝関係に大きな影響を及ぼす危険性があった。しかし、米国、韓国の働きかけ、さらには中国側のねばり強い仲介もあって、北朝鮮は二月一七日、「変節者は去れ」との声明を発表し、三月一八日に黄長燁は北京を離れフィリピンに向かったのである。一時的な緊張はあったものの、中国は北朝鮮との関係を最悪な状況にすることなく、また韓国との関係も犠牲にすることはなかったが、黄長燁亡命事件は中国が南北の対立の板挟みとなった典型的な事例となった[100]。

このように、金日成の死は、中朝関係に大きな影響を与えたが、それは主として北朝鮮側の姿勢、認識が変化したことが大きかったと言ってよい。金日成死後の北朝鮮は、従来の伝統的関係に拘束されることなくその時々の判断で外交的選択を行ったのである。中国も基本的には伝統的関係に拘束されることはなくなったが、金日成の死によって、南北の板挟みになるという中韓国交正常化以降の構造に大きな変化はなかった。いずれにせよ、いくら、中朝両国によって伝統的友誼が強調されたとしても、本来の伝統的関係は金日成の死とともに完全に喪失してしまったのである。

第9章

二国間関係から多国間関係へ

——朝鮮半島と中国の新たな関係

問題の所在

前章までの考察から明らかなように、中韓国交正常化以降の中国は、朝鮮半島の二つの政権との関係に苦慮していた。中韓国交正常化を中国の「裏切り」として捉えている北朝鮮、国交正常化によってすぐに関係を緊密化できると期待していた韓国、いずれも中国に対する不満を募らせたため、中朝関係、中韓関係ともに難しい状況にあったのである。さらに、中国は南北等距離政策を取ることを原則としたため、南北の利害が衝突する問題について南北いずれの側にも立てず、結果として、積極的な政策が取れないという構造に陥っていた。皮肉なことに、朝鮮半島の二つの政権と国交を持ったため、朝鮮半島に対する影響力を低下させていたのである。このような状況下、中国の朝鮮半島に対する政策は、誤解を恐れずにあえて言えば、「朝鮮半島をめぐる国際関係において、自らを含めていずれの国家も圧倒的影響力を行使することは望まず、それを前提として自らの影響力が相対的に最も大きい状態で維持される平和と安定の実現」であったと言えよう。具体的には、北朝鮮、韓国ともに良好な関係を維持し、朝鮮半島の安定が南北の協調関係を含む国際社会の協調の中で管理され、その中で自らの影響力が相対的に優位にある状態、であろう。中韓国交正常化の際に、北朝鮮と米国および日本との関係改善に期待していたことは、中国が、自らの行動によってそれ以後の国際関係が自らの望む方向に動き出すことにある種の期待を抱いていた証左とも言えるのである。かりに北朝鮮が日米との関係を改善していれば、まさに中国のめざす「朝鮮半島の平和と安定」は達成されたはずであったし、かりにそうした動きの中で中国がイニシアティブを取ったとすれば、その後の北東アジア情勢に対する中国の影響力はきわめて大きなものになるはずであった。しかし、実際には九三年三月のＮＰＴ（核拡散防止条約）脱退を契機として北朝鮮は核問題をめぐって米国に対して瀬戸際政策を挑み、国際的に孤立することとなる(1)。九四年の米朝合意によって朝鮮半島危機は一応回避されることとなったが、それ以後も朝鮮半島情勢が不安定な状況にあることは間違いなかった(2)。しかも、南北が対立した状況で積極的な役割を果たすことができなかった中国の朝鮮半島に対する影響力は明らかに低下していたのである。

その意味で中国と朝鮮半島の関係を構造的に変質させる事態が発生した。二〇〇〇年六月の南北首脳会談である。二〇〇〇年六月、朝鮮半島に二つの政権が誕生して以来初めて両政権の最高権力者が直接対話を行ったのである。この南北首脳会談で採択された共同声明では、双方の主張する連邦制提案の共通性を認め、「この方向から統一を志向」するとされたが、それは、ある意味で南北共存状態が当分続くことを南北の最高指導者が是認したのと同義であった(3)。そしてそれは朝鮮半島をめぐる北東アジアの国際関係秩序に構造的変化を招来する可能性を秘めるものでもあった。すなわち、南北両政権が対立していることを前提とする秩序から「対立していない南北」が共存することを前提とするものへと変質する新たな秩序形成過程を予見させたのである。

本章では、中韓国交正常化によって朝鮮半島に対する影響力を低下させた中国が、その影響力を回復する過程を分析する。中国の影響力の回復は、それまで対立状態にある南北関係を前提にして成立していた東アジアの国際関係システムの変容と、それにともなって新たな秩序が形成される過程でなし得たものであり、従来の影響力に「戻った」というのではなく、異なった影響力へと変質したものと評価し得るのである。本章では、それを常に念頭に置きつつ分析を進めたい。

1 「唇歯の関係」から「微妙な関係」へ——「包容政策」と中国の朝鮮半島政策

既述のように、中韓国交正常化以降、中国は朝鮮半島情勢に対して積極的な影響力を発揮できなくなっていた。そうした傾向は、北朝鮮の核危機をめぐるプロセスでより顕著になって来る。一九八〇年代後半から北朝鮮は、核問題を軸に国際社会とのある種の緊張状態にあったが、九四年の米朝合意枠組みで最悪の事態は回避されていた。北朝鮮が米国との交渉によって問題を処理しようとしたこともあり、この過程で朝鮮半島情勢への米国の影響力は従来にもまして大きなものとなっていたが、中国の影響力が低下したことは既に指摘した通りである(4)。

こうした傾向は金日成の死以降も続き、北朝鮮との関係は中国にとってますます不満を募らせるものとなっていた。北朝鮮に対する経済的負担が増加していたにもかかわらず中朝関係は低調なままだったからだ。前章までの考察で明らかなように、冷戦の終焉とそれにともなう社会主義陣営の崩壊現象を前提とする経済の構造的問題に加えて、九五年から九七年にかけての未曾有の大洪水によって北朝鮮は深刻な食糧不足に直面し(5)、体制存続の危機さえ指摘されたが、このような状況下、唯一北朝鮮の体制を支えてきたのが中国であった。もとより、当時の中国は必ずしも北朝鮮に対して十分な援助を与えてきたわけではないが、少なくとも中国からの援助がなければ、エネルギー不足、食糧不足に苦しむ北朝鮮が体制を維持することは容易なことではなかったはずである(6)。にもかかわらず、北朝鮮の中国に対する姿勢、とりわけ、金正日《キムジョンイル》の中国に対する姿勢は、中国にとっては不愉快なものだったはずである。九七年一〇月、金日成《キムイルソン》死後三年間の喪に服した後、金正日は最高指導者として自らの体制をスタートさせるが、中国は、最高指導者としての金正日の最初の外国訪問として中国への訪問を強く望んだという(7)。ところが、金正日はそれに応えようとはしなかった(8)。中国にとって金正日の姿勢は許容しがたいものであったはずである。かつて「唇歯の関係」と表現された中朝関係は確実に変化していたのである。

とはいえ、この時点でも依然として中国は北朝鮮との関係を破綻させて韓国との関係を進展させることはできなかった。中朝関係が完全に破綻してしまった場合、北朝鮮の体制崩壊の危機はますます高くなり、かりにそうした事態が発生した場合、難民流入など、中国はかえって多くの負担を強いられることとなるからである。それゆえ、もちろん、中国は徐々にではあるが韓国傾斜へと自らの姿勢を変化させるものの(9)、そこには北朝鮮との関係を破綻させない、との前提条件があらざるを得なかったのである。

とりわけ、中国は、韓国との軍事交流に対しては消極的姿勢を取り続けてきた。それは北朝鮮に対する中国の最大の配慮であったと言ってよい。北朝鮮にとって、中韓国交正常化以後の状況は、あらゆる領域で中韓関係が中朝関係を凌駕していく過程として認識されていたと言ってよいが、中国が中韓軍事交流に否定的である限り、軍事関係については中韓関係が中朝関係を凌駕することはないとの判断があったはずである。九七年から先軍政治(10)を標榜して軍を国家の基本とする金正日体制にとって、中国との関係で軍事関係さえ韓国に優位に立つことができれば、自ら実質的な有利を維持できるとの判断もあったはずである。

ところが、中国のそうした姿勢は、一九九九年六月の金永南《キムヨンナム》最高人民会議常人委員会委員長の訪中を前後する時期から徐々に変化することとなる。金永南の中国訪問は、一九九一年一〇月の金日成訪中、九二年四月の楊尚昆国家主席の訪朝以来のハイレベルの交流となり、中朝友好が謳われたが、金正日訪中については見通しが立たない状態が続いていた。その一方、中韓関係は着実に進展していた。一九九九年八月には韓国の趙成台《チョソンテ》韓国国防大臣が中国を訪問し、翌二〇〇〇年一月にはついに遅浩田国防部長が韓国を訪問したのである。中国は、それまで消極的であった軍事交流にも積極的姿勢を見せ始めたのである(11)。

それではそうした中国側の姿勢変化の背景には如何なる判断があったのだろうか。そこには金大中政権の「包容政策」——所謂「太陽政策」が大きな意味を持っていた。周知の通り、「包容政策」はそれまでの北朝鮮に対する敵対姿勢を改めて、むしろ北朝鮮に対する援助と対話によって北朝鮮の姿勢変化を促そうとする政策であるが、中国にとっては、韓国が北朝鮮との敵対姿勢を放棄したことは大きかった。すなわち、「包容政策」は、かならずしも中国に対して韓国か北朝鮮かという二者択一を迫るものではなく、南北両政権の平和共存を志向するものであり、北朝鮮の体制崩壊をめざすものではなかったのである(12)。これを前提とする時、中国の選択肢は広がる。すなわち、北朝鮮の体制が崩壊しない程度に援助を与え、一方で韓国との関係を進展させることができるのである。また、韓国をはじめとする西側諸国の北朝鮮に対する経済協力は、それまでほとんど中国が単独で行ってきた経済援助についての負担を国際社会と分担できることを意味した。食糧支援についても、たとえば韓国が直接支援を行える環境が整ったとすれば、西側諸国の北朝鮮に対する食料援助は行いやすい環境となり中国の負担も軽減されることとなる。遅浩田が韓国を訪問するに至って、むしろ中韓軍事関係は中朝軍事関係を凌駕する勢いを見せ始めた。それを目の当たりにした北朝鮮の焦燥感は想像に難くない。もちろん、それでも中国が北朝鮮との関係を破綻させられるわけではなかったが、北朝鮮に対する配慮が低下していたことだけは間違いない。

興味深いことに、中国のこうした姿勢変化は、結果的に南北首脳会談をめぐる動きと連動していた。改めて指摘するまでもなく、二〇〇〇年六月の南北首脳会談は、朝鮮半島に二つの政権ができて初めて南北の最高指導者が直接対話を行ったという意味において世界中の注目を集めたが、それはまた、朝鮮半島をめぐる国際関係の構造が大きく変化することを意味していたのである。既述のように、それまでの朝鮮半島をめぐる国際関係は、南北対決状態にあることを前提に組み立てられていたが、その対決状態の解消によって、朝鮮半島をめぐる国際関係の構造は大きく変わることが予想されたのである。

この南北首脳会談は、南北の当局者が九九年末からの水面下で交渉を行い、準備していたことが広く知られている(13)。先に指摘した中韓軍事交流の動きは、まさに南北首脳会談の交渉が行われていた時期と重なるのである。南北首脳会談をめぐる動きを受けて、北朝鮮は中国との関係改善に積極的姿勢を見せ始める。まず、二〇〇〇年三月一日、金正日は、駐平壌中国大使館を訪問する(14)。時期的に考えて、明らかに中韓関係の進展を睨《にら》んだ行動であったと言えよう。こうした中朝関係の改善をめざす動きは、南北首脳会談直前の二〇〇〇年五月、金正日の電撃的な中国訪問という形で結実する。金正日の中国訪問が、南北首脳会談と連動していたことはあらためて指摘するまでもなかろう。すなわち、九九年末から二〇〇〇年初めにかけての中韓軍事交流に際しての北朝鮮の動向を中国がどのように予測したかは明らかではないが、結果として北朝鮮は中朝関係の回復をめざすこととなった。北朝鮮の立場からすれば、中国が徐々にではあるが韓国との関係を優先し始めていることを前提として、かりに南北関係が劇的に改善されれば、事後の北東アジアの国際関係が大きく変化することが予想され、もはや中国にとって韓国との関係を制限する理由はなくなる。それゆえ、そうした事態が発生する以前に北朝鮮は中国との関係を調整する必要があったのである(15)。金正日と江沢民の会談に際して、国防委員会第一副委員長趙明録だけが同席したことは、前述の中韓軍事交流の活発化を意識した北朝鮮側の反応として評価することもできる。かつて「唇歯の関係」と表現された中朝関係は、中韓国交正常化をめぐる動きを契機として徐々に「微妙な関係」へと変化し始め、韓国の「包容政策」を背景として、そうした傾向にいっそう拍車がかかることとなったのである。

このように二〇〇〇年六月の南北首脳会談を前後する朝鮮半島情勢は中国にとって好ましい状況にあった。もっとも、依然として北朝鮮にとって対外関係の主軸が対米関係であったことは間違いない。北朝鮮は、南北首脳会談を契機として米国との関係を進展させ、オルブライト国務長官が北朝鮮を訪問し、クリントン大統領の訪朝まで検討されたのである。しかし、この後、アメリカの大統領選挙で民主党が敗退して共和党のブッシュ候補が当選したことでクリントン訪朝は立ち消えとなった。共和党政権の登場という新たな状況が生まれたのである(16)。このような状況下、金正日は二〇〇一年一月、再び中国を非公式訪問する。常識的に言えば二〇〇一年の金正日の訪中は、中国側の首脳が北朝鮮を訪問した後に行われなければならなかったはずであるが、二度続けて金正日は中国を訪問したのである。中国の思惑がいずれにあったにせよ、「包容政策」は結果として中国の韓国に対する姿勢を変化させ、さらにその結果として北朝鮮の中国に対する姿勢を改めさせたのである。その意味で、「包容政策」は中国にとって好条件を与えたと言ってよい。クリントン訪朝が立ち消えとなった直後の金正日訪中は、中国の北朝鮮に対する影響力を誇示したし、その後登場したブッシュ政権が北朝鮮に対して厳しい姿勢を取り、「包容政策」を維持する韓国との不協和音が予想されたため中国の朝鮮半島に対する影響力の増大は確実視されたのである。

しかしながら、政権発足当初、偵察機接触事故に象徴されるように中国に対して厳しい姿勢を見せていたブッシュ政権との関係調整をめざす中国にとって、北朝鮮との関係は必ずしも好材料というわけではなかった。二〇〇一年九月三日から五日にかけて行われた江沢民の北朝鮮訪問時、共同声明が発表されなかったことはそうした両国の齟齬を示唆して余りある。訪問中、中朝両首脳は国際問題、北朝鮮に対する中国の食料支援問題などを討議し、金正日が中国の「三つの代表」論を支持、一方の江沢民が北朝鮮とEU諸国との関係改善を支持するなど、中朝親善が強調された。ところが、中国の唐家璇外交部長の明言にもかかわらず(17)、結局共同声明は発表されなかったのである。中国外交部長の発言の重みを前提とすれば、共同声明の発表がなかったことは両国が必ずしも意見の一致に達したわけではなく、中朝関係がかつての「特殊な関係」から「微妙な関係」へと移行していることを示唆していると言ってよい。

そうした「微妙な関係」は二〇〇一年の米国における同時多発テロ（以下、「九・一一」と記す）を契機としてさらに複雑さを増すこととなる。周知の通り「九・一一」を契機として米国の北朝鮮に対する姿勢は厳しいものとなり(18)、ブッシュ大統領は二〇〇二年一月に一般教書演説で北朝鮮をイラン、イラクとともに「悪の枢軸」としたのである(19)。この「悪の枢軸」発言に対し中国外交部の孔泉スポークスマンは、一月三一日の記者会見で、「中国側は国際関係でこのような言葉を使用しないことを主張する。我々は一貫して『国連憲章』の趣旨と原則、平和共存五原則、国の大小にかかわらずあらゆる国家は平等であるという原則を基礎にして、国と国の関係を処理するよう主張する。そうでなければ関連問題の解決を探ろうとする雰囲気は破壊され、世界および関連地域の平和と安定の維持にマイナスとなる恐れがある」(20)としたのである。

もっとも「九・一一」以降の米国の姿勢は中国にとって必ずしも不利に働いたわけではない。中国訪問前に日本に滞在していたブッシュ大統領は二月一九日、参議院で「米国は中国のテロ対策を支持し、謝意を示す。同時に我々は、中国の世界貿易機関（WTO）加盟を支持する」として米中関係の重要性を強調していた。そして、二月二一日、ブッシュ大統領と江沢民は会談を行い、米中協力の重要性が確認されたのである。とりわけ、台湾問題については江沢民が、台湾問題における中国政府の「平和統一、一国二制度」の基本方針を示し、「一つの中国」の政策の堅持と中米の「三つのコミュニケ」（一九七二年二月の『上海コミュニケ』、一九七九年一二月の『国交樹立コミュニケ』、一九八二年八月一七日の『八・一七コミュニケ』）の順守について、その重要性を強調し、一方のブッシュ大統領は、「一つの中国の政策」の堅持は米政府の一貫した立場との見解を示したうえで、米中の「三つのコミュニケ」を順守する考えを重ねて表明した。さらに二二日、清華大学で講演を行うブッシュ大統領に同行した胡錦濤国家副主席は、「中米の友好関係は両国国民の願いであり、歴史の流れに従ったものだ。双方が相互尊重、平等待遇を基礎に差異を認めたうえで共通点を探っていけば、中米関係は健全で安定した発展を遂げることができる」と強調し、これに対してブッシュ大統領も「中国は世界で最も活力と創造力のある国に成長し、今なお発展を続けている。米国は中国が強く繁栄した国に成長することを歓迎する」と述べた。もとより、ブッシュ政権発足直後に発生した軍用機墜落事件を契機として緊張していた米中関係の改善は、「九・一一」以前から模索されていたことではあるが、「九・一一」がそれを加速したことは間違いない。その際、先に指摘したブッシュ大統領の「悪の枢軸」発言に象徴されるように、中国にとって北朝鮮との関係はますます「微妙な関係」にならざるを得なかったのである(21)。

2　中韓国交正常化以降の中朝関係の基本構造――中国にとっての朝鮮半島の平和と安定

このように、「九・一一」以降の状況を考えれば、中国にとって北朝鮮との関係緊密化は必ずしも好ましいものではなかった。しかし、「微妙な関係」である以上、中国にとって中朝関係を透明化することは難しいし、また北朝鮮との関係を完全に清算することもできない。それゆえ、「九・一一」以後の中国の朝鮮半島政策は、米中関係を常に意識しつつ北朝鮮との関係を調整し続けるというますます「微妙な関係」にならざるを得ず、そうした傾向は二〇〇二年一〇月から始まる北朝鮮の瀬戸際政策に際してより顕著とならざるを得なかったのである。

北朝鮮の核問題をめぐって再び朝鮮半島情勢が紛糾し始めて以降、たとえば、二〇〇二年一〇月のAPEC、その翌月のASEAN＋3(22)の場で、中国は、それまでよりも一歩踏み込んだ形で北朝鮮の核問題について言及するようになるなど、国際社会に対するアピールが目立ってきた。それまで北朝鮮問題について議題とすることそれ自体を拒否してきたASEAN＋3に際しての日中韓三カ国会議の場で北朝鮮問題が議題とされたのである。そこには、朝鮮半島問題についての一定の影響力を誇示する狙いがあると同時に、米中関係を念頭に置いた中国の判断があることも忘れてはならない。米中関係を複雑化することは中国にとって得策ではないものの、一方で北朝鮮との「微妙な関係」を維持する必要のある中国にとって、北朝鮮問題は国際場裏で処理し、そうした国際的枠組みの中で「微妙な関係」を維持する努力を続けるというのが最も現実的な対応であった。

注意しなければならないのは、北朝鮮問題について中国が発するメッセージには、北朝鮮に対するメッセージと国際社会に対するメッセージの二つがあることである。この時点での中国側の積極的な動きは、北朝鮮に対してのアピールと言うよりはむしろ国際社会に対するアピールとしての意味合いが大きかったと言ってよい。この過程で中国は、徹頭徹尾九一年の南北非核化共同宣言に基づく「朝鮮半島の非核化」と「対話を通じた問題解決」を主張し続けたのであり、それは、中韓国交正常化以降、南北首脳会談までの時期の中国の朝鮮半島政策を逸脱するものではなかったのである。

前章までの考察から明らかなように、中国と北朝鮮の関係は、中韓国交正常化以降、韓国の「包容政策」を背景として大きく変化してきた。とりわけ九三年三月のNPT脱退を契機として、北朝鮮は核問題をめぐって米国に対して瀬戸際政策を挑み、国際的に孤立することとなる。九四年の米朝合意によって朝鮮半島危機は一応回避されることとなったが、朝鮮半島情勢が依然として不安定な状況にあることは間違いなかった(23)。このような不安定な状況下での中国の北朝鮮政策は、次の三つを柱としていたと言ってよい。①南北両政権を朝鮮半島問題の当事者として南北間の合意を最重要視し、②何よりも自主性を重要視する北朝鮮の態度を硬化させないために自らが積極的な関与は行わないものの一定の役割は確保し、③国際的枠組みを通してではなく、二国関係の枠組みで北朝鮮との関係を維持する。

①については、中韓国交正常化以降、朝鮮半島の二つの政権と国交関係を維持するためには当然の姿勢と言ってよい。たとえば、国交正常化から約一カ月後の九二年九月二七日から三〇日にかけて、盧泰愚大統領は中国を公式訪問するが、訪問最終日に発表された「新聞公報」では、中韓関係強化の必要性が強調されるとともに、南北対話の必要性が強調され、「中国指導者は、朝鮮半島の南北対話で進展が得られたことを高く称賛し、朝鮮半島の非核化共同宣言の目標が早期に実現できるよう希望するとともに、朝鮮南北双方による朝鮮半島の自主、平和統一の早期実現を支持すると重ねて表明する」とされたのである(24)。中国は南北対話の進展を高く評価し、「朝鮮南北双方による朝鮮半島の自主、平和統一」とすることで、北朝鮮と韓国に対する等距離の姿勢を明確に宣言したと言ってよい。

また、②については、たとえば、一九九六年の米韓主導による四者会談提案への中国の姿勢が顕著である。第8章で考察した通り九六年四月一六日、米韓両国は、米国、韓国、北朝鮮に中国を加えた四者によって朝鮮半島問題を討議しようとする四者会談を提案する。九六年三月の台湾海峡危機で米国と緊張状態にあった当時の中国にとって四者会談への参加は、何よりもまず米国との緊張関係を緩和できる可能性を秘めるものであったし、また、中韓国交正常化以降朝鮮半島情勢に影響力を行使することが難しくなっていた中国にとって、朝鮮半島問題への中国の関与を制度化するものでもあった。それゆえ、中国はさまざまなルートで四者会談提案に対する自らの積極的姿勢を米国、韓国に伝えていたのである。しかし、北朝鮮は四者会談提案に対して曖昧な態度を取り続け、中国が自らの四者会談に対する姿勢を正式に明らかにするのは、北朝鮮が四者会談の受け入れを表明した後であった。四者会談という、中国にとってはきわめて好ましい提案についても、北朝鮮が当事者である限り、まずもって北朝鮮の意向を確認した後に自らの態度を表明する、という原則を示す事例として評価できよう(25)。

さらに③については、たとえば、食糧支援、エネルギー支援など、北朝鮮に対する国際的支援体制に中国が参加していなかったことを指摘できる。食糧支援については、世界食糧計画をはじめとする国際的支援体制の枠組みには参加しなかったし、エネルギー支援については朝鮮半島エネルギー開発機構（ＫＥＤＯ）への参加もなかった。もとより、その実態は必ずしも明らかではないものの、中国が北朝鮮に対する最大の支援国であることはあらためて指摘するまでもないが、そうした支援は中朝二国間の枠組みの中で処理されてきた。その理由としては、まず第一に、北朝鮮に対する影響力を確保するためには国際的枠組みを通しての支援よりも二国間の枠組みの中での支援のほうがより直接的であり、効果的であるとの判断があろう。そして、第二に、自らの北朝鮮に対する影響力を不透明にすることによって、北朝鮮に対する中国の影響力を国際社会に対して不透明にできる点を指摘できよう。自らの北朝鮮に対する影響力を不透明にすることは、たとえば、「北朝鮮に対して影響力がない」ことを強調することによって北朝鮮問題についての中国の責任を回避できるのである(26)。

以上のように、中韓国交正常化以降の中国の北朝鮮に対する政策は集約し得ようが、少なくとも、二〇〇二年一〇月以降の中国の積極的姿勢は、この三つの柱を超越するものではなかった。この時期、中国が主張したのは、たとえば、九一年の南北非核化共同宣言に基づく「朝鮮半島の非核化」であり、「対話を通じた問題解決」であり、それらは前述の三つの柱を超越するものではなかった。

3　第二次核危機をめぐる中国の動向——基本構造を超える中国の積極姿勢

ところが、その後の展開で中国は、この三つの柱を超越することとなる。二〇〇三年四月の国連安全保障理事会での北朝鮮に対する非難声明採択をめぐる動きは、同年同月に開催された米朝中三者協議実現に至る水面下の動きを含めて評価する時、従来の基本路線を超えた中国の積極性を印象づけた(27)。中国は、米国との対決姿勢を明確にする一方で、米朝中三者協議を準備していたのである。明らかに、中国は朝鮮半島情勢に積極的に関与すべく行動していた。

こうした中国の積極性にはいくつかの解釈が可能であろう。まず、北朝鮮の核保有が北東アジアの軍事バランスを著しく崩すことへの中国の懸念を指摘できよう。北朝鮮の核保有によって、韓国さらには日本が核保有への意欲を見せる危険性があると中国が判断していたとしても不思議ではないし、そうした懸念を中国が強く持っているとすれば、北朝鮮の核保有を是が非でも阻止する、というのも理解できる。

また、より中長期的視点に立てば、中国にとって北朝鮮問題はたんに北東アジア地域に限定された問題ではなく、朝鮮半島を舞台とした大国間ゲームの場であることも指摘し得よう。北朝鮮問題の解決を北東アジアの新秩序形成過程として捉え、それに積極的に取り組み建設的役割を果たすことが事後の自らの影響力を確保することにもなる。

しかし、注目しなければならないのは、二〇〇三年二月のパウエル国務長官の訪中を前後して、中国の動きが活発化していることに象徴されるように、中国の積極性が何よりも米国を意識したものとの印象を与えることである。中国にとって北朝鮮問題で一定の役割を果たすことはこれ以後の米中関係に大きな意味があったであろうし、逆に、同問題で消極的姿勢を示すことは、米中関係に悪影響を及ぼしかねない。ブッシュ政権発足当初の中国に対する厳しい姿勢を前提とする時、中国がそうした懸念を持ったとしても不思議ではない。とりわけ、この姿勢の変化がイラク戦争開始直後のことであったことを前提とする時、かりにイラク戦争で米国が短期間に圧倒的な勝利を得た場合、北朝鮮問題についても強引な方法で対処しようとする可能性があった。中国にとってそれは、悪夢以外の何物でもなかったはずである。それゆえ中国としては、従来の姿勢を変化させて積極的な姿勢を取らざるを得なかったと言ってよい。一方、米国にも、経済制裁をはじめとする次のステップは、中国の協力がなければその効果が限定されるとの判断があったはずである。これ以後、米国は繰り返し中国の役割の重要性と積極的関与の必要性を強調するが、それは中国に相当な犠牲を払う「覚悟」を持たせるための布石とも考えられる。米国の「期待」は中国の積極的姿勢の大きな要因であるはずだし、中国の動向の成否は事後の米中関係を規定することとなるものであったと言ってよい(28)。

その意味で、こうした姿勢変化の前年の二〇〇二年一二月九日にブッシュ政権下で初めて開催された米中国防次官級協議で、中国の北朝鮮に対するミサイル技術提供問題が議題とされ、さらに同月二〇日に開催された米中安保再検討委員会で、北朝鮮の核問題に対する中国の関与を調査することを米国側が主張した(29)、という二つの事例は興味深い。米国が、核とミサイルについて中国側の関与を認定すれば、米中関係が悪化することは言うまでもなかろう。もとより、この時期の中国の北朝鮮に対する姿勢の変化は、胡錦濤体制下の国内情勢をはじめさまざまな要因の結果として評価すべきであろうが、そこに中米関係を配慮する中国側の目標があったとすることも否定し得まい。〇二年一一月に中国共産党総書記に、そして〇三年三月に国家主席に選出され名実ともに自らの体制をスタートさせていた胡錦濤にとって、北朝鮮問題は米国との関係を常に意識せざるを得ない微妙な問題だったのである。

いずれにせよ、このような中国の積極的姿勢によって開催された三者協議は、結局、米朝合意枠組みで凍結されていた八〇〇〇本の使用済み燃料棒の再処理が完了間近であること、核兵器を保有していること、の二点を北朝鮮が示唆したため、実質的な成果を生むことはなかった。中国の努力は、北朝鮮によって面子をつぶされた形で終わってしまったのである。ところが、中国の積極姿勢はさらに続くこととなる。

三者協議の後、北朝鮮を訪問した戴秉国筆頭外務次官が七月一四日に金正日と会談し、胡錦濤の親書を渡し、米朝中の三カ国に日韓両国などを加えた多国間協議に参加するよう北朝鮮を説得したのである。さらに、戴秉国は七月一七日、米国を訪問し、米国に北朝鮮訪問の状況を説明し、多国間協議の形式などについて詰め、その後の関係国間の調整を経て、米中朝三者に日本、韓国、ロシアを加えた六者協議の開催が決定されたのである。六者協議はシャトル外交と言われたこの中国の積極的な動きによって実現したことは間違いない。米朝中三者協議に至る動きと合わせて評価する時、こうした中国の姿勢からは、先に指摘した三つの柱の中で②の柱である「何よりも自主性を重要視する北朝鮮の態度を硬化させないために自らが積極的な関与は行わないものの一定の役割は確保する」という基本を超えていることはあらためて指摘するまでもなかろう。これ以後の中国の朝鮮半島政策は基本的には六者協議の枠組みの中で推移することとなる。

第一回六者協議は、二〇〇三年八月二七日から北京で三日間行われ、議長国中国の王毅外務次官は最終日の二九日に記者会見を行い、核問題の平和的解決、今後の協議継続などを含む六項目にわたる合意を会議の「総括」として発表した(30)。中国は、会議での合意事項を共同声明という形にまとめ上げようとしたが、北朝鮮代表の金桂寛《キムケガン》外務次官がこれを拒否したため一定程度の拘束力のある共同声明とはできなかった。その意味で、この「合意」はきわめて危ういバランスの上に成立した「合意」であったと言わざるを得ないが、北朝鮮の核危機をとりあえずは回避したと言うことそれだけでも朝鮮半島問題における中国の努力は高く評価されたし、東アジアにおける中国のプレゼンスはきわめて高い評価を得たと言ってよい。

第一回六者協議終了後、中国は第二回協議開催のために積極的に働きかけたが、それは決して容易な作業ではなかった。中国は、一〇月三〇日に呉邦国全人代委員長を北朝鮮に派遣する。呉邦国と会談を行った金正日は、米国の敵視政策の転換と核の放棄を同時に行う一括方式を主張、対話を通じた平和解決を確認して六者協議のプロセスを継続することが合意された(31)。さらに、中国外交部は一一月に六者協議の調整役としての役割を果たすため、朝鮮問題担当大使として前カンボジア大使の寧賦魁を任命するなど積極的な姿勢を見せる。しかしながら、北朝鮮の態度は頑なで、当初、二〇〇三年中に第二回協議の開催がめざされたが、二〇〇四年に入っても依然として調整作業が行われたのである。まず、〇四年一月一七日から二〇日にかけて王家瑞中国共産党対外連絡部長が訪朝し、続いて二月七日から一〇日にかけて金桂寛北朝鮮外務次官が訪中し、六者協議開催をめぐって調整が行われた。北朝鮮は米国との二者協議を強く求めたが、米国が六者協議の枠組みの中でのみ北朝鮮との二者協議に応じるとする姿勢を堅持したため、北朝鮮は六者協議に応じざるを得ず、〇四年二月二五日から二八日まで第二回協議が開催された。二月二八日に閉会した第二回協議では、実務レベルで課題の検討を続ける作業部会の設置を決め、次回協議を六月末までに開催することで合意した。この時も中国は「共同文書」の発表をめざしていたが、やはり米朝間の認識の相違は埋まらず、第一回に続いて中国による「議長声明」が発表された。

議長声明では、核兵器のない朝鮮半島を実現する、核問題に対処すべく調整された措置を取る、次回六者協議を北京で〇四年六月末までに開催する、作業部会を設ける、などの諸点について言及した。とりわけ、作業部会の設置はこれまで中国が行ってきた所謂シャトル外交を代替するものとして位置づけられ、中国の負担軽減とともに、中国が単独で「仲介」役を担うことによって生じ得る関係国間のコミュニケーションギャップをなくすことができるという意味からも期待された。

しかし、北朝鮮は第二回協議終了直後から、六者協議の枠組みそれ自体に疑問を呈し始めた。北朝鮮の外務省報道官は第二回協議終了日の翌二月二九日、「会談が続けられるとしても問題が解決されるという期待を持つのは難しい」「今後の核問題解決の如何は、米国の態度変化にかかっている」として米国の譲歩の必要性を強調したのである。そもそも、米国は、まずもって北朝鮮が「CVID（完全で検証可能かつ後戻りできない核放棄）」の姿勢を明らかにすることを求め、これに対して北朝鮮は「凍結」「放棄」をいくつかのレベルに分け、それぞれの段階で米国から「見返り」を獲得しようとするなど、米朝間には埋めがたい溝が存在していた。

このような状況下、〇四年三月一三日から一六日にかけて寧賦魁朝鮮半島核問題担当大使が北朝鮮を訪問し、それに続いて三月二三日から二五日にかけて李肇星外相が訪朝した。中国外相の訪朝としては、九九年一〇月の唐家璇訪朝以来四年半ぶりの訪朝であった。李肇星外相は、金正日のほか、金永南《キムヨンナム》最高人民会議常任委委員長、姜錫柱《カンソクチュ》第一外務次官らと会談を行った。その際、六者協議をめぐる意見調整が行われたことは間違いないが、それ以外にも重要な問題が扱われたものと思われる。この直後の四月一九日から二一日にかけて、金正日が中国を非公式に訪問したのである。金正日の中国訪問は、韓国メディアなどの報道で確実視されていたが、中国政府は金正日の滞在中はこれを認めず、金正日が帰国した後に中国側報道官によって訪中の事実が認められたのである(32)。中国側の公式発表によれば北京滞在中、金正日は胡錦濤ほか、江沢民、呉邦国、温家宝、賈慶林、曾慶紅など中国側指導者と会談し、中朝両党・両国関係、国際情勢と地域情勢、および朝鮮半島の核問題について意見交換を行ったという。胡錦濤は「中国の新しい中央指導部は両国の先代の指導者が一心に育ててきた中朝友好を大切にし、この友好の強化、発展に引き続き力を尽くす。新しい情勢の下で、中朝の友好協力関係を新たな水準まで高めるため、中朝の伝統的友好を絶えず生命力と活力に満ちたものにするために、中国は両党・両国の首脳往来を強化し、相互理解と信頼を増進させ、相互交流を強化し、各分野での全面的協力を深め、国際および地域における重要問題での意思疎通、協議、協力を強化し、両国の経済貿易協力をさらに発展させていくことを提案する」と語った。一方、金正日も「中国の新しい中央指導部が発足して一年余りがたち、朝中関係の強化、発展で一貫した政策と積極的な努力を引き続き堅持していることに、我々はとても勇気付けられる。朝鮮は中国とともに朝中両党・両国の密接な協力の伝統を継承し、朝中友好協力関係を強化、発展させ続けるためにさらなる努力をしたい」と述べ、友好関係が強調された(33)。

ところで、この訪中は、金正日の乗った列車が平安北道龍井郡龍川駅を通過した約九時間後に同駅で爆発事故が発生して多数の死傷者が出たことから多くの憶測を呼んだが、事故の真相はともかくとして、この事故発生直後に中国は一〇〇〇万元相当の救済物資を送り、あらためて中朝友好が強調されたのである(34)。

金正日訪中が六者協議再開にどのような影響を及ぼしたかは必ずしも明らかではないが、この訪中を契機として六者協議再開の方向で状況は動き始め、〇四年六月二三日から二六日にかけて第三回六者協議が開催されたのである。

最終日の二六日、議長国中国はやはり議長声明を発表した。もとより、中国は共同声明の採択をめざしたが、北朝鮮側が共同声明を嫌ったため第一回、第二回同様の議長声明という形態を取らざるを得なかった。結局、核問題解決のための第一段階として、取られるべき措置（凍結）の範囲（ウラン濃縮を含むか否か等）と検証の手続きについて北朝鮮と他の参加国とでは見解の違いは埋まらなかったのである(35)。このような状況下、北朝鮮には〇四年末に迫った米国の大統領選挙の行方を見極めたいとの思惑があったものと思われ、これ以後、六者協議については消極的姿勢を示し続けたため、ブッシュ大統領の再選が決まるまで六者協議をめぐる動きは見られなかった。

中国が六者協議で積極的姿勢を示したため、中朝関係は二国間関係の枠組みを超えて多国間関係の様相を呈することとなった。一方、米国との直接交渉を望んでいた北朝鮮も、米国が六者協議の枠内でのみ二国間交渉に応じるとの姿勢を堅持したため、北朝鮮をめぐる諸問題は六者協議によって処理されることとなった。ただ、北朝鮮が米国との交渉を軸に据えたため、六者協議の場で中国は米朝間の調整役を担わざるを得なかった。そして、そうした状況はこれ以後も続くこととなるのである。

4　六者協議と中朝首脳会談——中国にとっての二つの危機への対処

二〇〇四年末の米国大統領選挙の結果ブッシュ大統領の再選が決定したことから、北朝鮮はこれ以後もブッシュ政権との交渉を続けることとなった。これを受けて北朝鮮の取った行動は朝鮮半島の危機レベルをさらに上げることであった。北朝鮮外務省は二〇〇五年二月一〇日に「我が方は既にブッシュ米行政府の増大する対（北）朝鮮孤立・圧殺政策に対し、自衛のために核兵器を造った」（括弧内・引用者）と核兵器の製造を初めて公式に宣言し、さらには第二期ブッシュ政権の対北朝鮮政策に変化が見られないとして、六者協議を「無期限中断する」とも発表したのである(36)。

このような状況下、中国の王家瑞中国共産党対外連絡部長が北朝鮮を訪問（二月一九日）したため、国際社会はこれに期待したが、中国にとってはとりあえず六者協議の枠組みを維持することが最重要課題であった。二月二一日に王家瑞は金正日と会談を行うが、新華社通信は平壌発で、金正日が「条件が整えばいつでも交渉のテーブルに戻りたい」と述べ、六者協議への復帰に積極的姿勢を見せた、と報じた。しかし、朝鮮中央放送、平壌放送ともに「六者会談を離脱することはない」の部分についての報道はなかった。金正日が実際「六者会談を離脱することはない」との文言を用いたかどうかは明らかではないが、王家瑞対外連絡部長の訪朝によって六者協議の枠組みが維持されたことを印象付けようとする中国の思惑はよくわかる(37)。

この後、北朝鮮から朴奉珠《パクボンス》総理が〇五年三月二二日〜二七日にかけて中国を訪問する。その際、胡錦濤国家主席、温家宝総理などと会談を行うものの、この時の朴奉珠総理の訪問目的は、主として中国との経済関係強化が中心であり、六者協議再開に直接つながるような動きは見られなかった(38)。また、〇五年四月二日から五日にかけて北朝鮮の姜錫柱《カンソクチュ》第一外務次官が中国を訪問し、武大偉外務次官、寧賦魁朝鮮半島核問題担当大使と六者協議再開について議論したとされる(39)。しかし、北朝鮮の六者協議再開問題に対する姿勢は依然として頑なな状況で、結局、六者協議再開をめぐっての実質的な動きは、〇五年六月の南北閣僚級会談を待つことになる。

〇五年六月二一日から二三日に開催された南北閣僚級会談で北朝鮮は六者協議再開に意欲的姿勢を見せ、七月末をめどに六者協議が再開されることが明らかにされたのである(40)。その直後、〇五年七月一二日から一四日にかけて唐家璇国務委員が、胡錦濤国家主席の特別代表として北朝鮮を訪問し、六者協議再開の最終調整を行うこととなる。唐家璇は、北朝鮮の朴奉珠総理、白南淳《ペクナムスン》外相らと会談を行い、中朝の伝統的友好協力関係が強調された(41)。そして、唐家璇の帰国後の七月一九日、七月二六日から第四回六者協議が開催されることが正式に発表されたのである。唐家璇国務委員の訪朝に際して具体的に六者協議再開をめぐって何が話し合われたのかについては明らかではないが、六者協議再開の具体的日時についての発表のタイミングを考える時、少なくとも具体的日程についての最終調整が行われたことは間違いない。ただ、再開それ自体については、韓国の役割が大きく、結局、中国は必ずしも中心的役割を果たすことはできなかったと言ってよい(42)。

こうして〇五年七月二六日、第四回六者協議が開始された。この協議は、第三回六者協議から実に一三カ月ぶりに再開される協議となり、六者協議の枠組みそれ自体を存続できるかどうかが試される協議となった。また、六者協議の枠組みを維持したい中国にとっては、第三回まで採択できなかった共同声明を何としても採択し、六者協議の実質的進展を印象付けたいとの思いがあったと言ってよい。一方、米朝双方も、もちろん問題解決のための具体的手順と内容については大きな隔たりはあるものの、六者協議の枠組みそれ自体については維持したい、という一点については立場を同じくしていたと言ってよい。こうした状況を前提として、第四回六者協議は、第三回までと大きく異なった交渉経緯を経ることとなる。第三回まで、米国は基本的に北朝鮮との二者協議に対しては消極的姿勢を示していたが、第四回ではむしろ米朝二国間協議を軸に展開するという状況となった。これを前提として、中国が共同声明の取りまとめに全力を挙げるが、依然として米朝両国の溝は大きかった。中国は協議の開始から共同声明原案の作成と修正を繰り返し、〇五年八月二日には最終案としての第四次案を提示した。米国はこの第四次案を受け入れる姿勢を示したものの、北朝鮮が受け入れに難色を示したため、八月七日から六者協議は休会に入り、代表団はそれぞれ第四次案を本国に持ち帰って検討することとなる(43)。

こうして一カ月以上にわたる休会の後、九月一三日に六者協議は再開され、一九日には、共同声明が採択されたのである。共同声明では、北朝鮮はすべての核兵器と核計画を放棄し、NPT（核拡散防止条約）とIAEA（国際原子力機関）の保障措置への早期復帰を約束すること、米国は北朝鮮に攻撃・侵略を行う意思がないことを確認し、北朝鮮の核平和利用の権利を尊重して適当な時期に軽水炉提供問題を議論すること、米朝は相互の主権を尊重、国交正常化のための措置を取り、日朝は平壌宣言に従って、懸案の解決を基礎として国交正常化のための措置を取ること、さらに適当な場で朝鮮半島の恒久的な平和体制について協議すること、などの諸点について言及された(44)。

第四回六者協議が終了した後、一〇月二八日から三〇日まで胡錦濤国家主席が北朝鮮を訪問した。中国の最高指導者の訪問は、〇一年九月の江沢民国家主席の訪朝以来であり、胡錦濤にとっても、〇二年一一月の中国共産党総書記就任、〇三年三月に国家主席に就任してから初めての訪朝であった(45)。もっとも、〇四年四月の金正日の非公式訪問に際して会談を行っているため、初めての最高指導者間の会談というわけではなかった。とはいえ、第五回六者協議の開催を控えた時期の中国最高指導者の訪朝であっただけに、国際社会は北朝鮮の核問題をめぐって何らかの進展があるのではないかと期待した。胡錦濤国家主席の訪朝には、中国共産党中央委員会政治局員候補で党中央委員会書記局書記の王剛辦公庁主任、中国共産党中央委員会の王家瑞対外連絡部長、李肇星外相、中国共産党中央委員会政策研究室の王滬寧主任、中国共産党中央委員会対外連絡部の劉洪才副部長、廖暁淇商務次官、中国共産党中央委員会総書記辦公室の陳世炬主任とそのほかの随行員が同行したが、平壌空港まで金正日自身が出向いて一行を歓送迎するなど、良好な中朝関係が印象付けられた。胡錦濤は初日の一〇月二八日から金正日と会談を持ち、両国間の親善、協力関係を一層拡大、発展させることが強調され、「共通の関心事となる一連の問題について幅広く深みのある意見を交わし、討議されたすべての問題で見解の一致をみた」という。また、その際、朝中間の経済技術協力に関する協定が平壌で調印され、金正日と胡錦濤が調印式に参席した。

金正日は歓迎宴で、胡錦濤に対して中国が大規模ガラス工場を無償提供したことに謝意を表し、「両国の革命先輩の崇高な志と熱い心血が秘められており、両国人民の繁栄と幸福のための共同の富となっている朝中親善を強化、発展させるために努力する」と強調したという。これに対して胡錦濤も、中朝親善、協力関係を一層深く発展させるため、中朝双方が高位級の往来をより一層密接にして意見交換を強化し、交流の分野を拡大させて協力の内容を豊かにし、貿易と経済協力を推し進めて共同の発展を促し、国際舞台で積極的に協力して共同の利益を守っていこうという点で合意したと指摘し、中朝親善の強化・発展が中国の戦略的方針であると強調した(46)。

胡錦濤国家主席の訪朝で、六者協議をめぐって具体的合意があったかどうかはわからないが、この時の胡錦濤訪朝の最も重要な点は、既述の経済技術協力に関する協定が調印されたことである。中国の五カ年計画に合わせて多年度単位の経済協力が北朝鮮に対して行われることは、既にさまざまな報道によって指摘されるところであるが、この時の朝中間の経済技術協力に関する協定は、そうした多年度単位の経済協力と考えてよかろう。具体的な内容は明らかではないが、総額二〇億ドル規模との報道もある(47)。いずれにせよ、この時の胡錦濤訪朝は中朝関係の緊密化を印象づけるものとなり、とりわけ、北朝鮮に対する経済協力を提供することによって、今後中国の北朝鮮に対する影響力が大きくなることは確実であった。

胡錦濤国家主席の帰国直後の一一月三日、中国外務省の孔泉報道局長が、第五回六者協議を九日から北京で開くと発表した(48)。協議では、第四回六者協議の際の共同声明の履行に向けて、北朝鮮の核放棄への手順や査察・検証措置の具体化がめざされることとなったが、北朝鮮と他の参加国が具体的合意に達することは難しく、一一月一一日には、中国が議長声明を発表して協議は休会となった。議長声明では、九月の第四回六者協議で採択した共同声明の履行が確認されたものの、そのための具体策は盛り込まれず、問題解決に向けた実質的な議論は再開後に持ち越されることとなった。また、協議の再開時期についても「できるだけ早い時期に開催することで合意した」とし、具体的日程を決めるまでには至らなかった(49)。六者協議の枠組み維持のためにはかなり具体的な成果が必要とされた第四回六者協議とは異なり、既に第四回六者協議に際して共同声明という具体的成果を得た後の第五回協議では、とりあえず会議を維持さえできればよいという認識がすべての参加国の共有するところであったことは間違いない。それゆえ、会議それ自体に対する参加国の積極性は見られなかった。これ以後、北朝鮮は、米国の北朝鮮に対する所謂金融制裁を理由に六者協議の再開を拒否する姿勢を堅持することとなる。

〇五年九月、米国がマカオの銀行——バンコ・デルタ・アジア(BDA)を北朝鮮の資金洗浄の疑いがある金融機関に指定し、銀行にあった北朝鮮関連口座を凍結したのである。北朝鮮は、第五回六者協議の場で制裁解除のための首席代表級の「本格交渉」を求めたのに対して、米国は理由説明にとどまる「実務接触」を打診したため、北朝鮮が反発し、六者協議は膠着状態に陥ったのである(50)。しかも共同声明にのっとって北朝鮮の核放棄のための具体的措置について検討されなければならない段階に至り、六者協議が具体的成果を見せることはますます難しくなっていった。

そのような状況下、金正日が非公式に中国を訪問した。当初、金正日の中国滞在中、訪中それ自体が公にされず、金正日が帰国した後に中朝両国のメディアが同時に報じたのである(51)。金正日の訪中は、二〇〇六年一月一〇日から一八日にかけて行われ、広州、深圳などを訪問し、北朝鮮が本格的に改革開放をめざす動きとして国際社会に対してアピールした。報道によれば、金正日は胡錦濤国家主席との首脳会談で中国の経済発展を称賛するとともに「(北朝鮮の)国情に合った発展の道を探す」(括弧内・引用者)と表明、経済再建に積極的姿勢を示したという。また、両首脳は核問題の対話による平和的な解決や、六者協議を維持する方針で一致し、金正日は「朝鮮半島の非核化目標を堅持し、六者協議の共同声明を履行する立場に変化がない」と表明し、一方の胡錦濤も「関連国とともに努力して六者協議が前進するよう努力する」と応じた。この金正日訪中についてはさまざまな評価が可能であろうが、北朝鮮の本格的変化につながるか否かについては依然として流動的であった(52)。

このように中国は北朝鮮に端を発する二つの危機――すなわち、大量破壊兵器問題に象徴される国際問題としての危機と、北朝鮮自身の体制動揺に伴う危機――に対して、国際問題の危機については六者協議の枠組みで、体制動揺の危機については首脳交流などの二者間の枠組みで対処してきた。そして、六者協議の枠組みがうまく機能しなくなると、二者間の枠組みが六者協議の開催のために一定の意味を持つ――すなわち、二者間の枠組みが六者協議を補塡するサブシステムとして機能するという構造にある。このように中国は、二つの枠組みを用いて微妙にバランスを取りながら中国にとっての二つの危機をコントロールしようとした。しかしながら、次に詳述する〇六年の一連の事態は、中国のこうした試みが必ずしも容易ではないことを証明する結果となった。

5　ミサイル発射実験、核実験と中国

中国は引き続き六者協議を再開すべく努力したが、北朝鮮は米国による金融制裁の解除を協議復帰への前提条件としていたし、一方の米国も同問題は六者協議とは無関係との立場を堅持して譲る気配はなかった。このような状況下、中国は何とか米朝直接協議を実現しようとした。カリフォルニア大学サンディエゴ校主催による北東アジア協力対話（NEACD）の本会合が〇六年四月一〇日～一一日に東京で開催されるため、この会合を米朝両代表が参加することを利用して米朝接触を実現しようとしたのである。そもそも、この会議は当初、六者協議の代表が参加する会議ではなく、日本からも鶴岡公二総合外交政策局審議官、米国からはヒル国務次官補、そして韓国からは千英宇外交政策室長、北朝鮮からはチョン・テヤン外務省米州局副局長、中国は李揚外交部アジア課長、ロシアはウラジーミル・カリーニン外務省アセアン諸国・全アジア太平洋局主任参事官が参加する予定だったという。ところが、武大偉次官も参加する予定ではなかったが、急遽、訪日して調整にあたることとなった(53)のである。

武大偉次官は、一一日、在日中国大使館で米国首席代表を務めるクリストファー・ヒル国務次官補と会談を行い、「米朝間での対話をもっとやってほしい」と要請したという。ヒル次官補はこれに対し、「我々には対話を続ける用意があるが、六者協議をボイコットしている国とは対話できない」としてこれを拒否したという(54)。結局、会議でも米朝の直接協議は実現しなかった。その後、武大偉次官は、金桂寛《キムケガン》外務次官とも会談したが、具体的な成果を得るには至らなかった(55)。中国の試みは失敗したのである。

このような状況下、北朝鮮でミサイル発射準備の兆候が見られた。韓国外交通商省高官は六月九日、北朝鮮でミサイル発射準備の兆しと見られる動きがあることに関し、「兆候がさらに強くなっている」と述べ、韓国政府として、北朝鮮側に憂慮の念を伝えたことを明らかにした(56)。

北朝鮮のミサイル発射準備に中国が否定的姿勢を示したことは言うまでもない。たとえば、中国の王光亜国連大使

は六月一九日、「発射すべきではない」と北朝鮮に自制を求めた。ただし、王大使は仮にミサイル発射が強行されたとしても、「北東アジアの政治状況を複雑化させるような行動は、現場であれ、国連安全保障理事会であれ、取られるべきではない」(57)とも述べ、ミサイルが発射された場合でも、安保理による制裁には反対する姿勢を示唆した。

また、李肇星外交部長の招きに応じ、韓国の潘基文《パンギムン》外交通商相が二六日から二日間、中国を訪問し、二七日には、北朝鮮問題についても議論し、六者協議の早期再開へ努力し、朝鮮半島や本地域の平和と安定を共に守るべきとの意見で一致した。この時、中韓両国はもちろん北朝鮮に対してミサイル発射の自制を求めたが、それと同時に、仮に実験が行われた場合、国際社会は北朝鮮を刺激する行為を取ってはならない、として国際社会にも自制を求めていた。既に米国のボルトン国連大使は、一九日に日本の大島賢三国連大使ら関係国の大使と会談して安保理の対応について調整を始め、安保理を通じて北朝鮮への圧力強化を図る方針を強調していたのである(58)。中国はこのように、北朝鮮に対して自制を求める一方で日米をはじめとする国際社会に対しても同様に自制を求めていたのである。

このような中国側の努力にもかかわらず、ついに二〇〇六年七月五日、北朝鮮はミサイル発射実験を行った。これに対して国連安保理は七月一五日に非難決議を採択し、北朝鮮に対してミサイル開発、発射の中止を求めていた。非難決議採択に至る過程で注目されたのは中国の動向であった。米国、日本は北朝鮮の核実験に対して、制裁を明示した「国連憲章第七章のもとで行動する」との文言を含めた「決議」の採択をめざしていたが、中国は北朝鮮への説得工作を模索しつつ、安保理の対応としては議長声明程度が適当としていた。結局北朝鮮への説得は失敗し、中国は「決議」受け入れへとその姿勢を変化させたが、制裁を明示した「第七章」を明記することには徹底的に反対し、拒否権の行使まで示唆した。これに対してまず米国が譲歩し、それを受けて日本も譲歩の姿勢を見せ、結局、国連安保理決議一六九五が採択されたのである。

翌一六日に北朝鮮外務省は「決議を全面的に排撃し、これにいささかも拘束されないだろう」とし、米国の「敵視政策」に対抗し「自衛的戦争抑止力をあらゆる面で強化していく」と警告して対決姿勢を改めることはなかった(59)。

国際社会はさらなるミサイル発射実験を警戒するのみならず、核実験についても警戒感を強め、〇五年一一月以来中断していた六者協議への復帰を北朝鮮に求めたが、北朝鮮は米国による所謂金融制裁の解除を協議復帰の条件とする従来の主張を繰り返した(60)。

この後も北朝鮮は対決姿勢を改めず、九月二六日には、国連総会に出席していた北朝鮮の崔守憲《チェスホン》外務次官が「米国による根拠なき制裁の下で、自国の核(兵器)放棄に関する協議に参加することはまったくばかげている」(括弧内・引用者)と述べ、あらためて六者協議への無条件復帰を拒否する考えを示し、金融制裁の解除に応じない米国が「六者協議と朝鮮半島の非核化を望んでいないことは明らか」として、米国の「敵視政策」が変わらない限り「核抑止力を保有せざるを得ない」と語った(61)。こうして一〇月三日には核実験を予告するに至ったのである。北朝鮮外務省は、「科学研究部門で今後、安全性が徹底的に保証された核実験をすることになる」との声明を発表した(62)。北朝鮮は、あえて核実験を予告することで国際社会の譲歩を期待したのであろう。ところが、国際社会の反応は迅速で、なおかつ北朝鮮の期待にそうものではなかった。一〇月六日に国連安全保障理事会は、「深い憂慮」を表す議長声明を採択し、米国が北朝鮮の求める金融制裁の解除などに応じる可能性はなく、「無条件の六者協議復帰」の原則論を崩さず、二国間対話に応じないことが明らかになったのである(63)。北朝鮮にとって、もはや米国をはじめとする国際社会の譲歩は期待できなくなったのである。

そしてついに、一〇月九日、核実験は行われた。北朝鮮の朝鮮中央通信は、「我々の科学研究部門は一〇月九日、地下核実験を安全に順調に行った」としながら、「科学的計画と綿密な計算により進められた今回の実験では、放射能流出のような危険がまったくなかったということが確認された」と発表した。さらに「核実験は一〇〇パーセント、我々の知恵と技術に依拠し進められたもので、強力な自衛的国防力を熱望してきた我が軍隊と人民に大きな刺激と喜びを抱かせる歴史的出来事」としたうえで、「核実験は朝鮮半島と周辺地域の平和と安定を守るのに寄与する」としたのである(64)。北朝鮮は当初、四キロトン規模の核実験をすると中国に事前通報したという。核実験に対して国際社会の厳しい批判が予想されるため、中国に事前通告して中国への配慮を見せることによって、中国が日米などともに厳しい姿勢に同調しないよう努めたようである。また、当初、北朝鮮は四キロトン級の爆弾実験をしようとしたが、核実験の結果は一キロトン未満であったことから、核実験が成功であったのか失敗であったのかについても評価が分かれた(65)。

これに対して国連安保理は対応を急ぎ、厳しい姿勢で臨むべきとする日本、アメリカと、北朝鮮を過度に刺激すべきではないとする中国、ロシアの間で調整が行われ、最終的には一〇月一四日、北朝鮮への国連安保理決議一七一八が全会一致で採択された。決議は強い拘束力を持つ国連憲章七章に基づき、経済制裁などを定めた同章四一条に基づく措置で、北朝鮮に対し、核兵器と核開発計画、その他の大量破壊兵器、弾道ミサイルの計画を完全かつ検証可能な形で放棄することを義務付け、国連加盟国に対しては、核、ミサイル関連物資だけでなく、戦車、戦闘機、軍艦、ミサイルなどの兵器も交換用部品を含め、北朝鮮への輸出を禁止し、北朝鮮から核、ミサイル関連物資を調達することも禁じ、大量破壊兵器計画にかかわる人物や組織の資産凍結も規定された。制裁項目のうち、周辺地域の緊張を高めかねないとの理由から中国などが修正を求めていた「船舶検査」については、強制力を弱めた表現としたうえで残された(66)。

これに対して北朝鮮は、同日、国連代表部の朴吉淵《パクキルヨン》大使が安保理で「不当決議を全面的に拒否する」とし、さらに、一六日には、北朝鮮の平壌放送で金永南最高人民会議常任委員長が核実験の成功と北朝鮮の正当性を強調した。平壌での記念報告大会を行った金永南は、核実験について、「軍隊と人民を大きく鼓舞し、喜びを与えた歴史的出来事であり、朝鮮半島と周辺地域の平和と安全を守ることに寄与した」と強調し、核実験が「米国の反共和国孤立圧殺策動が極限点を超えた情勢のもと、核戦争挑発と制裁圧力策動に対処した新たな対抗措置」だったと主張したのである(67)。

このような北朝鮮の頑なな姿勢に対して国際社会は中国の役割に期待をした。中国の唐家璇国務委員が一〇月一八日に北朝鮮を訪問し、一九日、金正日と会談したのである。唐家璇は胡錦濤主席の口頭のメッセージとして、北朝鮮に対して核実験の再実施を自制するよう求め、六者協議への早期復帰を改めて促した。唐家璇の訪朝には北朝鮮から信頼の厚い戴秉国、六者協議議長を務める武大偉の両外務次官が随行した(68)。中朝間の協議の詳細は明らかではないが、北朝鮮の核実験直後から唐家璇が胡錦濤国家主席の特使として米国とロシアを訪問して同問題について米ロ両国と協議していたことを前提とすれば、米ロの意向を含めた国際社会の姿勢を北朝鮮に伝え、北朝鮮の譲歩を引き出そうとしたものと思われる。この協議で、金正日は「現時点で二回目の核実験を実施する考えや計画はない」と述べる一方、「さらに大きく不公正な圧力が加われば新たな措置を取らざるを得ない」と表明したという。唐家璇は北京に戻り、日本、韓国に続いて中国を訪問していたライス米国務長官に北朝鮮との協議の内容を伝達した(69)。米国側はこれに対して不満を表明しつつも、水面下で北朝鮮に対する六者協議復帰への働きかけが行われていた。

一〇月三一日、中国外務省は、米国、北朝鮮、中国の六者協議首席代表が同日北京で非公式協議を開催し、六者協議を「(各国が)都合がいい近い時」(括弧内・引用者)に再開することで合意したと発表したのである。懸案となっていた米国による金融制裁については、六者協議の枠内で作業部会を作って対応することで合意に達していた(70)。これに対して、一一月三日、金永南最高人民会議常任委員長は平壌を訪問中の韓国民主労働党代表団と会談し、六者協議への復帰決定は米国の「金融制裁」解除が前提としながらも、「米国が体面上、六者協議の前に金融制裁を解除するのが難しければ、先に協議を開き、その中で解除の方策を取ることにしようと言った。このような我々の案に米国が同意したから我々は協議に出ることにした」と述べたのである(71)。

こうして六者協議再開の方向性は決まったが、その後の展開は北朝鮮にとってさらに有利なものであった。米中間選挙の結果、共和党が敗北し、ブッシュ政権はイラク政策への対応に追われ、北朝鮮に対してこれ以上厳しい姿勢を取り続けることは難しい状況となったのである。北朝鮮の朝鮮中央放送は一一月一一日、「共和党の惨敗で終わり、これで米国で一二年間続いてきた議会両院に対する共和党支配が幕を下ろすことになった」と指摘したものの、とくにブッシュ政権を批判することはなかった(72)。北朝鮮は、ブッシュ政権の譲歩に期待していたといってよい。このような状況下、一一月二八日から三〇日にかけて、米国と中国、北朝鮮は六者協議の首席代表による調整を北京で行い、その結果、一二月一八日から六者協議が再開されることとなった(73)。北朝鮮が求めてきた金融制裁をめぐる米朝協議は、六者協議と同時並行で開催されることとなった。六者協議再開に至る過程で中国がきわめて大きな役割を果たしたことは改めて指摘するまでもなかろう。

こうして一二月一八日、六者協議が開催されたが、北朝鮮の金桂寛外務次官が全体会合の基調演説で「核保有国」としての立場を強調した。さらに、〇五年九月の第四回六者協議での共同声明の履行について、米国の金融制裁や国連安全保障理事会決議に基づく制裁解除が議論の条件との姿勢をあらためて主張したため、協議の行方は、並行して行われる米朝の金融制裁に関する専門家会合の行方に左右される状況となった。一二月一九、二〇日、米朝両国は金融制裁に関する初の専門家会合を開催し、金桂寛が「米国が金融制裁を解除すれば寧辺の核施設を廃棄してもいい」と表明したが、実質的合意には至らなかった。北朝鮮が、核問題の議論に入るためには金融制裁の解除が必要という立場を崩さなかったため、六者協議でも核廃棄に向けた具体的進展はなく、二二日、朝鮮半島の非核化実現を盛り込んだ〇五年九月の共同声明を再確認し、早期に協議を再開するとした議長声明を発表し、第五回六者協議の第二ラウンドは休会したのである(74)。

その後も、北朝鮮の姿勢に変化はなく、〇七年一月一日、朝鮮労働党機関紙『労働新聞』など三紙による新年共同社説では「我々が核抑止力を持ったのは、不敗の国力を渇望してきた我が人民の宿願を実現した民族史的な慶事だった」(75)とされ、従来の主張が繰り返されていたが、水面下で米朝の交渉は続いていたようである。〇七年一月一六日から一八日、米朝が北朝鮮の金桂寛外務次官と米国のヒル国務次官補がベルリンで二国間協議を行ったのである。北朝鮮外務省スポークスマンは、「(米朝)会談が肯定的な雰囲気で真摯に開かれた」(括弧内・引用者)と評価しながら、「我々は核問題における問題解決のため(北)朝鮮と米国が直接対話を開催したことに注意を傾けた」(括弧内・引用者）として「一定の合意に達した」米朝協議の意義を強調した(76)。この合意を前提として、一月三〇日から、北京で「金融制裁」に関する米・北朝鮮の専門家会合が開催され、金融制裁について一部解除する方向で合意に達した(77)。徐々に六者協議での合意の雰囲気ができつつあった。

結語

こうして、二月八日、第五回六者協議第三ラウンドは再開した。協議では、当初、北朝鮮が核関連施設の稼働を停止する見返りについて国際社会にかなり大きなものを要求したため難航したが、結果的には、一三日、北朝鮮の核放棄に向けた「初期段階の措置」と見返りのエネルギー支援などを盛り込んだ共同文書を採択し、閉幕した。共同文書では、第一段階として六〇日以内に、北朝鮮が寧辺の再処理施設を含む核施設の活動停止・封印や、監視・検証のための国際原子力機関（ＩＡＥＡ）の復帰を受け入れる代わりに、五カ国は重油五万トン相当の経済・エネルギーや人道支援を提供し、米国は北朝鮮のテロ支援国指定解除や敵国通商法の適用終了の作業を開始するとされた。さらに第二段階で、北朝鮮が核計画を完全に申告し、すべての核施設を無能力化した場合、最大重油九五万トン相当を追加支援するとされた。一方、共同声明に盛り込まれた⑴朝鮮半島の非核化、⑵米朝国交正常化、⑶日朝国交正常化、⑷経済・エネルギー支援、⑸北東アジアの平和・安全メカニズム――の五つの作業部会の設置が約束され、いずれも三〇日以内に第一回会合を開くとされた。さらに、初期段階措置の実施後、速やかに六カ国閣僚会議（外相会議を想定）を開くことも盛り込まれた。閉幕式で中国首席代表の武大偉外務次官は、共同文書の採択によって「朝鮮半島非核化は重要で堅固な一歩を前に進めた」と強調した。ただ北朝鮮が核兵器そのものの放棄を約束したものではなく、さらに濃縮ウラン問題についてはふれられなかったなど、依然として多くの課題を残すこととなったが、この合意はまずもって、二〇〇三年以来続いている北朝鮮のプルトニウム抽出作業を中止させ、これ以上北朝鮮が核兵器保有能力を高めさせないということこそが合意の目的であり、〇五年九月の第四回六者協議に際しての共同声明を実現するためのきわめて初期の段階についての合意であったと言ってよい。従って北朝鮮の全面的な核放棄までにはまだ長い道のりと多くの困難が予想されたのである。

本章で考察した通り、南北首脳会談が中朝関係にあたえた影響はきわめて大きなものであった。それまで、南北対立を前提として成立していた中朝関係の大前提がまったく異なったものとなったため、中国と北朝鮮の関係も大きく変わらざるを得なかったのである。しかし、それ以上に大きな変化は、第二次核危機における六者協議の開始と米国の姿勢変化であった。第二次核危機が六者協議という多国間協議で処理されることとなり、しかも中国が六者協議開始それ自体に積極的役割を果たして議長国役を担うこととなったため、中朝関係は二国間の枠組みを超えて多国間の枠組みで推移することとなったのである。ただ、中国は中朝首脳交流を行うなどして二国間関係の維持にも努め、多国間関係と二国間関係の二つを使い分けて、北朝鮮に対する影響力を維持しようとした。ところが、北朝鮮が核実験を強行した後、米国がそれまでの姿勢を変化させて北朝鮮との二国間協議に応じたため、六者協議の意味は低下せざるを得なくなった。北朝鮮にとって米国との交渉こそが最も重要な意味を持っていたからである。それゆえ六者協議は米朝合意を追認する場となってしまい、その結果、中国の役割も相対的に低下せざるを得なくなったのである。

もっとも、こうした状況は米朝関係が維持されている限りにおいて成立するものであり、米朝交渉が難しくなれば中国の役割は再び大きくなるという構造にある。また、かりに米朝交渉を軸に北朝鮮問題が順調に推移したとしても、それを安定的に維持するためには六者協議のような多国間の協力が必要不可欠である。その際、六者協議の議長国である中国の役割が大きなものとなるであろうことはあらためて指摘するまでもない。一方、北朝鮮にとっても米国との関係が難しくなった時の中国の存在は必要不可欠であるし、かりに米朝関係が順調に推移したとしても、北朝鮮が米国を完全に信頼しきれないとすれば、それを維持するためには多国間の枠組みは必要不可欠であろう。いずれにせよ、北朝鮮核危機が処理される過程は、北東アジアの新しい秩序構築過程でもある。核危機の後の北東アジアで新しい秩序が形成されるとすれば、中朝関係もそうした新しい秩序を前提とした関係とならざるを得ないのである。

《補遺》国交樹立六〇年の中朝関係

二〇一〇年は北朝鮮と中国が国交を樹立して六〇年目にあたった。この年、北朝鮮がミサイル発射実験、核実験を行ったため、中国は国際社会の責任ある一員としての立場と国交六〇年を迎える北朝鮮の友好国としての立場という正反対の立場に立たされることとなった。とりわけ北朝鮮が六者協議への不参加を表明したため中国にとって難しい局面での対応が迫られることとなった。それはある意味では本書で検討した北朝鮮と中国の複雑な関係を象徴する年として印象づけられるものでもある。ここではその一連のプロセスを「補遺」として検討したい。

1　六者協議の役割低下と中国——BDA問題の意味

既述の通り二〇〇六年一〇月に北朝鮮が核実験を強行した結果、核問題は米朝交渉を軸に扱われることになったが、そうした動きの起点となる二〇〇七年二月の米朝交渉が北京ではなくベルリンで行われたことがそれを象徴していた。中国の影響力は明らかに低下せざるを得なかったのである。これ以後、北朝鮮の核問題は米朝二国間協議がその中心となり六者協議は米朝二国間協議の結果を確認する場になった、とさえ言い得る状況が続いたのだ。中国には多くの不満があったに違いない。

そもそもこうした状況の発端は、二〇〇五年九月の六者協議における共同声明採択にまで遡及しなければならない。この直後から六者協議は停滞し、その後、北朝鮮がミサイル発射実験、核実験を強行したことは既述の通りである。中国の立場からすれば、この六者協議の停滞には、北朝鮮のみならず米国にもその責任の一端があった、との思いがあるはずである。あらためて指摘するまでもなく共同声明採択が中国の努力によるところが大きかったことは間違いないし、第一回六者協議から共同声明の採択をめざしてきたにもかかわらずそれを実現できず議長声明で代替してきた中国にとって、共同声明はきわめて意義深いものであったであろう。ところが、時を同じくして米国は北朝鮮に対する金融制裁を科す。いわゆるＢＤＡ（バンコ・デルタ・アジア）問題である。北朝鮮は当然これに反発する。一方で共同声明によって交渉に応じる姿勢を見せつつ、他方で圧力を加える米国の真意を確かめるためにも、北朝鮮はＢＤＡ問題にこだわらざるを得なかったのである。中国にとって米国の取った措置は、ようやく採択された共同声明を契機とする流れにブレーキをかける行為以外の何物でもなかったであろう。米国は、核問題とＢＤＡ問題は別の問題との立場を取り続けて北朝鮮との我慢比べが続いた。ところが、北朝鮮がついにミサイル発射実験を行い、さらには核実験を強行すると、米国はそれまでの姿勢を一変して北朝鮮との直接交渉に応じたのみならず、核問題とは別問題としていたＢＤＡ問題についても北朝鮮の要求を受け入れたのである。

ベルリンにおける米朝交渉はこうした文脈の中に位置づけられるのである。中国にとって米国の対応は、北朝鮮にミサイル発射実験、核実験を行う口実を与え、結果として六者協議の役割を低下させたことを意味したに過ぎなかった。

2　米朝協議の先行と中国の不満

ＢＤＡ問題は結局、凍結されていた資金がロシア経由で北朝鮮に送金されて一応の決着を見る。その過程で米国は中国経由を考えていたようだが、中国がこれを拒否したため、問題解決のためにさらに多くの時間がかかった。中国は、ＢＤＡ問題に関与すれば中国の金融機関が不利益を被る危険性がある、との理由から米国の申し出を断ったというが、一連の過程を考えれば、中国の行動が米国に対するある種の不満表明であったとしても不思議ではない。

こうして九月には第六回六者協議第二ラウンドが開催され、それまでに北朝鮮が「初期段階の措置」を一応実施したとして、「次の段階の措置」の詳細について議論された。そして、〇七年一〇月三日、北朝鮮による核計画の完全な申告、既存の核施設の無能力化を旨とする「共同声明実施のための第二段階の措置」が合意されたのである。ところが、北朝鮮は核申告の前提として、米国に対してテロ支援国家リストからの削除を求めたため交渉は再び膠着状態に陥った。こうした状況は翌〇八年四月のシンガポールにおける米朝交渉によって打開されることとなり、七月には北京で六者協議首席代表者会合が、そしてその直後にシンガポールで六者協議非公式外相会合まで開催された。こうして六者協議も徐々に機能し始め、紆余曲折を経ながらも一〇月には米国が北朝鮮をテロ支援国家リストから削除して、一二月にはブッシュ政権最後となる六者協議首席代表会合が開催され、北朝鮮の非核化の進展が期待されたのである。

中国にとっては、北朝鮮の非核化の方向性それ自体は歓迎し得るものであったが、六者協議の役割低下とそれにともなう自らの役割の低下については必ずしも快く思っていなかったであろう。それを端的に表したのが、〇八年一二月の六者協議首席代表会合の開催をめぐる対応である。これまで六者協議の開催は議長国の中国が発表してきた。ところが、この時は、ライス米国務長官が非公式に発表しただけで、その後正式な形で中国が開催を宣言することなく会議が開催されたのである。前述のＢＤＡ問題の最終処理を拒否したことを合せて考える時、中国のある種の不満の表れとして評価できるかも知れない。結局、北朝鮮が非核化の検証方法について受け入れなかったためブッシュ政権最後の六者協議首席代表会合では具体的な成果を得ることはできず、北朝鮮の非核化は次のオバマ政権に引き継がれることとなった。

3　北朝鮮の強硬姿勢――中国の難しい立場

このような状況下、〇九年一月にオバマ政権は出帆したが、北朝鮮情勢はオバマ政権の北朝鮮に対する姿勢が確定するまでは小康状態が続くと思われていた。ところが、北朝鮮は先手を打つ形で非核化のハードルを一気に高めた。

〇九年一月一三日、北朝鮮外務省報道官は談話を発表し、米国が敵視政策をあらため、核の脅威が解消されることが自らの核放棄の条件であるとしながら、「南朝鮮に対する米国の核の傘がなくなる時に至って、我々も核武器が必要なくなる」としたのである。また、同じく〇九年一月頃から、北朝鮮によるミサイル発射実験の兆候が見られ、国際社会の懸念にもかかわらず、二月二四日に北朝鮮は、人工衛星の実験通信衛星「光明星二号」を運搬ロケット「銀河二号」で打ち上げるための準備を進めているとした。これに対して国際社会は、ミサイル発射実験であろうが人工衛星打ち上げであろうが、国連安保理で扱われるであろう、として北朝鮮に自制を求めたが、北朝鮮はむしろ反発した。国連安保理でこの問題を扱えば、六者協議は破綻すると警告したのである。

北朝鮮はこの問題に中国を巻き込もうとしていた。北朝鮮は、三月一八日に、ロシア、中国をはじめ世界各国の宇宙開発の状況についてふれ、「現在、宇宙を平和目的で開発、利用するための世界各国の活動が前例無く強化されていることは、科学技術と経済発展のための宇宙進出の権利が世界のすべての国に有ることをまさに示している。国境線や境界線、管轄権などが存在しない無限大の宇宙は全人類のものである」としている。「宇宙を平和目的で利用」することを前提とすれば、中国が北朝鮮の行為を批判することは難しくなったと言ってよい。

中国は、この時点では依然としてこれ以後起こり得る問題を何とか処理できると考えていたであろう。三月二四日、北朝鮮外務省報道官は談話を発表し、「人工衛星打ち上げ」後に国連安全保障理事会で対北制裁措置などを決めた場合、北朝鮮核問題をめぐる六者協議は破綻すると警告していた。しかし中国にとっては、北朝鮮の強硬策は、〇六年七月のミサイル発射実験とそれに続く一〇月の核実験を想起させたに違いない。当時の中国が水面下の動きを含めて北京で米国、北朝鮮と三者協議を行い、北朝鮮を六者協議に復帰させたことは既述の通りであり、おそらく中国はこの一連のプロセスを想起していただろう。ところが、北朝鮮の行動はそれを上回るものであった。北朝鮮はその二日後の三月二六日、安保理が「議長声明」であれ、「プレス声明」であれ、「朝鮮側の平和的な衛星打ち上げに対して一言でも非難する文書を出すのはもちろん、この問題が安保理に上程され取り扱われること自体が朝鮮側に対する敵対行為になる」。「六者会談はなくなり、朝鮮半島の非核化に向かって進捗してきたすべてのプロセスが元の状態に戻ることになる」と警告したのである。北朝鮮がミサイル発射実験を行った場合、それが国連安保理で扱われないはずはなかった。中国が国際社会と北朝鮮との仲介を担うことは難しくなったのである。

4　ミサイル発射実験と核実験をめぐる中朝関係——国際社会を舞台とした二国間関係

このような緊張状態の中、四月五日に北朝鮮はミサイル発射実験を強行した。にもかかわらず、中国は依然として北朝鮮を完全に見放すことはなかった。ミサイル発射直後、中国外交部報道官は、「朝鮮側は試験通信衛星の打ち上げを事前に通告していた。我々は、朝鮮が今日午前、発射を行ったことに留意しており、関係各方面の反応にも留意している。我々は、関係各方面が冷静さと自制を保ち、これを適切に処理し、当該地域の平和と安定という大局をともに擁護するよう希望する。中国側はこのために引き続き建設的な役割を果たしていきたいと考えている」としていた。「試験通信衛星の打ち上げ」であることを前提として、国際社会に対して冷静な対応を求めたのである。国連安保理は緊急非公式協議を開催したが、日米と中国、ロシアの姿勢には大きな違いがあった。拘束力のある決議案が必要とする日米に対して、中国、ロシアは慎重な姿勢を取り続けたのである。この後、米国が、日米による決議案の主要部分を残しながら議長声明の形式に変え、日中の間に立って妥協を促した結果、四月一三日に国連安全保障理事会は中国、ロシアを含めて全会一致で「議長声明」を採択したのである。

これに北朝鮮は強く反発して国連安全保障理事会に謝罪を要求するとともに、謝罪がない場合には「核実験と大陸間弾道ミサイル（ＩＣＢＭ）発射実験」を行い、軽水炉建設に着手すると表明した。そして予告通り〇九年五月二五日、北朝鮮は〇六年一〇月以来二度目となる核実験を強行した。これに対して中国は外交部声明を発表した。声明では、「朝鮮民主主義人民共和国は二〇〇九年五月二五日、国際社会の普遍的な反対を無視し、再び核実験を行った。中国政府はこれに断固たる反対を表明する。半島の非核化を実現し、核拡散に反対し、北東アジアの平和・安定を擁護することは中国政府の確固不動の一貫した立場である。中国側は朝鮮側に対し、非核化の確約を忠実に守り、情勢のさらなる悪化を招く恐れのある関連の行動をやめ、六者会談の軌道に再び戻るよう強く要求する。北東アジア地域の平和・安定を擁護することは関係各方面の共通の利益に合致する。中国政府は関係各方面に対し、冷静かつ適切に対処し、協議と対話を通じて問題を平和的に解決することを堅持するよう呼びかける。中国側はそのために引き続きたゆみない努力を払っていく」としたのである。

国連安保理は、経済制裁を含む国連安保理決議一八七四を全会一致で採択して北朝鮮を強く非難したが、北朝鮮はこれに強く反発し、ウラン濃縮作業の開始と新たに抽出するすべてのプルトニウムの兵器化を宣言し、一〇万人の抗議集会を開催した。北朝鮮非核化の実現はきわめて難しくなったのである。

5　国交六〇年をめぐる北朝鮮と中国――友好国としての二国間関係

このように、もちろん国際社会との温度差はあるものの、国際社会との協調の中で北朝鮮に対して向き合ったかに見える中国ではあったが、その一方で中朝友好関係の維持にも余念がなかった。国交樹立六〇周年にあたるこの年、中朝両国は親善友好関係をアピールするように首脳の往来が続いていた。両国関係は一方で核問題の緊張が続き、その一方で友好強調するという、きわめて奇妙な印象を残したのである。たとえば、ミサイル発射実験を強行した直後の九日、北朝鮮は最高人民会議を開催して金正日を国防委員長に推戴したが、中国は一〇日、胡錦濤国家主席が金正日に対して祝電を送ったのである。また、国連安保理で議長声明が採択された直後、一八日から中国は北朝鮮の海軍代表団を受け入れており、四月二五日には北朝鮮の朴宜春外相が訪中したのである。そして、北朝鮮は五月四日を「中国の日」に制定し、五月七日には中朝政府間科学技術協力委員会議定書に調印した。

五月二五日の核実験については中国もさすがに厳しい姿勢で臨まざるを得なかったことは既述の通りであるが、その結果、一時的に交流が低調になったものの、中朝の交流が完全に途絶えたわけではなく、一〇月の国交六〇年に向けての準備を含めて両国の高官が相互に訪問を繰り返したのである。たとえば、八月一七日から二一日まで武大偉中国外務次官が北朝鮮を訪問し、九月一日から五日まで金永日《キムヨンイル》北朝鮮外務次官が中国を訪問した。さらに九月一六日から一八日まで戴秉国中国国務委員が胡錦濤国家主席の特使として訪朝したのである。

そして、一〇月四日、温家宝総理は中朝国交六〇年記念に合わせて訪朝し、北朝鮮の最高人民会議常務委員会の金《キム》永南《ヨンナム》委員長と会談した。温家宝は、「中朝両国は、山河が隣り合った友好国であり、代々の友好関係は両国人民の根本的な利益に合致している」としながら、「両国の歴代指導者が培った中朝の伝統的な友情は、さまざまな試練を経ながら絶えず強化・発展し、両国人民の心に深く根ざした貴重な財産になった」と述べた。これに対し金永南は「中国の総合的国力と国際的地位は絶えず高まっているが、これは中国の特色ある社会主義が国情と正しく合致していることの証明である」とした。

一方、北朝鮮も、たとえば、金正日が平壌空港で温家宝総理を出迎えるなど、中朝友好を最大限強調しようとした。とりわけ興味深いのは、温家宝が平安南道桧倉郡にある「中国人民志願軍烈士墓地」を訪れ、朝鮮戦争で戦死した毛沢東の長男・毛岸英の墓前で「中国は発展しています。ご安心ください」などと報告したことである。朝鮮戦争で戦死した毛岸英はある意味で中朝友好の象徴と言ってよかろうが、中朝両国はその象徴を最大限に利用したのである。

一〇月四日、『労働新聞』は社説で「国交樹立六〇周年にあたり、温家宝総理の訪問は『歴史の面でも政治の面でも、重要な意義がある』、『中国が両国の友情を重んじる印だ』」とし、さらに「温家宝総理の訪問は『両国の友情が絶えず発展する表れ』」で、社会主義強国を建設している朝鮮人民を励ましてくれるものだ」「両国の友情は先輩の革命家たちが結び、さまざまな試練に鍛えられたものだ。この友情を大切に発展させるのが、朝鮮労働党と政府の一貫した立場だ」とした。北朝鮮にとって中国は隣国としての重要性があると同時に米国との関係を考える場合にも必要不可欠な存在なのである。国交樹立六〇年となるこの年はそれを北朝鮮により強く印象づけたに違いない。

6 「いらだち」を蓄積させた中朝六〇年

中国が国際社会で責任ある立場になればなるほど北朝鮮に厳しく臨まなければならない局面が増えてくるが、とはいえ依然として米中関係が完全に信頼関係がないとすれば北朝鮮との関係を完全に破綻させることもできない。一方の北朝鮮にとっても、国際社会との関係が厳しくなればなるほど中国との関係は重要となる。本来、米朝関係が緊張すれば中国の役割は大きくなるはずであった。米国をはじめとする国際社会は中国の役割を期待するし、北朝鮮にとっても米国とのバランスを取るためには中国の存在が必要不可欠となる。かりに米朝が六者協議の枠内で対立しているのであれば中国の影響力はきわめて大きなものとなるはずだっただろう。ところが、北朝鮮は六者協議への参加を拒否、すなわち六者協議の枠外で米国との対立を強めたため中国にとっては苦しい展開となった。既述の通り、中国には国際社会の責任ある一員としての立場と国交六〇年を迎える北朝鮮の友好国としての立場という正反対の立場があるからだ。中国がいずれの側にも立てないことは本書で検討した通りである。それゆえ中国は、米朝二国間協議の必要性を繰り返しながら六者協議の重要性を強調することとなる。一方の北朝鮮も中国のそうした立場を十分理解しつつも、米国との関係で中国をうまく利用しようとする。

北朝鮮も中国もそれぞれ相手のそうした思惑については十分理解しているはずである。ところが、それぞれ相手の思惑がわかっているにもかかわらず相手側は必ずしも自らの思い通りに動かない。北朝鮮と中国にはそうした思いがあったはずであるし、六〇年はまさにこの繰り返しであったと言ってよい。中朝関係は両者のそうしたある種の「いらだち」を蓄積する過程であったと言えるかも知れない。国交樹立六〇年を迎えた〇九年は、それを際立たせた年であったと言ってよい。

終章

「唇歯の関係」の史的展開と構造的変容

「唇歯の関係」の史的展開

抗日闘争の経験、朝鮮戦争への中国人民志願軍の参戦によって形成された「唇歯の関係」「伝統的友誼」などの文言で表現される中国と北朝鮮の関係は、朝鮮人民軍の撤退をめぐる両国関係、韓国の軍事クーデターによる北朝鮮の革命認識の変化、中ソ論争、中国の文化大革命、米中接近とそれに続く北朝鮮の対米直接交渉の模索、中国の改革開放路線、さらには冷戦の終焉などを経て、徐々に変化してきた。

第1章で考察した通り、中国にとっての北朝鮮の意味は対米関係の一環としての意味が中心であった。それは朝鮮戦争への中国人民志願軍投入以前から中国指導層に認識されていたことではあったが、その後の人民志願軍撤退の過程が台湾海峡危機と時期的に連繫して行われたこと、さらには延安派の排除という形で行われた金日成《キムイルソン》の中国に対する自己主張によって、「唇歯の関係」「伝統的友誼」が中国にとっては伝統的友好としてよりも対米安全保障の一環であることをより強く意識されることとなった。中国にとっては、中朝関係を規定する第一の要因である安全保障領域の関係こそが北朝鮮の存在意義であったと言ってよい。

一方、北朝鮮にとっても、韓国での軍事クーデターの発生とその後の経過は、北朝鮮が課題とする朝鮮革命の主敵が米国であることをあらためて再認識させるものであったと言ってよい。北朝鮮は自らの対米安全保障を確保するため、ソ連、中国と友好協力相互援助条約を締結するが、地域革命としての朝鮮革命と世界革命を密接に連結させようとする北朝鮮に対して、フルシチョフは地域革命と民族解放闘争の境界についての態度を曖昧なままにとどめていた。その結果、北朝鮮が、平和共存路線に対して否定的な姿勢を示していた中国との関係を緊密化することになったことは第2章で考察した通りである。北朝鮮にとっても第一の要因である安全保障上の関係が対中関係の中心的意義であった。

中朝関係はその後きわめて良好に維持されるが、それは無制限の緊密化を意味するものではなかった。第3章で考察した通り、中朝関係が最も良好として位置づけられていた時期、北朝鮮は中国に対して巧妙に自己主張を行い、ソ連との関係に配慮していた。すなわち、北朝鮮は、ソ連科学院編『全世界史』の朝鮮関係の記述部分を批判するという、表面的にはソ連批判を行いながら、その内容の多くは伝統的中華秩序の中での中国の朝鮮半島に対する姿勢についての批判を行ったのである。北朝鮮の中国に対する姿勢の根底には、中朝関係を規定する第三の要因である伝統的関係の遠心力としての側面が存在したのである。そもそも「中国式でもない、ソ連式でもない我々《ウリ》式」の必要性を強調した主体宣言以降の北朝鮮が、中ソ論争に際していずれか一辺倒になることは論理的に言ってもあり得ないことであった。中朝関係を規定する第二の要因であるイデオロギー的関係は、その当初から既に両者のズレを内包せざるを得ない関係であったが、北朝鮮の対中自己主張はきわめて慎重に行われ、中朝両国はそれを表面化させることはなかったのである。

中ソ対立期、微妙な相違点を内包しながらも中朝両国を結びつけていたのは、何よりも西側諸国との平和共存路線をとるフルシチョフに対する中朝両国の姿勢であった。それゆえ、フルシチョフ解任とその後のソ連新政権の評価をめぐって中朝は不協和音を発することとなり、さらには中国の文化大革命の発生とともに中朝関係は最悪の状態に陥る。しかしながら、第4章で考察した通り、中国が徐々に文化大革命期の破綻した国際関係の調整を模索し始めると、北朝鮮も積極的にこれに応じ、中朝関係は回復するのである。この過程で重要だったのは、安全保障上の関係とともに、中朝両国の双方に対する配慮であった。中国は、周恩来が北朝鮮を訪問することによって関係回復を印象づけ、北朝鮮の面子を立てた。しかしそれ以上に神経を使ったのは北朝鮮であった。周恩来の訪朝は、崔庸健《チェヨンゴン》・周恩来の秘密会談の際、崔庸健が関係回復の意向を中国側に伝え、その後、崔庸健は中国国慶節に際して中国を訪問して中朝関係の回復を印象づけることによって実現したのである。さらに周恩来の訪朝後、金日成が、朝鮮労働党創建二五周年記念日という北朝鮮にとってきわめて重要な記念日を挟んで中国を秘密裏に訪問し、毛沢東と首脳会談を持っていたのである。この過程は、中朝関係を規定する第二の要因であるイデオロギー上の関係における齟齬を、第三の要因である伝統的関係の求心力が修復する過程であった。伝統的関係の求心力の側面は、中朝関係を完全な断絶状態へと至らしめないある種の安全装置としての意味を持っていたと言ってよい。

しかし、第5章で考察したように、米中接近によって両国関係の構造は徐々に綻《ほころ》び始めることとなる。中朝関係の文脈で考える時、米中接近は、中国が「朝鮮問題の朝鮮化」を望んだことを意味していた。一方、北朝鮮も米中接近以後の流れの中で南北対話を開始し、朝鮮半島での緊張緩和が進むかに見えた。ところが、米中接近は、中国の意図とは別に、北朝鮮に緊張緩和とは別の方法を教えていた。すなわち、朝鮮革命の実現のためには、たんに地域革命の枠組みの中で韓国との関係を処理するのではなく、よりダイナミックな国際関係の中で韓国を孤立化させ南北関係で自らが優位に立つ方法こそ有用だということであった。北朝鮮は南北対話を中断して米国との直接交渉を求めたのである。そもそも朝鮮問題を地域革命の枠内にとどめておくことは、米国との闘争も韓国を通した闘争の形態を取らざるを得ず、米国との直接闘争は、より大状況の東西冷戦の枠組みで処理される問題であったはずである。ところが米中接近は、東西冷戦の枠組みを超えて中国が米国と直接交渉を持ったことを意味していたし、何よりもその過程で中国は台湾問題を棚上げにし、結果的に台湾を国際的孤立に追い込んでいた。北朝鮮も同様の構造を求めたのである。しかし、米国があくまで南北関係の優先を主張したため北朝鮮の意図は暗礁に乗り上げてしまった。米中接近は、確かに一時的には朝鮮半島の緊張緩和に寄与することとなったが、実際には中国、北朝鮮の革命路線に対する重大な修正を迫るものであり、それがそれまで中朝が共有していた米国に対する認識、姿勢の修正を意味していたため、それまでの中朝関係の構造それ自体に大きな修正を迫るものだったのである。北朝鮮が米国との直接交渉を求めたことは、中朝関係を規定する第一の要因である安全保障領域における中朝関係が綻び始めることを意味したのである。

徐々に綻び始めた中朝関係の構造ではあったが、それに拍車をかけたのが、中国の改革開放路線であった。第6章で考察した通り、中国、北朝鮮はともに体制の安定化をめざすがその方法は異なっていた。改革開放路線による経済成長を国家発展の中軸に据えた中国に対して、北朝鮮は金正日後継体制の確立によって体制を維持しようとしたのである。中国が改革開放路線を推し進めることは、中朝関係を規定する第四の要因である経済関係の相対的上昇を印象づけるとともに、北朝鮮が中国とは別の道で自らの体制を維持しようとしたことから、経済領域における中朝間の相違には埋めがたい溝が存在することが明らかになったのである。こうして両国はまったく別の道を歩み始めることとなった。八九年の天安門事件によって中国が国際的孤立に陥ったため、一時的に中朝関係は緊密化するが、それぞれ別の道を歩き始めた両国の基本関係はもはや後戻りのできない状態であった。

そもそも、中国にとっては改革開放路線を進めるにあたって目覚ましい経済発展を達成していた韓国との関係構築が必要とされていたし、そのためにも北朝鮮との関係は負担になっていた。第7章で考察した通り、八三年の北朝鮮による三者会談提案では中国が積極的な役割を果たすこととなるが、朝鮮問題の国際的負担分担をめざす中国の姿勢がよく表れていた。その後、ソウル・オリンピック、冷戦の終焉と社会主義陣営の崩壊を経てソ韓が国交正常化し、ついに中国も韓国との国交を樹立する。こうして中朝関係を規定する第一の要因である安全保障領域における中朝関係の構造は大きく変質してしまったのである。

このような構造的な変化に加え、中朝関係を大きく変容させたのが、北朝鮮の最高指導者金日成の死去と、後継者金正日の中国に対する姿勢である。第8章で考察した通り、中韓国交正常化以後、中国は韓国と北朝鮮に対して等距離の姿勢を維持しようとする。しかし中国のそうした姿勢は、韓国と北朝鮮にとってはそれぞれ不満を残すものではあった。その一方、中韓国交正常化直後、中国は北朝鮮に対して相当な配慮を示していた。ところが、金日成の死後、北朝鮮の事実上の最高権力者となった金正日は、中国の北朝鮮に対する配慮にもかかわらず、金日成とは明らかに異なった処し方をする。とりわけ重要だったのは、中国にとって神経質にならざるを得ない台湾との関係に北朝鮮が踏み込んだことである。金正日は、台湾の核廃棄物を貯蔵しようとしたのである。それは、中台間で議論されていたことであり、金正日の行為は中台関係に直接干渉することを意味した。これを契機として中国の北朝鮮に対する態度は変化し、韓国との関係を強化していくのである。金日成の死去と金正日の対応によって、中朝関係を規定する第三の要因である伝統的関係は大きく変質し、中朝関係はそれまでとはまったく異なるものへと変容したと言ってよかった。

このような中朝関係の構造をさらに変質させる契機となったのが二〇〇〇年六月の南北首脳会談である。南北首脳会談では、当分の間南北共存状態が続くことを南北の最高指導者が是認したため、朝鮮半島情勢も基本的には南北の共存状態を前提とすることとなった。それを前提とする時、中国の朝鮮半島政策の幅は格段に広がることとなった。しかし、その一方で、再び北朝鮮の核危機が発生した。このいわゆる第二次核危機は六者協議で処理されることとなり、中国は議長国役として尽力することとなる。その意味で、中国の朝鮮半島に対する影響力は大きなものとなったが、その一方で、北朝鮮が米国との関係を軸に核問題を処理しようとしたことから、米国の影響力が拡大する可能性も生じたのである。その際、米中関係が良好か否かによって、中国の立場は大きく変わることとなったのである。

「唇歯の関係」の構造的変容

ここであらためて中国と北朝鮮の関係を規定する要因について整理すれば、それらは、第一の要因である安全保障、第二の要因であるイデオロギー、第三の要因である伝統的関係、さらに第四の要因である経済関係であったと言ってよい。まず、安全保障については、中国と北朝鮮がともに分裂状態にあり、それに米国がきわめて深く関わっていたことが両者を強く結びつけていた。朝鮮問題と台湾問題の連携は、中国にとっては、対米安全保障の一環として認識されていたし、北朝鮮にとっては、地域革命と世界革命の連続性を維持する象徴としての意味を持っていた。しかし、そうした関係は米中接近を契機として徐々に形骸化することとなる。中朝関係を規定するものの多くの部分を米国についての認識が左右しているとすれば、米中接近とその後の北朝鮮の対米直接交渉への動きは、中朝関係の根幹にふれる問題であったと言ってよかった。米中接近によって、かりに朝鮮半島で紛争が発生した場合、中国が間違いなく北朝鮮支援の立場を取る保証はなくなっていたのである。こうした傾向は冷戦の終焉によって一層拍車がかけられ、ついに中国は韓国と国交を正常化するに至る。これに対して北朝鮮は中韓国交正常化を契機として再び自らの対外政策を対米中心に再調整しようとしたのである。それはある意味で、中国の確実な支援が得られない状況下での北朝鮮の新たな帝国主義との闘争形態として位置づけられるものなのかもしれない。もちろん依然として多くの問題が残されてはいるが、中韓国交正常化と北朝鮮の対米中心の姿勢を前提とする時、安全保障が両者を結びつける意味合いは徐々に低下せざるを得ないのである。

次にイデオロギーについては、そもそも両国ともにそれぞれの革命をめざす国家であり、最終的には世界革命をめざすという志を同じくするパートナーであった。しかし、中国と北朝鮮が国家の枠組みを前提とする限り、同じ社会主義主義陣営に属するとは言え、中国と北朝鮮はそれぞれの国益をめぐって関与と抵抗を繰り返さざるを得なかった。中ソ論争に際しての中朝関係は、中朝間のそうした姿勢を際立たせることとなった。ここでイデオロギー論争の背後に国益の衝突が隠されていることはいまさら指摘するまでもなかろうが、その意味で、中ソ論争期の中朝間のイデオロギーの共有とズレは、中朝両国のソ連に対する姿勢の微妙なズレを象徴するものであったと言ってよい。既に指摘したように、北朝鮮は中ソ論争の過程で自主路線を宣言することとなる。しかも北朝鮮がめざしたものはたんにソ連からの自立ではなく、中国をも含む大国からの自立であった。さらに言えば、中国、北朝鮮にとってソ連との関係は、フルシチョフの平和共存路線に象徴されるソ連の米国に対する姿勢によって規定されてきたのである。それゆえ、北朝鮮が米国と直接交渉を持とうとした時点で、イデオロギーは中朝両国を結びつける主要因とはならなくなったとさえ言い得るかもしれない。そして、北朝鮮が独自路線を強調すればするほど、中朝両国はイデオロギーを共有することが難しくなり、さらに、中国が改革開放路線を選択するや、中朝は完全に別の道を歩み始めることとなる。もちろん両者が依然として社会主義を放棄しているわけではないことから、その一点で両者は繋がっていることになるが、両者のめざす社会主義の内容はまったく別のものになってしまったのである。ここに至りイデオロギーは中朝両国をつなぎ止める主要因とはならなくなったのである。

また、伝統的関係について言えば、これは当初から限界を内包していたと言っても過言ではない。もちろん、抗日闘争、朝鮮戦争をともに闘ったという経験が両者を強く結びつけていたのは間違いないが、より長い歴史の中で考える時、中国にとって北朝鮮との関係は伝統的中華秩序の中に位置づけられるものであったはずである。また、自主路線を前提とする時、北朝鮮にとって中国との関係は朝鮮の伝統である事大との決別にこそその主眼があったはずである。中国がそれをどの程度意識していたかを別にしても、少なくとも北朝鮮はそれを明確に意識していた。第3章で指摘したように、ソ連科学院編『全世界史』の朝鮮史に関する記述についての批判は、表面的にはソ連批判ではあるものの、その内実は、過去の中国王朝の朝鮮半島に対する侵略的行為についての批判であった。それは北朝鮮が中国との関係を悠久の歴史的関係の中で意識していたことを示唆して余りある。また、この伝統的関係が、抗日闘争、朝鮮戦争によって形成されたものである限り、中朝間の「伝統的友誼」は時間の経過とともに形骸化することを運命づけられていたと言ってよい。中朝両国の指導者もその点を意識していたに違いない。中朝が、帝国主義との闘争、現代修正主義との闘争という新たな伝統の共有を付け加えていくのはそのためであろう。しかし、朝鮮戦争以後の帝国主義との闘争、現代修正主義との闘争に際して、中国と北朝鮮の革命観は、時に微妙に、そして時に明確にズレを顕在化させる過程であり、伝統的友誼を強調するたびにそうしたズレを内に蓄えざるを得ない過程でもあった。抗日闘争、朝鮮戦争の経験を共有している世代が徐々に退き、新しい世代が台頭すればするほど中朝の伝統的友誼は形骸化せざるを得ないのである。金日成死後の金正日の中国に対する姿勢はそれを象徴している。

最後に、経済関係であるが、これについてはとりわけ中国の改革開放路線の進展と冷戦の終焉が大きく影響したと言ってよい。すなわち、改革開放路線を進めるにあたって韓国との関係を欲した中国にとって北朝鮮との経済関係は、政治的な意味を別にすれば、たんなる負担にすぎなかった。一方、北朝鮮にとっては中国が依然として経済的な後ろ盾であることは間違いない。このように、経済関係はきわめて片務的であるが、北朝鮮はそれを必ずしも片務的な関係として捉えているわけではないようである。これまでにも指摘してきた通り、隣接地域の北朝鮮が不安定な状況にあることは中国にとって好ましくないことは間違いないし、また、対米安全保障の文脈から考えて、中国にとって北朝鮮の存在意義が完全になくなることはない。それを前提とすれば、中国の北朝鮮に対する一方的な経済支援は、北朝鮮のためだけではなく中国自身のために行っていることにもなる。また、北朝鮮の地下資源への中国の関心増大も大きな意味を持つかも知れない。北朝鮮にとっては必ずしも片務的関係ではないのである。いずれにせよ、北朝鮮が自らの体制を維持しようとする限り、また、中国が自らの経済発展のために安定した周辺環境を必要とする限り、中朝両国にとって経済関係はその重要性が増すことはあっても低下することはないのである。

中朝関係をつなぎ止めるそれぞれの要因の意味合いの変化は、国際社会の動向、時間の経過などによって徐々にもたらされたものであった。確かに中朝関係が、時間の経過とともに希薄化しているのは事実である。しかし、北朝鮮にとって単独で自らの体制を維持することは容易ではなく、いずれかの国を後ろ盾とせざるを得ない。現在の体制を前提とする時、北朝鮮が米国、日本を新たな後ろ盾とすることは不可能であろう。唯一、ロシアを後ろ盾とする可能性は否定できないが、北朝鮮にとっての冷戦終焉後のロシアが政治的にも経済的にも中国の代わりとなることは難しい(1)。その意味合いが低下しているとは言え、北朝鮮にとって中国に代替し得る存在を見つけることは容易ではないのである。一方、中国も北朝鮮を完全に見捨てることは難しい。中国がそうするためには、まず米国との関係が相互に完全に信頼しうるものであらねばならないが、そのためには米国との体制の相違、台湾問題など、多くの問題がである。希薄になったとはいえ、中国と北朝鮮にはそれぞれ相手との関係を維持しなければならない事情が存在するのである。

中国の北朝鮮に対する影響力をめぐる二つの誤解

本書で考察した通り、中国は米国との間に北朝鮮の負担分担を意図的に行ってきた。その過程で中国は自らの北朝鮮に対する影響力が限定的であることを繰り返し強調してきた。しかし、いくら中国が北朝鮮に対する影響力の限界について言及したとしても、米国をはじめ西側諸国は、中国が北朝鮮に対して「限定的ではあるが、依然として一定の影響力」を有していると判断しているであろうし、また、中国に比肩し得る影響力を持つ国が存在しないのも事実である。

中韓国交正常化以降の中国の北朝鮮に対する姿勢は、国際的枠組みの中での北朝鮮に対する協力を拒否して、協力については二国間で行うことによって自らの北朝鮮に影響力をブラックボックスの中に封印し、その一方で自らの北朝鮮に対する影響力が制限的であることを強調し、かりに北朝鮮を説得するという国際的期待が中国に向けられた時にはそれを拒否する口実を作る、というものであったと言ってよい(2)。自らの北朝鮮に対する限定的影響力を前提とする時、中国にとって最も効果的であるのは、この「限定的ではあるが一定の影響力」の程度を国際社会に対して明確にせず、その一方で自らの影響力の限界を強調し、北朝鮮の国際社会での行動に対して中国に過度の期待を抱かせないことなのである。しかしながら、北朝鮮、韓国両国と国交関係を持った中国が朝鮮問題を処理するにあたって中心的な役割を果たすことはできず、むしろそうしたプロセスの調整を行うことで自らの影響力を維持するしかなかったのも事実である。九六年四月に米韓両国が共同で提案した四者会談は、九七年八月、九月の予備会談を経て九七年一二月から本会議が開催されることとなり(3)、それ以後中国は四者会談に際しての自らの「建設的役割」を強調することとなる。しかし中国は、実際には韓国、北朝鮮いずれの立場にも立てず、ただ、調整役に徹せざるを得なかったのである。ところがそうした状況は、南北首脳会談の開催に象徴される南北関係の変化と核問題をめぐる六者協議の開催によって大きく変わることとなった。とりわけ六者協議の議長国となった中国は従来とは異なり、より積極的に朝鮮半島情勢に関与することとなったのである。

この中国の朝鮮半島情勢への影響力、とりわけ中国の北朝鮮に対する影響力について、国際社会は二つの誤解をしていると言ってよい。第一に、中国の北朝鮮に対する影響力は絶対的なものであるとの誤解である。本書の考察からも明らかなように、中国の北朝鮮に対する影響力は絶対的なものではない。北朝鮮が徹底的に拒否する問題を翻意させる影響力は中国にはないのである。もちろん、それでも日本、米国、韓国、ロシアなどと比較する時、中国の影響力が圧倒的であることは間違いない。しかし、韓国が対北朝鮮融和政策を取れば中国の北朝鮮に対する影響力は相対化される。とりわけ、北朝鮮と直接関係のない純粋に中韓間固有の問題で両国関係が難しい状況にある時、北朝鮮政策についての中韓協力は難しくなり、中国の北朝鮮に対する影響力は限定的なものにならざるを得ない。さらには北朝鮮が自らの対外政策の中心を対米関係においている時、米国の北朝鮮政策によっては中国の北朝鮮に対する影響力は相対化されることになる。そもそも、北朝鮮が主張する「主体」が、国際関係の中でいずれの国にも完全に依存することをよしとしない、ということであるとすれば、北朝鮮は中国の自らに対する影響力が絶対的なものにならないよう、巧みに中国以外の関係国を利用しようとするであろう。いずれにせよ、中国の北朝鮮に対する影響力には限界があるのである(4)。

第二に、中国が日米側に近い立場にある、との誤解である。ミサイル発射、核実験に際して中国は北朝鮮に対して厳しい声明を発していた。しかし、同時に国際社会に対しても北朝鮮の行動に対して過敏に反応して事態を悪化させないよう呼びかけていたのである。北朝鮮と国際社会の両者に対して自制を促すという中国の姿勢はその後も変わっていない。中国が常に日米と共同行動を取ることを意味するわけではないのである。中国はその時々の国際情勢と中朝二国間関係、さらには中国国内の状況によって北朝鮮に対する姿勢を決定するのである。

この二つの誤解から、我々の望むような形で北朝鮮問題が解決に向かわない時、我々は、〝中国は問題解決をするだけの十分な能力があるにもかかわらずその能力を十分に使っていない〟と分析することとなる。こうした誤解を前提とした中国に対する分析は、かえって朝鮮半島情勢を見えにくくしてしまう。朝鮮半島情勢を正確に分析するためには、中国の北朝鮮に対する影響力を把握したうえで中国の朝鮮半島政策を見極めなければならないのである。

北朝鮮外交の妙——擬似的対等関係としての中朝関係

あらためて指摘するまでもなく、北朝鮮と中国の関係は対等ではない。たとえ両者が、「互恵平等」「相互不干渉」などの文言を繰り返し確認し、強調したとしても、決して対等な関係ではあり得ない。軍事力、経済力、科学・技術力、人口、領土など、どの分野をとっても北朝鮮に比べた時の中国の存在は圧倒的である。にもかかわらず、北朝鮮が中国に対して一方的に譲歩を繰り返すわけではない。むしろ、中国は北朝鮮との関係に苦慮し、中朝関係は必ずしも中国にとって思い通りの展開を見せるわけではないのだ。それは朝鮮半島をめぐる国際関係構造によるところが大きい。朝鮮半島の対立構造は、東西冷戦と南北分断の経緯から、南北対立を前提として米国、ソ連、中国が南北双方に関与するというきわめて複雑な構造を有しており、北朝鮮はそれを巧みに利用しながら自らに有利な国際政治空間を作り上げるのである。

中朝関係についていえば、冷戦期には米国の脅威を最大限利用し、中ソ論争に際しては中ソ対立を巧みに利用しながら、北朝鮮は特殊な国際政治空間の中で中国との擬似的対等関係を作り上げた。北朝鮮が中国に対して認めさせた「主体」とは、ある意味でこの擬似的対等関係を中国が受け入れることでもあった。また、米中接近によって東西冷戦の枠組みから解き放たれた北朝鮮は、米国、ソ連、日本、さらには韓国を含めてより複雑な国際関係の中で中国との擬似的対等関係を構築しようとした。そして冷戦終焉後に発生した核問題をめぐっては、米国を交渉の軸に据えることで、あるいは六者協議のような多国間の枠組みの中で中国との関係を相対化しようとした。

このような朝鮮半島をめぐる国際関係の構造に加えて、逆説的ではあるが北朝鮮と中国との圧倒的な非対称性こそが、擬似的対等関係を成立させる大きな要因となっていることも指摘しておく必要があろう。北朝鮮にとって中国との関係は、その対外関係のかなりの比重を占めるものであり、それゆえ、対中外交にきわめて多くのエネルギーを割くこととなる。ところが一方の中国にとって北朝鮮との関係は、中国外交の全体像から考えれば必ずしも大きな位置をしめるものではなく、北朝鮮との関係について言えばむしろ朝鮮半島を舞台とする国際関係にこそ大きな比重がある。中国が大国であることに異論はなかろうが、それゆえに中国は北朝鮮との関係を単なる二国間関係としてのみ捉えることができず、朝鮮半島を舞台とする第三者との関係を常に考慮せざるを得なくなる。北朝鮮の意図がいずれにあるかにかかわらず、中国自身が北朝鮮との関係を複雑化し、その結果、北朝鮮との擬似的対等関係を受け入れざるを得なくなるという側面があるのも事実なのである。中国が国際社会での地位を向上させればさせるほど、こうした傾向は強くなる。

もっとも、こうした特殊な国際政治空間は、何も北朝鮮によって予定調和的に形成されてきたものではない。あらためて指摘するまでもないが、北朝鮮が外交目標とする対象は、本書で検討した中国に限らず、常に圧倒的な存在――多くの場合それは大国である。それゆえ北朝鮮にとって外交とは、常に全身全霊をかけて取り組まざるを得ないある種の闘争なのである。相手の存在が圧倒的であるがゆえに、北朝鮮はその時々で愚直なまでに自らの目標を達成するための頑なさを見せる。圧倒的な力の差を前提とする時、わずかの譲歩は「主体」の喪失につながりかねないからだ。さらに相手に対する信頼感を持ち得ないため、相手との二者協議のみに依存することができず、二者協議が破綻した場合の保険として、あるいは二者協議での合意を相手に破棄しにくくさせるために第三者を関与させようとする(5)。その結果、相手との擬似的対等関係が成立し、朝鮮半島をめぐる国際関係構造は複雑なものとなるのである。この一連の過程は、北朝鮮が緻密に計算して意図的に実践した結果というよりも、むしろその時々、北朝鮮が自らの国益を守るために、愚直で頑なな姿勢を堅持したことの積み重ねの結果として評価すべきであろう。

本書で検討した通り、中朝関係を構成してきた四つの要因のうち、第二のイデオロギー上の関係と第三の伝統的関係は形骸化してしまった。だが、中朝両国はその時々でイデオロギー上の紐帯や伝統的関係の強さを繰り返し主張するであろう。中朝友好、中朝関係の強さをアピールするのに、イデオロギー、伝統的関係は効果的なのだ。しかし、にもかかわらず、もはやそれらが中朝関係を根本的に規定するものとはならないのである。その一方で、第一の要因である安全保障上の関係については、もちろんその重要性が低下したとはいえ、両者が今の体制を維持することを前提とすれば、その重要性がまったくなくなることはない。また、第四の要因である経済関係についても、やはり両者が今の体制を維持することを前提とする限り、双方にとって相手の存在価値がなくなることはないのである。結局、中朝関係は、実質的には第一の要因である安全保障上の関係と第四の要因である経済関係の相互応酬を軸に展開し、その時々の必要性によって第二の要因であるイデオロギーと第三の要因である伝統的関係によって粉飾されて推移することとなるであろう。そして、その過程は、中朝両国がそれぞれ相手に対する不満を蓄積する過程であり、とりわけ中国にとって北朝鮮に対する不満はきわめて大きなものとなるだろう。しかし、南北分断状況が続き、中国と北朝鮮の政治体制に大きな変化がない限り、中朝双方にとって相手の存在価値が完全になくなることはなく、そうであるとすれば、中朝関係は本書で考察した枠組みの中で推移せざるを得ないのである。

註

序章　目的と分析視角

1　鐸木昌之『北朝鮮――社会主義と伝統との共鳴――』東京大学出版会、一九九二年、一～三ページ。

2　小此木政夫「朝鮮半島の冷戦終結」小此木政夫編『ポスト冷戦の朝鮮半島』日本国際問題研究所、一九九四年、一～二ページ。

3　**研究動向**――これまで中国と北朝鮮の関係について分析した研究は、朝鮮戦争期の膨大な研究を別にすれば（第1章註1を参照）、そのほとんどが中ソと北朝鮮との関係を記述したものである。その代表的なものとしては、鄭鎮渭『北方三角関係――北韓の対中・ソ関係を中心に――』（ソウル、法文社、一九八五年）、Dae-Sook Suh, *KIM IL SUNG : The North Korean Leader,* (New York, Columbia University Press, 1988). 金学俊著・李英訳『北朝鮮五十年史――「金日成王朝」の夢と現実――』（朝日新聞社、一九九七年）などを参照されたい。また、ドン・オーバードーファー著・菱木一美訳『二つのコリア――国際政治の中の朝鮮半島――』（共同通信社、一九九八年）は韓国を含めた国際関係の中で朝鮮半島問題を捉えようとした研究である。また、第二次核危機をテーマとした船橋洋一『ザ・ペニンシュラ・クエスチョン――朝鮮半島第二次核危機――』（朝日新聞社、二〇〇六年）では、核問題をめぐる中朝関係についても多くの紙幅が割かれている。さらに、猪口孝『交渉・同盟・戦争――東アジアの国際政治――』（東京大学出版会、一九九〇年）の第三章「脅威均衡としての同盟――北京・平壌・モスクワ、一九六一―一九六六年――」は、ソ連、中国、北朝鮮の関係について数量的分析を試みた研究である。

以上の研究は、朝鮮半島をめぐる国際関係を論じる一部として中国と北朝鮮の関係について論じたものであり北朝鮮・中国二国間関係そのものに焦点をあてた研究は多いとは言えないが、徐々に中朝関係の全体像を論ずる研究成果がで始めている。代表的なものとしては、李鍾奭『中・北韓関係――一九四五〜二〇〇〇――』(ソウル、図書出版チュンシム、二〇〇一年)を挙げることができる。その他、河合弘子『中国と朝鮮半島の経済関係』(アジア政経学会、一九九六年)、鐸木昌之「朝中の知られざる関係：一九四五―一九四九――満州における国共内戦と北朝鮮の国家建設――」(『聖学院大学論叢』第二巻、一九九〇年、二九〜四七ページ)、鐸木昌之「『唇歯の邦―朝中』の特殊な関係」(『東亜』第二四八号、一九八八年二月、八一〜九二ページ)、鐸木昌之「北朝鮮が重荷になってきた北京」(『改革者』一九九六年一二月、四四〜四八ページ)、安田淳「中国の朝鮮半島政策」(小此木政夫編『ポスト冷戦の朝鮮半島』日本国際問題研究所、一九九四年、二二四〜二四五ページ)、秋月望「朝中関係の特質とその展開」(小此木政夫編『金正日時代の北朝鮮』日本国際問題研究所、一九九九年、二五一〜二六九ページ)、秋月望「華夷システムの延長上にみる中国・朝鮮半島関係――中韓国交樹立と中朝関係――」(『アジア研究』第四〇巻第三号、一九九三年一二月)、秋月望「中国の『楯』としての北朝鮮――歴史から見た中朝関係――」(『外交フォーラム』第六八号、一九九四年五月)、横堀克己「中国の北朝鮮政策をみる」(『北朝鮮――その実像と軌跡――』高文研、一九九八年、二三一〜二四五ページ)、秋月望「ポスト金日成の東北アジア――中朝関係と北朝鮮の『自主』路線のゆくえ――」(『This is 読売』一九九四年八月)、石井明「中国からみた日韓関係」(『朝鮮史研究会論文集』第三四輯、一九九六年一〇月、五〜一三ページ)、後藤富士男「北朝鮮の対中国貿易――『友好価格』の検証と交易条件指数の推計――」(『中央大学経済研究所年報』第二五号(I)号、一九九五年三月三一日)、中居良文「中国の北朝鮮政策――楊斌事件をめぐって」(日本国際政治学会編『国際政治』第一三五号、二〇〇四年三月)、および中国側の研究を挙げることができる。中国側の研究としては、たとえば、曹世功「中国の朝鮮半島政策――ある中国人学者の視角――」(日本国際政治学会編『国際政治』第九二号、一九八九年一〇月)、張英「朝鮮与中国的政治経済関係研究」(吉林省社会科学院《東北亜研究》課題組『蘇、朝、日対外経済関係専題研究報告』一九八八年、三月)などがあるが、中国における朝鮮半島研究の詳細については、朴鍵一主編・馬軍偉副主編『中国対朝鮮半島的研究』(北京、民族出版社、二〇〇六年)を参照されたい。

もちろん、中国、北朝鮮がともに社会主義陣営に属し、なおかつアジアにおける冷戦構造を規定した朝鮮戦争の当事者であったため、中国・北朝鮮関係はその二国間関係のみを抽出して分析することが難しいのは事実である。しかし、その国際的側面を強調する余り、二者間の関係それ自体の特徴について等閑視されがちであったことは否めない。また、既述の二者関係に焦点を合わせた優れた先行研究は、いずれも断片的、あるいは特定領域についての研究であり、中朝関係を総合的に分析したものではない。この二者間の関係を明らかにするためには、先に指摘した四つの要因について総合的に分析される必要があるのである。

また、中朝関係それ自体をテーマとしたものではないが、ここで紹介した研究以外にも二つの業績を指摘しなければならない。それは、中朝関係と密接不可分である中韓関係をテーマとする研究である。改めて指摘するまでもなく、南北分断状況にある北朝鮮にとって韓国はあらゆる局面で意識せざるを得ない存在であり、本書のテーマである中朝関係においても韓国の存在は意識せざるを得ないものである。とりわけ、中韓国交正常化は、朝鮮半島をめぐる国際関係を大幅に修正するものであった。金淑賢『中韓国交正常化に関する研究』（東京大学博士論文、二〇〇七年）と李成日『中国の朝鮮半島政策の調整と中韓国交正常化――鄧小平期中国外交の転換の視点から――』（二〇〇八年慶應義塾大学博士論文）がそれである。ともに中韓国交正常化をテーマとする研究で、中韓国交正常化当時の担当者であった銭其琛中国外相と李相玉韓国外相の回顧録を用いた研究として評価し得る。ともに、そうした新資料を用いて、中韓国交正常化交渉の詳細を明らかにしている。

また、中朝関係そのものを扱ったわけではないが、室岡鉄夫「日本における北朝鮮研究――二〇世紀最後の一〇年間を中心に――」『現代韓国朝鮮研究』創刊号（二〇〇一年一一月）は日本の朝鮮研究の現状と水準を理解するために必要不可欠な文献である。合わせて参照されたい。

以上のように、中朝関係をめぐる研究については徐々に環境が整いつつあるが、依然として、当事者としての中国と北朝鮮が両者の関係について神経質であるため、客観的資料に基づいた詳細な研究については難しい状況にあると言わざるを得ない。そうした制約の中で如何に実態に迫るかが研究課題なのである。

資料と方法――中朝関係に依然として不透明な部分が多いことは既述の通りであるが、その一方で、徐々にではあるが中朝関係を分析するための環境が整い始めたのも事実である。その一例として、中国が中朝関係についての資料を整理し始めたことを指摘できる。たとえば、『中国対朝鮮和韓国政策文献匯編』全五巻（北京、中国社会科学出版社、一九九四年）は、中国建国から一九九四年までの中朝関係についての公開資料を整理した資料集として有用である。この続編として位置づけられるのが、一九九一年から二〇〇六年の期間の公開資料を整理した『中国与朝鮮半島国家関係文献資料匯編』上巻、下巻（北京、世界知識出版社、二〇〇六年）である。先の『中国対朝鮮和韓国政策文献匯編』とともに、中国と北朝鮮の関係を検討する際に必要不可欠な資料集であろう。また、断片的ではあるが新たな事実を明らかにする資料も公開されている。たとえば、中華人民共和国外交部外交史研究室の編による『周恩来外交活動大事記一九四九―一九七五』（北京、世界知識出版社、一九九三年）では、これまで中朝関係で明らかにされていなかった多くの事実が既述されている。また、銭其琛『外交十記』（北京、世界知識出版社、二〇〇三年）も、もちろん限定的ではあるものの、中国側の外交当局の回顧録としての資料的価値がある。また、直接中朝関係の資料ではないが、中国と朝鮮半島の関係という視点に立つ時、中韓国交正常化の際の韓国側の当事者であった李相玉の回顧録である『転換期の韓国外交――李相玉外交回顧録――』（ソウル、サムグァクム、二〇〇二年）は中朝関係を検討する際にも参考になる。

もとより、依然として中朝関係の全体像を明らかにするために十分な資料的環境が整っているとは言いがたいが、こうした資料をもとに新たに明らかにされた事実を含めて北朝鮮と中国の関係についてあらためて分析することは、これまで明らかにされていなかった中朝関係の実態を明らかにするにとどまらず、冷戦終焉以後の中朝関係を分析するためにも必要不可欠な作業と言ってよい。

4　一九九一年一〇月の金日成の公式訪問時、三九回目の訪中であることが明らかにされた。安田淳「中国の朝鮮半島政策」小此木政夫編『ポスト冷戦の朝鮮半島』日本国際問題研究所、一九九四年、二三〇ページ。

5　たとえば、「周恩来総理在歓迎朝鮮政府代表団敵宴会上的講話」『中国対朝鮮和韓国政策文献匯編』第三巻、北京、中国社会科学出版社、一九九四年、一〇八三ページを参照されたい。

6　このあたりの経緯については、鐸木昌之「忘れられた共産主義者たち――華北朝鮮独立同盟をめぐって――」『法学研究』一九八四年四月、および鐸木昌之「満州共産主義運動における国際的連繫」『アジア研究』一九八七年三月号を参照されたい。

7　金日成「思想事業において教条主義と形式主義を排し主体を確立することについて――党宣伝扇動活動家の前で行った演説（一九五五年一二月二八日）」『金日成選集』第四巻、平壌、朝鮮労働党出版社、一九六二年を参照されたい。

8　小此木政夫「北朝鮮における対ソ自主性の萌芽一九五三～一九五五――教条主義批判と『主体』概念――」『アジア経済』一九七二年七月号、および小此木政夫編著『北朝鮮ハンドブック』講談社、一九九七年、二二二～二二五ページを参照されたい。

9　小此木政夫編著『北朝鮮ハンドブック』二二三ページ。

10　曹世功「中国の朝鮮半島政策——ある中国人学者の視角——」『国際政治』一九八九年一〇月を参照されたい。

第1章　中国人民志願軍撤退と台湾海峡危機

1　「抗美援朝、保衛和平」『周恩来文選』下巻、北京、人民出版社、一九八四年、五三ページ。また、本章の目的は中国の朝鮮戦争参戦それ自体を究明することではなく、中国にとっての朝鮮半島の持つ意味を明らかにすることにある。それゆえ、朝鮮戦争休戦以後の中国の朝鮮半島問題認識についての議論を中心に行う。もちろん、建国間もない中国がどのような過程を経て朝鮮戦争に参戦することになったかは、その後の中国の朝鮮半島に対する姿勢を理解するうえで明らかにされなければならない問題ではあるが、その点については、たとえば以下の研究を参照されたい。平松茂雄『中国と朝鮮戦争』勁草書房、一九八八年、朱建栄『毛沢東の朝鮮戦争——中国が鴨緑江を渡るまで——』岩波書店、一九九一年、和田春樹『朝鮮戦争』岩波書店、一九九五年、中嶋嶺雄『中ソ対立と現代』中央公論社、一九七八年、Sergei N. Goncharov, John W. Lewis, and Xue Litai, *Uncertain Partners ; Stalin, Mao, and Korean War* (Stanford University Press, 1993)；Allen S. Whiting, *China Crosses Yalu the Decision to Enter the Korean War* (Stanford University Press, 1960). 安田淳「中国建国初期の安全保障と朝鮮戦争への介入」『法学研究』第六七巻第八号、一九九四年八月、三三～七〇ページ、安田淳「中国の朝鮮戦争参戦問題」『軍事史学』第三〇巻第二号、一九九四年九月、四～二一ページ、安田淳「中国の朝鮮戦争第三次～第五次戦役——停戦交渉への軍事過程——」小島朋之・家近亮子編『歴史の中の中国政治』勁草書房、一九九九年、一六三～二〇〇ページ、蘇鎮轍『朝鮮戦争の起源——国際共産主義者の陰謀——』三一書房、一九九九年。また、中国側の比較的最近の研究としては、沈志華「毛沢東派兵入朝作戦的決心——就一〇月二日電報答俄国学者的質疑——」『国外中共党史研究動態』一九九二年第二期総第三八期・四月二〇日、七～一二ページ、青石「朝鮮停戦内幕——来自俄国籤案的秘密——」『百年潮』一九九七年第三期、四四～五六ページ、などを参照されたい。

2　中国の朝鮮戦争参戦と台湾解放の関係について論じたものとしては、たとえば、安田淳「中国建国初期の安全保障と朝鮮戦争への介入」を参照されたい。また、一九七〇年初頭の韓国の北方外交との関連から台湾問題と朝鮮問題の連繋について論じたものとしては、倉田秀也「韓国『北方外交』の萌芽」日本国際政治学会編『国際政治』第九二号「朝鮮半島の国際政治」一九八九年一〇月、八九～九一ページを参照されたい。第5章で、この点についての中国の姿勢を中朝関係の文脈から分析する。合わせて参照されたい。
3　「周恩来外長駁訴社魯門一九五〇年六月二七日声明的声明」『中国対朝鮮和韓国政策文献匯編』第一巻、北京、中国社会科学出版社、一九九四年、七ページ。
4　「周恩来外長為安理会六月二七日通過関于武装干渉朝鮮的決議到聯合国秘書長頼伊電」『中国対朝鮮和韓国政策文献匯編』第一巻、一二ページ。
5　「周恩来外長駁訴社魯門一九五〇年六月二七日声明的声明」七ページ。
6　朱建栄『毛沢東の朝鮮戦争――中国が鴨緑江を渡るまで――』六四〜六五、および一〇五〜一〇六ページ。
7　同前、一一三〜一一四ページ。また、前掲、和田春樹『朝鮮戦争』二三〜三九ページ、七八〜八五ページでは、中国革命、国境内戦と朝鮮戦争の連続性について詳細に論じられている。
8　若林正丈『台湾―分裂国家と民主化』東京大学出版会、一九九二年、六九〜七〇ページ。
9　「中国各民主党派関与抗美援朝保家衛国的連合宣言」『中国対朝鮮和韓国政策文献匯編』第一巻、五五ページ。
10　小此木政夫編『北朝鮮ハンドブック』講談社、一九九七年、一三六ページ、和田春樹『朝鮮戦争』三四〜三六ページ。
11　平松茂雄『中国と朝鮮戦争』七六〜八四ページ、および、朱建栄『毛沢東の朝鮮戦争』五一〜七六ページ。
12　この点については、たとえば、安田淳「中国建国初期の安全保障と朝鮮戦争への介入」前掲誌、六三〜六四ページを参照されたい。また、中ソ関係の文脈から中国の朝鮮戦争参戦目的が東北の防衛にあったとする説については、たとえば、中嶋嶺雄『中ソ対立と現代』中央公論社、一九七八年、一二九〜一三五ページ。
13　朝鮮戦争参戦に際しての中国の北朝鮮に対する援助物資は五六〇万トン、戦費は六〇兆元（旧人民元）、死傷者は三五万人に達したという。裴堅章編『中華人民共和国外交史』第一巻（一九四九―一九五六）北京・世界知識出版社、一九九八年、九ページ。
14　休戦協定については「朝鮮における軍事休戦に関する一方国際連合軍司令部総司令官と他方朝鮮人民軍最高司令官および中国人民志願軍司令との間の協定（一九五三年七月二七日）」神谷不二編集代表『朝鮮問題戦後資料』第一巻、日本国際問題研究所、一九七六年、五〇八〜五二七ページ。
15　『朝鮮中央年鑑』一九五四〜五五年版、平壌、朝鮮中央通信社、一九五四年、三二六ページ。
16　同前、三二五ページ。

17 「周恩来外長在日内瓦会議上的発言」『中国対朝鮮和韓国政策文献匯編』第二巻、七二二ページ。
18 同前、七二〇ページ。
19 同、七二三ページ。
20 米韓相互防衛条約については、「大韓民国及び米合衆国間の相互防衛条約」『大韓民国条約集』第一巻、外務部、一九五六年一二月、一六五〜一六八ページを参照のこと。
21 「ジュネーブ会議における卞栄泰韓国代表の一四項目提案」神谷不二編集代表『朝鮮問題戦後資料』第二巻、日本国際問題研究所、一九七八年、七二四ページ。
22 『朝鮮中央年鑑』一九五四〜五五年版、三五〇ページ。
23 「ジュネーブ会議における一六カ国共同宣言」『朝鮮問題戦後資料』第二巻、七三五〜七三六ページ。
24 北朝鮮の国連に対する姿勢については、藤井新「朝鮮半島と国際連合——南北朝鮮の国連加盟問題——」日本国際政治学会編『国際政治』第九二号「朝鮮半島の国際政治」一九八九年一〇月を参照されたい。
25 「中国人民志願軍総部発言人宣布将従朝鮮撤出七個師回国的公告」『中国対朝鮮和韓国政策文献匯編』第二巻、一九九四年、七九三ページ。
26 中華人民共和国外交部外交史研究室編『周恩来外交活動大事記一九四九—一九七五』北京、世界知識出版社、一九九三年、八二〜八三ページ。
27 袁克勤「米華相互防衛条約の締結と『二つの中国』問題」日本国際政治学会編『国際政治』第一一八号「米中関係史」一九九八年五月、六七ページ。
28 社論「歓迎中国人民志願軍七個師的勝利帰来」『人民日報』一九五四年九月二一日。
29 中国は五五年一〇月に実施された人民志願軍第一期第二次撤退について、『印度快報』は一〇月三日付け論評で、中国が六個師団撤退させたことについて述べ『国際的事務のなかの新たな雰囲気に完全に符合』『北京はジュネーブ会議の精神を維持』と報道している」として、自らの姿勢がジュネーブ会議の精神に則ったものであることを強調している。社論「促進和平解決朝鮮問題的重要貢献」『人民日報』一九五五年一〇月一一日。
30 『当代中国』叢書編集委員会編『抗美援朝戦争』北京、中国社会科学出版社、一九九〇年、四五七〜四六一ページ。
31 石志夫主編『中華人民共和国対外関係史——一九四九・一〇—一九八九・一〇——』北京、北京大学出版社、一九九四年、八二ページ。
32 高橋伸夫『中国革命と国際環境——中国共産党の国際情勢認識とソ連 一九三七~一九六〇年——』慶應義塾大学出版会、一九九六年、一七八~一八一ページ。
33 社論「朝鮮問題必須和平解決——評中国人民志願軍七個師撤出朝鮮——」『人民日報』一九五四年九月九日。
34 社論「歓迎中国人民志願軍七個師的勝利帰来」『人民日報』一九五四年九月二二日。
35 第一次台湾海峡危機については、たとえば若林正丈「中台関係四〇年略史——『内戦』は溶解するか?——」岡部達味責任編集『中国をめぐる国際環境』「岩波講座『現代中国』」第六巻、岩波書店、一九九〇年、二四二~二四三ページ。
36 若林正丈『台湾—分裂国家と民主化』東京大学出版会、一九九二年、七二ページ。
37 松本はるか「台湾海峡危機[一九五四—五五]と米華相互防衛条約の締結」日本国際政治学会編『国際政治』第一一八号「米中関係史」一九九八年五月、八八ページ。
38 「中国人民志願軍発言人在朝鮮停戦一周年前夕発表的談話」『中国対朝鮮和韓国政策文献匯編』第二巻、七七七ページ。
39 中華人民共和国外交部・中共中央文献研究室編『周恩来外交文選』北京、中央文献出版社、一九九〇年、五一九ページ。
40 「中国人民政協全国委員会、中国人民抗美援朝総会在安東歓迎中国人民志願軍帰国部隊大会上的歓迎詞」『中国対朝鮮和韓国政策文献匯編』第二巻、七九八ページ。
41 「中国人民政協全国委員会、中国人民抗美援朝総会在安東歓迎中国人民志願軍帰国部隊大会上的歓迎詞」『中国対朝鮮和韓国政策文献匯編』第二巻、八〇〇ページ。
42 平松茂雄『中国と朝鮮戦争』七六~八四ページ。
43 周恩来「推進中英関係争取和平合作(一九五四年八月一二日)」『周恩来外交文選』八四ページ。
44 周恩来「堅決反対製造『両個中国』的陰謀(一九五五年一月五日)」『周恩来外交文選』九九ページ。
45 毛里和子『中国とソ連』岩波新書、一九八九年、三二~三三ページ。また、逆説的ではあるが、むしろ中国こそが台湾に力量を集中させ米国の関心を台湾に向けさせたとすることも完全には否定できない。米国の圧倒的国力を前提とする時、中国にとって二つの戦線を維持することが不利であったことは明らかであろう。たとえば朝鮮戦争に際して台湾侵攻作戦それ自体を延期したことからも中国側のそうした認識は見て取れる。台湾侵攻作戦の延期については、朱建栄『毛沢東の朝鮮戦争』一〇六~一一三ページを参照のこと。

46　平松茂雄『中国人民解放軍』岩波新書、一九八七年、七八ページ、および、高木誠一郎「米中関係の基本構造」『中国をめぐる国際環境』「岩波講座『現代中国』」第六巻、岩波書店、一九九〇年、一二二ページ。
47　『中華人民共和国対外関係史』八一～八六ページ、および、若林正丈『台湾』七二ページ。
48　若林正丈・劉進慶・松永正義編『台湾百科　第二版』大修館書店、一九九三年、八一ページ。
49　社論「促進和平解決朝鮮問題的重要貢献」『人民日報』一九五五年一〇月一二日。
50　徐焔著・朱建栄訳「朝鮮戦争に中国はどれほど威力を投入したか」『東亜』第三一三号、一九九三年七月、二三～三二ページ。
51　「中華人民共和国外交部為建議招開有関国家会議討論朝鮮問題事致英国駐華代弁処的照会」『中国対朝鮮和韓国政策文献匯編』第二巻、八六三～八六四ページ。
52　北朝鮮は一九五六年六月二日に外務省声明を発表し、五六年四月九日の中国側の提案が北朝鮮の委嘱によるものであったことを明らかにしている。『労働新聞』一九五六年六月三日を参照のこと。
53　評論員文章「支持朝鮮人民的愛国闘争」『人民日報』一九五七年五月四日。
54　金日成の権力基盤確立と中国人民志願軍撤退の関連については伊豆見元・平岩俊司「中国人民志願軍の撤退と金日成の権力基盤確立」『国際政治』第一〇六号、一九九四年五月、一四九～一六一ページを参照されたい。
55　金日成「思想事業において教条主義と形式主義を排し主体を確立することについて――党宣伝扇動活動家の前で行った演説（一九五五年一二月二八日）」『金日成選集』第四巻、平壌、朝鮮労働党出版社、一九六二年、三二六～三三六ページ。この文献については実際の演説の日時など依然として不明な点があるものの、少なくとも当時の金日成がこうした思考を持っていたことは間違いないであろう。
56　小此木政夫「北朝鮮における対ソ自主性の萌芽一九五三～一九五五――教条主義批判と『主体』概念――」『アジア経済』一九七二年七月号、五二～五四ページ。
57　朝鮮の解放前中国共産党の指揮下、抗日運動を展開していた華北朝鮮独立同盟を意味する。華北朝鮮独立同盟については、鐸木昌之「忘れられた共産主義者たち――華北朝鮮独立同盟をめぐって――」『法学研究』昭和五九年四月号を参照のこと。
58　「八月全員会議事件」とその後の中ソの北朝鮮に対する「内政干渉」については、鐸木昌之『北朝鮮』三四～三五ページ、および Dae-Sook Suh, *KIM IL SUNG ; The North Korean Leader*, Columbia Press, New York, 1988, pp. 168–173. を参照された

い。

59　坂井隆『朝鮮労働党の歴史的研究』法務研究報告書第七六集第三号、一九八八年、三〇ページ。

60　鐸木昌之『北朝鮮』三四～三五ページ。

61　金日成「朝鮮労働党第四回大会における中央委員会の事業総括報告」『朝鮮労働党第四回大会文献』平壌、外国文出版社、一九六一年、一三五～一三六ページ。

62　徐焔著・朱建栄訳「朝鮮戦争に中国はどれほど兵力を投入したか」一三一～一三二ページ。

63　『当代中国』叢書編集委員会編『当代中国外交』北京、中国社会科学出版社、一九八七年、一〇四ページ。

64　たとえば、社論「不許米国破壊和平陰謀得逞」『人民日報』一九五七年六月二八日、評論員文章「李承晩応該有点記性」『人民日報』一九五七年七月二日、評論員文章「必須追求美国強迫抑留朝鮮俘虜人員的責任」『人民日報』一九五七年一〇月二七日。

65　社論「朝鮮停戦協定不容破壊」『人民日報』一九五七年六月二三日。

66　毛沢東は一九五七年一一月二日に空路モスクワに向かい一一月二一日空路北京に戻っている。それゆえ、金日成との会談は少なくとも一一月初旬から一一月二〇日までのいずれかの時点ということになる。『周恩来外交活動大事記一九四九―一九七五』北京、世界知識出版社、一九九三年、二二二、および二二四ページ。

67　評論員文章「朝鮮内政不容美国干渉」『人民日報』一九五七年一一月二〇日。

68　高橋伸夫『中国革命と国際環境』一八一～一八七ページ。

69　中嶋嶺雄『中ソ対立と現代』二一九ページ。

70　一九五〇年以降五五年までは毎年、解放を祝う電報についての報道があるが、一九五六年については一切報道が確認されない。また、一九五七年から中国文化大革命直前の一九六五年まで報道されている。

71　坂井隆『朝鮮労働党の歴史的研究』三〇ページ。

72　「関于志願軍撤出朝鮮問題給金日成電報（一九五八年一月二四日）」『建国以来毛沢東文稿』第七冊、北京、中央文献出版社、一九九二年、三七ページ。

73　「対従朝鮮撤回中国人民意志願軍的方案的批語（一九五七年一二月三一日）」『建国以来毛沢東文稿』第六冊、六七九ページ。

74　一月二四日の電報で毛沢東は「朝鮮民主主義人民共和国政府が主体的に外国軍隊の朝鮮からの撤退要求を提出し、しかる後に中国政府が朝鮮政府の要求に応じるとする方が適当であると考える」とし、「それゆえ我々は一二月一六日の提案のほうがよいと考える」としている。ここから、一二月一六日の金日成の書簡には北朝鮮が外国軍撤退提案を行い、それに中国側が応えるとのシナリオが描かれていたと推測される。それに対して、毛沢東が否定的姿勢を示した一二月二五日の書簡では、中国側が主導で人民志願軍を撤退させるとのシナリオが描かれていたものと推測される。「関于志願軍撤出朝鮮問題給金日成電報（一九五八年一月二四日）」『建国以来毛沢東文稿』第七冊、三七ページ。

75　「中国人民志願軍総部関于自朝鮮撤出全部志願軍的声明」『中国対朝鮮和韓国政策文献匯編』第三巻、九五一ページ。

76　社論「朝鮮問題必須和平解決——評中国人民志願軍七個師撤出朝鮮——」『人民日報』一九五四年九月九日。

77　「朝鮮民主主義人民共和国政府声明」『朝鮮中央年鑑』一九五九年版、五五～五六ページ。

78　中国人民志願軍司令員楊勇文章「慶祝朝鮮人民軍建軍一〇周年」『人民日報』一九五八年二月六日。

79　「中国政府同朝鮮政府磋商撤出史志願軍的声明」『中国対朝鮮和韓国政策文献匯編』第三巻、九二一～九二二ページ。

80　「関于志願軍撤出朝鮮問題給金日成電報（一九五八年一月二四日）」『建国以来毛沢東文稿』第七冊、北京、中央文献出版社、一九九二年、三七～三九ページ。

81　中朝共同声明については、『労働新聞』一九五八年二月二〇日および『人民日報』一九五八年二月二〇日。

82　See Department of State, *American Foregin Policy 1958*（New York : Arno Press 1971）, p. 1221.

83　『当代中国外交』一〇三～一〇四ページ。

84　「中国外交部関于自朝鮮撤退一切外国軍隊問題給英国駐華代弁処的照会」『中国対朝鮮和韓国政策文献匯編』第三巻、九八四～九八六ページ。

85　社論「米軍侵略軍必須从南朝鮮撤退」『人民日報』一九五八年六月二五日。

86　『当代中国外交』一〇四～一〇五ページ。

87　たとえば、社論「歓迎来自平壌的貴賓」『人民日報』一九五八年八月三日。

88　高木誠一郎「米中関係の基本構造」『中国をめぐる国際環境』一一四～一一五ページ。

89　中嶋嶺雄『中ソ対立と現代』一三一ページ。

90　同前、一三三ページからの重引。

91 若林正丈『台湾』七二ページ。
92 高木誠一郎「米中関係の基本構造」『中国をめぐる国際環境』一二五ページ。
93 『当代中国』叢書編集委員会編『抗美援朝戦争』北京、中国社会科学出版社、一九九〇年、四五七～四六一ページ。
94 たとえば、若林正丈「中台関係四〇年略史――『内戦』は溶解するか？――」『中国をめぐる国際環境』二四四ページ。
95 前掲、中嶋嶺雄『中ソ対立と現代』二三一ページ。
96 社論「記住朝鮮戦争！」『人民日報』一九五八年七月二七日。
97 社論「中朝経済合作的新段階」『人民日報』一九五八年九月二八日。
98 「周恩来総理在北京車站歓迎朝鮮政府代表団的講話」『中国対朝鮮和韓国政策文献匯編』第三巻、一〇八二ページ。
99 「周恩来総理在歓迎朝鮮政府代表団敵宴会上的講話」『中国対朝鮮和韓国政策文献匯編』第三巻、一〇八三ページ。
100 「彭真市長在首都各界人民歓迎朝鮮政府代表団大会上的講話」『中国対朝鮮和韓国政策文献匯編』第三巻、一〇九三ページ。
101 同前、一〇九四～一〇九五ページ。
102 「彭徳懐元帥在宴請朝鮮軍事代表団時的講話」『中国対朝鮮和韓国政策文献匯編』第三巻、一〇九六ページ。
103 「毛沢東主席在武漢接見金日成首相」「毛沢東主席和金日成首相会談」『中国対朝鮮和韓国政策文献匯編』第三巻、一〇九七および一一〇一ページ。
104 「朝鮮民主主義人民共和国代表団とベトナム民主共和国政府代表案の共同声明（一九五八年一二月一日）」『朝鮮中央年鑑』五九年版、七一～七三ページ。
105 「中華人民共和国和朝鮮民主主義人民共和国政府連合声明（一二月八日）」『中国対朝鮮和韓国政策文献匯編』第三巻、一一〇四～一一〇七ページ。
106 「政府代表団の中国、北ベトナム訪問事業報告に関する公報」『朝鮮問題戦後資料集』第一巻、五四四ページ。
107 この時点では、北朝鮮の対米認識は依然として中国のそれとは異なったものであった。その点については第2章で考察する。

1　朝鮮戦争の経験は、金日成に、中国、ソ連いずれか一方だけでは米国に対抗できないことを教えたと言ってよい。北朝鮮にとって中国、ソ連、ともに重要だったのである。ただし、北朝鮮にとっての中国の重要性とソ連の重要性ではその意味が異なるが、本章では、中国にとっての意味を中心に議論する。

2　金日成「思想事業において教条主義と形式主義を排し主体を確立することについて――党宣伝煽動活動家の前で行った演説一九五五年一二月二八日」『金日成選集』第四巻、平壌、朝鮮労働党出版社、一九六二年、三二六ページ。

3　南日「祖国の平和的統一について」『労働新聞』一九五九年一〇月二七日。

4　中嶋嶺雄『中ソ論争と現代――戦後アジアの再考察――』中央公論社、一九七八年、二四五ページ。

5　南日「祖国の平和的統一について」『労働新聞』一九五九年一〇月二七日。

6　国防新協定は一九五七年にソ連が中国の原爆製造を支援し、核兵器サンプルを供与することを約束した協定である。このあたりの経緯については、岡部達味『中国の対外戦略』東京大学出版会、二〇〇二年、一一三～一一六ページを参照されたい。

7　中嶋嶺雄『増補現代中国論――イデオロギーと政治の内的考察――』青木書店、一九七一年、一九五ページ。

8　高橋伸夫『中国革命と国際環境――中国共産党の国際情勢認識とソ連　一九三七年～一九六〇年』慶應義塾大学出版会、一九九六年、一八六ページ。

9　前掲、中嶋嶺雄『中ソ論争と現代――戦後アジアの再考察――』二四四～二四六ページ。

10　金日成が朝鮮戦争から得た教訓は、第一に、武力統一を試みれば必ず米国の介入を覚悟しなければならないことであり、それは五三年に米韓相互防衛条約が締結され、在韓米軍が駐留していることを前提とすれば、米国との戦争を意味した。そして第二に、中国の支援だけでは武力統一を成功させられないということである。ソ連の本格的支援がなければ米国との戦争を戦い抜き勝利を収めることができないことは自明であった。いくら中国が帝国主義との徹底闘争を主張し、かりに朝鮮半島で紛争が発生した場合に参戦したとしても、米国の参戦を前提とする限り武力統一が成功する可能性はきわめて低かった。それゆえ、ソ連が米国との平和共存を掲げる限り、北朝鮮は武力統一の試みを断念しなければならなかったとも言える。

11　前掲、高橋伸夫『中国革命と国際環境』一八五ページ。

12　同前、一八五〜一八六ページ。
13　「共産主義の旗は月に翻る」『労働新聞』一九五九年九月一五日。
14　「米軍必須撤出南朝鮮」『人民日報』一九五九年一〇月二九日。
15　同前。
16　この点については第1章を参照されたい。
17　前掲「米軍必須撤出南朝鮮」『人民日報』一九五九年一〇月二九日。
18　金日成「すべての力を祖国の統一独立と共和国北半部における社会主義建設のために――我が革命の性格と課題に関するテーゼ」『金日成選集』第四巻、平壌、朝鮮労働党出版社、一九六二年、一九六〜二一三ページ。
19　小此木政夫編『北朝鮮ハンドブック』講談社、一九九七年、一六〇〜一六一ページ。
20　拙稿「分断以降の北朝鮮政治史」小島朋之・国分良成編『東アジア』自由国民社、一九九七年、一六三〜一六四ページを参照されたい。
21　鐸木昌之『北朝鮮――社会主義と伝統の共鳴――』東京大学出版会、一九九二年、一九ページ。
22　前掲、金日成「すべての力を祖国の統一独立と共和国北半部における社会主義建設のために――我が革命の性格と課題に関するテーゼ」一九六〜二一三ページ。
23　同前。
24　同。
25　南日「祖国の平和的統一について」『労働新聞』一九五九年一〇月二七日。
26　前掲、中嶋嶺雄『中ソ論争と現代』二三七〜二四三ページ。
27　ドン・オーバードファー著、菱木一美訳『二つのコリア』共同通信社、一九九八年、一〇八〜一一二ページ。
28　ジュネーブ会議決裂以降の北朝鮮の平和的統一提案については、『朝鮮民主主義人民共和国統一方案集』平壌、外国文出版社、一九八二年、三四〜七二ページを参照のこと。
29　若林正丈「中台関係四〇年略史――『内戦』は溶解するか――」岡部達味編集責任『中国をめぐる国際環境』岩波書店、一九九〇年、二四三〜二四四ページ。
30　前掲、高橋伸夫『中国革命と国際環境』一八六ページ。

31 『労働新聞』一九六〇年四月二〇日。

32 「朝鮮労働党中央委員会声明――南朝鮮人民に告ぐ――」『労働新聞』一九六〇年四月二二日。

33 『朝鮮中央年鑑』一九六一年度版、朝鮮中央通信社、一九六一年、一五四ページ。

34 北朝鮮のこうした積極的姿勢は、当時の南北の国力比を前提として理解すべきであろう。政治的動揺を繰り返す韓国の経済状況が厳しいものであったことはあらためて指摘するまでもなかろう。当時の北朝鮮が南北関係について自ら有利であるとの認識を持ったとしても不思議ではない。

35 「南朝鮮人民怒吼了」『人民日報』一九六〇年四月二五日。

36 「中共中央委員、中華全国総工会主席劉寧一在首都各界人民支援南朝鮮人民愛国正義党争大会上的講話」『中国対朝鮮和韓国政策文献匯編』第三巻、北京、中国社会科学出版社、一九九四年、一一五九ページ。

37 もちろん、中朝の評価の相違の最も大きな原因は、中国にとっての朝鮮半島情勢の持つ意味と北朝鮮にとってのそれとの相違にある。中国にとって朝鮮半島情勢の持つ意味は米国との関係が第一義的であるとしても、韓国との関係こそが最も重要である北朝鮮にとって、米国との関係は南北関係を規定する大きな要因以上のものではないのである。それゆえ、朝鮮半島の力の均衡を変化させる可能性を秘める事態に際して、中国は米国の動向を注視するし、一方の北朝鮮はもちろん米国の動向について注意を払いつつも、韓国の動向に最も神経を使うのである。

38 金日成「祖国解放一五周年慶祝大会における報告（一九六〇年八月一四日）」『労働新聞』一九六〇年八月一五日。

39 同前。

40 一九六〇年八月一四日の金日成の祖国統一提案以後、それを前提として北朝鮮は各種の平和統一方案を行う。各種統一提案については、『朝鮮民主主義人民共和国統一方案』七六～八二ページを参照のこと。

41 崔庸健「祖国の平和的統一を一層促進するために（一九六〇年一一月一九日）」『労働新聞』一九六〇年一一月二〇日。

42 同前。

43 「北南の経済・文化交流に関する意見書」『労働新聞』一九六〇年一一月二三日。

44 この時点の北朝鮮の革命路線はソ連の平和共存路線を前提とするものであったが、後に北朝鮮は、一九六三年六月の崔庸健訪中に際しての共同声明で「彼ら自身が革命を行わないばかりでなく、他人も革命できないようにしている」としてソ連の姿勢を批判することとなる。『労働新聞』一九六三年六月二四日。詳しくは第3章を参照のこと。

45 「南朝鮮で燃え上がる反米救国闘争の炎」『労働新聞』一九六一年四月二一日。
46 「祖国平和統一委員会結成大会声明（一九六一年五月一三日）」『労働新聞』一九六一年五月一四日。
47 「軍事革命の勃発――革命公約、軍事革命委員会令および軍事革命委員会布告（一九六一年五月一六、一七、一八、一九日）神谷不二編集代表『朝鮮問題戦後資料』第三巻、日本国際問題研究所、一九八〇年、一八ページ。
48 朝鮮中央通信社声明「南朝鮮で造成された事態と関連して（一九六一年五月一七日）」『労働新聞』一九六一年五月一八日。
49 同前。
50 『韓国政治年表（一九四五―一九八四）』立法参考資料代二三五号、ソウル、国会図書館、一九八四年、一九七ページ。
51 崔庸健「モンゴル親善使節団歓迎宴での演説」『労働新聞』一九六一年五月二〇日。
52 前掲、『韓国政治年表』一九七ページ。
53 同前。
54 「米帝は南朝鮮を軍事ファッショの坩堝に追い込んでいる」『労働新聞』一九六一年五月二〇日。
55 金一「『軍事革命』を糾弾する（一九六一年五月二〇日）」『労働新聞』一九六一年五月二一日。
56 社会科学院歴史研究所『現代朝鮮歴史』平壌、科学・百科事典出版社、一九八三年、五八二ページ。
57 柳澤英二郎『危機の国際政治史　一九一七―一九九二』亜紀書房、一九九三年、二三二ページ。
58 金日成「兵器工業の一層の発展のために（六一年五月二八日）」『金日成著作集』第一五巻、平壌、朝鮮労働党出版社、一九八〇年、一三三～一三四ページ。
59 「評南朝鮮軍事政変」『人民日報』一九六一年五月二一日。
60 金日成「兵器工業の一層の発展のために（六一年五月二八日）」『金日成著作集』第一五巻、平壌、朝鮮労働党出版社、一九八〇年、一二五～一四七ページ。
61 社会科学院歴史研究所『朝鮮全史三〇』平壌、科学・百科事典出版社、一九八二年、一〇～一一ページ。
62 金日成「朝鮮労働党中央委員会一二月拡大全員会議での演説」『朝鮮中央年鑑一九六一年版』二五二ページ。
63 「平壌市民大会におけるコスイギン同志の演説（一九六一年六月一日）」『労働新聞』一九六一年六月二日。
64 金日成「ソ連第一副首相コスイギン同志の歓迎宴における演説」『労働新聞』一九六一年六月一日。
65 前掲、「平壌市民大会におけるコスイギン同志の演説（一九六一年六月一日）」『労働新聞』一九六一年六月二日。

66 『労働新聞』一九六一年七月七日。
67 『労働新聞』一九六一年七月一〇日。
68 「朝鮮民主主義人民共和国と中華人民共和国間の友好、協力及び相互援助に関する条約」『労働新聞』一九六一年七月一二日。
69 「朝鮮民主主義人民共和国とソビエト社会主義共和国連邦間の友好、協力及び相互援助に関する条約」『労働新聞』一九六一年七月七日。
70 たとえば、社論「亜州和世界和平的保障」『人民日報』一九六一年七月一二日。
71 「朝鮮民主主義人民共和国と中華人民共和国間の友好、協力及び相互援助に関する条約」『労働新聞』一九六一年七月一二日。
72 「周恩来総理在朝鮮臨時代弁馬東山挙行的宴会上講話」『中国対朝鮮和韓国政策文献匯編』第三巻、一二八三ページ。
73 中朝共同声明については、『労働新聞』一九六一年七月一五日、また中文については「中朝連合公報」『中国対朝鮮和韓国政策文件匯編』第三巻、一二九一〜一二九五ページを参照のこと。
74 中嶋嶺雄『中国――歴史・社会・国際関係』中公新書、一九八二年、一二〇ページ。
75 『労働新聞』一九六一年七月一五日。
76 たとえば「為中朝友誼的進一歩強固和発展而歓呼」『人民日報』一九六一年七月一六日。
77 エヌ・エス・フルシチョフ「世界共産主義運動の新たな勝利のために――一九六一年一月六日クレムリン宮における党大学、社会科学アカデミー及びマルクス・レーニン主義大学の党機関総会での演説――(『コムニスト』誌、一九六一年一月号)」外務省国際資料部監修、欧ア協会編『中ソ論争主要文献集』日刊労働通信社、一九六五年五月、一一八〇〜一一八三ページ。
78 「金日成同志のソ連および中国訪問帰国演説(一九六一年七月一六日)」『労働新聞』一九六一年七月一六日。
79 同前。
80 同。
81 たとえば、「マルクス・レーニン主義の旗幟を一層高く掲げよう」『労働新聞』一九六二年一一月一七日。
82 フルシチョフの「民族解放闘争」認識についてはさしあたり、佐藤栄一「ソ連と軍備管理・軍縮問題」平井友義編『ソ連対外政策の諸様相』日本国際問題研究所、一九七七年、二二八～二三〇ページを参照されたい。

83　一九六二年一〇月のキューバ危機を契機に北朝鮮のこうした姿勢はより明確になり、米国のキューバ危機に際しての対応を評して「侵略者」「戦争挑発者」と断定したのである。「マルクス・レーニン主義の旗幟を一層高く掲げよう」『労働新聞』一九六二年一一月一七日。

84　金日成「朝鮮労働党第四回大会に対する中央委員会の活動報告」『朝鮮労働党第四回大会文献集』平壌、外国文出版社、一九六一年、四七ページ。

85　同前。

86　同。

87　黄泰成は、六一年九月一日にソウル潜入に成功したが、一〇月二〇日に逮捕され、その後処刑されたという。金学俊著・李英訳『北朝鮮五十年史』朝日新聞社、一九九七年、二三七ページを参照されたい。

88　六一年九月二八日、第一回「政治会談」が黄海沿岸の北朝鮮領内の龍媒島で開催され、その後も複数回にわたって仏堂浦で会談が開催されたが最終的には決裂してしまったと言う。同前、金学俊『北朝鮮五十年史』二三七ページを参照されたい。

89　「朝鮮労働中央委員会第四期第五次全員会議公報」『労働新聞』一九六二年一二月一六日。

90　同前。

91　「全人民が武装し、全国土を要塞化しよう」『労働新聞』一九六二年一二月一七日。

第3章　中ソ論争と北朝鮮の革命路線

1　たとえば、木村明生「中ソ関係の変遷一九四七～七四」平井友義編『ソ連対外政策の諸様相』日本国際問題研究所、一九七七年、七七ページを参照のこと。

2　劉少奇・崔庸健による共同声明の朝鮮文については『労働新聞』一九九三年六月二四日、中文については『中国対朝鮮和韓国政策文件滙編』第四巻、北京、中国社会科学出版社、一九九五年、一四七四～一四八三ページを参照のこと。

3　「振り子運動」として捉える代表的な研究として、鄭鎮渭『北方三角関係――北韓の対中・ソ関係を中心に』（ソウル、法文社、一九八五年）を挙げることができる。たしかに、中ソ論争期の北朝鮮の対中、対ソ姿勢をある種の「振り子運動」として捉えることは結果的には妥当である。ただ、中国に対してはソ連カードを、ソ連に対しては中国カードを交互に切ることによって国益を極大化してきた、とする評価には、多分に金日成外交の「巧みさ」「狡猾さ」が前提とされるが、その点については慎重に評価すべきであろう。その時々の局面を評価すれば、確かに金日成は巧みに、あるいは狡猾に中ソ両社会主義大国を手玉に取っているかのような印象を与えるものの、ソ連、中国と北朝鮮の国力の相違を前提とすれば、金日成にとって中国、ソ連に対する一つひとつの態度表明は、まさに薄氷を踏む思いの決断の連続であったと言ってよい。もちろん、そこには中ソ間の不協和音を最大限利用しようとする金日成の「巧みさ」「狡猾さ」は見え隠れするものの、一つひとつの行動は大胆と言うよりはむしろ慎重な上にも慎重に、さらに言えば、愚直なまでに頑なな姿勢を維持することの連続であったと言っても過言ではない。本章では、そうした北朝鮮の「愚直さ」が記述されるであろう。また、徐大粛は、北朝鮮の対中対ソ姿勢について、「振り子運動」として捉えるのではなく、反ソ親中路線として位置づけており、この時期を中朝関係のピークとして位置づけている。see Dae-Sook Suh, *KIM IL SUNG : The North Korean Leader*, 1988, New York, Columbia University Press, pp. 202–206.

4 前掲、鄭鎮渭『北方三角関係』九二～九四ページ。
5 『労働新聞』一九六三年一月三〇日。
6 『労働新聞』一九六三年一月二二日。
7 『労働新聞』一九六三年一月二二日。
8 『労働新聞』一九六三年一月二二日。
9 「社会主義陣営の統一を守護して国際共産主義運動の団結を強化しよう」『労働新聞』一九六三年一月三〇日。
10 同前。
11 同。
12 たとえば、一九六二年一二月に、北朝鮮がいわゆる「四大軍事路線」を宣明する際にも、米国が「日本軍国主義者を南朝鮮とアジア侵略のための『突撃隊』としてかりだそうと露骨に画策し」「日本軍国主義一味と南朝鮮軍事ファッショ一味を結託させる目的で、犯罪的な『韓日会談』を是非成功させようとして」いるとして警戒感を露にしていた。「全人民が武装し全国土を要塞化しよう」『労働新聞』一九六二年一二月一七日。
13 前章で考察したように、帝国主義陣営と直接対峙する北朝鮮にとって、中国、ソ連ともに必要であった。それゆえ、中ソ論争期の北朝鮮を単に反ソ親中路線として評価するわけにはいかないのである。もちろん多くの問題を抱えながらも中ソの協力関係が維持されていた朝鮮戦争でさえ、中朝両国は北緯三八度線を維持するだけで精一杯であった。もちろん、北朝鮮からすれば、ソ連が直接参戦していれば違う結果になったかもしれない、という不満はあったかもしれないが、少なくとも、ソ連の存在があったからこそ三八度線を維持することができた、との判断もあったはずである。それゆえ、中ソが対立している状況下で、かりに休戦状態が壊れた場合、三八度線の維持すら危うい状況に追い込まれるかもしれない、との危機感をもつことは金日成にとって当然と言ってよかった。

14 金日成「第一次五カ年計画の成果的遂行のために」『金日成選集』第五巻、平壌・朝鮮労働党出版社、一九六〇年、三六二～三六三ページ。

15 ソ連共産党第二二回党大会に参加するためモスクワを訪問した金日成は、帰国後開催された朝鮮労働党第四期第二次全員会議で「自力更生」の必要性を強調した。『労働新聞』一九六一年一一月二八日。

16 一九六二年六月、ソ連はコメコン参加国共産党・労働者党代表者会を開催して「国際社会主義分業の基本原則」を採択し、東欧諸国のみならず、その他の社会主義諸国にもコメコンに参加させようとした。その結果モンゴルがコメコンに参加することとなったのである。詳細は「国際社会主義分業の基本原則」『プラウダ』一九六二年六月一七日外務省国際資料部監修、欧ア協会編『中ソ論争主要文献集』日刊労働通信社、昭和四〇年、八七～九七ページを参照されたい。

17 『労働新聞』一九六一年一一月二八日。

18 中嶋嶺雄『増補現代中国論――イデオロギーと政治の内的考察――』青木書店、一九七一年、二四二～二四六ページ。

19 鄭鎮渭はソ連の『国際政治経済年鑑』(一九六二年版)で、中国、北朝鮮、アルバニアが社会主義陣営から除外されていることを指摘している。前掲、鄭鎮渭『北方三角関係』一〇四ページ。

20 『朝鮮労働党歴史教材』平壌、朝鮮労働党出版社、一九六四年、四八七～四八九ページ。

21 この時期の北朝鮮の主張する「主体」は、両立し得ないもの、両立し得ない概念をあえて連結させることによって、その対立、矛盾を曖昧にする、という論理構造として理解されよう。そこには、両立し得ないものをともに手に入れることをめざす、という積極的な側面がないわけではないが、それよりも、両者の対立、矛盾を曖昧にとどめることによって、対立する両者に対する自らの立場そのものを曖昧にしておくことによって、その時々での自らの政策選択の幅を確保する、というむしろ防衛的な目的があったと理解されるべきであろう。中ソ両国の強大さを前提とすれば、北朝鮮の「主体」は、北朝鮮

きかもしれない。

の国益の極大化として理解するよりも、中ソ両国の北朝鮮に対する影響力の極小化をめざすための論理として理解されるべきかもしれない。

22 Dae-Sook Suh, *KIM IL SUNG*, p. 205.

23 劉少奇・崔庸健による共同声明の朝鮮文については、『労働新聞』一九六三年六月二四日、中文については『中国対朝鮮和韓国政策文件滙編』第四巻、北京、中国社会科学出版社、一九九五年、一四七四〜一四八三ページを参照のこと。また、傍点部の「マルクス・レーニン主義の普遍的真理を朝鮮革命の実践に創造的に適用して、正しい路線と政策」こそ、金日成の主張する「主体」である。中国が北朝鮮の「主体」を認めたのである。

24 同前。

25 「為中朝人民友好団結的新高峰歓呼」『人民日報』一九六三年六月二四日。

26 『労働新聞』一九六三年七月二五日。

27 小此木政夫「北朝鮮における対ソ自主性の萌芽一九五三〜一九五五——教条主義批判と『主体』概念——」『アジア経済』一九七二年七月号、五二〜五四ページ。

28 国分良成「中国——中華人民共和国期」『東アジア』自由国民社、一九九七年、二八一〜二八二ページ。

29 『労働新聞』一九六三年七月二五日。

30 かりに中国が快く思わない「教条主義」批判を北朝鮮が繰り返し強調すれば、中朝共同声明それ自体の撤回にまで発展した危険性を金日成は感じていたかもしれない。この当時の金日成にとって、中国を批判することが目的ではなく、ソ連に対して北朝鮮が「反ソ親中」ではないことを説明できれば十分だったはずである。ある意味で、この当時の北朝鮮の「主体」とは、ソ連に対して自らが「反ソ親中」でないことを、そして中国に対しては「反中親ソ」でもないこと説明するための言い訳を提供する論理として評価されるべきなのかもしれない。それゆえ、「振り子運動」として説明されるような「功みさ」「狡猾さ」ではなく、むしろ受け身で愚直な印象を受けるのかもしれない。

31 『労働新聞』一九六三年七月二五日。

32 たとえば、前掲、中嶋嶺雄『増補版現代中国論』二〇四〜二〇五ページ、あるいは岡部達味『現代中国の対外政策』東京大学出版会、一九七一年、一三五ページ、などを参照されたい。

33 「周恩来総理在朝鮮臨時代弁鄭鳳珪挙行的慶祝朝鮮民主主義人民共和国成立一五周年招待会上講話」『中国対朝鮮和韓国政

策文件滙編』第四巻、一五三八～一五四一ページ。
34 「朝鮮人民偉大節日」『人民日報』一九六三年九月九日。
35 同前。
36 前掲、鄭鎮渭『北方三角関係』九二ページ。
37 「劉少奇主席在平壌市各界人民歓迎大会上的講話」『中国対朝鮮和韓国政策文件滙編』第四巻、一四七四～一四八三ページを参照のこと。
38 同前、一四七四～一四八三ページ。
39 前掲、小此木政夫「北朝鮮における対ソ自主性の萠芽」『アジア経済』五二～五四ページ。
40 **Dae-Sook Suh, *KIM IL SUNG*, pp. 205–209.** および徐大粛著・古田博司訳『金日成と金正日』岩波書店、一九九六年、一〇二～一〇三ページを参照されたい。
41 『全世界史』（ソ連科学院編）朝鮮関係叙述の厳重な錯誤について」『労働新聞』一九六三年九月二〇日。
42 同前。
43 同。
44 中華人民共和国外交部外交史研究室編『周恩来外交活動大事記一九四九―一九七五』北京・世界知識出版社、三三七～三三八ページ。
45 中朝国境条約締結に際しての中国側の説明の全訳は以下の通り。「平壌の牡丹峰賓館で、金日成首相との会見時に私は次のように述べた。中印国境問題を解決するために一九六一年、私と陳はかつて印度に行き、ネールと会談した。そこで彼らに国境問題を解決する誠意がないことが明らかになった。帰国後、我々は双方の人員の衝突を回避するためにそれぞれが当時のパトロール船から二〇キロ撤退し、干渉区を作ることを提案した。その後、我々は主体的に撤退したが印度は撤退しなかった。このような状態が一年半続いたが問題は発生しなかった。今年、台湾海峡には緊張があり、中ソ関係悪化の情報が伝わってから印度は米国と蒋介石と手を組んで中印国境上でもめ事を起こした。まず、西部で我が領土を侵食し、西部に拠点を設け、合わせて哨所を四三カ所設置した。我々は発見した後、パトロールを再開し、この地区において我々の哨所は印度軍隊の哨所と屈折して入り組んだ状態となった。お互いの距離はあるところではたった二〇メートルしかなく、お互いに相手を見ることができた。我々の方針は、貴方が私を打たなければ私は貴方を打たない。貴方が私を攻め込めば私は貴方を退かせ、我々は出ていかない。初めのうち彼らは、弾を打たなかったが後に彼らは鉄砲を打って我々を退かせようとしたが、我々は退かなかない。我々は印度に対し何度も抗議をしたが彼らは聞き入れない。我々は耐えられず自衛の措置を取り、こうして双方いずれにも死傷者が出た。地形の条件から見て彼らにとっては不利であった。彼らが我々の哨所に入るには、山を登ってこなければならない。九月後半からその地区は、大雪で山が封じ込められている。彼らはソ連が作ったアントノフ12のヘリコプターを使って物資を印度に運んだ。やろうと思えば簡単だった。戦士達はソ連の作った飛行機を見て非常に怒り、この地区で彼らは前進する方法を持たなかった。それ以降、インド軍は東段に攻め込み、彼らはマクマホンラインの北に進んだ。我々の方針は承認せず、越えることもしない。我々は彼らと談判する用意がある。」前掲『周恩来外交活動大事記一九四九―一九七五』三三七～三三八ページ。

46　第9章で詳述するように、中朝の国境問題は多分に現在の問題と連繋することとなる。たとえば、中朝国境条約の存在は、その存在は指摘されていたものの、前註45の文書によって明確にされる。興味深いことに、その時期は、韓国で高句麗の版図を根拠とするナショナリズムの拡大の動きを見せてからのことである。韓国では、『中央日報』二〇〇〇年一〇月一六日付けで国境条約の内容が報じられた後、同一八日に識者コメント、さらに一二月七日に中朝国境条約が最初に掲載された李鍾奭『北韓―中国関係一九四五―二〇〇〇』（ソウル、チュンシム社、二〇〇〇年）の新刊紹介が掲載された。また、李鍾奭は、冷戦期の中朝関係の特徴の一つとして「重要分野における非公開の慣行」を指摘し、その事例として、国境条約が締結後四〇年間明らかにされてこなかったと指摘している。詳しくは、李鍾奭「脱冷戦期の中朝関係」伊豆見元・張達重編著『金正日体制の北朝鮮――政治・外交・経済・思想』慶應義塾大学出版会、二〇〇四年、九二ページを参照されたい。興味深いことに、四〇年間明らかにされてこなかった文書の発掘は、もちろん李鍾奭氏の功績であることは間違いないが、それまで公開されてこなかった国境条約の事実上の公開に、中国側の意図があったことも否定し得まい。そもそも、条約締結の事実については、たとえば、先に指摘したように、前掲『周恩来外交活動大事記一九四九―一九七五』三三八ページで明らかにされているが、この書は一九九二年八月の中韓国交正常化の翌年の一九九三年に出版されている。韓国との新たな関係を結ぶにあたって、朝鮮半島と中国の境界を明確にする根拠の存在を明らかにしておこうとしたとしても、その中国側の意図は十分理解できる。中国側は、韓国のナショナリズム拡大を警戒し、〇二年ごろから政府の公式的立場ではないものの中国の学会やメディアなどで高句麗を「中国の地方政権」とする主張が出始め、高句麗の歴史研究としての「東北工程」が開始されて、中韓間の摩擦になっていた。その経緯については、終章註4を参照されたい。

47 『労働新聞』一九六三年六月二四日。
48 たとえば、寺谷弘壬「平和共存とソ連外交」西村文夫・中沢精次郎編『現代ソ連の政治と外交』日本国際問題研究所、一九七二年、三八九〜三九〇、および三九六〜三九七ページを参照のこと。
49 たとえば、『労働新聞』一九六一年一一月一七日。
50 部分的核実験禁止条約を巡る中ソ論争については、たとえば、佐藤栄一「ソ連と軍備管理・軍縮問題」平井友義編『ソ連外交政策の諸様相』日本国際問題研究所、一九七七年、二三一〜二三四ページ。
51 『朝鮮中央年鑑』一九六四年版、平壌・朝鮮労働党出版社、一九六四年、七ページ。
52 『労働新聞』一九六三年一〇月一一日。
53 前掲、木村明生「中ソ関係の変遷」七七ページ。
54 前掲、佐藤栄一「ソ連と軍備管理・軍縮問題」二三一〜二三四ページ。
55 核問題についての北朝鮮の立場はさらに微妙である。中国が核問題をめぐってソ連と対立していたことはあらためて指摘するまでもなく、核兵器のサンプルを提供することを約束した国防新技術協定（五七年締結）を五九年に凍結されたため、中国はその後独自開発を急ぎ、六四年に核実験を成功させた。国防新技術協定の凍結から核実験成功までの時期の中朝関係は関係を強化していく時期にあたっていたことは本章での考察の通りである。しかし、その一方でソ連から北朝鮮に対する核技術協力は水面下で行われていたようである。二〇〇六年四月にNHKが放送した『ドキュメント北朝鮮』第3集で、実際に北朝鮮に対する核技術供与の責任者の証言を交えて伝えられた。
五六年、モスクワを訪問した金日成は、ソ連との間に、平和目的での核協定を締結し、その後、ソ連の合同核研究所に多くの研究者を送り込む。さらに、六三年、ソ連の協力によって核の平和利用研究を目的とする寧辺核研究センターの建設が開始された。後に問題となる寧辺核施設である。核研究センターは六五年には完成し、ソ連技術者達は引き揚げていったという。北朝鮮に対して供与された原子炉の設計も担当したという研究センター建設責任者のセルゲイ・コトロフは、北朝鮮の技術者の知識、技術水準の高さに驚かされたと証言している（二〇〇六年四月四日、NHKスペシャル、ドキュメント北朝鮮第3集「核をめぐる戦慄」）。興味深いのは、部分的核実験禁止条約をめぐって中朝の協力関係が印象付けられている時期に、ソ連が北朝鮮に対して核技術を供与していたことである。もちろん、この当時のソ連の北朝鮮に対する核技術供与が、北朝鮮の核兵器開発への協力が含まれるか否か、など依然として多くの疑問を残してはいるものの、核問題をめぐっても、中朝は必ずしも一致していたわけではなかったことの一例として評価し得ることだけは間違いない。

56　「人民の国家論」をめぐる中ソ論争については中嶋嶺雄『中国像の検証』中央公論社、一九七二年の第一章「社会主義国家論の陥穽」を参照のこと。

57　岡部達味「中国の発展段階モデルと『近代化』政策」『現代中国と世界──その政治的展開』石川忠夫教授還暦記念論文集、慶応通信、一九八二年、一九五～一九六ページ。

58　前掲、中嶋嶺雄『中国像の検証』九ページ。

59　前掲、木村明生「中ソ関係の変遷」七七ページ。

60　『労働新聞』一九六三年六月二四日。

61　『労働新聞』一九六三年七月二五日。

62　『労働新聞』一九六三年九月九日。

63　同前。

64　「劉少奇主席在平壌市各界人民歓迎大会上的講話」『人民日報』一九六三年九月一九日。

65　前掲、岡部達味「中国の発展段階モデルと『近代化』政策」一九五～一九六ページ。

66　「共産主義教育と階級教育」『勤労者』一九六三年一〇月二〇日、三ページ。

67　同前。

68　前掲、岡部達味「中国の発展段階モデルと『近代化』政策」一九四～一九八ページ。

69　前掲、小此木政夫「北朝鮮における対ソ自主性の萌芽」四六～四七ページ。

70　『労働新聞』一九六三年一〇月二八日。

71　同前。

72　同。

73　前掲、佐藤栄一「ソ連の軍備管理・軍縮問題」二二八～二三〇ページ。

74　たとえば、第四次朝鮮労働党大会では、「南朝鮮革命」は「帝国主義に多反対する民族解放革命」として位置づけられている。『朝鮮労働党第四回大会文献集』平壌、外国文出版社、一九六一年、八一ページ。

75　フルシチョフの民族解放闘争に対する認識については、さしあたり、前掲、佐藤栄一「ソ連と軍備管理・軍縮問題」、二二二八〜二三〇ページを参照のこと。また、フルシチョフの「戦争政策宣言」については、永井陽之助『平和の代償』中央公論社、一九六七年、三六ページを参照のこと。

76 第2章を参照されたい。

77 たとえば、西村文夫「発展途上国に対するソ連の新戦略」平井友義編『ソ連対外政策の諸様相』日本国際問題研究所、一九七七年、一〇二ページ。

78 『労働新聞』一九六三年六月二四日。

79 同前。

80 「民族解放闘争の旗幟を高く掲げよう」『労働新聞』一九六四年一月二四日。

81 「自主性を擁護せんがために」『労働新聞』一九六六年八月一二日。

82 前掲「民族解放闘争の旗幟を高く掲げよう」『労働新聞』一九六四年一月二四日。

83 先に指摘した通り、中ソ論争期の北朝鮮の対外姿勢が、必ずしも「巧みさ」「狡猾さ」との印象を残さないのは、この時期の北朝鮮が、大きな影響力を制限するために、相対的に小さな影響力との妥協を繰り返すからであった。古田博司は、北朝鮮の主体は「事大」の反対語として登場してきたことを指摘する。「事大」には、すなわち、大国におもねること、党派的に大国の勢力を自国に呼び入れること、個人的に大国文化に自己を同化させ大国人のごとく振る舞うことなどの意味が含まれるが、金日成はこの「事大」を「事大主義」「民族虚無主義」として批判した。たとえば、小此木政夫編著『北朝鮮ハンドブック』講談社、一九九七年、二二三〜二二四ページ。ここで注目されるのは、金日成が批判した「事大」に、党派的に大国の勢力を自国に呼び入れること、との内容が含まれることである。中ソ論争に際して北朝鮮が、より大きな影響力を制限するために相対的に小さな影響力を利用したことは既述の通りであるが、そうした行為は、かりに相対的に小さな影響力であったとしても、外国の影響力を自国に呼び入れる危険性と常に隣り合わせであったといってよい。中ソ論争に際して北朝鮮が「主体」を維持しようとしたとすれば、中国の影響力を自国に持ち込まないよう、慎重に対処したのは当然であり、それゆえ、この時期の金日成外交は慎重との印象が強いのであろう。

1　フルシチョフ失脚については、さしあたり、中西治「スターリン以後ソ連共産党の政治指導——一九五三〜一九六四年フルシチョフ時代を中心として——」徳田教之・辻村明編『中ソ社会主義の政治動態』アジア経済研究所、一九七四年、六六〜六七ページを参照のこと。

2　鄭鎮渭『北方三角関係——北韓の対中・ソ関係を中心に』ソウル、法文社、一九八五年、一二四〜一二五ページ、およびDae-Sook Suh, *KIM IL SUNG : The North Korean Leader*, 1988, New York, Columbia University Press, pp. 179–181.

3　木村明生「ソ中関係の変遷」平井友義編『ソ連対外政策の諸様相』日本国際問題研究所、一九七七年、八〇〜八一ページ。

4　「国際共産主義運動を分裂させようとする策動を阻止しよう」『労働新聞』一九六四年四月一九日。

5　『労働新聞』一九六四年八月三一日。

6　前掲、鄭鎮渭『北方三角関係』一二四〜一二五ページ。

7　「なぜ平壌経済討論会の成果を中傷しようとするのか」『労働新聞』一九六四年九月七日。ただし、第3章で指摘した通り、フルシチョフ時代の六三年、ソ連の協力によって核の平和利用研究を目的とする寧辺核研究センターの建設が開始され、六五年には完成したという（第3章註55を参照のこと）。それゆえこれらの批判も、ソ連に対して敵対的な姿勢表明であるというよりは、社会主義陣営の団結を乱す「行為」に対する批判と捉えるべきであろう。

8　既に多くの研究で指摘されているように、中国が核実験を成功させた夜、周恩来は北京で開催された舞踏劇の宴会で、原爆実験の成功とフルシチョフの失脚を「二つのよいニュース」として紹介した。これに象徴されるように、多くの中国人が中国の核実験成功によってフルシチョフが失脚したと考えていたという。詳しくは岡部達味『中国の対外戦略』東京大学出版会、二〇〇二年、一三〇ページを参照されたい。このように中ソ論争に際して、核問題がとりわけ中国にとって大きな意味を持っていたとすれば、本章註7で指摘したようなソ連の北朝鮮に対する核関連技術の協力は決して快いものではなかったはずである。ソ連の北朝鮮に対する核関連技術協力の実態について中国側がどの程度把握していたかは定かではないが、前章での考察の通り、フルシチョフ時代ですら北朝鮮は完全に中国寄りの立場を取っていたわけではなく、齟齬を内包していたのである。それゆえ、フルシチョフ失脚後の評価によってもはや中朝両国の立場の違いは齟齬できないほど広がっていたと考えるべきかもしれない。

9　岡部達味『現代中国の対外政策』東京大学出版会、一九七一年、一七六～一九四ページ。また、フルシチョフ失脚後の中国の対応については、前掲岡部達味『中国の対外戦略』東京大学出版会、二〇〇二年、一二八～一三二ページを参照されたい。

10　前掲、鄭鎮渭『北方三角関係』一二四～一二五ページ。

11　たとえば、佐藤栄一「ソ連の軍備管理・軍縮問題」『ソ連対外政策の諸様相』日本国際問題研究所、二三四～二三七ページを参照のこと。

12　前掲、岡部達味『現代中国の対外政策』一七九～一八〇ページ。また、前掲岡部達味『中国の対外戦略』によれば、周恩来を団長とする中国側代表団が一〇月革命記念日のために訪問した際の宴会で、マリノフスキー国防部長より、中国側代表団団員の賀龍に対して、ソ連新指導部がフルシチョフを失脚させたのだから、中国で毛沢東が失脚すれば、中ソはうまくいく、旨の発言があり、中国側の抗議に対してブレジネフは宴席での失言として謝罪したが、中国側はこれを反中国思想の継続として解釈し、「フルシチョフなきフルシチョフ路線」との評価が確立したことを指摘している。ただし、同じく、フルシチョフ失脚に際して毛沢東は、イデオロギー問題、理論問題、マルクス・レーニン主義の基本原則の問題などは、本来長時間かけて議論すべきもので、必ずしも公開討論する必要はないという意見であったことも指摘されている（同書、一三二ページを参照のこと）。同書では実際に中ソ論争に際しての中国側の論文などの執筆に関与して教義論争に真剣に望んでいたと思われる呉冷西の発言を根拠として毛沢東の本音を描き出しているが、指導層にとってのイデオロギー論争とイデオロギー解釈などを担当していたものとの間の温度差がよくわかる。社会主義国であっても、指導者がプラクティカル・マインドであることは当然のことであり、実際の政策を正当化するためにイデオロギーが用いられるが、国際共産主義運動の場ではそれが攻撃の対象となるのである。それゆえ、北朝鮮の「主体」も、少なくともこの時期までは、金日成が自国の路線を自国で決定することを求めるという姿勢についての要求であったと言ってよい。

13　パク・テホ『朝鮮民主主義人民共和国対外関係史』第二巻、平壌、社会科学出版社、一九八七年、一一～一三ページ。

14　「国際共産主義運動の団結を強化し、反帝国革命闘争を強力に展開しよう」『労働新聞』一九六四年一一月三日。

15　「挙族的な愛国闘争によって『韓日会談』を粉砕しよう」『労働新聞』一九六四年三月二六日。

16　六四年一〇月三一日「駐越南韓国援助団地位協定」を締結した後、韓国では、六五年一月八日に非戦闘員のベトナム派遣を国会承認し、二月には第一陣がサイゴンに到着している。この後、九月からは戦闘員がベトナムに派兵されることとなる。

詳しくはたとえば、『韓国政治年表（立法参考資料集第二三五號）』ソウル、国会図書館立法調査局、一九八四年、七三二～三四ページを参照のこと。
17 前掲、岡部達味『現代中国の対外政策』一八七ページ。
18 『労働新聞』一九六五年二月一二日。逆に、ソ連から北朝鮮に対する核関連の協力を前提とすれば、寧辺の各研究センター完成を前後するこの時期のコスイギン訪朝が最大限の歓迎を持って迎えられたとしても不思議ではない。
19 『労働新聞』一九六五年二月一三日。
20 同前。
21 「朝ソ共同声明」『労働新聞』一九六五年二月一五日。
22 同前。
23 同。
24 同。
25 前掲、岡部達味『現代中国の対外政策』一九二ページ。また、中国のベトナム戦争に対する姿勢は、朱建栄『毛沢東のベトナム戦争――中国外交の大転換と文化大革命の起源』東京大学出版会、二〇〇一年を参照のこと。
26 同前、同ページからの再引用。
27 同、一八九～一九〇ページ。
28 Dae-Sook Suh, *KIM IL SUNG*, pp. 189–190.
29 「国際共産主義運動の団結を強化し、反帝革命闘争を強力に展開しよう」『労働新聞』一九六四年一二月三日。
30 同前。
31 同。
32 前掲、岡部達味『現代中国の対外政策』一九二ページ。
33 この時点で中国は既に核保有国となっており、そもそもフルシチョフ解任それ自体が中国の核実験成功を契機とするものであるとの認識が中国にはあったという。詳しくは岡部達味『現代中国の対外政策』一六〇～一七六ページを参照のこと。既述の通り、ソ連は北朝鮮に対して、平和利用を前提として核技術について協力している。北朝鮮の思惑がどこにあったかは別にしても、かりに、ソ連が北朝鮮の核開発を自らのコントロール下に置き平和利用のみに限定していたとすれば、逆に核兵器による米国からの脅威に対する安全保障上の担保についてはソ連が提供しなければならないことになる。それゆえ、もちろん、依然として米国からの脅威に対抗するためには十分ではないとは言え、一応核保有国となった中国が、ソ連に核の傘を提供されている北朝鮮と安全保障上の利益を共有することは難しくなり、中朝両国が協力関係を維持することが難しくなっていったことは、ある意味で論理的帰結と言い得るかもしれない。

34　第3章を参照のこと。

35　「偉大なマルクス・レーニン主義者、国際共産主義運動の卓越した活動家イ・ヴェ・スターリン」『労働新聞』一九六四年一二月二一日。自らの北朝鮮国内におけるイデオロギー解釈件の獲得を意味する「主体」確立の動きは、ある意味で、スターリンの死を契機とするソ連国内の路線対立に端を発するものであるが、それをソ連に対して再び認めさせるためにスターリンを利用したことは皮肉であるが、逆説的ではあるが、金日成がスターリンを忌み嫌っていたわけではなかったことの証左かもしれない。

36　同前。

37　同。

38　金日成「朝鮮民主主義人民共和国における社会主義建設と南朝鮮革命について」『朝鮮中央年鑑　一九六五年版』平壌、朝鮮中央通信社、一九六五年、四一〇ページ。このとき、金正日が同行したことは、二〇〇〇年六月の韓国大統領金大中の北朝鮮訪問の際の宴席で金正日が自らインドネシアを訪問したことを明らかにした。

また、ここで「主体」を体系化した主体思想には、基本的な疑問が残る。すなわち、「思想における主体」は、マルクス・レーニン主義のイデオロギー解釈権を意味し、主体思想の根幹をなすものであるはずである。ところが、この「思想における主体」が「政治における自主」「経済における自立」「国防における自衛」の三つと並列に位置しているのである。北朝鮮国内のマルクス・レーニン主義についてのイデオロギー解釈件を前提として、政治分野、経済分野、安全保障分野でそれぞれ具体的な政策とすることが、「政治における自主」「経済における自立」「国防における自衛」となるはずであり、逆に「思想における主体」は、「自主」「自立」「自衛」の三つによって主体が構成されるとしたほうが自然であったであろう。なぜ、「思想における主体」を「自主」「自立」「自衛」の上位の概念として位置づけなかったのか、その理由について、これまでの研究によって明らかにされているわけではないし、また、説得力ある説明を聞いたことがない。依然として疑問が残るのである。

39　同前。
40　前掲、鄭鎮渭『北方三角関係』ソウル、一三九ページ。
41　「崔庸健同志のソ連共産党二三回会議での発言」『労働新聞』一九六五年四月二日。
42　同前。
43　同。
44　前掲、金日成「現情勢とわが党の課業」『金日成著作選集』第四巻、三三二ページ。
45　朝鮮半島の安全保障問題を「巻き込まれ」と「見捨てられ」の二つの観点から分析した研究書としては、ヴィクター・D・チャ著、船橋洋一・倉田秀也訳『米日韓反目を超えた提携』（有斐閣、二〇〇三年）があるが、建国当初から金日成は常に「巻き込まれ」と「見捨てられ」という二つの恐怖を感じていたと言ってよい。これは特に北朝鮮に特徴的なことではなく、冷戦期の小国にとって共通の恐怖であったが、日韓国交正常への動き、ベトナム戦争などは、金日成に「見捨てられ」の恐怖をそれまで以上に強く感じさせたかもしれない。皮肉なことに、主体思想の確立過程は、中ソ論争を背景としたため、もう一つの恐怖、すなわち「巻き込まれ」の恐怖を排除する過程として顕在化した。「巻き込まれ」と「見捨てられ」は、どちらかを排除すればもう一方の恐怖が拡大するという構造にある。それゆえ、金日成のめざした「主体」とは、この二つの恐怖を排除することではなく、コントロールし、この二つの恐怖の間でバランスを取ることであったということもできよう。
46　韓国のベトナム派兵については、村田晃嗣『大統領の挫折――カーター政権の在韓米軍撤退政策――』有斐閣、一九九八年、四〇～四四ページ。
47　中国は、これに対して「ソ連が提唱する統一行動はまやかしである」としてソ連の提案を拒否した。「評莫斯科三月会議」『人民日報』一九六五年三月二三日、および前掲、鄭鎮渭『北方三角関係』、一四三ページを参照されたい。第2章での考察の通り、米国と対峙する北朝鮮にとって、中国、ソ連という二つの国の後ろ盾が必要であった。にもかかわらず、ソ連による北ベトナム支援のための「統一戦線」提案を中国が拒否したと言うことは、かりに同様の状況が朝鮮半島で発生した場合、中朝友好協力相互援助条約があるとは言え、中国がやはりソ連との協力を拒否する可能性があることを痛感させたはずであろう。北朝鮮にとっては米国からの脅威に対処するためには中ソ二枚のカードが必要であり、そのため中ソ両国を朝鮮半島の紛争構造への関与を制度化させるために中ソ両国と友好協力相互援助条約を締結したことは、第2章で検討した通りである。

48 同前。

49 文化大革命の経緯については、さしあたり中嶋嶺雄『増補現代中国論――イデオロギーと政治の内的考察――』青木書店、一九七一年、二八八～三五一ページを参照のこと。

50 第3章第2節を参照のこと。

51 北朝鮮が劉少奇に「主体」を認めさせたのは事実であるが、その当時の北朝鮮が毛沢東と劉少奇の対立をどれほど深刻に受け止めていたかはわからない。確かに、北朝鮮は、中国国内の権力闘争を利用しながら劉少奇との協力関係を作ったことは間違いなかろうが、とは言え、それが毛沢東との関係を否定して中国との関係を劉少奇にのみかけた、というわけではなかろう。六三年当時の北朝鮮にとっては、毛沢東であろうが劉少奇であろうが、北朝鮮の「主体」を中国が認めたことそれ自体が重要であったはずである。六三年の時点で、毛沢東と劉少奇の対立が文化大革命のような事態へとつながることを予測できたとは考えられない。それゆえ、文化大革命の発生によって、初めて六三年時に「主体」を認めさせた相手が劉少奇であったという意味が発生し、あらためて中国に対して自らの「主体」を自己主張しなければならなくなったと考えるべきであろう。

52 「自主性を擁護しよう」『労働新聞』一九六六年八月一二日。

53 同前。

54 同。

55 ロ・ドフン「トロツキー主義」『労働新聞』一九六六年九月一五日。

56 和田春樹は同前のロ・ドフン「トロツキー主義」を文化大革命の暴力主義を批判したものとして位置づけている。和田春樹『北朝鮮――遊撃隊国家の現在』岩波書店、一九九八年、一六八ページ。

57 前掲、金日成「現情勢とわが党の課業」『金日成著作選集』第四巻、三四五ページ。

58 同前、三四六～三四七ページ。

59 同、三九四ページ。

60 和田春樹は、金日成の「現情勢とわが党の課業」ではソ連に対する批判より中国に対する批判のほうがより強いと評価している。和田春樹『北朝鮮――遊撃隊国家の現在』岩波書店、一九九八年、一六八ページ。

61　魏伝統「在首都各界慶祝朝鮮民主主義人民共和国成立一八周年大会上的講話」『中国対朝鮮和韓国政策文献匯編』第四巻、中国社会科学出版社、一九九四年、一七五五ページ。

62　同前。

63　前掲、金日成「現情勢とわが党の課業」四一〇ページ。

64　中国、ソ連に対して慎重に自己主張してきた北朝鮮が、この時期、なぜ明確に自らの「主体」を自己主張できたのかは必ずしも明らかではないが、少なくともこの時点で、中国が北朝鮮に対して物理的強制力を用いて臨むという危険性は感じていなかったのかもしれない。金日成にとって、中国、あるいはソ連の軍事介入は最も恐怖するところであったはずである。とりわけ、ハンガリー、ポーランド、チェコスロバキアなどの事例から、ソ連による軍事介入についてはその危険性について大いに懸念していたはずである。それゆえソ連に対する自己主張は中国を盾としながら慎重に行われた。一方の中国についても、中朝国境条約を締結するに際して、中国側は中印紛争を例に取り、ある種の圧力をかけたと言ってよい。しかし、混乱状況にあった中国が北朝鮮に対して軍事力を用いる可能性は高いとは言えなかったであろうし、既にソ連との関係を修復していた北朝鮮に対して軍事介入することも難しかったはずである。とは言え、あらためて指摘するまでもないが、北朝鮮は完全にソ連よりの立場を取ったわけではない。北朝鮮としては、徹頭徹尾、社会主義の団結を強調し、中国、ソ連いずれにも与せず、自らの立場を主張することをめざしたのである。それこそが、まさに「主体」であり、それを対外政策に具現した路線が、自主路線ということになろう。

65　「慶祝中華人民共和国成立十七周年」『人民日報』一九六六年一〇月一日。

66　「慶祝中華人民共和国成立十八周年」『人民日報』一九六七年一〇月一日。

67　「慶祝中華人民共和国成立十九周年」『人民日報』一九六八年一〇月二日。

68　徐大粛によれば、たとえば、金光侠（副首相、党中央委員会政治委員）が崔庸健に逮捕されたという噂、また、朝鮮人民軍の将軍によって金日成が逮捕された噂、金日成を「修正主義者でフルシチョフの同類」とするものなどであったという。see Dae-Sook Suh, *KIM IL SUNG*, pp. 190–191.

69　「朝鮮民主主義人民共和国中央通信社の声明（一九六七年一月二六日）」『労働新聞』一九六七年一月二七日。

70　同前。

71　「朝鮮駐華大使離任回国」『人民日報』一九六六年一一月二二日。

72 「謝富治副総理和有関方面負責人出席朝鮮駐華使館武官挙行的慶祝朝鮮人民軍建軍一九周年招待会（一九六七年二月八日）」、および「中国有関方面負責人出席朝鮮臨時代弁挙行的電影招待会（一九六七年四月一八日）」『中国対朝鮮和韓国政策文献匯編』第四巻、中国社会科学出版社、一九九四年、一七五九～一七六〇ページ。

73 「宋慶齢副主席接受朝鮮新任駐華大使玄俊極遞交国書（一九六七年六月二〇日）」『中国対朝鮮和韓国政策文献匯編』第四巻、一七六〇ページ。

74 「李先念副総理和有関方面負責人出席朝鮮駐華大使玄峻極挙行的朝鮮国慶一九周年招待会（一九六七年九月九日）」『中国対朝鮮和韓国政策文献匯編』一七六二ページ。

75 「中国有関方面負責人出席朝鮮臨時代弁挙行的紀念中国人民志願軍赴朝作戦一七周年招待会（一九六七年一〇月二五日）」『中国対朝鮮和韓国政策文献匯編』第四巻、一七六二ページ。

76 「朝鮮駐中国大使玄俊極挙行招待会慶祝金日成首相五八歳辰」『人民日報』一九七〇年四月一六日。

77 「朝鮮人民紀念我志願軍入朝参戦一六周年」『人民日報』一九六六年一〇月二七日。

78 「中国駐朝鮮臨時代弁挙行招待会慶祝中朝友好条約査訂六周年（一九六七年七月一一日）」『中国対朝鮮和韓国政策文献匯編』第四巻、一七六一ページ。

79 一九六七年九月との説がある。河合弘子『中国と朝鮮半島の経済関係』アジア政経学会、一九九六年、二ページ。

80 Dae-Sook Suh, *KIM IL SUNG*, pp. 197–203.

81 中朝国境条約の締結については第三章を参照されたい。

82 『朝鮮中央年鑑』一九六九年度版、二ページ。

83 Dae-Sook Suh, *KIM IL SUNG*, pp. 202–203.

84 北朝鮮にとって中朝国境は、中国の影響力の限界を制度化する作業に他ならなかったはずである。北朝鮮の「主体」が中ソ両社会主義大国の影響力から自由になることを意味するとすれば、中朝国境は中国の北朝鮮に対する影響力を制限するためのラインであったと言ってよく、まさに「主体」を象徴するものであったと言えるかもしれない。しかし、一方の中国にとっては、むしろ、自らの北朝鮮に対する影響力の限界を制度化してやる作業に他ならなかったはずである。それゆえ、先に指摘した通り、中印紛争の事例をとって北朝鮮に対してある種の圧力を感じさせたのかもしれない。第3章註46を参照されたい。

85 Dae-Sook Suh, *KIM IL SUNG*, p. 206.

86 「朝鮮民主主義人民共和国中央通信社の声明（一九六七年一月二六日）」『労働新聞』一九六七年一月二七日。

87 *Op. cit.*, pp. 254–268. 北朝鮮の自主路線宣言と第三世界外交の活発化は表裏一体となっているが、そこには米国に対する脅威認識を前提として、ソ連、中国いずれとも関係を最悪の状態にはできないとの判断があったと言える。それは、ソ連、中国と友好協力相互援助条約を締結した際の北朝鮮の対外姿勢の延長上に位置づけられるものでもある。その点については、第2章を参照されたい。北朝鮮の「主体」は対米安全保障の観点からの「見捨てられの恐怖」と中ソ対立の文脈の「巻き込まれの恐怖」の二つの恐怖の間でバランスを取ることなのである。本章註45をあわせて参照されたい。

88 既に中国は一九六八年一月に発生したプエブロ号事件に際して、中朝関係の回復へのシグナルを発していたとする分析もある。プエブロ号事件に際して中国は「中国政府と中国人民は朝鮮政府と朝鮮人民の米帝国主義の狂おしい挑発に反撃する正義の立場を断固支持する」としたのである。「中華人民共和国声明（一九六八年一月二八日）」『中国対朝鮮和韓国政策文献匯編』第四巻、一七六三～六四ページ。このあたりの経緯については、李成日『中国の朝鮮半島政策の調整と中韓国交正常化——鄧小平期中国外交の転換の視点から』慶應義塾大学博士論文、二〇〇八年、四〇ページを参照されたい。ただし、中国側にそうした思惑があったとしても、この時点で実質的な関係回復のための情勢は整っておらず、実際の関係修復は後に詳述するように六九年になってからのこととなる。

89 中嶋嶺雄『中国——歴史・社会・国際関係——』中公新書、一九八二年、一三八ページ。

90 金日成「第五次朝鮮労働党大会における中央委員会事業総括報告」『労働新聞』一九七〇年一一月三日。

91 『労働新聞』一九六九年七月一日。この点については、前掲、李成日『中国の朝鮮半島政策の調整と中韓国交正常化』三九～四〇ページを参照されたい。

92 『人民日報』一九六九年九月三〇日。中国が北朝鮮代表団を招請するあたりの経緯については、前掲、李成日『中国の朝鮮半島政策の調整と中韓国交正常化』四〇ページを参照されたい。

93 たとえば、やはりホー・チ・ミンの葬儀に参席したソ連コスイギンはその帰路北京空港に立ち寄り、北京空港で周恩来と短時間の会談を持ち注目を集めた。柳沢英二郎『戦後国際政治史Ⅱ　一九五九—一九七三』柘植書房、一九八五年、二三六ページ。

94 『周恩来外交活動大事記一九四九—一九七五』世界知識出版社、五三九～五四〇ページ、および『周恩来年譜一九四五—

一九七六』下巻、三二〇ページ。
95 『周恩来外交活動大事記一九四九―一九七五』五三九ページ。
96 同前、五四〇ページ。
97 同、五四二ページ。夜一一時三〇分に飛行場で歓迎宴が催されること自体、異例と言ってよい。中朝関係を回復させたいという北朝鮮側の意図は明確であったことから、中国国内で、北朝鮮との関係改善に消極的な意見があったことが予想される。
98 周恩来が毛沢東に北朝鮮代表団の受け入れを報告し同意を得たのは、九月三〇日午後三時のことであったという。金日成はこれを受けて即刻代表団を北朝鮮に派遣したという。前掲李成日『中国の朝鮮半島政策の調整と中韓国交正常化』四〇ページ、「毛沢東與金日成」『毛沢東與外国首脳』北京、中共中央党校出版社、一九九九年、一九三ページを参照されたい。
99 『人民日報』一九六九年一〇月一日。
100 『周恩来外交活動大事記一九四九―一九七五』五四二ページ。
101 同前、五四三ページ。
102 前掲李成日『中国の朝鮮半島政策の調整と中韓国交正常化』四〇ページ、および前掲「毛沢東與金日成」『毛沢東與外国首脳』一九三ページを参照されたい。
103 「各国代表団応激出席文芸晩会　観看革命現代舞劇『紅色娘子軍』」『人民日報』一九六九年一〇月三日。
104 「邱会作副総参謀長、郭沫若副委員長等出席朝鮮臨時代弁挙行的紀念中国人民志願軍赴朝作戦一九周年宴会（一〇月二五日）」『中国対朝鮮和韓国政策文献匯編』第四巻、中国社会科学出版社、一九九四年、一七七一ページ。
105 Dae-Sook Suh, *KIM IL SUNG*, p. 202.
106 「周恩来総理在平壌機場歓迎儀式上的講話（四月五日）」『中国対朝鮮和韓国政策文献匯編』第四巻、一七七三～一七七四ページ。
107 同前。
108 「周恩来総理在金日成首相挙行的歓迎宴上的講話（四月五日）」『中国対朝鮮和韓国政策文献匯編』第四巻、一七七五ページ。
109 「中華人民共和国政府和朝鮮民主主義人民共和国政府連合公報（四月七日）」『中国対朝鮮和韓国政策文献匯編』第四巻、

一七八八ページ。

110 『周恩来外交活動大事記一九四九―一九七五』五六六～五六七ページ。

111 同前。

112 これを裏付けるように、通常、祝電については毛沢東など中国指導者から直接金日成宛で送るのが通例であるが、この時中国は北朝鮮に対して、中国共産党中央名義で朝鮮労働党中央委員会宛に祝電を送っている。「中共中央致電朝鮮労働党中央最熱烈祝賀朝鮮労働党誕生二五周年」『中国対朝鮮和韓国政策文献匯編』第四巻、中国社会科学出版社、一九九四年、一八四五～一八四六ページ。また、北朝鮮でも党創立二五周年についての報道はあるものの、金日成が記念行事に参加したという報道はない。『労働新聞』一九七〇年一〇月一〇日、一九七〇年一〇月一一日。

113 金日成「朝鮮労働党第五次大会で行った中央委員会事業総括報告」『朝鮮中央年鑑』一九七一年度版、平壌、朝鮮中央通信社、一～六七ページ。

114 中嶋嶺雄『中国――歴史・社会・国際関係』中公新書、一九八二年、一三八ページ。

115 国分良成「中国――中華人民共和国期」『東アジア』自由国民社、一九九七年、二八七ページ。

116 中国側が発表する崔庸健の経歴には明確に「一九二六年、中国共産党入党、一九二七年広州蜂起参加」と記されている。とりわけ、朝鮮共産党がコミンテルンから資格を剥奪される以前の時期に朝鮮共産党ではなくあえて中国共産党に入党したことの意味は大きい。中国共産党員として、しかも中国革命そのものに参加した崔庸健に対する中国側の信頼の強さは想像に難くない。一方、金日成の経歴では、当然のことながら中国との関係が明確には記されていないが、少なくとも朝鮮共産党が存在する時期に、あえて中国共産党に入党したという事実は伝えられていない。中国側の発表する崔庸健の経歴については、たとえば「崔庸健同志簡歴」『人民日報』一九六三年六月六日を、中国側の発表する金日成の経歴については「金日成同志簡歴」『人民日報』一九五八年一一月二二日を参照されたい。

第5章　米中接近と北朝鮮の対米直接交渉提案

1 金日成「朝鮮労働党第五次大会で行った中央委員会事業総括報告」『朝鮮中央年鑑』一九七一年度版、平壌、朝鮮中央通信社、一～六七ページ。

2　小此木政夫「南北朝鮮関係の推移と日本の対応――東京・ソウル・平壌関係の基本構造――」『国際政治』第九二号、日本国際政治学会、一九八九年、七～九ページ。
3　Dae-Sook Suh, *KIM IL SUNG: The North Korean Leader*, 1988, New York, Columbia University Press, pp. 253–255.および、金学俊著・李英訳『北朝鮮五〇年史――「金日成王朝」の夢と現実――』朝日新聞社、一九九七年、二九七～三〇一ページ。
4　南北共同声明については、『合同年鑑』一九七三年、ソウル、合同通信社、一九七三年、六一一ページ。
5　たとえば、前掲、金学俊『北朝鮮五〇年史』二九三～二九七ページ。米中接近に際しての韓国側の動向を分析した研究としては、倉田秀也「米中接近と韓国――『大国間の協調』と軍事停戦体制」増田弘編著『ニクソン訪中と冷戦構造の変容――米中接近の衝撃と周辺諸国』慶應義塾大学出版会、二〇〇六年、一五三～一七九ページ。
6　それは、朝鮮戦争で形成されたアジアにおける米中対決の構造の根本的変更を意味するものであった。北朝鮮にとってそれは、自らがめざす朝鮮革命の前提条件の変更を意味し、それゆえ、自らの革命路線そのものの修正、糊塗が必要とされたのである。この時期の一時的な南北和解は、こうした文脈から説明し得ようし、実際、北朝鮮自身の変化によって韓国との和解を模索したのではなく国際環境の変化を背景とした姿勢変化であったことは間違いない。その意味で、南北対話は、米中接近という東アジアの構造変化が朝鮮半島情勢に与えた影響として評価されるべきであろう。
7　同前、三〇五ページ。
8　北朝鮮にとって休戦協定を平和協定に変更することが大きな意味を持つことはあらためて指摘するまでもないが、どの国と平和協定を結ぶかということは、北朝鮮にとっての脅威の根本原因がどこにあるのかを象徴するものでもある。すなわち、かりに北朝鮮がそもそも米国との間に平和協定を結ぼうとしていたとすれば、北朝鮮にとっての危機の元凶が他ならぬ米国であることの証左でもある。ただし、社会主義陣営の団結を前提とする冷戦期の北朝鮮にとって、東西陣営間の対立に際して、北朝鮮は自らの立場を朝鮮半島に限定した地域革命――具体的には韓国との闘争に限定せざるを得なかった。それゆえ、後に詳述するように北朝鮮が平和協定の対象を変更するためには、革命理論上の変更が不可欠であったはずである。本章ではそうした観点を念頭に置きつつ分析を進める。
9　金日成「朝鮮民主主義人民共和国は我が人民の自由と独立の旗幟であり、社会主義・共産主義建設の強力な武器である（一九六八年九月七日）」『金日成著作選集』第五巻、平壌、朝鮮労働党出版社、一九六八年、一八三ページ。
10　同前、一八三～一八四ページ。

11　同、一八四ページ。
12　同、一八五～一八六ページ。
13　前掲、金学俊『北朝鮮五十年史』二七七～二八五ページ。
14　このように北朝鮮にとっての朝鮮革命は、常に世界革命との連繋を前提としたものであり、それゆえ先に指摘した、プエブロ号事件、青瓦台襲撃事件など、一連の強硬路線も当然ベトナム戦争の戦況などを意識したものである。この時期の北朝鮮の強硬路線が、いわゆる四大軍事路線を起点として単線的に捉えられる場合があるが、北朝鮮の対南姿勢は、たんに南北のバランスの中で規定されるものではなく、米ソ関係、米中関係など朝鮮関係の前提条件となる状況によって規定されているのであり、過度に単純化して北朝鮮の対南姿勢を考察することには慎重であらねばならないであろう。
15　金日成「アジア、アフリカ、ラテンアメリカ諸国人民の偉大な反帝革命偉業は必勝不敗である（一九六八年一〇月八日）」『金日成著作選集』第五巻、平壌、朝鮮労働党出版社、一九六八年、二四五ページ。
16　同前。
17　米中接近の経緯については、たとえば、添谷芳秀『日本外交と中国――一九五四～一九七二――』慶應義塾大学出版会、一九九五年、一八八～一九九ページ、田中明彦『日中関係　一九四五―一九九〇』東京大学出版会、一九九一年、六二～七四ページをそれぞれ参照されたい。
18　中華人民共和国外交部外交史研究室編『周恩来外交活動大事記一九四九―一九七五』北京、世界知識出版社、一九九三年、五九六ページ。
19　「中国党政代表団団長李先念在朝鮮労働党中央和朝鮮政府挙行的慶祝朝中友好合作互助条約簽訂一〇周年宴会上的講話」『中国対朝鮮和韓国政策文献匯編』第四巻、北京・中国社会科学出版社、一九九四年、一九一二ページ。
20　「李先念団長在平壌挙行的慶祝朝中友好合作互助条約簽訂一〇周年大会上的講話」『中国対朝鮮和韓国政策文献匯編』四巻、一九一五ページ。
21　たとえば、「朝日両党間の伝統的な団結と連帯の示威」『労働新聞』一九六六年三月二二日。
22　「反対帝国主義侵略的堅強同盟――慶祝中朝友好合作互助条約簽訂一〇周年」『人民日報』一九七一年七月一一日。
23　「李先念団長在中国党政代表団挙行的告別宴会上的講話」『中国対朝鮮和韓国政策文献匯編』第四巻、一九三六ページ。
24　『周恩来外交活動大事記』五九五～五九六ページ。

25 金日成「米帝に反対するアジアの革命的人民達の共同闘争は必ず勝利するであろう」『労働新聞』一九七一年八月六日。

26 同前。

27 『朝鮮民主主義人民共和国統一方案集』平壌、外国文出版社、一九八二年、一〇九ページ。

28 早朝北京を出発した周恩来は、午前九時三〇分から一二時四五分と午後三時三〇分から七時一五分の二回にわたって会談を持ったのちただちに北京に戻っている。『周恩来外交活動大事記』五九七ページ。

29 同前、および『周恩来年譜一九四九―一九七六』下巻、四六九ページ。

30 ただし、この訪問に先立って周恩来は七一年七月一三～一四日にベトナムを訪問して、やはりキッシンジャー訪中について説明している（『周恩来外交活動大事記』五九六ページ）。この点、北朝鮮よりもベトナムを優先させたとの印象はぬぐい去れないものの、ベトナム戦争が依然として続く当時の状況を前提とする時、周恩来がベトナムに先に説明に赴いたことはむしろ当然といってよい。ハノイを秘密訪問した周恩来は、キッシンジャー・周会談で最も重要な議題がインドシナ問題であったこと、キッシンジャーがインドシナ問題解決と台湾問題解決をリンケージさせると主張していること、キッシンジャーが米国はインドシナから米軍を撤退させた後、台湾からの米軍撤退が可能となると主張したことなどを伝え、中国にとっては台湾問題や中国の国連加盟問題よりもベトナム問題のほうが重要であると伝えたと言う。ただし、後にベトナムはこれらを中国がベトナム問題を利用して自国の目的を達成しようとしたとして批判されたという。詳しくは、栗原浩英「米中接近とベトナム労働党――漸進的開放戦略と軍事構成戦略の間で」前掲、増田弘編著『ニクソン訪中と冷戦構造の変容――米中接近の衝撃と周辺諸国』一八七～一八八ページを参照されたい。周恩来・金日成会談でどのような説明が行われたかは明らかにされていないが、周恩来のハノイ秘密訪問に際しての発言から推測すれば、もちろんベトナムほどではないにせよ、朝鮮問題の重要性を強調したことは間違いないであろう。

31 『周恩来外交活動大事記』五九九ページ、および『周恩来年譜』四七一ページ。

32 その八つは、①韓国からの米軍の完全撤収、②米国の韓国に対する核兵器、ミサイル各種兵器提供の即時中断、③北朝鮮に対して行われている米国の侵犯及び各種偵探、偵察行為の中止、④日米韓軍事共同訓練中止、米韓連合軍の解散、⑤日本軍国主義が復活しないよう米国が保証し、韓国で米軍或いは外国軍隊の代わりに日本軍を代替しないと保証すること、⑥国連朝鮮統一復興委員団の解体、⑦米国は南北の直接交渉を妨害せず朝鮮問題の朝鮮人民による自主解決を妨害しないこと、⑧国連で朝鮮問題を討議する際、北朝鮮代表が当然参加するものとし、条件付招請を取り消すこと。李鍾奭『北韓・中国関係一九四五―二〇〇〇』ソウル、中心、二〇〇一年、二五五―二五六ページを参照のこと。
金一の八項目提案は、七一年一〇月にキッシンジャーが再び中国を訪問した際に伝えられ、七二年二月のニクソン訪中に際しての「共同コミュニケ」でも言及されたのである。詳しくは李成日『中国の朝鮮半島政策の調整と中韓国交正常化――鄧小平期の中国外交政策転換の視点から』慶應義塾大学博士論文、二〇〇八年、四四～四五ページ、および王泰平編『中華人民共和国外交史』第3巻、一九七〇―一九七八年、北京、世界知識出版社、一九九九年、四〇ページをそれぞれ参照されたい。

33 パク・テホ『朝鮮民主主義人民共和国対外関係史』平壌、社会科学出版社、一九八五年、三〇四ページ。

34 「李先念副総理在金在淑臨時代弁為朝鮮政府経済代表団訪華挙行的宴会上的講話（八月一六日）」『中国対朝鮮和韓国政策文献匯編』四巻、一九四八ページ。

35 「黄永勝総参謀長在歓迎朝鮮軍事代表団宴会（八月一八日）」『中国対朝鮮和韓国政策文献匯編』四巻、一九五〇ページ。

36 鄭鎮渭『北方三角関係――北韓の対中・ソ関係を中心に』ソウル・法文社、一九八五年、一五八ページ。また、黄永勝は玄峻極在中国北朝鮮大使主催の宴席でも朝鮮人民軍代表団に対して四大軍事路線について具体的に言及して評価している。「黄永生総参謀長在玄峻極大使為朝鮮軍事代表団訪華挙行的宴会上的講話（九月六日）」『中国対朝鮮和韓国政策文献匯編』四巻、一九五三ページ。

37 金日成「朝鮮労働党と共和国政府の対内外政策のいくつかの問題について――『朝日新聞』編集長及び共同通信記者との談話（一九七一年九月二五日、一〇月八日）」『金日成著作選集』第六巻、平壌、朝鮮労働党出版社、一九七四年、一〇五ページ。

38 金日成「朝鮮労働党と共和国政府の対内外政策のいくつかの問題について」『金日成著作選集』第六巻、一〇五～一〇六ページ。

39 前掲、添谷芳秀『日本外交と中国』、一九一ページ、および前掲、田中明彦『日中関係』七〇ページ。

40 高木誠一郎「米中関係の基本構造」『中国をめぐる国際環境』「岩波講座『現代中国』」第六巻、岩波書店、一九九〇年、一二八ページ。

41 邱石編『共和国重大事件和決策内幕』下巻、北京・経済日報社、一九九七年、六九一ページ。

42 柳沢英二郎『戦後国際政治史Ⅱ――一九五九―一九七三――』柘植書房、一九八五年、二七八ページ。

43 第1章を参照のこと。また、台湾問題とベトナム問題を米中関係から切り離すことができたとすれば、当時の米中にとって朝鮮問題を米中関係から切り離すことはより容易であったはずである。
44 前掲、柳沢英二郎『戦後国際政治史Ⅱ』二四三ページ。
45 中国の国連加盟の経緯については、たとえば、前掲、田中明彦『日中関係』七一～七三ページ。
46 金日成「党幹部養成事業を改善、強化するために――党幹部養成機関の教員に対する演説（一九七一年一二月二日）」『金日成著作選集』第六巻、一六一～一六二ページ。
47 同前、一六二ページ。
48 「中華人民共和国と米国間の共同コミュニケが発表された」『労働新聞』一九七二年二月二九日。
49 前掲、邱石編『共和国重大事件和決策内幕』下巻、七〇〇～七〇一ページ。
50 倉田秀也「韓国『北方外交』の萌芽」日本国際政治学会編『国際政治』第九二号「朝鮮半島の国際政治」一九八九年一〇月、八九～九一ページ。
51 たとえば、「反対侵略的正義事業是不可戦勝的――記念朝鮮祖国解放戦争二二周年――」『人民日報』一九七二年六月二五日。
52 第2章で考察した通り、中朝友好協力相互援助条約によって朝鮮半島での紛争についての中国の関与は制度化されていた。しかしながら、中国の解釈によれば、中国が朝鮮半島の紛争に自動的に関与するわけではなく、中国の関与は、北朝鮮が外国政府および外国勢力から攻撃を受けた場合に限られる、というものであった。条約締結時にそうした解釈はなかったといってよいが、米中接近以降、中国側のこの解釈は一貫したものとなった。
53 前掲、柳沢英二郎『戦後国際政治史Ⅱ』二七九、二九六ページ。
54 これは、朝鮮革命を達成するためには「北朝鮮の革命力量」「南朝鮮の革命力量」および「国際的革命力量」の三つが必要とされるとする「三大革命力量」論からも説明できる。「三大革命力量」論は、朝鮮戦争後の北朝鮮の革命路線を体系化したものとして評価し得るが、それによれば、朝鮮革命を成就するためには、国際社会における「米帝国主義との闘争」における「米国の劣勢」は必要不可欠な要因として位置づけられるのである。「三大革命力量」論については、たとえば、坂井隆『朝鮮労働党の歴史的研究』法務総合研究所、一九八八年、九三～九四ページ、鐸木昌之『北朝鮮――社会主義と伝統との共鳴――』東京大学出版会、一九九二年、二〇ページ。

55 『朝鮮全史（年表二）』平壌、科学百科事典総合出版社、一九九一年、四五二ページ。また、南北関係における南北共同声明の意義については、たとえば前掲、金学俊『北朝鮮五〇年史』二九七〜三〇一ページを参照されたい。

56 「良好的開端」『人民日報』一九七二年七月九日。

57 「中朝友協対外友協致電朝鮮朝中友協祝賀中朝友好合作互助条約簽訂一一周年」『中国対朝鮮和韓国政策文献匯編』四巻、一九九五〜一九九六ページ。

58 南北共同声明に基づいて、南北調節委員会が構成され、七二年一〇月から七三年六月までに本会議三回にくわえて共同委員長会議など七回の会合が開催され、また南北赤十字会談も七二年八月から七三年七月までに七回の会合が開催された。しかし、南北調節委員会については、韓国が信頼構築に重点を置いたのに対して北朝鮮が外国軍の撤収などを重要議題として両者の間に接点を設けることができず、また赤十字会談についても韓国側が人道問題に議題を限定しようとしたのに対して、北朝鮮が韓国の反共法撤廃問題等を議題にしようとしたためやはり接点を見つけることができなかった。また、この過程の一九七三年六月二三日、韓国の朴正煕大統領が「平和統一外交特別宣言」を、金日成が「祖国統一五大方針」を発表して、南北双方の統一とそこに至る過程についての認識の相違が明らかにされ、ついに七三年八月に発生した金大中事件を理由として、北朝鮮は南北対話の中断を宣言したのである。この後、七三年一二月から七五年三月まで一〇回にわたって南北調節委員会再開のための副委員長会議が開催されたものの何の成果もなく中断してしまった。一方南北赤十字会談については七三年一一月から七四年五月にかけて赤十字会談再開のための代表会議が開催され、その結果、実務会議が開催されることとなった。しかし、この実務会議も七四年七月から七七年一二月までに二五回にわたって開催されたものの、やはり何ら成果を見出すことができなかった。こうして、七〇年代の南北対話は幕を閉じることとなったのである。この時期の南北対話は、南北双方の内的要因によって開始されたものではなく、むしろ国際関係の変化に後押しされるという外的要因によって開始されたため、結局、具体的成果を生むことができなかったのである。前掲、小此木政夫編『北朝鮮ハンドブック』二四四〜二四七ページを参照されたい。

59 金日成「民族の分裂を防止し、祖国を統一しよう」『金日成著作集』朝鮮労働党出版社、一九八四年、三八七〜三九一ページ。

60 前掲、坂井隆『朝鮮労働党の歴史的研究』九四〜九六ページ。

61 中国と朝鮮半島の関係で興味深いのは、「平和統一外交宣言」以降、韓国が中国に対して積極的に働きかけをしたことである。韓国政府は、イギリス、フランス、カナダ、オランダ、オーストラリアなどの韓国大使館を利用して、中国に対して関係改善の意向を打診していた。詳細は、李成日『中国の朝鮮半島政策の調整と中韓国交正常化』六一ページを参照されたい。

62　前掲、パク・テホ『朝鮮民主主義人民共和国対外関係史』五六ページ。

63　同前。

64　北朝鮮の第三世界外交については、Dae-Sook Suh, *KIM IL SUNG*, pp. 253–268.

65　前掲、パク・テホ『朝鮮民主主義人民共和国対外関係史』五六ページ。

66　なによりも七五年八月に、ペルーのリマで開催された第五回非同盟外相会議では韓国の加盟が拒否され北朝鮮のみに正式加盟が認められたことは北朝鮮の外交的勝利として位置づけられるであろう。Dae-Sook Suh, *KIM IL SUNG*, p. 264.

67　日中国交正常化については、前掲、添谷芳秀『日本外交と中国』二〇〇～二一三ページ、および前掲、田中明彦『日中関係』七三～八三ページ。

68　「勝利属于英雄的朝鮮人民——記念朝鮮祖国解放戦争二三周年」『人民日報』一九七三年六月二五日。

69　もとより、北朝鮮が自主路線を目指した動機の一つが、北朝鮮の中国に対するある種の不信感であったことは、前章での考察の通りである。それゆえ、北朝鮮が自主路線をめざすことはすなわち、中国の影響力を制限しようとすることと同義であった。しかし、米中接近にともなう中朝関係の変化は、単に相互の信頼関係が低下するという問題ではなく、第1章、第2章で考察したような、両者の対米安全保障を前提とする結びつき、さらには世界的な社会主義革命路線の中での両者の関係という、中朝関係の構造それ自体を変化させる動きとして評価されなければならないのである。こうした構造的な変化の結果、北朝鮮にとって対米安全保障の文脈でかつてのように中国を後ろ盾とすることはできなくなったと言えようが、その一方で、北朝鮮は、自らの外交政策は、中朝関係に制約されることがなくなり、逆説的ではあるが外交的選択肢を広げたことをも意味していた。すなわち、中国は徐々に北朝鮮の動きをコントロールできなくなっていったのである。

70　前掲、小此木政夫編『北朝鮮ハンドブック』四一六～四一七ページ。

71　日本が南北両政権と国交を結ぶことは、すなわち北朝鮮の嫌う「二つの朝鮮」を認定することを意味した。その意味で、日朝国交正常化は日韓断行と表裏一体の関係にあらねばならなかったと言ってよい。前掲、小此木政夫「南北朝鮮関係の推移と日本の対応」『国際政治』第九二号、九ページ。

72　拙稿「『冷戦の終焉』と南北朝鮮関係」小此木政夫編『ポスト冷戦の朝鮮半島』日本国際問題研究所、九四〜九七ページ。
73　「世界各国の国会と政府に送る書簡、米国国会に送る書簡」『労働新聞』一九七三年四月七日。
74　たとえば、ドン・オーバードーファーは、同書簡の採択を米中接近以後の北朝鮮の平和攻勢の一環として評価している。ドン・オーバードーファー著、菱木一美訳『二つのコリア――国際政治の中の朝鮮半島』共同通信社、一九九八年、六四ページ。
75　「米国議会に送る書簡」『労働新聞』一九七四年三月二六日。
76　同前。
77　『読売新聞』一九七二年一月二四日。
78　前掲、ドン・オーバードーファー『二つのコリア』六四ページ。
79　『労働新聞』一九七五年四月一九日。
80　鄧小平と金日成の間には少なくとも三度会談が行われている。「鄧小平同志同金日成主席挙行会談（四月一九日）」「鄧小平同志同金日成主席挙行会談（四月一九日）」「鄧小平同志同金日成主席継続会談（四月二五日）」『中国対朝鮮和韓国政策文献匯編』第五巻、北京、中国社会科学出版社、一九九四年、二一二一、二一二二、および二一二五ページ。
81　「中華人民共和国和朝鮮民主主義人民共和国連合公報（四月二六日）」『中国対朝鮮和韓国政策文献匯編』第五巻、二一二五〜二一三一ページ。また、ドン・オーバードーファーによれば、北京を訪問した金日成の認識は明らかに、中国指導部とは異なったものであったが、金日成が面子を失うことなく中国側の見解を「賢明にも理解した」という。前掲、ドン・オーバードーファー『二つのコリア』八四ページを参照されたい。
82　「自主和平統一朝鮮的正義主張」『人民日報』一九七四年三月二八日。
83　華国鋒の北朝鮮訪問については、たとえば「華国鋒主席在金日成主席挙行的歓迎宴会上的講話（五月五日）」『中国対朝鮮和韓国政策文献匯編』第五巻、二二二一〜二二二四ページを参照されたい。
84　第3章を参照のこと。
85　前掲、添谷芳秀『日本外交と中国』一八八〜一九九ページ、および前掲、田中明彦『日中関係』六四〜六六ページ。
86　前掲、鐸木昌之『北朝鮮』三四〜三六ページ。
87　Dae-Sook Suh, *KIM IL SUNG*, pp. 253–268.

1　高木誠一郎「米中関係の基本構造」『中国をめぐる国際環境』岡部達味責任編集『中国をめぐる国際環境』第六巻、岩波書店、一九九〇年、一三二ページ。

2　坂井隆『朝鮮労働党の歴史的研究』法務総合研究所、一九八七年、一〇四～一〇六ページ。

3　中嶋嶺雄『中国――歴史・社会・国際関係――』中公新書、一九八二年、一一二ページ。

4　胡耀邦総書記は同会議において「社会主義現代化建設の新局面を始めよう」との報告を行い、同年一二月の第五期全国人民代表大会第五次会議で憲法を修正し、独立自主外交路線を外交政策の基本としたのである。

5　金正日後継体制形成については、鐸木昌之『北朝鮮』東京大学出版会、一九九二年、七九～一一八ページ、および小此木政夫「金正日のイデオロギーと政治指導」小此木政夫編『岐路に立つ北朝鮮』日本国際問題研究所、一九八八年、一三～三二ページ。

6　高原明生「中国民主化の展望――初歩的な展望――」『現代中国』第六九号、一九九五年七月、八～九ページ。国分良成「中国の近代化と政治体制――官僚制分析を中心に」中兼加津次編『講座現代アジア二――近代化と構造変動』東京大学出版会、一九九四年、二七一～二七四ページ。また、中国の改革開放路線については、王曙光『詳説　中国改革開放史』、勁草書房、一九九六年に詳しい。合わせて参照されたい。

7　同前、高原明生「中国民主化の展望」『現代中国』第六九号、八～九ページ、および同前、国分良成「中国の近代化と政治体制」中兼加津次編『近代化と構造変動』二七一～二七四ページ。

8　それを理由として鄧小平は政敵であった華国鋒の排除に成功するやこうした姿勢を後退させたという説もある。同前、高原明生「中国民主化の展望」『現代中国』第六九号、八～九ページ。

9　前掲、中嶋嶺雄『中国』一一二ページ。

10　前掲、国分良成「中国の近代化と政治体制」中兼加津次編『近代化と構造変動』二七一～二七四ページ。

11　前掲、鐸木昌之『北朝鮮』七九ページ。

12　同前、鐸木昌之『北朝鮮』一一六ページ、および前掲、坂井隆『朝鮮労働党の歴史的研究』五七ページ。

13 see, Dae-Sook Suh, *KIM IL SUNG: The North Korean Leader*, 1988, New York, Columbia University Press, pp. 285–286.
14 前掲、鐸木昌之『北朝鮮』二一四～二一八ページ。また、正確な時期を特定することは難しいが、行政委員会が実質的に廃止されて経済指導委員会が設けられたのが八一年秋頃、そして経済指導委員会が行政・経済指導委員会へと改編されたのが八五年五～七月頃と思われる。坂井隆「北朝鮮の社会主義路線──保守と改革の狭間で」環太平洋問題研究所編『韓国・北朝鮮総覧九三』第三号、原書房、一九九三年八月、二三一～二三二ページを参照されたい。
15 前掲、中嶋嶺雄『中国』一一五～一一八ページ、およびJ・R・タウンゼント著、小島朋之訳『現代中国──政治体系の比較分析』慶應通信、一九八〇年、一六一～一八三ページ。
16 前掲、国分良成「中国の近代化と政治体制」中兼加津次編『近代化と構造変動』二七一～二七四ページ。
17 同前。
18 スターリン死後の一時期、実質的に金日成の権力が後退した時期はあった。小此木政夫「北朝鮮における対ソ自主性の萌芽一九五三～一九五五──教条主義批判と『主体』概念──」『アジア経済』一九七二年七月号、五二～五四ページ。
19 前掲、鐸木昌之『北朝鮮』三五～三七ページ。
20 河合弘子『中国と朝鮮半島の経済関係』アジア政経学会、一九九六年、二二ページ。
21 小牧輝夫「北朝鮮経済の現状と展望」小此木政夫編『岐路に立つ北朝鮮』日本国際問題研究所、一九八八年、六八～六九ページ。
22 小此木政夫編『北朝鮮ハンドブック』講談社、一九九七年、三三一～三三二ページ。
23 金正日「人民生活を一層高めることについて──朝鮮労働党中央委員会責任活動家協議会で行った演説──一九八四年二月一六日」『主体革命偉業の完成のために』第五巻、平壌・朝鮮労働党出版社、一九八八年、八八～一〇九ページ。
24 同前。
25 前掲、小此木政夫編『北朝鮮ハンドブック』二九九～三〇二ページ。
26 前掲、鐸木昌之『北朝鮮』二一九～二二〇ページ。
27 拙稿「『冷戦の終焉』と南北朝鮮関係──平和共存制度化への相克──」小此木政夫編著『ポスト冷戦の朝鮮半島』日本国際問題研究所、一九九四年、九四～九七ページ。
28 前掲、金正日「人民生活を一層向上させることについて」『主体革命偉業の完成のために』第五巻、八八～一〇九ページ。

29 前掲、鐸木昌之『北朝鮮』二一九～二二〇ページ。
30 前掲、国分良成「中国の近代化と政治体制」中兼加津次編『近代化と構造変動』二七五～二七六ページ。
31 「南南協力と対外経済事業を強化し、貿易事業を一層発展させることについて」『労働新聞』一九八四年一月二七日。
32 前掲、河合弘子『中国と朝鮮半島の経済関係』八四～八五ページ。
33 改革開放政策の初期、中国は合弁法・合作法で香港、マカオをはじめとする同胞の投資を歓迎していた。同前、六〇ページ。
34 古田博司「北朝鮮における宗教国家の形成（前編）——大衆強化の技術的側面を中心に——」『筑波法政』第二〇号、一九九六年三月、六三～六九ページを参照のこと。
35 鐸木昌之「北朝鮮の対外政策——対ソ政策とイデオロギーの連繋を中心に」『国際政治』第九二号、一九八九年一〇月、六三～七九ページ、および拙稿「社会主義体制変革と北朝鮮」『歴史と未来』第一六号、一九九〇年、三四～三七ページ。
36 国分良成「中華人民共和国期」小島朋之・国分良成編著『東アジア』自由国民社、一九九七年、二九八～二九九ページ。
37 『北朝鮮政策動向』一九八三年六月、および前掲、河合弘子『中国と朝鮮半島の経済関係』五ページ。
38 「朝鮮労働党六大閉幕」『人民日報』八〇年一〇月一〇日。
39 たとえば、「朝鮮挙行第七届人最高人民会議代表選挙」『人民日報』一九八二年三月二日、「朝鮮労働党中央和中央人民委員会」『人民日報』一九八二年一一月一五日、「朝鮮最高人民会議七届二次会議開幕」『人民日報』一九八三年四月七日。
40 「鄭浚基会見清華大学代表団」『人民日報』一九八二年一二月二一日。
41 「高挙馬列主義和主体思想旗幟前進——金正日在朝鮮『勤労者』雑誌撰文」『人民日報』一九八三年五月二一日。
42 「胡耀邦総書記会見朝鮮最高人民会議代表団時的談話（七月七日）」『中国対朝鮮和韓国政策文献匯編』第五巻、北京・中国社会科学出版社、一九九四年、二三八四ページ。
43 同前。
44 ソ連がいつの時点で金正日後継を認めたかは明らかではないが、一九八四年の金日成のソ連訪問時、金日成がソ連に対して要請したとの説もある。鄭鎮渭『北方三角関係——北韓の対中・ソ関係を中心に』ソウル・法文社、一九八五年、一八九ページ。
45 同前、一八五ページ、および前掲、河合弘子『中国と朝鮮半島の経済関係』五ページ。

46　前掲、金正日「人民生活を一層高めることについて」『主体革命偉業の完成のために』第五巻、八三ページ。
47　同前。
48　同。
49　同。
50　前掲、鐸木昌之『北朝鮮』三二～三三ページ。
51　たとえば、一九六六年一〇月五日の金日成の「現情勢と我が党の課業」では「教条主義」との文言を用いて中国が批判されていた。その点については第4章を参照のこと。
52　金正日「革命隊伍を十分に整え社会主義建設を一層力強くおし進めることについて――朝鮮労働党中央委員会責任幹部の前で行った演説　一九八四年三月一〇日」『主体革命偉業の完成のために』第五巻、平壌、朝鮮労働党出版社、一九八八年、一一二ページ。
53　同前。
54　既に多くの研究によって、北朝鮮の改革開放については、中国との関係からではなく、その内容から「選択的改革・漸次的開放」「限定的開放」「改革なき開放」などとして評価されてきた。たとえば、小牧輝夫「対外開放を模索する北朝鮮」小此木政夫編著『ポスト冷戦の朝鮮半島』三六二～三六八ページ、前掲、鐸木昌之『北朝鮮』二一九～二二八ページ、前掲、河合弘子『中国と朝鮮半島の経済関係』八二～八四ページ、などを参照されたい。
55　前掲、国分良成「中国の近代化と政治体制」中兼加津次編『近代化と構造変動』二七一～二七四ページ。
56　後藤富士男「市場経済化をためらう北朝鮮経済の現状と今後」中央大学経済研究所編『市場経済移行政策と経済発展』中央大学出版部、一九九八年、二二一ページ。
57　金日成「朝鮮労働党建設の歴史的経験」『勤労者』第六号、第五三〇号、一九八六年六月、一一～六一ページ。
58　同前。
59　金正日「主体思想教養で提起されるいくつかの問題について」『勤労者』第七号、第五四三号、一九八七年七月、三～一九ページ。
60　前掲、小此木政夫編著『北朝鮮ハンドブック』三一〇～三一一、および三二九～三三〇ページ。
61　金正日「主体思想教養で提起されるいくつかの問題について（第三部）」『主体思想の基本について』平壌、朝鮮労働党出版社、一九八九年一月一五日、一七二ページ。金正日の同論文の第三部が、この『主体思想の基本について』という書によって内部的に公開されたことは間違いない。しかし、そうした動きがその後拡大したわけではなく、同論文の第三部が対外的に公になったというわけではないようである。
62 前掲、金正日「主体思想教養で提起されるいくつかの問題について」『勤労者』一九八七年七月、一一ページ。
63 前掲、金正日「主体思想教養で提起されるいくつかの問題について（第三部）」『主体思想の基本について』一八二ページ。
64 天安門事件に対する北朝鮮の反応については第7章を参照されたい。
65 金日成「新年辞」『労働新聞』一九九〇年一月一日。
66 金日成「我が国社会主義の優越性をさらに高く一層発揚させよう――朝鮮民主主義人民共和国最高人民会議第九期第一次会議で行った施政演説　一九九〇年五月二四日」『労働新聞』一九九〇年五月二五日。
67 一九九一年六月、金正日『人民大衆中心の我々式社会主義は必勝不敗である朝鮮労働党中央委員会の責任幹部との談話（一九九一年五月五日）』平壌、外国文出版社、一九九一年。
68 『北朝鮮政策動向』№一六三、一九九〇年第七号、六月三〇日、三ページ。
69 一九九一年二月、金正日は、朝鮮人民軍第五二五部隊の将兵に宛てて「我が党に忠実な革命武力に栄光あれ」との直筆の手紙を送り、これ以後「金正日の軍部隊への格別の配慮と信任に感動する軍人の反響」が続けざまに紹介された。その後、一〇月に「朝鮮人民軍士官長大会」、一一月に「朝鮮人民軍中隊長大会」、一二月に「朝鮮人民軍中隊政治指導員大会」が、それぞれ開催された。前掲、小此木政夫編著『北朝鮮ハンドブック』三五七～三五八ページ。
70 『朝鮮中央年鑑』一九九二年、朝鮮中央通信社、一九九二年、五七六ページ。
71 前掲、小此木政夫編著『北朝鮮ハンドブック』三五八ページ。
72 『朝鮮中央年鑑』一九九三年、朝鮮中央通信社、一九九三年、七〇一ページ。
73 『北朝鮮政策動向』№一九一、一九九二年第六号、五月三一日、二〇ページ。
74 『北朝鮮政策動向』№二〇四、一九九三年第六号、五月三一日、二一～二二ページ。
75 前掲、小此木政夫編著『北朝鮮ハンドブック』三五九～三六一ページ。
76 前掲、小此木政夫編著『北朝鮮ハンドブック』三六六～三六八ページ。
77 外国人投資法および自由経済貿易地帯法についてはそれぞれ『民主朝鮮』一九九二年一〇月六日を参照のこと。

78　金日成「新年辞」『労働新聞』一九九四年一月一日。

79　金日成死後の北朝鮮の課題については、拙稿「北朝鮮遺訓政治の限界」小此木政夫・小島朋之共編『東アジア危機の構図』東洋経済新報社、一九九七年、一四五～一六六ページを参照されたい。

80　金正日「社会主義は科学である」『労働新聞』一九九四年一一月四日。

81　チョン・ソンイル「所有形態における『多様性』とその反動性」『経済研究』一九九三年第一号、一九九三年二月二〇日発行。

82　九一年まで、中朝間の貿易は、「中華人民共和国政府と朝鮮民主主義人民共和国政府の相互供応貨物に関する議定書」によって処理されていたが、九二年より「貿易協定」によって処理されることとなった。「貿易協定」では、両国はハードカレンシーで計算し、国際市場価格で行われるとされた。「中華人民共和国政府と朝鮮民主主義人民共和国政府の貿易協定」中華人民共和国外交部編『中華人民共和国条約集第三九集』北京・世界知識出版社、一九九七年、二六八～二七〇ページ。

第7章　中朝関係の構造的変質

1　韓国北方外交の進展については、倉田秀也「盧泰愚政権の北方外交――対ソ国交樹立の政治力学」小此木政夫編『ポスト冷戦の朝鮮半島』日本国際問題研究所、一九九四年、一三～四九ページを参照のこと。

2　秋野豊「モスクワの朝鮮半島政策」小此木政夫編『ポスト冷戦の朝鮮半島』日本国際問題研究所、一九九四年、二〇二～二二三ページ。

3　国交正常化に至る中韓関係に対する中国側の記録としては、銭其琛『外交十記』世界知識出版社、二〇〇三年、を、韓国側の記録としては李相玉『転換期の韓国外交――李相玉外交回顧録――』ソウル、サムガクム、二〇〇二年、それぞれの該当箇所を参照されたい。また、中韓国交正常化についての研究としては、たとえば、安田淳「中国の朝鮮半島政策」小此木政夫編『ポスト冷戦の朝鮮半島』日本国際問題研究所、一九九四年、倉田秀也「対韓国関係」『中国総覧（一九九四年版）』霞山会、一九九四年、秋月望「華夷システムの延長上にみる中国・朝鮮半島関係」『アジア研究』第四〇巻三号、一九九三年一二月、李成日「中国の『独立自主外交』と新しい朝鮮半島政策――民航機ハイジャック事件（一九八三年）を契機とする政策展開――」『法学政治学論究』第七一号、二〇〇六年一二月などがある。合わせて参照されたい。また、中韓国交正常化をめぐる研究については、李成日「中韓国交正常化をめぐる中国の朝鮮半島政策」鐸木昌之・平岩俊司・倉田秀也編著『朝鮮半島と国際政治――冷戦の展開と変容――』慶応義塾大学出版会、二〇〇五年の脚注に詳しい。三五三～三五七ページを参照されたい。

4 大統領就任以後積極的な外交を展開していた全斗煥大統領は、一九八三年一〇月、ビルマ、インド、スリランカをはじめとする六カ国の非同盟諸国を一八日間の予定で訪問することとなっていた。一〇月九日、全斗煥大統領一行はその最初の訪問国であるビルマのアウンサン廟で北朝鮮の工作員によるテロにあい、大統領に随行していた徐錫俊副首相、李範錫外相ら四人を含む一七名の韓国の要人の命が奪われた。所謂ラングーン事件である。ビルマ政府はただちに捜査を開始して、二人の朝鮮人を逮捕、一人を射殺し、その後、北朝鮮人による犯行であることを明らかにした。これに対して、北朝鮮はビルマ政府の処置を強く非難し、犯行が韓国の自作自演劇であり北朝鮮政府の犯行とするのはでっちあげであると繰り返し反論した。北朝鮮がなぜこの事件を企図したのかについては依然として不明な点が多いが、当時の全斗煥政権の積極的な対外政策による韓国の国際的地位の向上に北朝鮮が何としても歯止めをかけたかったであろうことは想像に難くない。もっとも、その結果、テロ国家としての印象を国際社会に与えることとなり、むしろ国際的孤立状況に拍車をかける結果となったのである。詳しくは、小此木政夫編著『北朝鮮ハンドブック』講談社、一九九七年、三一三～三一五ページ、およびドン・オーバードーファー著、菱木一美訳『二つのコリア――国際政治の中の朝鮮半島――』共同通信社、二〇〇二年、第六章、一七〇～一九四ページを参照されたい。

5 『人民日報』一九八三年一〇月一三、一四日。また、ビルマ政府が北朝鮮と断交した事実についても『人民日報』は事実関係のみを伝え、北朝鮮擁護の立場はとらなかったという。詳しくは、李成日『中国の朝鮮半島政策の調整と中韓国交正常化』九九ページを参照されたい。

6 一九八三年五月に中国民航機ハイジャック事件が発生し、中韓接触が始まっていたことを前提とする時、ラングーン事件についての中国側の対応は興味深い。もとより、それを別にしても、改革開放路線をとって国際社会との関係構築をめざす中国にとって、ラングーン事件のような行動を取った北朝鮮を擁護することは難しかったと言わざるを得ない。中韓関係とラングーン事件に対する中国の反応の関係についての分析は、李成日『中国の朝鮮半島政策の調整と中韓国交正常化』九四～一〇〇ページを参照されたい。

7 「朝鮮民主主義人民共和国中央人民委員会、最高人民会議常設会議連合会議に関する報道」「米合衆国政府と国会に送る書簡」「ソウル当局に送る書簡」『労働新聞』一九八四年一月一一日。
8 「朝鮮で平和の保障を準備し祖国の自主的平和統一を促進することについて」『労働新聞』一九八四年一月二八日。
9 「中国外交部発言人就朝鮮提出三方会談問題答記者問（一月一一日）」『中国対朝鮮和韓国政策文献匯編』第五巻、北京、中国社会科学出版社、一九九四年、二四〇〇ページ。
10 ドン・オーバードーファー著、菱木一美訳『二つのコリア――国際政治の中の朝鮮半島――』共同通信社、一九九八年、一七四ページ。
11 伊豆見元「北朝鮮の『三者会談』提案と関係周辺諸国の対応――米中両国の対応を中心に――」『国際問題』第二九七号、一九八四年一〇月。
12 八三年八月中旬、および九月二五日の二度にわたって、鄧小平と金日成が三者会談について秘密協議を行ったとの説がある。前掲、河合弘子『中国と朝鮮半島の経済関係』二二ページを参照のこと。オーバードーファーによれば、鄧小平はラングーン事件を知って「平壌に激怒した」という。ドン・オーバードーファー『二つのコリア――国際政治の中の朝鮮半島――』一七六ページ。
13 ドン・オーバードーファー『二つのコリア――国際政治の中の朝鮮半島――』一七八ページ。オーバードーファーによれば、北朝鮮は中国の参加を拒否したという。
14 同前、一八八ページ。
15 同、一一三ページ。
16 たとえば、「中共中央総書記胡耀邦会見日本記者時的談話（一月二〇日）」『中国対朝鮮和韓国政策文献匯編』第五巻、二三七二～二三七三ページ。
17 「胡耀邦総書記会見朝鮮総理姜成山時的談話（八月八日）」『中国対朝鮮和韓国政策文献匯編』第五巻、二四三一ページ。
18 伊豆見元「北朝鮮の対外政策」小此木政夫編著『岐路に立つ北朝鮮』日本国際問題研究所、一九八八年、一一六～一一七ページ。
19 この点については、中国の独立自主外交路線からも十分に説明し得る。たとえば、前掲、李成日「中国の『独立自主外交』と新しい朝鮮半島政策」を参照されたい。
20 前掲、ドン・オーバードーファー『二つのコリア』一七九～一八五ページ。

21　前掲、李成日『中国の朝鮮半島政策と中韓国交正常化』一一六ページ。
22　竹入義勝「秘話五五年体制のはざまで」（九）『朝日新聞』一九九八年九月一一日。
23　前掲、河合弘子『中国と朝鮮半島の経済関係』三〇ページ。
24　拙稿「『冷戦の終焉』と南北朝鮮関係——平和共存制度化への相克——」小此木政夫編著『ポスト冷戦の朝鮮半島』日本国際問題研究所、一九九四年、九九〜一〇二ページを参照されたい。
25　八七年一一月二九日、乗員・乗客一一五人を乗せた大韓航空機858便がビルマ沖で消息をたった。その後、同機から、バーレーンで降りた日本人「蜂谷真一」「蜂谷真由美」の二名がバーレーン当局によって拘束され取調べを受けていたが、両名は服毒自殺をはかり、男性は絶命したものの女性は一命をとりとめた。女性はその後身元不明のままソウルに移送され調査が続けられ、この女性が北朝鮮工作員金賢姫であり、絶命した男性工作員金勝一とともに大韓航空機を爆破したとして、同事件が金正日の指示によるものであると発表した。これに対して北朝鮮は韓国当局の自作自演劇であるとして否定した。北朝鮮は、同事件の直後に大統領直接選挙を控えた盧泰愚候補が北朝鮮に対する国民の危機意識をあおって自らに有利に選挙戦を展開しようとした、とした。北朝鮮の目的は必ずしも明らかではないが、ソウル・オリンピックへの参加申請を一カ月後に控え、ソ連、中国など社会主義諸国のオリンピック参加の可能性が高まっていた当時の国際情勢を前提とすれば、同事件は、孤立感を強めていた北朝鮮が韓国のオリンピック単独開催を阻止しようとして行った組織的犯行であると考えるのが自然であろう。もっとも、北朝鮮の思惑とは異なって、この大韓航空機爆破事件はラングーン事件とともに北朝鮮がテロ国家であるとの印象を国際社会に与える結果を招いてしまったのである。前掲、小此木政夫編『北朝鮮ハンドブック』三三四〜三三六ページを参照されたい。
26　「外交部発言人説、希望朝鮮半島局勢緩和穏定」『中国対朝鮮和韓国政策文献匯編』第五巻、二二五一三ページ。
27　『北朝鮮政策動向』No.一三〇（一九八八年第二号）一ページ。
28　金日成「主体の革命的旗幟を高く掲げて社会主義共産主義偉業を終わりまで完成させよう——朝鮮民主主義人民共和国創建四〇周年記念慶祝報告大会で行った報告　一九八八年九月八日」『労働新聞』一九八八年九月九日。
29　金日成「新年辞」『労働新聞』一九八九年一月一日。
30　前掲、拙稿「『冷戦の終焉』と南北朝鮮関係」小此木政夫編『ポスト冷戦の朝鮮半島』、一〇〇〜一〇二ページを参照されたい。

31　たとえば、木村汎「ゴルバチョフ主義――古い酒を新しい器に盛るだけなのか」『東京国際シンポジウム・転換期のソ連』日本国際問題研究所、一九八六年、四五〜七二ページを参照のこと。

32　社会主義陣営の体制変革の動きに対する北朝鮮の対応については、鐸木昌之「北朝鮮の対外政策――対ソ政策とイデオロギーの連繋を中心に――」『国際政治』第九二号、一九八九年一〇月、六三〜七九ページ、および、拙稿「社会主義体制変革と北朝鮮」『歴史と未来』第一六号、一九九〇年、三三〜四四ページを参照されたい。

33　東欧社会主義諸国の体制変革の動きは、経済的な意味合いからも北朝鮮にとって大きな衝撃であったと言ってよい。東欧社会主義諸国が体制変革をするということはすなわち、それまでの社会主義友好国間の経済関係から、通常の経済関係へ転換することを意味したはずである。北朝鮮に対してそれまでの経済関係の見直しが求められるという具体的な損失を伴う変化である可能性があった。東欧社会主義諸国の体制変革が北朝鮮に与えた経済的影響については、たとえば、一九八七年四月に採択された第三次七カ年計画（八七〜九三年）が、未達成に終わったことを指摘し得よう。九三年一二月、朝鮮労働党中央委員会第六期第二一次前委員会議で第三次七カ年計画について総括した姜成山総理は、「内外の情勢がもっとも複雑で先鋭な時期に、厳しい試練と難関の中で進められた」としながら、計画が未達成に終わった原因として、(1)社会主義世界史上の崩壊による対外経済関係での根本的な変化、(2)「敵の激化する侵略策動と執拗な攻勢」による国防への多大な資源の振り向け、の二つをあげている。(1)は言うに及ばず、(2)の「敵の激化する侵略策動と執拗な攻勢」に、社会主義諸国の体制変革の動きが含まれることは言うまでもなかろう。第三次七カ年計画については、たとえば、前掲、小此木政夫編『北朝鮮ハンドブック』三二九〜三三二、三六二〜三七五ページの小牧輝夫、藤井新担当項目を参照されたい。

34　前掲、倉田秀也「盧泰愚政権の北方外交」小此木政夫編著『ポスト冷戦の朝鮮半島』一四〜一五ページ。

35　八三年九月のソ連空軍機による大韓航空機撃墜事件の経緯と、その後のソ韓関係の後退については、前掲、ドン・オーバードーファー『二つのコリア』一七〇〜一七一ページを参照されたい。

36　ソ韓国交正常化の経緯については、前掲、倉田秀也「盧泰愚政権の北方外交」小此木政夫編著『ポスト冷戦の朝鮮半島』三一〜三四ページ。

37　一九九〇年六月四日、サンフランシスコで行われたゴルバチョフ・盧泰愚会談は、ソ韓国交正常化の動きの画一点をなすものであったが、それに対して北朝鮮は、五月三一日の外交部スポークスマン声明によって、「もしゴルバチョフが盧泰愚と会見するなら、それはわが国の分断の固定化にかかわる重大な政治的問題となるであろう」として、ゴルバチョフ・盧泰愚会談の中止を求めた。『北朝鮮政策動向』第一六三号、一九九〇年第七号、A一～A二ページ。

38 前掲、倉田秀也「盧泰愚政権の北方外交」小此木政夫編著『ポスト冷戦の朝鮮半島』三二～三三ページ、および前掲、秋野豊「ソ連の朝鮮政策」小此木政夫編『ポスト冷戦の朝鮮半島』二一七～二一八ページ。ソ韓国交正常化をめぐってソ連国内では、韓国との国交正常化を積極的に推進すべきとの声のみならず、北朝鮮との歴史的関係を考える時、韓国との国交正常化は慎重にあるべきとの意見もあったという。たとえば、シェワルナゼ外相（当時）が韓国との国交正常化に慎重であったことは有名である。ドン・オーバードーファーによれば、この時シェワルナゼはソ韓国交正常化にともなう北朝鮮の否定的反応をソ連共産党政治局に建議しながら、ゴルバチョフに対して「好きなように進めてください、私を抜きにして」とソ韓国交正常化に対する自らの姿勢を明らかにしたという。詳しくは、オーバードーファー『二つのコリア』二五四～二五五ページ。また、ソ韓国交正常化以降のソ連と朝鮮半島の関係については、斉藤元秀「朝鮮半島危機とロシア」小此木政夫編『危機の朝鮮半島』慶応義塾大学出版会、二〇〇六年を参照されたい。

39 ソ韓国交樹立に対する北朝鮮の反応は、「ドルで売買する『外交関係』」『労働新聞』一九九〇年一〇月五日。

40 前掲、秋野豊「ソ連の朝鮮政策」小此木政夫編『ポスト冷戦の朝鮮半島』二一八～二一九ページ。ソ韓国交正常化についてはさまざまな評価があるが、結果的にソ連の朝鮮半島に対する影響力を低下させたことは間違いない。当時のソ連は、ソ韓国交正常化によってある程度北朝鮮との関係が冷却化することは覚悟していたはずである。しかし、北朝鮮が米国、日本との関係改善を急ぐことにより、そうした冷却化は最低限度にとどめられるものと期待していたようである。さらに、韓国からは大規模の経済的利益を得ることができるとの期待であったという。前者については、その後、北朝鮮はますます孤立し、一方韓国との関係もソ連の期待するようなものではなかったという。詳しくは、拙稿「朝鮮半島への関与を目指す『大国』ロシア」『東亜』第四〇〇号、二〇〇〇年一〇月号、三五～四九ページを参照されたい。

41 米朝協議は、ソウルオリンピック終了後、米国の働きかけによって開始され、八八年一二月から九三年九月までに三四回開催されたという。詳しくはオーバードーファー、二三四ページを参照されたい。

42 天安門事件については、たとえば、岡部達味編『中国をめぐる国際環境』岩波書店、二〇〇一年、二七～三〇ページを参照されたい。

43 『労働新聞』一九八九年六月一一日。

44 『人民日報』一九八九年六月一二日。

45 『民主化運動と中国社会主義』別冊、岩波書店、一九九〇年、二七〇～二七一ページ。

46 天安門事件以降、「唇歯の関係」「伝統的友誼」が強調された例としては、たとえば「李鵬総理会見朝鮮政府科技代表団的談話（八月八日）」『中国対朝鮮和韓国政策文献匯編』第五巻、二五四三ページ。

47 前掲、河合弘子『中国と朝鮮半島の経済関係』一〇〇ページ。

48 前掲、拙稿「『冷戦の終焉』と南北朝鮮関係」小此木政夫編著『ポスト冷戦の朝鮮半島』一〇七ページ。

49 南北高位級会談の経緯については、同右、一〇九～一一三ページを参照されたい。

50 「従勝利走向勝利——祝賀朝鮮民主主義人民共和国成立四一周年——」『人民日報』一九八九年九月九日

51 第一回南北高位級会談に際して、北朝鮮の延亨黙総理は、八九年九月六日に青瓦台（大統領官邸）を表敬訪問し、盧泰愚大統領と会見した。第二次会談は一〇月一七日から一八日に北朝鮮で開催された。そして韓国側代表の姜英勲国務総理が金日成を表敬訪問した。そして、第三次会談は一二月一二日から一三日に、再びソウルで開催された。この第一次～第三次会談では、韓国が南北交流問題の優先を主張、北朝鮮が政治・軍事問題の優先的解決を主張して譲らず、しかも、一九九〇年二月を開催が予定されていた第四次会談は、例年通り北朝鮮が米韓軍事演習を理由として延期を通告し、中断されてしまった。前掲、拙稿「『冷戦の終焉』と南北朝鮮関係」小此木政夫編著『ポスト冷戦の朝鮮半島』一〇九ページ。

52 金日成「我が国社会主義の優越性をさらに高く一層発揚させよう——朝鮮民主主義人民共和国最高人民会議第九期第一次会議で行った施政演説 一九九〇年五月二四日」『労働新聞』一九九〇年五月二五日。

53 『北朝鮮政策動向』No.一六九、一九九〇年第一一号、二ページ。

54 『北朝鮮政策動向』No.一七〇、一九九〇年第一二号、一～二ページ。

55 金日成「新年辞」『労働新聞』一九九一年一月一日。

56 『読売新聞』一九九〇年五月六日。

57 『北朝鮮政策動向』No.一八〇、一九九一年第一〇号、一～二ページ。

58 『北朝鮮政策動向』No.一八二、一九九一年第一二号、二ページ。

59 前掲、河合弘子『中国と朝鮮半島の経済関係』二七ページ。

60 この李鵬総理の訪中の際、中国としては北朝鮮にたいして韓国の単独加盟申請に対して「拒否権行使」が難しいことを伝えるとともに、北朝鮮に対して同時加盟を慫慂した。詳しくは、銭其琛『外交十記』、一五五～一五六ページ、服部健司

『血の同盟』中朝関係はどう変わるか」『世界週報』一九九一年六月一一日号、一四〜一七ページを参照されたい。また、ドン・オーバードーファーによれば、この時の訪朝に際して李鵬はさらには国連同時加盟で拒否権を行使しないとの中国側の決定を公式に伝えると同時に、中国が北朝鮮に対する特恵的なバーター取引をやめ、国際価格での国際通貨による貿易決済に切り替えることも伝えたという。詳しくは、ドン・オーバードーファー『二つのコリア』二八八〜二八九ページを参照されたい。また、銭其琛『外交十記』によれば、会談で李鵬は、「国連総会で、かりに韓国が再び国連加盟を提起すれば、中国が反対するのは難しいし、またかりに韓国の単独加盟が先に実現すると（北）朝鮮の加盟が難しくなる」と伝えたという。このあたりの経緯は、李成日『中国の朝鮮半島政策の調整と中韓国交正常化』一七五ページを参照されたい。

61　「中朝友誼的新篇章」『人民日報』一九九一年五月七日。李鵬訪問についての分析は、安田淳「中国の朝鮮半島政策」小此木政夫編『ポスト冷戦の朝鮮半島』日本国際問題研究所、一九九四年、二二七〜二二八ページを参照されたい。

62　『朝日新聞』一九九一年五月一〇日。

63　銭其琛の回顧録によれば、既述の九一年五月の李鵬総理の訪朝に際して、金日成が国連加盟問題についての中国との協力に言及し、それ以後、北朝鮮のメディアが南北同時加盟に反対しない旨の論評を発表したとして、基本的にはこの時点で北朝鮮も国連同時加盟へと姿勢を変化させたと判断している。北朝鮮の南北国連同時加盟受け入れが九一年五月二八日に行われたため、発表のための準備期間などを考慮すれば、この李鵬総理の訪朝に際して北朝鮮が同時加盟を受け入れるべく姿勢を変化させたと考えるべきであろう。ただ、北朝鮮の同時加盟受け入れ発表直前に行われた日朝交渉も影響を与えた可能性は否定できない。九一年五月二〇日から二二日に開催された第三回日朝国交正常化交渉で日本側は、日朝関係改善の前提条件として、第二回交渉時の南北関係の進展という曖昧な表現を改めて、明確に国連同時加盟をあげていた。五月二七日の「やむなく講ずる一時的措置」との北朝鮮外交部声明のタイミングを考える時、北朝鮮の姿勢変化についての日本の影響は否定できない。拙稿「『冷戦の終焉』と南北朝鮮関係」小此木政夫編著『ポスト冷戦の朝鮮半島』一〇七ページ。いずれにせよ、北朝鮮がどの時点で国連同時加盟を受け入れたかは明確ではないが、中国、日本いずれの影響力もあったと考えるべきであろう。ただし、国連同時加盟に際しての北朝鮮に対する中国の影響力が、中国がこれ以上北朝鮮の立場を擁護してくれないであろうという中国に対する北朝鮮の「不満」、「失望」に起因する否定的な影響力であったとすれば、日本の影響力は北朝鮮の日朝正常化に対する「期待」に起因する積極的な影響力であったと言ってよい。

64　「中国外交部発言人就朝鮮決定申請加入連合国発表的談話」『中国対朝鮮和韓国政策文献匯編』第五巻、二五八三ページ。

65 「銭其琛副総理兼外長在朝鮮外交部挙行的歓迎宴上的講話」『中国対朝鮮和韓国政策文献匯編』第五巻、二五八四ページ。

66 前掲、安田淳「中国の朝鮮半島政策」小此木政夫編著『ポスト冷戦の朝鮮半島』二三〇ページ。

67 「江沢民総書記同朝鮮労働党中央委員会総書記、朝鮮国家主席金日成会談時談話（一〇月四日）『中国対朝鮮和韓国政策文献匯編』第五巻、二五九四〜二五九五ページ。

68 『朝日新聞』一九九一年一〇月八日。確かに中国が北朝鮮と締結している条約は、その内容については軍事同盟を示唆するものではあるが、名称それ自体は「中朝友好協力相互援助条約」であり、同盟条約ではない。しかしながら、あえて「同盟国ではない」と明言することの意味は無視することはできない。今回のメッセージは北朝鮮に対するメッセージではなく、中朝関係は日本が考えているような関係ではないということ日本に対してアピールしたかったに違いない。中朝関係についての中国のメッセージには、北朝鮮に対するメッセージと第三者に向けられたメッセージがあるが、これはその典型的な事例と言えよう。

69 前掲、銭其琛『外交十記』一四四〜一四八ページ。

70 前掲、李相玉『転換期の韓国外交』一五六ページ。

71 核問題をめぐる中朝関係については、前掲、安田淳「中国の朝鮮半島政策」小此木政夫編著『ポスト冷戦の朝鮮半島』二二九〜二三〇ページ。

72 盧泰愚の非核化宣言に際して徐敦信外交部副部長は「基本的には南北双方、または北朝鮮と米国が議論して解決すべき」との姿勢を明らかにした。『東京新聞』一九九一年一一月一〇日、前掲、安田淳「中国の朝鮮半島政策」二二九ページから重引。

73 前掲、安田「中国の朝鮮半島政策」小此木政夫編著『ポスト冷戦の朝鮮半島』二二九ページ。

74 一九九一年七月三〇日に北朝鮮が提案していた朝鮮半島非核化共同宣言に対して、韓国外務部が八月二日に初めて核拡散防止を含む軍事問題は南北当局者間で論議することが可能であるとの声明を公表したのである。その結果、八月五日には南北高位級会談再開準備のための実務代表接触が開催され一〇月二三日から二四日に第四回南北高位級会談が開催された。北朝鮮は会談初日に朝鮮半島の非核地帯化宣言を提案し、「北と南は朝鮮半島の南側にある米国の核兵器と米軍を撤収させ、核基地を撤廃させるために共同で努力する」との条項を含めることを求めた。さらに北朝鮮の延亨黙総理は、「我が方は南朝鮮からの米国の核兵器の全面的かつ完全な撤去が確認されたなら、いつでも国際協約に従って北と南の同時査察に応じるであろう」と強調した。当時の北朝鮮は、核問題について韓国との合意を形成し、米国から在韓米軍の撤退を含む譲歩を引き出そうとしていた。その結果、核問題をめぐって、南北関係のみならず、北朝鮮と日、米の関係改善が暗礁に乗り上げてしまった。ところが、この状況は韓国のイニシアティブによって大きな展開を見せることとなる。盧泰愚大統領が一一月八日に朝鮮半島の非核化宣言を行ったのである。同演説で盧泰愚大統領は、核エネルギーを平和目的だけに利用し、核兵器を製造、保有、貯蔵、配備、使用しないことを宣言し、さらには核濃縮施設を保有しないとまで言明したのである。北朝鮮はこれに否定的姿勢を示しながらも、一一月二四日には北朝鮮祖国平和統一委員会が五項目からなる公開質問上を提出するなど、核問題での南北間の合意形成の可能性が増大した。前掲、拙稿「『冷戦の終焉』と南北朝鮮関係」小此木政夫編著『ポスト冷戦の朝鮮半島』一一二ページ。

75 「北南間の和解と不可侵及び協力、交流に関する合意書（一九九一年一二月一三日）」『労働新聞』一九九一年一二月一四日。

76 「外交部発言人発表談話——中国歓迎朝鮮北南高級会談取得成果（一二月一四日）」『中国対朝鮮和韓国政策文献匯編』第五巻、二五九九ページ。

77 中国はこれを北朝鮮の「朝鮮半島非核化を実現するための努力の表れ」として評価した。これ以後、中国の北朝鮮の核問題についての基本姿勢は、この時の合意を前提としたものとなった。「外交部発言人発表談話——歓迎朝鮮為実現朝鮮半島無核化作出的努力（一二月二五日）」『中国対朝鮮和韓国政策文献匯編』第五巻、二五九九ページ。

78 小島朋之『現代中国の政治——その理論と実践——』慶應義塾大学出版会、一九九九年、三三三ページ。

79 天安門事件の直後、中国を非公式訪問した金日成に対して鄧小平は、自らが中央軍事委員会主席の職を辞任する旨を伝え、新指導者となった江沢民総書記を紹介したという。その際、中国は北朝鮮に対して対韓四原則（第一に、中国は北朝鮮の統一方案を支持し、朝鮮人民の国家統一に背く行動はとらない、第二に、政治的に韓国を承認せず、「二つの朝鮮」を作らない、第三に、韓国との貿易は民間に限定した間接貿易を基本とする、第四に、韓国との公式往来を認めない）を伝えたとも言われている。『香港経済日報』一九九〇年一月一三日。対韓四原則の真偽については慎重に検討する必要があるものの、少なくとも、天安門事件直後の中国にとって、北朝鮮との友好関係は必要不可欠なものであったはずだし、そのため北朝鮮に対して韓国との関係を制限することを示唆したことは十分に理解できる。このあたりの経緯については、李成日『中国の朝鮮半島政策の調整と中韓国交正常化』一四五〜一四七ページを参照されたい。

80　前掲、小此木政夫編著『北朝鮮ハンドブック』三八一～三八四ページ。
81　合意書以降の核問題については、伊豆見元「米国の朝鮮半島政策――北朝鮮のNPT脱退宣言後の政策を中心に――」小此木政夫編著『ポスト冷戦の朝鮮半島』日本国際問題研究所、一九九九年、一七五～二〇一ページを参照されたい。
82　『北朝鮮政策動向』第一九六号、一九九二年第一二号、一～四ページ。
83　前掲、李相玉『転換期の韓国外交』一五六ページ。
84　『朝日新聞』一九九二年八月二三日。
85　前掲、小此木政夫編著『北朝鮮ハンドブック』三八二ページ。
86　銭其琛『外交十記』一五八～一五九ページ。
87　中国は、北朝鮮に対して、金日成が鄧小平に対して米朝国交正常化までは中韓国交正常化はしないでほしいと依頼し、鄧小平がこれを約束したとして、中国側の約束違反であると抗議したという。これに対して八月に再び北朝鮮を訪問した銭其琛は、北朝鮮に対して、中韓国交正常化は朝鮮半島の平和と安定に寄与するであろうこと、国際情勢の変化を背景として中韓関係が進展し、これ以上国交正常化を延ばせないこと、台湾の「弾力外交」を牽制するためには中韓国交正常化が最も効果的であるとして中国側の立場についての理解を求めると同時に、中韓国交正常化以降も中国の北朝鮮に対する友好政策には変化がなく、韓国の国連加盟について拒否権行使の意志がないことを伝えた九〇年六月の李鵬訪朝の際に北朝鮮に伝えたとされるハードカレンシー決済による中朝貿易も従前通りの方法に戻すことを伝えたとも言われる。詳しくは、李相玉『転換期の韓国外交』一七五～一七六ページ。
88　『朝日新聞』一九九二年八月二五日。
89　「祝賀中国與韓国建交」『人民日報』一九九二年八月二五日。
90　同前。
91　前掲、『北朝鮮政策動向』№一九六、一～四ページ。既述の通り、北朝鮮は、ソ韓国交正常化に際して「ソ連は社会主義大国としての尊厳と体面、同盟国の利益と信義を二三億ドルで売り払った」としてソ連を批判したが、中韓国交正常化に際しては沈黙を守った。おそらく、ソ韓国交正常化に際してのソ連批判には、ソ連に対する不満表明としての意味があったと同時に、中国に対する牽制としての意味もあったと言ってよい。しかし、中韓国交正常化を非難することは、既にソ連が韓国と国交正常化している以上、たんに中国に対する不満表明にしかならなかったはずであり、そうすることで中国の神経を逆撫ですれば、北朝鮮に対して一定の配慮を見せている中国すら完全に韓国の側に追いやることとなってしまう、との判断があったかもしれない。いずれにせよ、沈黙を守らざるを得なかったことは北朝鮮にとっての中韓国交正常化の衝撃をむしろ印象づけることとなったのである。

92　たとえば、一九七九年一月末、鄧小平はカーター米大統領に北朝鮮は「中国を信頼」しており、「我々は韓国と接触できない。さもなくばその信頼が弱まる」と語ったという。前掲、ドン・オーバードーファー『二つのコリア』二八四ページ。また、「中韓国交樹立は、中国の朝鮮半島情勢に対する影響力を強化させたばかりか、朝鮮半島をめぐる国際政治での発言力と行動能力を増大させた」とする評価もある。前掲、安田淳「中国の朝鮮半島政策」小此木政夫編著『ポスト冷戦の朝鮮半島』二四一ページ。また、中国もそうした国際社会の期待を十分認識していたと言ってよい。曹世功「中国の朝鮮半島政策——ある中国人学者の視角——」『国際政治』第九二号、一九八九年一〇月、四六ページ。

93　拙稿、「北朝鮮の対南姿勢——『南北合意書』の形骸化と対米関係の優先——」小此木政夫編『金正日時代の北朝鮮』日本国際問題研究所、一九九九年五月、一四八～一七七ページを参照されたい。

94　小此木政夫「朝鮮半島の冷戦終結」小此木政夫編著『ポスト冷戦の朝鮮半島』四ページ。

95　ソ連、中国という冷戦期に北朝鮮の後ろ盾となっていた二つの国と韓国が国交を正常化したことは、象徴的な意味で南北間の体制競争に決着がついたことを意味したが、それと同時に、冷戦期の北朝鮮の安全保障上の担保となっていたソ連、中国と締結していた二つの友好協力相互援助条約が無力化することを意味した。冷戦期の構造を担保していた二つの条約が無力化するということはすなわち、朝鮮半島の冷戦体制の融解過程が開始されたことを意味していたが、北朝鮮の冷戦的思考には変化がなかった。北朝鮮が冷戦的思考を放棄するためには、日米との関係改善が必要不可欠であったが、中韓国交正常化によって北朝鮮は冷戦体制の融解過程から取り残されるという感覚を持ったかもしれない。中韓国交正常化にともなって北朝鮮が感じたのは、たんなる国際的孤立感ではなく、朝鮮半島における冷戦体制の融解過程から取り残されるという焦燥感だったと言ってよい。それを前提とすれば、その後NPTを脱退して米国との交渉に一本化するという政策は、冷戦体制の融解過程から取り残され、中ソという安全保障上の後ろ盾を失った北朝鮮が、自らに不利な状況を一気に逆転し、安全保障上の担保を獲得する唯一の方法であったのかも知れない。

96　前掲、伊豆見元「米国の朝鮮半島政策」小此木政夫編著『ポスト冷戦の朝鮮半島』一八五～一八六ページ、および前掲、ドン・オーバードーファー『二つのコリア』三三二、および三七四～三七五ページ。

97　たとえば、前掲、曹世功「中国の朝鮮半島政策」によれば、中国の北朝鮮に対する政策の特徴を五つ挙げているが、その第二番目の特徴として「独立自主を尊重して、絶対に自らの意志を相手に強要しないことを基本原則とする」ことを挙げている。『国際政治』第九二号、五六ページ。

98　中韓国交正常化以後の中朝関係の冷却化については、『北朝鮮政策動向』第一九六号、一九九二年第一二号、一～一〇ページを参照されたい。

99　九〇年代に入って、中国は、国連加盟問題、北朝鮮の核問題と査察受け入れ問題、そして統一問題についても「双方の協議」による解決を求めるようになったという。前掲、安田淳「中国の朝鮮半島政策」小此木政夫編著『ポスト冷戦の朝鮮半島』二三〇ページ。

100　一九九九年三月一五日、ロシア外務次官カラシンは、六一年に締結されたソ朝条約に代わる新条約について協議を行うために北朝鮮を訪問したが、カラシンは北朝鮮訪問に先立って訪問した北京で、イワノフ外相が九九年中にも北朝鮮を訪問して新条約に調印する可能性を示唆した。カラシン次官によれば、「新条約からイデオロギー的性格や軍事・政治的義務項目はなくなる」であろうとして、新条約の性格が従来とは異なるものとなることを明らかにした。『朝日新聞』一九九九年三月一六日。

101　中国の独立自主外交については前掲、岡部達味『中国の対外戦略』、二〇五～二〇六ページを参照されたい。

第8章　伝統的関係の終焉

1　社論「祝賀朝鮮民主主義人民共和国成立四四周年」『人民日報』一九九二年九月九日。

2　本書第7章、二〇七～二〇九ページを参照のこと。

3　冷戦終焉後の中国・朝鮮半島関係の推移については、以下の文献が詳しい。小此木政夫「対南北朝鮮関係」『中国総覧』一九九二年版、霞山会、一九九二年、小此木政夫「対北朝鮮関係」『中国総覧』一九九四年版、霞山会、一九九四年、倉田秀也「対韓国関係」『中国総覧』一九九四年版、小此木政夫「対北朝鮮関係」『中国総覧』一九九六年版、霞山会、一九九六年、倉田秀也「対韓国関係」『中国総覧』一九九六年版。

4　中国要人との会見については、「楊尚昆主席同韓国総統盧泰愚会談時的談話」「江沢民総書記会見韓国総統盧泰愚時的談

話」「李鵬総理会見韓国総統盧泰愚時的談話」『中国対朝鮮和韓国政策文献匯編』第五巻、北京・中国社会科学出版社、一九九四年、二二六一五〜二二六七ページを参照のこと。
5 「中韓新聞公報」『中国対朝鮮和韓国政策文献匯編』第五巻、二二六一八ページ。
6 同前、二二六一七ページ。
7 このあたりの経緯については、安田淳「中国の朝鮮半島政策」小此木政夫編『ポスト冷戦の朝鮮半島』日本国際問題研究所、一九九四年、二二二五〜二二二七ページ。
8 南北高位級会談の経緯については第7章第3節を参照されたい。
9 中韓国交正常化以前の中国の朝鮮半島に対する等距離姿勢については、前掲、安田淳「中国の朝鮮半島政策」『ポスト冷戦の朝鮮半島』二二二四〜二二三二ページを参照されたい。
10 小此木政夫「対北朝鮮関係」『中国総覧』一九九四年版、霞山会、一九九四年、一七六ページ。
11 北朝鮮の核兵器開発疑惑問題については、小此木政夫編著『北朝鮮ハンドブック』講談社、一九九七年、三九〇〜三九五ページを参照されたい。
12 「国務委員兼外交部長銭其琛在八届全国人大一次会議記社招待会上答中外記者問（抄録）」『中国対朝鮮和韓国政策文献匯編』第五巻、二二六二三ページ。
13 『朝鮮日報』一九九三年五月二七日。
14 訪問中の銭其琛の発言については、「銭其琛副総理兼外長会見韓国総統金泳三時的談話」「銭其琛在漢城記者招待会上的講話」『中国対朝鮮和韓国政策文献匯編』第五巻、二二六二五〜二二六二六ページ。また、韓国側の報道については『朝鮮日報』一九九三年五月二八日。
15 たとえば、『読売新聞』一九九三年五月二七日。
16 田紀雲の訪韓については、「田紀雲副委員長在大邱直轄市向韓国工商界発表的演講（摘要）」『中国対朝鮮和韓国政策文献匯編』第五巻、二二六二六〜二二六二七ページ。また、李嵐清の訪韓については、「中国政府代表団団長李嵐清訪問韓国的三次講話」『中国対朝鮮和韓国政策文献匯編』第五巻、二二六三二ページを参照のこと。
17 「中国党政代表団長胡錦濤会見金日成主席時的講話」『中国対朝鮮和韓国政策文献匯編』第五巻、二二六二八ページ。
18 「胡錦濤在朝鮮党和政府挙行的歓迎宴会上的講話」『中国対朝鮮和韓国政策文献匯編』第五巻、二二六二九ページ。

19 小此木政夫「対北朝鮮関係」『中国総覧』九四年版、一八一ページからの再引用。
20 『朝鮮日報』一九九四年三月三〇日。
21 「江沢民主席在西雅圖会見金泳三総統」新華社一九九三年一一月一九日。『人民日報』一九九三年一一月二〇日。
22 『朝鮮日報』一九九三年一一月二一日。
23 このあたりの経緯については、前掲『北朝鮮ハンドブック』三九八ページ。
24 『北朝鮮政策動向』No.二一七、一九九四年第五号、七九〜八〇ページ。
25 『読売新聞』一九九四年三月二九日。および『朝鮮日報』一九九四年三月三〇日。
26 『朝鮮日報』一九九四年三月三〇日。
27 「江沢民主席同韓国総統金泳三会談時的談話」『中国対朝鮮和韓国政策文献匯編』第五巻、二六四三〜二六四四ページ。
28 『読売新聞』一九九四年三月三〇日、および『朝鮮日報』一九九四年三月三〇日。
29 「江沢民主席会見朝鮮軍事代表団時的談話」『中国対朝鮮和韓国政策文献匯編』第五巻、二六四八ページ。
30 カーター元大統領の北朝鮮訪問については、前掲『北朝鮮ハンドブック』三九五〜三九六、および四〇三〜四〇四ページを参照されたい。
31 「江沢民主席接受日本記者采訪時的談話」『中国対朝鮮和韓国政策文献匯編』第五巻、二六五〇ページ。
32 「中国外交部発言人就朝鮮核問題発表的談話」『中国対朝鮮和韓国政策文献匯編』第五巻、二六五一ページ。
33 「新しい保障体系」については、前掲『北朝鮮ハンドブック』四九〜五二ページ。
34 小此木政夫「朝鮮半島の冷戦終結」前掲『ポスト冷戦の朝鮮半島』四〜七ページ、および本書第7章を参照されたい。
35 本書第1章第4節を参照のこと。
36 当時の中国の立場は、休戦協定が機能しなくなり新しいシステムが必要だとすれば、休戦協定を解体するプロセスが必ず必要であり、それは、米朝二国のみによって処理される問題ではなく、休戦協定に署名している中国はそのプロセスに参加する資格がある、というものであった。
37 「鄧小平同志就金日成逝世給朝鮮労働党中央委員会的弔電」『中国対朝鮮和韓国政策文献匯編』第五巻、二六五三ページ。
38 「江沢民同志在朝鮮駐華大使館弔問金日成逝世時的留言和談話」『中国対朝鮮和韓国政策文献匯編』第五巻、二六五四ページ。

39 『北朝鮮政策動向』No.二三三、一九九四年第一一号、六七ページ。
40 『北朝鮮政策動向』No.二二四、一九九四年第一二号、七二ページ。
41 『北朝鮮政策動向』No.二二五、一九九四年第一三号、七六ページ。
42 「中国決定調回軍停会志願軍代表団」『中国対朝鮮和韓国政策文献匯編』第五巻、二六五五〜二六五六ページ。
43 前掲『北朝鮮ハンドブック』三九九ページ。
44 「銭其琛外長会見朝鮮政府特使宋浩教徒時的談話」『中国対朝鮮和韓国政策文献匯編』第五巻、二六五六ページ。
45 小此木政夫「対北朝鮮関係」『中国総覧』一九九六年版、一六七ページ。
46 『北朝鮮政策動向』No.二二七、一九九五年第一号、六四ページ。
47 『読売新聞』一九九五年二月二三日。
48 板門店中立国監視委員会には、朝鮮戦争に参加しなかった中立国のポーランド、チェコスロバキアが板門店の北側に、スイス、スウェーデンが南側に駐在していたが、チェコスロバキアは、既に強制撤収させられたため、ポーランド代表の撤収で北側の中立国監視委は事実上存在しない状態となったという。『読売新聞』一九九五年三月一八日。
49 本書第1章第3節および第4節を参照されたい。
50 この後、金日成の権力確立のための権力闘争は続いていた。詳細は、鐸木昌之『北朝鮮』東京大学出版会、一九九二年、三四〜三六ページを参照されたい。
51 本書第1章第4節を参照されたい。
52 米朝合意枠組みについては、伊豆見元「北朝鮮にとっての『平和と安全』の保障」小此木政夫編『金正日時代の北朝鮮』日本国際問題研究所、一九九九年、一三二〜一三七ページ。
53 金日成とカーターは南北関係についても議論し、金日成はそれまでの北朝鮮の姿勢を大きく変化させ、金泳三大統領との最高首脳会談—南北サミットを提案したのである。六月一八日、板門店を通って韓国入りしたカーターは、「いつ、どこでも、無条件で金大統領と早い時期に会いたい」との金日成の口頭メッセージを金泳三に伝え、金泳三もこれを受け入れた。こうして、六月二八日には金容淳（最高人民会議統一政策委員会委員長）を団長とする北朝鮮側代表団と韓国側代表団の会談が実現し、九四年七月二五日から二七日まで平壌で南北サミットを開催することで合意に達し、一定の進展が期待された南北関係ではあったが、七月八日の金日成の急逝により事態は流動化した。金日成の死は七月九日の正午に公表されたが、この事態に対して韓国ですぐさま陸海空軍に特別非常警戒令が発令されるなど、緊張が走った。カーターの北朝鮮訪問以後、南北関係の進展が期待されただけに金日成の急逝後の南北関係に関心が集まった。

しかし、金日成の急逝にともない南北サミットも当然延期せざるを得ず、七月一一日、北朝鮮の金容淳は韓国の李洪九統一院長官に、二五日から開催される予定であった南北サミットの延期を通告した。しかしながら、この時点では北朝鮮は依然として南北サミット開催という既定方針に変更を加えるつもりはなかったようである。事実、翌一二日には南北副首相級による再協議を行い改めて日程を詰めたいとの意向を示したという。

ところが、このような北朝鮮の基本姿勢も、韓国で金日成の死に対して弔意を示すべきかどうかをめぐって論争が展開されるに至って変化することとなる。七月一四日、北朝鮮は韓国からの弔問団を歓迎すると表明し、弔問に訪れる韓国からの弔問団、弔問客の身辺の安全を保障すると報道した。北朝鮮は韓国での議論の紛糾を誘引しようとしたのである。その前日の一三日には、北朝鮮が韓国の地下組織であるとする「韓国民族民主主義戦線」の談話として「米国と日本の首脳まで金日成主席の逝去に哀悼の意を表する声明を発表している時に、サミットの相手であり同族である金泳三だけが粗暴で軽率に行動している」。「同族の不幸を前にして逆に敵対観を鼓舞し、全軍と全警察に『特別警戒令』と『甲号非常令』を下達し、同族を刺激する金泳三こそ、為政者である以前に人間とは言えない」と報じていた。北朝鮮当局の声明ではないものの、この報道によって北朝鮮は金日成の死に対する金泳三政権の対応に不満を表明したのである。続いて、七月一六日の平壌放送は、「弔意を表するどころか、戦争の雰囲気を鼓舞する一方、哀悼の意を表明する南朝鮮の人民と青年学生を弾圧し、弔意訪問のための彼らの北への道を遮断している」。「我々は人間として到底、想像もできない動物以下のこうした蛮行を通じて、南朝鮮当局者らこそ、人間の初歩的な性格さえ持っていない醜悪な輩だと言わざるを得ない」と非難した。また、同一六日、韓国の祖国統一汎民族連合南側本部は弔問団派遣を決定、姜希南議長ほか一名が板門店を越えて北朝鮮入りしようとしたものの、ソウル市を出たところで警察に連行されるという事態が発生した。これに対して翌一七日、祖国統一汎民族連合北側本部中央委スポークスマンは、これを「南朝鮮当局の横暴な弾圧」であるとし、「民族の礼儀・道徳も知らない南朝鮮当局の無分別な行為は現在悲しみに浸っている七〇〇〇万同胞の胸を呪いと憤怒で煮えたぎらせている」とした。北朝鮮当局が初めて直接名指しで行った金泳三批判であった。

既に北朝鮮は、当初九四年七月一七日から予定されていた追悼大会を七月二〇日に延期することを七月一五日に発表していた。これは、もちろん北朝鮮側が主張するように北朝鮮全土からの弔問客を受け入れるための時間的余裕が必要との事情によるものであったのも事実であろうが、前述のような北朝鮮の韓国批判の内容と追悼大会延期発表のタイミングを考える時、その一方で金日成の葬儀への弔問団派遣をめぐる韓国内の動揺を誘引するための時間稼ぎであったことも否定できまい。事実、七月二〇日の追悼大会で演説を行った金光鎮次帥は「敵の反共和国圧殺策動を断固粉砕」するとして金泳三を強く非難したのである。そして、七月二五日付『労働新聞』は「民族は反民族集団の大犯罪を決算するであろう」との論評を掲載し、金日成死後の韓国当局の対応について「常識以下の不遜かつ無礼な行為」であり「対話の相手という点から見ても常識に反する者」とし、「南朝鮮の現統治集団も先任者らと同様、民族の和解・団結・統一ではなく、不信・対決・分裂のみを追及している」とした。

このように南北サミット開催を目前に控えた金日成の死と、それに対する韓国側の対応によって、北朝鮮の韓国に対する姿勢は再び硬化した。このあたりの経緯については、拙稿「北朝鮮の対南姿勢――『南北合意書』の形骸化と対米関係の優先」小此木政夫編『金正日時代の北朝鮮』日本国際問題研究所、一九九八年を参照されたい。

54 「李鵬総理在漢城機場発表的書面講話」「李鵬総理同韓国総裁金泳三談時的談話」『中国対朝鮮和韓国政策文献匯編』第五巻、二六六三～二六六四ページ。

55 「中韓両国政府簽署三項合作文件」『中国対朝鮮和韓国政策文献匯編』第五巻、二六六五ページ。

56 「李鵬総理在韓国工商界挙行的歓迎招待会上的講話」『中国対朝鮮和韓国政策文献匯編』第五巻、二六六八～二六七〇ページ。

57 「李鵬総理在韓国済州島挙行的記者招待会上的談話和答記者問」『中国対朝鮮和韓国政策文献匯編』第五巻、二六七二～二六七四ページ。

58 『北朝鮮政策動向』№二二五、一九九四年、第一三号、五ページ。

59 『人民日報』一九九四年、一一月一日。

60 たとえば、『人民日報』は社論を掲載して李鵬訪韓が中韓経済関係をさらに発展させるであろうことに評価が集中し、統一問題を含む朝鮮問題については朝鮮半島の平和的統一を望む、とされたのみであった。「祝賀李鵬総理訪問韓国取得円満成功」『人民日報』一九九四年一一月五日。

61 倉田秀也「対韓国関係」『中国総覧』一九九六年版、霞山会、一九九六年、一七四ページから再引用。

62 同前、一七五ページ。

63 『北朝鮮政策動向』№二三二、一九九五年第六号、一五ページ。
64 前掲、倉田秀也「対韓国関係」一七五ページ。
65 同前、一七五ページ。
66 江沢民の韓国国会での演説については、『朝鮮日報』一九九五年一一月一五日。
67 『朝鮮日報』一九九五年一一月一五日。
68 本書第7章、一九八～一九九ページを参照されたい。
69 『読売新聞』一九九一年九月三日。
70 『読売新聞』一九九二年一〇月一五日。
71 中川昌郎『台湾を見つめる眼――定点観測Ⅱ民主体制への離陸――』田畑書店、一九九五年、二三八ページ。
72 金日成の死に際して、台湾外交部は、「北朝鮮内の権力機構の変化や、今月（七月）下旬に予定されていた南北首脳会議の動向など、朝鮮半島の情勢を今後とも見守ってゆく」としたのみであったという。同前、二三八ページ。
73 『読売新聞』一九九五年四月二二日。
74 『読売新聞』一九九五年一〇月一二日。
75 『北朝鮮政策動向』№二四五、一九九六年第五号、七〇ページ。
76 『読売新聞』一九九六年四月三〇日。
77 『北朝鮮政策動向』№二四七、一九九六年第七号、六八ページ。
78 『北朝鮮政策動向』№二五三、一九九七年第一号、七〇ページ。
79 『読売新聞』一九九六年八月二九日。
80 『北朝鮮政策動向』№二三二、一九九五年第六号、一六ページ。
81 若林正丈「台湾」小島朋之・国分良成編『東アジア』自由国民社、一九九七年、四一九ページ。
82 『北朝鮮政策動向』№二四八、一九九六年第八号、七八ページ。
83 『毎日新聞』一九九六年七月一八日。
84 『読売新聞』一九九六年七月二一日。
85 『北朝鮮政策動向』№二四八、一九九七年第一号、八〇ページ。

86　『朝鮮日報』一九九六年四月一九日。
87　四者会談については、小此木政夫「北朝鮮危機と日本の対応」小此木政夫編著『金正日時代の北朝鮮』日本国際問題研究所、一九九九年、一六〜一八ページ、および伊豆見元「北朝鮮にとっての『平和と安全』の保障」同『金正日時代の北朝鮮』一五一〜一五五ページを参照されたい。
88　小島朋之『現代中国の政治――その理論と実践――』慶應義塾大学出版会、一九九九年、三一二〜一三ページ。
89　実際、同会談を契機として米中関係は修復に向かうが、四者会談についての中国側の「理解」は、米中関係修復の要因の一つに数えられるのである。同前、三一三ページ。
90　北朝鮮、九六年一二月三〇日に四者会談説明会への参加を表明するが、実際に北朝鮮が四者会談に対して肯定的姿勢をとるのは、一九九七年三月以降のことである。北朝鮮の四者会談対応については、前掲、伊豆見元「北朝鮮にとっての『平和と安全』の保障」を参照されたい。
91　それを裏付けるように一九九七年四月、北朝鮮は中国を抜きにした三者会談を逆提案する。前掲、伊豆見元「北朝鮮にとっての『平和と安全』の保障」一五三ページ。
92　『北朝鮮政策動向』№二五六、一九九七年第二号、六五ページ。
93　同前。
94　『朝鮮日報』一九九七年一月二五日。
95　『読売新聞』一九九七年一月二六日。
96　『読売新聞』一九九四年一一月三日。
97　『読売新聞』一九九七年一月二九日。
98　『読売新聞』一九九七年一月三一日。
99　『読売新聞』一九九七年五月二九日。
100　黄長燁は、九七年二月一二日、が秘書の金徳弘朝鮮労働党中央委資料研究室副室長とともに韓国大使館を訪れ、韓国への亡命を申請した。そもそも黄長燁は、日本でのセミナーに参加して北朝鮮の帰路、北京で韓国への亡命を申請したのである。当初、北朝鮮は黄長燁の亡命を否定し、北朝鮮外務省は「もし黄秘書が南朝鮮大使館にいるならば、それは拉致されたものだ」としていた。しかし、二月一七日、北朝鮮は自らの姿勢を変えて「変節者は去れ」との声明を発表し、黄長燁の亡命を阻止しない、としたのである。期せずして南北の対立に巻き込まれた中国は、徹頭徹尾中立の立場を取った。中国は、南北双方と接触を繰り返し、何とか接点を模索したが、南北いずれの側にも立たない、との基本方針を貫いた。最終的には北朝鮮が黄長燁の亡命を阻止しないとして立場を変えることとなるが、そこに至る過程で中朝間でどのようなやりとりがかわされたかは明らかではないが、結果的に黄長燁の希望通り韓国に亡命したことは中国に対する不満を残したことは間違いない。

第9章　二国間関係から多国間関係へ

1　北朝鮮のNPT脱退については、中韓国交正常化が遠因であった可能性については第7章で指摘した通りである。自らの描く北東アジア情勢が実現できなかった要因の一つに中韓国交正常化という自らの政治的決断があったということも中国にとっては皮肉なことであったといってよい。第7章二〇七ページを参照されたい。

2　小此木政夫「朝鮮半島の冷戦終結」小此木政夫編著『ポスト冷戦の朝鮮半島』日本国際問題研究所、一九九四年、一～九ページ。

3　『朝鮮中央年鑑』二〇〇一年度版、平壌、朝鮮中央通信社、二六四ページ。

4　このあたりの経緯については、第8章二二〇～二二三ページを参照のこと。

5　林一信・小牧輝夫編『苦難の行軍――金正日時代の政治経済展望』アジア経済研究所、一九九七年、二七～四二ページ。

6　一九九六年、世界食糧計画（WFP）は、北朝鮮の主張を前提として、それまで六〇〇万トン収穫されていたものが二五〇万トンしか収穫できず、北朝鮮で三五〇万トンの食糧不足が発生したとして国際社会に対して緊急アピールを行った。この時、中国は独自の試算をしていたようである。すなわち、そもそも北朝鮮の耕地面積から北朝鮮での穀物収穫量は最大四五〇万トン程度であり、それを前提とすれば不足分は二〇〇万トンとなり、国際社会から一〇〇万トンが支援されるので本当の不足分は一〇〇万トンであり、それを中国が補填すれば北朝鮮の体制動揺は防ぐことができるというものである。本文で指摘した通り、中国は、中国に対して感謝の意を表しない北朝鮮に対して不満を持っていたが、北朝鮮の立場からすれば、中国からの支援は十分なものではなく、逆に言えば、北朝鮮の体制動揺の結果、中国に及ぶ影響を極小化するため、すなわち中国自身のために北朝鮮に対して支援をしていると解釈しえたはずである。それを前提とすれば、この時期の両者の齟齬は理解できる。

7　たとえば、大江志伸「中国の朝鮮半島政策――中朝関係を中心に――」『東亜』No.四〇一、二〇〇〇年一一月、四三～四四ページ。

8　この当時、金正日は、中国よりもむしろロシアとの関係を重視しているのではないか、との分析もあった。ロシアに対する金正日の姿勢については、斎藤元秀「朝鮮半島危機とロシア」小此木政夫編『危機の朝鮮半島』慶應義塾大学出版会、二〇〇六年、一九一～二二一ページ、および拙稿「大国としての関与をめざすロシア」『東亜』二〇〇〇年六月号を参照されたい。

9　安田淳「中国の朝鮮半島政策」前掲『ポスト冷戦の朝鮮半島』二二四～二三二ページ。

10　北朝鮮の先軍政治については、たとえば岩本卓也「体制危機への北朝鮮の対応」小此木政夫編『危機の朝鮮半島』慶應義塾大学出版会、二〇〇六年、二六五～二八二ページ、および、礒﨑敦仁「金正日『先軍政治』の本質」小此木政夫編『危機の朝鮮半島』二八三～三〇四ページを参照されたい。

11　遅浩田国防部長の訪韓に際して中国側が韓国側に自らの朝鮮半島に対する姿勢を伝えたという。遅浩田は、第一に、今回の訪韓は北朝鮮の反応をいっさい考慮せずに決定した、第二に、今後南北間で発生した問題について中国は第三者の立場を堅持するのではなく積極的に問題解決のために関与する、第三に、TMD（戦域ミサイル防衛）に対する韓国の姿勢についてきわめて高く評価する、の三点を旨とするものであったという。

12　金日成死後、北朝鮮が金泳三政権に対する批判を繰り返し南北関係が悪化して以降の金泳三政権は、明らかに北朝鮮との対決姿勢を示していた。この時期の中国の朝鮮半島に対する姿勢は慎重であらざるを得なかった。

13　南北首脳会談については『北朝鮮政策動向』二〇〇〇年七月号関連部分を参照されたい。

14　この時、中国側の説明では、万永祥大使の離任に合わせての金正日の訪問であったという。http://j.peopledaily.com.cn/2000/03/11/newfiles/a1110.html

15　南北首脳会談が水面下で調整されている時、北朝鮮は、中国のみならずロシアとの関係も改善していた。二〇〇〇年二月にはイーゴリ・イワノフ外相が北朝鮮を訪問したのである。ロシアは、九三年にソ朝友好協力相互援助条約を破棄したが、このイワノフ訪朝に際して新たな露朝善隣親善友好条約の仮調印が行われた。そして、南北首脳会談の後、プーチン大統領が北朝鮮を訪問するのである。伝統的に北朝鮮の中国に対する姿勢変化は、ロシアに対する姿勢変化と連動する場合が多い。詳しくは、拙稿「朝鮮半島への関与をめざす『大国』ロシア」『東亜』No.四〇〇、二〇〇〇年一〇月号、三五～四九ページを参照されたい。

16　クリントン大統領の訪朝が霧散した理由としては、大統領選期で民主党が敗退したことなどが指摘されたが、その後、ミサイル問題について、米朝両国間で合意ができなかったことが指摘されている。もっとも、その後、クリントン大統領は回顧録の中で訪朝よりも中東問題を優先したとしている。『朝日新聞』二〇〇四年六月二三日。詳しくは、ビル・クリントン著、楡井浩一訳『マイライフ　クリントンの回想』下巻、朝日新聞社、二〇〇四年、を参照されたい。

17　『朝日新聞』二〇〇一年九月五日。

18　もっとも、「九・一一」に対して北朝鮮は慎重な姿勢を示し、むしろ予想外とも言えるほど迅速に反応したといってよい。九月一一日、まさに事件が発生した直後、北朝鮮は、在平壌スウェーデン大使館を通じて、アメリカに対して「哀悼の意」を伝達し、その翌日には、外務省スポークスマンが、「テロとそれに対する支援に反対する立場に変わりなく、今回の事件についてもこのような観点から接近している」との論評を発表したのである。こうした迅速な対応は、タリバンやオサマ・ビン・ラディンとの関連をアメリカから疑われたくない、という北朝鮮の姿勢が見て取れる。

米国との関係に神経を砕く一方で、北朝鮮は「九・一一」以降の日本の対応に警戒心を露にしていた。九月一四日付の『労働新聞』「自ら墓を掘る日本の再侵略策動」との論評を掲載し、日本の脆弱性について列挙し、かりに日本が挑発行為を行えば「自ら墓穴を掘ることになるだろう」していた。もっとも、同論評が対外向け放送で引用されなかったことから、この時点では日本に対して警鐘を鳴らすと言うよりはむしろ北朝鮮国内の動揺をおさえようとする北朝鮮の姿勢を見て取ることができる。

一〇月七日、アメリカはアフガニスタンへの攻撃を開始するが、ここまではアメリカの行動について北朝鮮は非常に慎重な姿勢を取り続けた。一方で日本に対しては法整備およびH2のロケット実験を中心に警戒心を強めていく。たとえば、九月一八日には、小泉純一郎総理が後方支援許容法案の研究を指示したことに対して、「無分別に狂奔してはならない」という論評を掲載して日本の姿勢を牽制する。こうしてアメリカの姿勢が徐々にアフガニスタン攻撃に向けて動いていく過程で、アメリカについても批判を強めていく。たとえば九月二七日、朝鮮中央放送は「米国が報復作戦を推進」していることを報道し、「多くの国が報復行動への協力から手を引いている」とし、九月二八日には「国際社会は米国の軍事的報復をめざす心に憂慮を表明」として徐々にアメリカに対する警戒心を強めていく。とりわけ一〇月二日に韓国の空軍戦力増強をアメリカと韓国が発表し、これに対して北朝鮮は強く反発することとなる。国連総会では北朝鮮代表は「主権平等を主張する独立国家にテロ国家というレッテルを貼り、軍事的介入と占領、一方的圧力および制裁措置などで主権を蹂躙し苦痛を与える行為は、国家テロ行為として当然非難されるべきである」としたのである。こうして一〇月七日、ついに米国がアフガニスタン攻撃を開始し、北朝鮮の米国非難はさらに強くなり、とりわけ日米の連携について批判的になっていくのである。

やはり北朝鮮として許容しがたかったのは、一〇月一七日、日本の『読売新聞』、中国の『人民日報』、韓国の聯合通信の記者会見に際してブッシュ大統領が金正日を「大変疑り深くて、物事をこっそりとやる点に失望したと言わざるを得ない」と評したことであった。これ以後、北朝鮮はアメリカの行動に対する警戒とともに、金正日に対する「否定的表現」をめぐって批判を展開するのである。

もっとも、対米批判を強める一方、北朝鮮は米朝対話を同時に要求していく。たとえば、一〇月二三日に外務省スポークスマンが、ブッシュ大統領が金正日を「度を過ぎて疑り深い」と評したことに対して批判談話を出すが、その最後に「信義ある米朝対話の再開は、ブッシュ政権が最小限、クリントン政権末期にとっていた立場のレベルに到達してこそ議論される問題である」として米朝対話に積極的姿勢を見せるのである。また、一〇月二九日付『労働新聞』に「ブッシュの不埒な悪口を糾弾する」との論調を掲載し、「ブッシュ政権を絶対に信頼することはできない」と言いながらも、「我々はアメリカとの対話を拒否するものではない」と主張する。そして、一一月三日にはテロ資金供与防止条約への署名と、人質反対国際条約への加盟方針を発表して、テロリズムとの関係について非常に慎重に距離を取ろうとしていたのである。

19 『読売新聞』二〇〇一年一一月一日。

20 Available HTTP:http://j.people.ne.jp/2002/02/01/jp20020201_13893.html (15 September 2002)

21 中朝の「微妙な関係」を象徴するいま一つの事例が二〇〇一年一二月二二日に発生した工作船事件である。日本は従来とは異なってきわめて強い姿勢で同問題に臨み、ついに工作船は沈没するに至る。後に工作船事件として金正日自身が認め、日朝平壌宣言で再発防止を約束した事件である。日本側が従来になく強い姿勢で臨んだ背景には「九・一一」以降の法的整備の過程で実施された海上保安庁法の改正があったと言ってよいが、九九年三月に発生した工作船事件の際の日本の対応と比較する時、北朝鮮にとってそれは大きなショックだったと言ってよい。北朝鮮の報道機関が同問題について初めて言及するのは二〇〇二年一月一六日のことであるが、そこで北朝鮮は、日本の防衛庁が「正体不明船」問題を口実に海上警備「待機命令」制度を検討したことに対して、「海上での無制限の侵略と干渉の道を開くために如何に無分別に狂奔しているかをはっきりと示している」とした（『労働新聞』二〇〇二年一月一七日）。この問題はその後日中間の問題となり、外交部の唐家璇部長は二〇〇二年三月六日、第九期全国人民代表大会第五回会議の記者会見で、「不審船が沈没したのは中国の領海内ではないが、周辺国には少なくともＥＥＺ（排他的経済水域）内の海域の海洋資源、海洋環境、海底の天然資源などの管轄権がある。中国の権益と関心が十分に考慮されなければならない。日本に対して、これ以上事態を悪化させたり、複雑にしたりするような行為を取らないよう強く求める。中国政府は法に基づいてＥＥＺ内での権益や管轄権を保護するために、引き続き必要な措置を取るつもりだ。これまでの交渉の結果、日本側は予定を前倒しして不審船の調査を終了しており、調査を担当した海上保安庁は既に撤退した。我々は、中国側は法に基づいて自国のＥＥＺ内での権益や管轄権を再度強調する」と強く主張したのである。工作船問題では中国の関与が指摘されただけに、中国側の日本に対する厳しい姿勢は、中朝の「微妙な関係」を示唆して余りある。

22　多国間協議で北朝鮮問題を扱うことに消極的であった中国は、発足当初から経済問題のみを扱うとの立場を堅持してきたが、この時から、北朝鮮問題についても議題とする、と姿勢を改めた。ただし、この枠組みで北朝鮮問題を処理すべく姿勢を変化させたと言うよりは、国際社会に対して国際的な責務を果たしているということをアピールすることが第一義的な目的であろうし、また、この惑組みで日韓の突出した動きを牽制しようと言う目的もあったであろう。いずれにせよ、この時点中国は朝鮮問題処理に当たっての日韓の協力の必要性は感じていなかったといってよい。

23　前掲、小此木政夫「朝鮮半島の冷戦終結」を参照されたい。

24　「中韓新聞公報」『人民日報』一九九二年一〇月一日。

25　四者会談をめぐる経緯については、伊豆見元「北朝鮮にとっての『平和と安全』の保障」小此木政夫編著『金正日時代の北朝鮮』日本国際問題研究所、一九九九年、一二九～一六〇ページを参照されたい。

26　九三年の核危機に際して中国は自らの北朝鮮に対する「影響力の無さ」を繰り返し強調したことは示唆的である。このあたりの経緯については、前掲、安田淳「中国の朝鮮半島政策」を参照されたい。

27　このあたりの経緯については、拙稿「『不安定な均衡』が終わりを告げるとき――朝鮮半島危機回避のために――」『外交フォーラム』№一八二、二〇〇三年九月、七五～七九ページを参照されたい。

28　既に多くの指摘があるように、パウエル国務長官訪朝以降、中国の北朝鮮に対する姿勢は変化し、とりわけ、二〇〇三年、銭其琛の秘密訪朝に際して北朝鮮に対して核問題の進展を迫ったと言われている。その際、中国は、北朝鮮に対するパイプラインを三日間止めたと言われており、これが中国の北朝鮮に対する具体的影響力の行使であるとの評価もある。こうした一連の経緯についてはこれまでにもさまざまな形で報道されてきたが、より明確な形で記述されているのは、前掲、船橋洋一『ザ・ペニンシュラ・クエスチョン――朝鮮半島第二次核危機――』朝日新聞社、二〇〇六年である。合わせて参照されたい。

29 『北朝鮮政策動向』No.三三九、平成一五年一号、七〇ページ。

30 『人民日報』二〇〇三年八月三〇日。

31 『朝日新聞』二〇〇三年一〇月三一日。

32 『北朝鮮政策動向』No.三五九、二〇〇四年第七号、五三ページ。

33 同右、五二～五三ページ。

34 『北朝鮮政策動向』No.三六八、二〇〇五年第二号、二五ページ。

35 議長声明については、『朝日新聞』二〇〇四年六月二七日。

36 『労働新聞』二〇〇五年二月一一日。

37 『北朝鮮政策動向』No.三七〇、二〇〇五年第四号、三一～三二ページ。

38 『北朝鮮政策動向』No.三七二、二〇〇五年第六号、五七～五八ページ。

39 『朝日新聞』二〇〇五年四月六日。

40 『朝鮮日報』二〇〇五年六月二四日。

41 『人民日報』二〇〇五年七月一五日。

42 このあたりの経緯については、塚本壮一「北朝鮮、六カ国協議復帰へ」『東亜』二〇〇五年七月号

43 このあたりの経緯については前掲、船橋洋一『ザ・ペニンシュラ・クエスチョン』五九六～六四五ページを参照されたい。

44 『読売新聞』二〇〇五年九月二〇日。

45 『朝日新聞』二〇〇五年一〇月二九日。

46 『中国総覧二〇〇四―〇五年版』ぎょうせい、二〇〇六年。

47 『朝日新聞』二〇〇五年一一月二日。新聞報道では香港情報を根拠として二〇億ドルとされているが、五年で総額一〇億ドルの経済協力との説もある。

48 『朝日新聞』二〇〇五年一一月四日。

49　『朝日新聞』二〇〇五年一一月一二日。
50　BDA問題については、前掲、船橋洋一『ザ・ペニンシュラ・クエスチョン』六四五〜六六四ページを参照されたい。
51　『人民日報』二〇〇六年一月一九日。北朝鮮側報道は、それぞれ参照のこと。
52　金正日の訪中についてさまざまな解釈が可能であろうが、〇五年一〇月の胡錦濤訪中に際して約束された一〇億ドルの経済協力を、中国側の予算が確定する三月の全人代前により確かなものとするための訪朝だったといってよい。このあたりの経緯については、『東亜』二〇〇六年二月号。
53　http://www.mofa.go.jp/mofaj/press/kaiken/fuku/f_0604.html#1-A
中国外交部報道官の劉局長は、武次官が、この国際会議に参加して、ヒル国務次官補、金桂寛外務次官をはじめ六カ国協議の各国代表らと接触し、米朝の対立で中断している協議の再開に向けた調整を行う方針を明らかにした。『読売新聞』二〇〇六年四月八日。
54　『読売新聞』二〇〇六年四月一二日。
55　同右。
56　『読売新聞』二〇〇六年六月九日。
57　『読売新聞』二〇〇六年六月二〇日。
58　『読売新聞』二〇〇六年六月二〇日。
59　『北朝鮮政策動向』№三八九、二〇〇六年第九号、二〇〜二一ページ。また、北朝鮮のミサイル発射実験に際しての国連安保理の対応、および安保理内でのかけひきについては、北岡伸一『国連の政治力学――日本はどこにいるのか』中公新書、二〇〇七年、二七二〜二七七ページを参照されたい。
60　『北朝鮮政策動向』№三九一、二〇〇六年第一一号、四九〜五〇ページ。
61　『北朝鮮政策動向』№三九二、二〇〇六年第一二号、二二ページ。
62　『労働新聞』二〇〇六年一〇月四日。
63　『朝日新聞』二〇〇六年一〇月七日。
64　『北朝鮮政策動向』№三九二、二〇〇六年第一二号、五〜六ページ。
65　北朝鮮の核実験に対する評価は、たとえば、小山謹二「北朝鮮の核爆発実験は失敗か?成功か?」（http://www.iijnet.or.jp/

JIIA–CPDNP/pdf/DPRKnuke_test1031.pdf)
66 『朝日新聞』二〇〇六年一〇月一五日。
67 『北朝鮮政策動向』No.三九三、二〇〇六年第一三号、一ページ。
68 同右、六九～七〇ページ。
69 『朝日新聞』二〇〇六年一〇月二三日。
70 『北朝鮮政策動向』No.三九四、二〇〇六年第一四号、三〇～三一ページ。
71 『朝鮮日報』二〇〇六年一一月一八日。
72 『北朝鮮政策動向』No.三九四、二〇〇六年第一四号、五八～五九ページ。
73 『北朝鮮政策動向』No.三九五、二〇〇七年第一号、三八～四三ページ。
74 このあたりの経緯については、塚本壮一「米『金融制裁』解除と北朝鮮」『東亜』二〇〇七年四月号六四～七一ページを参照されたい。
75 『労働新聞』二〇〇七年一月一日。
76 『朝鮮通信』二〇〇七年一月一九日。
77 『朝日新聞』二〇〇七年一月三一日。

終章　「唇歯の関係」の史的展開と構造的変容

1 冷戦後のロシアの北朝鮮政策については、横手慎二「ロシアの北朝鮮政策――一九九三～九六」前掲小此木政夫編著『金正日時代の北朝鮮』二七一～三〇〇ページを参照されたい。
2 たとえば、九五年の集中豪雨を契機とする北朝鮮の食糧危機に際しても中国は世界食糧計画（ＷＦＰ）あるいは国連人道援助局などの国際的枠組みでの食糧支援には応じず、二国間関係の枠組みの中で援助を行っている。国際機関の北朝鮮に対する食糧支援については、拙稿「世界食糧計画による食料援助」小島朋之・国分良成編著『東アジア』（自由国民社、一九九七年）を参照されたい。また、九四年の米朝合意枠組みに則って設立されたＫＥＤＯ（朝鮮半島エネルギー開発機構）は、資金不足が問題となり各国に資金拠出を呼びかけているが、中国も独自の立場から北朝鮮の核問題に対応するとしてＫＥＤ

Oへの参加をしていない。このあたりの経緯については拙稿「朝鮮半島エネルギー開発機構」前掲『東アジア』を参照されたい。

3　四者会談の経緯については伊豆見元「北朝鮮にとっての『平和と安全』の保障」小此木政夫編著『金正日時代の北朝鮮』日本国際問題研究所、一九九九年、一五一～一五六ページを参照されたい。

4　ところで、中国が朝鮮半島危機をコントロールできる状況にあるのは、韓国の金大中政権による「包容政策」によって、それまで対立関係であった南北関係が共存関係、協力関係へと転じたためであることは既に指摘した通りである。ところが、中韓国交正常化以降、北朝鮮問題とは直接関係なく、中国にとって韓国との関係でさまざまな問題が生じているのである。たとえば、二〇〇四年七月に発生した高句麗問題がそれである。そもそも、この問題は、中国社会科学院傘下の「中国辺疆史地研究中心」が二〇〇二年二月、「東北工程」というプロジェクトを開始したことが発端とされる。五年間、二〇〇億元（約三兆ウォン）の事業費を入れて、高句麗に対する研究を大々的に広げようという中国側のこのプロジェクトに対して、韓国は、高句麗を中国辺方の少数民族政権に位置付けることが中国側の目的、として警戒していたが、〇四年二月、王毅外務次官が訪韓した際、高句麗問題を外交問題化せず、学術レベルで協議することで一致していた。ところが、中国外交部ホームページの韓国史を紹介した部分で、新羅、百済、高句麗の三国史記述から高句麗を削除したことが〇四年七月に発覚し、韓国政府が正式に抗議して高句麗の記述復活を求めたところ、中国はこれを拒否して、八月初め、現代史以前の記述をすべて削除し、対立が本格化した。これを受けて、〇四年八月六日、抗議のため中国を訪問した朴晙雨外交通商部アジア太平洋局長は、北京駐在韓国特派員に対して、「したい話はしたが、満足たる答弁を聞かれなかった。中国政府の意思決定過程を考慮すれば、今回の問題解決には相当な日時がかかるようだ」と説明したのである。この問題は、中韓両国のナショナリズムが衝突した事例であり、今後アジアにおける中国のプレゼンスが拡大し、韓国がそれに対抗しようとすればするほど必ず発生する構造的問題として位置づけられるであろう。このあたりの経緯については星野昌裕「天安門事件以後の民族問題とその国際化」『国際政治』№一四五号、二〇〇六年八月、五七～七一ページを参照されたい。

　また、脱北者問題は、中国にとって大きな負担となっているが、とりわけ問題となるのが、二〇〇二年瀋陽総領事館駆け込み事件以来増加している、外国公館に逃げ込むケースである。とりわけ中国はこの問題について難しい立場に立たされている。中国と北朝鮮の間には、北朝鮮からの逃亡者を引き渡す合意があることが確認されているが、その具体的内容については明らかではないが、少なくとも中国政府の立場としては北朝鮮に対する配慮から、脱北者をいわゆる難民として正式に扱うことはなく、厳格に北朝鮮に引き渡すか、あるいは滞在を黙認してきた。とりわけ、二〇〇二年瀋陽総領事館駆け込み事件以来、中国政府は脱北者に対して厳しく処するようになったと言われてきた。しかしながら、NGOのアピールによる国際社会からの人道問題としてのプレッシャーと北朝鮮に対する配慮の板ばさみとなっているものの、中国が脱北者の脱出ルートとして定着化することを恐れる中国は、脱北者に対して厳しくあたり、その結果、中国のみならず、東南アジアルート、モンゴル・ルートなどで韓国に到達する脱北者の数も増えた。とはいえ、中国における脱北者の外国公館・施設への駆け込みも後を絶たず、中国政府としては依然として難しい立場に立たされている。

中国にとって好ましくないのは、脱北者問題が国際的に関心を持たれ、その結果として人権問題をめぐって中国政府に批判が集まることである。また、脱北者と称して中国朝鮮族が不法に韓国人となることも、少数民族問題を抱える中国にとって許容できない。にもかかわらず、同問題をめぐって北朝鮮との関係を悪化させることも好ましくない。それゆえ、結果として、中国は、基本的には脱北者に対して厳しく対処するものの、外国メディアなどによって問題が公開された時点で、最低限、脱北者が朝鮮族ではないことを何らかの形で確認（多くの場合は、中国公安当局自らが確認することを求めるようである）し、脱北者であることが明らかになった後に国外退去とし、その後の処置については駆け込み先の政府の問題とする、という姿勢を取っているようである。もちろん、〇四年七月、ベトナムから一度に二〇〇名の脱北者が韓国に渡り、北朝鮮がこれに反発し、その結果南北対話が中断してしまったことからも明らかなように、中国は北朝鮮のメンツをつぶす形で脱北者を国外に退去させることについては慎重であろうが、基本的には、国際社会からのプレッシャーと北朝鮮に対する配慮のバランスをとろうとしていると言ってよい。

また、二〇〇五年一一月に釜山で開かれたアジア太平洋経済協力会議（APEC）首脳会議に合わせて、胡錦濤国家主席が韓国を公式訪問し、盧武鉉大統領と会談を行った。胡主席は「中国は中韓関係を非常に重視している。韓国とともに努力し、両国の全面的パートナーシップが新たな発展を遂げ続けるよう促していきたい」と強調し、中韓関係の緊密化が印象付けられたが、まさにその時、中韓間には所謂キムチ戦争が発生していた。そもそもこれまでにも中国産キムチが韓国に大量に輸入されて問題となっていたが、中国産のキムチから寄生虫の卵が検出され韓国で消費者の批判が高まったのである。それに対して中国政府は、韓国産キムチから卵が検出されたと発表し、韓国側は中国の「報復措置」だと反発し、両国の摩擦が激化した。既述の高句麗問題同様、今後、中韓の経済関係を拡大すればするほど、中韓両国は貿易バランスを取ることが難しくなり、それが、中韓関係を悪化させる原因となる可能性は大きい。中国にとって朝鮮半島情勢に対する影響力をさらに拡大するためには韓国とのさらなる協力関係が必要とされようが、北朝鮮問題とは直接関係のない二国間の文脈で発生するさまざまな問題を前提とする時、中国が韓国との関係を無制限に拡大することは難しそうである。

5　相手に対する信頼感がないため第三者を関与させる目的は大きく分けて二つある。第一に、かりに相手との交渉、関係が破綻した場合のリスク分散である。中ソ論争期に金日成が強調した「主体」とは、自らの行動の自由を確保するためにソ連、あるいは中国いずれか一方への完全な依存を回避する、というものであったが、逆に言えば、かりに中ソいずれかとの関係が破綻したとしても、残る一方との関係が存在する限り、すぐさま対米安全保障が破綻するわけではない。その意味で、「主体」とは対外的不信感を前提とする対外姿勢であったとも評価し得るのである。第二の目的は、対象に対する信頼感がないため、たとえば相手が二者間協議の合意を破棄するかもしれないという不信感を払拭し得ない。かりにそうなった場合、やはり国力の差を前提とすれば、北朝鮮は圧倒的に不利な立場に立たされることになる。こうした状況が発生することを防ぐために、第三者を関与させて相手との合意を維持しようとするのである。核問題をめぐる米朝交渉と多国間協議の関係はその典型といってよい。本書第3章および第9章を参照されたい。

北朝鮮・中国関係年表（＊特に断りのない項目は北朝鮮関係である）

一九四五年

八・一五　第二次世界大戦終了

一九四八年

八・一五　大韓民国（以下、「韓国」と記す）政府樹立、李承晩が大統領に就任

九・九　朝鮮民主主義人民共和国（以下、「北朝鮮」と記す）政府樹立、金日成が内閣首相に就任

九・一八　ソ連、四八年末までに北朝鮮に駐留するソ連軍撤退を完了するとの方針を明らかに

一〇・一二　ソ朝国交樹立

一二・二六　在北朝鮮駐留ソ連軍撤退完了

一九四九年

一・一　アメリカ、韓国を承認

一〇・一　中華人民共和国（以下、「中国」と記す）政府樹立

一〇・六　中国、北朝鮮と国交樹立

一九五〇年

一・一二　アチソン米国務省長官演説。韓国、台湾を米国の不後退防衛線より除外（アチソンライン）

一・一九　金日成、平壌駐在のシュティコフ大使を通じてスターリンに対南攻撃の許可を要請

二・九　スターリン、北朝鮮への軍事装備の提供に同意

五・一三　金日成訪中、毛沢東・周恩来と会談

六・二五　朝鮮戦争勃発

六・二八　北朝鮮軍、ソウル占領

八・一八　中国・北朝鮮（以下、「中朝」と記す）両政府間のバーター貿易協定に調印

八・二〇　北朝鮮軍、韓国の九〇％以上の地域を「解放」

九・一五　国連軍、仁川上陸作戦

九・二八　国連軍、ソウル奪回

一〇・一　韓国第一軍団、三八度線を越えて北上

一〇・二五　中国人民志願軍、朝鮮戦争に参戦
一二・　三　金日成訪中、中朝連合司令部の設立に関し毛沢東・周恩来と会談

一九五一年

一・　一　中朝軍、北緯三八度線突破
一・　五　中朝軍、ソウル占領
一・一七　中華全国総工会、北朝鮮に五億元の援助を決定
三・一四　国連軍、ソウル再奪還
四・　三　国連軍、北緯三八度線再突破
四・一〇　マッカーサー解任
四・一一　中国人民代表団（団長・廖承志）が訪朝
六・　三　金日成訪中、毛沢東と会談、朝鮮戦争休戦会談方針を協議
六・二三　マリク・ソ連国連代表、朝鮮休戦提案
六・二五　トルーマン、平和解決に応じるとの声明
六・二五　中国、マリク案に賛成
七・一〇　休戦会談本会議開始（於：開城）

一九五二年

九・　三　中国吉林省に延辺朝鮮族自治区が成立
九・　四　周恩来・金日成・スターリンがモスクワで会談
一〇・　八　休戦会談無期休会

一九五三年

二・　七　金日成に元帥称号
三・　五　スターリン死去
七・二七　朝鮮戦争休戦協定に朝鮮人民軍最高司令官金日成と中国人民志願軍彭徳懐が署名
一一・一〇　金日成訪中（〜一一・一二）
一一・二三　中朝が経済及び文化協力に関する協定を締結（金日成と周恩来が署名）
一二・二〇　最高人民会議第一期第六次会議（〜一二・二二）、ソ連・中国・東欧諸国訪問代表団帰国報告

一九五四年

一・一四　中朝経済及び文化合作に関する協定批准書交換
二・　五　中朝直通列車運行協定に調印
六・　三　北京・平壌直通列車が開通
六・　七　中朝両国間の鉄道、橋梁保護に関する臨時議定書に調印
九・　三　中国、金門・馬祖砲撃開始（第一次台湾海峡危機）
九・一六　中国人民志願軍第一期第一次撤退（〜一〇・三）（七個師団）
九・二八　金日成訪中（〜一〇・五）、中国建国五周年記念式に参加
一一・二六　中国の技術援助団が北朝鮮に到着

一九五五年

三・三一　中国人民志願軍第一期第二次撤退（〜四・二〇）（六個師団）
四・一七　中朝両政府が鴨緑江水豊水力発電所に関する協定を締結
五・七　中朝両政府が中朝鴨緑江水豊水力発電公司に関する議定書に調印
六・八　中国公安部・北朝鮮内務省、安東（丹東）より新義州区間の鴨緑江橋安全に関する議定書に調印
一〇・一〇　中国人民志願軍第一期第三次撤退（〜一〇・二六）（六個師団）
一二・二八　金日成演説「思想事業において教条主義と形式主義を排し主体を確立することについて」

一九五六年

一・一四　中朝両政府が鴨緑江と図們（豆満）江の木材運送に関する議定書に調印
二・一四　ソ連共産党第二〇回党大会（〜二・二五）、フルシチョフ、スターリン批判
八・三〇　金日成党中央委員会八月全員会議開催（〜八・三一）、ソ連・東欧諸国訪問団の事業報告、朴昌玉・崔昌益など党中央委員から除名
九　中国は彭徳懐国防部長、ソ連はミコヤン第一副首相を派遣、八月全員会議での決定の撤回を要求
九・二三　金日成党中央委員会九月全員会議開催、朴昌玉・崔昌益など党中央委員への復帰

一九五七年

一・一八　中国代表団訪朝
一・二四　中朝援助・通商議定書調印
九・一八　金科奉、粛清される（最高人民会議第二期第一次会議）
一〇・一七　党中央委員会一〇月全員会議（〜一〇・一九）、党代表者会招集問題
一一・四　毛沢東と金日成、モスクワで中国人民志願軍の撤退に合意
一二・三一　中朝科学技術協力協定に署名

一九五八年

二・五　北朝鮮、朝鮮からのすべての外国軍撤退を求める声明
二・一四　周恩来訪朝、中国の総理として初訪問。志願軍撤退に関して協議（〜二・二一）
二・一九　中朝両政府共同声明で、一九五八年末までに中国人民志願軍を撤退すると表明
三・三　朝鮮労働党第一次代表者会（〜三・六）、（一）人民経済発展五カ年計画について、（二）党の統一団結強化について
三・一五　中国人民志願軍第二期第一次撤退（〜四・二五）

（六個師団）
七・二一　中国人民志願軍第二期第二次撤退（～八・一四）（六個師団および特殊部隊）
八・二三　中国、金門島砲撃開始（第二次台湾海峡危機）
九・二六　中国人民志願軍第二期第三次撤退（～一〇・二六）（三個師団、志願軍総部、後勤歩哨部隊）
一〇・二六　中国人民志願軍、北朝鮮から全面撤退完了
一一・二二　金日成訪中。毛沢東、周恩来と会談
一二・一六　中朝両国国境地域のバーター貿易に関する議定書に調印
一二・二九　中国の北朝鮮への無償援助議定書に調印

一九五九年

二・一八　中朝航空運輸協定調印
二・二一　中朝文化協力協定調印
六・二〇　ソ連、中ソ国防新技術協定破棄
七　金日成訪中、毛沢東と国際共産主義運動などについて会談
九・七　ソ朝原子力平和利用協定調印
九・二六　金日成訪中、中国建国一〇周年記念式に出席

一九六〇年

四・一九　韓国「学生革命」、李承晩大統領下野
五　金日成訪中、毛沢東とソ連共産党との関係について協議
五・二三　中朝国境河川運航協力協定調印
八・一二　尹潽善、韓国大統領に選出
一〇・一三　中国と借款協定（四億二〇〇〇万ルーブル）、消費財プラント納入・技術援助協定締結

一九六一年

五・一六　韓国軍事クーデター（軍事革命委員会、革命公約発表）
五・一七　朝鮮中央通信社、軍事クーデターについての声明「南朝鮮で造成された事態と関連して」
五・一九　韓国、軍事革命委員会、国家再建最高会議と改称
五・三〇　コスイギン・ソ連第一副首相訪朝（～六・六）
六・二九　金日成、ソ連訪問（～七・一〇）（七・一〇、ソ朝共同コミュニケ）
七・六　ソ朝友好協力相互援助条約
七・一〇　金日成、中国訪問（～七・一五）（七・一五、中朝共同コミュニケ）
七・一一　中朝友好協力相互援助条約
八・二四　最高人民会議常任委員会、ソ朝友好協力相互援助条約及び中朝友好協力相互援助条約批准
九・一〇　ソ朝友好協力相互援助条約及び中朝友好協力相互援助条約批准書交換
九・一一　鄧小平訪朝、朝鮮労働党第四回全国代表大会に出席

一九六二年

四・二三　中国全国人民代表会議代表団（団長・彭真）訪朝（～五・三）
六・一五　最高人民会議代表団中国訪問（団長・朴金喆）（～七・二）
九・二三　中朝科学技術協力議定書調印
一〇・一二　周恩来訪朝、中朝国境条約を締結
一〇・一二　中印国境紛争
一〇・二二　キューバ危機（米国、キューバを海上封鎖）
一一・五　中朝通商航海条約を締結
一一・二三　北朝鮮外務省、中印国境紛争で中国を支持する声明を発表

一九六三年

六・五　崔庸健最高人民会議常任委員長訪中（～六・二三）、毛沢東と会見（六・一六）
九・一五　劉少奇国家主席訪朝（～九・二七）、反帝国主義・反修正主義について金日成と協議

一九六四年

三・三　中朝国境議定書に署名
五・五　中朝国境河川の共同利用と管理に関する相互協力協定に調印
六・一六　アジア経済討論会開催（～六・二三）（於：平壌）
七・二一　周恩来訪朝、金日成と中ソ論争に関して会談
八・一八　『プラウダ』、アジア経済討論会を批判
九・七　『労働新聞』、『プラウダ』に反論
一〇・七　崔庸健最高人民会議常任委員長訪中、毛沢東と会見
一〇・一四　フルシチョフ失脚
一〇・一八　中国の核実験成功に、北朝鮮が祝電
一二・二一　『労働新聞』論説「偉大なマルクス・レーニン主義者、国際共産主義運動の卓越した活動家イ・ヴェ・スターリン」
一二・二七　中朝ラジオ・テレビ放送協力協定に調印

一九六五年

一・九　北朝鮮、韓国のベトナム派兵（一・八発表）を糾弾する声明
二・一一　コスイギン北朝鮮を訪問（～二・一四）
二・一四　ソ朝共同声明、ソ朝友好協力相互援助条約の有効性確認
四・一〇　金日成、インドネシア訪問（～四・二〇）
四・一四　金日成、インドネシア・アリ・アルハム社会科学院で講義「朝鮮民主主義人民共和国における社会主義建設と南朝鮮革命について」（初めて「主体思想」との文言を使用）
四・一五　金日成、インドネシア総合大学より名誉博士号授与
四・一九　金日成と周恩来、インドネシアで会談
六・二二　日韓条約諸協定正式調印

六・二三　北朝鮮、日韓条約の無効を声明
一〇・二一　中国人民代表団（団長・楊勇人民解放軍副参謀長）が訪朝
一一・一九　中朝衛生協力協定に調印

一九六六年

一・一七　北朝鮮、対北ベトナム無償援助提供協定締結
三・二二　中国、ソ連共産党第二三回大会不参加表明
三・二六　朝鮮労働党代表団（団長・崔庸健）、ソ連共産党第二三回党大会参加のためソ連へ出発
五・　七　毛沢東、林彪に書簡、「五・七指示」社会の「革命化」要求
五・一六　中国、文化革命小組結成（彭真批判）
六・　一　中朝獣医防疫検疫相互援助協力協定に調印
八・一二　『労働新聞』論説「自主性を擁護しよう」
一〇・　五　朝鮮労働党第二次党代表者会（～一〇・一二）、（一）金日成報告『現情勢とわが党の任務』、（二）社会主義経済建設についての当面の課題、（三）第一次七カ年計画の三年延長

一九六七年

一・二七　朝鮮中央通信社、中国紅衛兵の北朝鮮攻撃に対して非難声明を発表
二・一九　中国の文化大革命で金日成攻撃の壁新聞

一九六八年

一・二三　プエブロ号事件（北朝鮮、米船をスパイ船として拿捕）
一・二八　中国、プエブロ号拿捕を支持
三・　四　中国の政府通商団が訪朝

一九六九年

三・　二　中ソ軍事衝突（ダマンスキー〈珍宝〉島事件）
九・三〇　北朝鮮党・政府代表団（団長・崔庸健最高人民会議常任委員長）が中国国慶節で訪中、毛沢東・周恩来と会談

一九七〇年

四・　五　周恩来訪朝（～四・七）。金日成と会談、共同コミュニケを発表
七・二五　北朝鮮軍事代表団（団長・呉振宇人民軍総参謀長）が訪中
一〇・　八　金日成訪中（～一〇・一一）、毛沢東・周恩来と会談
一〇・一七　中朝経済協力協定調印

一九七一年

七・　九　キッシンジャー米大統領補佐官中国秘密訪問（～七・一一）

七・一五　周恩来、北朝鮮を訪問し、金日成に対してニクソン訪中を説明
七・一六　ニクソン米大統領、七二年五月までに中国を訪問することを発表
八・一五　中朝経済協力協定調印
八・一八　北朝鮮軍事代表団中国訪問（団長・呉振宇）（〜九・七）
一一・　一　金日成訪中、米中関係などについて毛沢東・周恩来と会談

一九七二年

二・二一　ニクソン大統領訪中
二・二七　米中共同声明
三・　七　周恩来訪朝、金日成にニクソン訪中を説明
五・　二　南北当局者会談（〜五・五）（五・一、李厚洛韓国中央情報部長平壌訪問）
五・二九　南北当局者会談（〜六・一）（五・二九、朴成哲北朝鮮副首相ソウル訪問）
七・　四　南北共同声明発表
八・二三　金日成訪中、毛沢東・周恩来と会談
九・二九　日中国交正常化
一〇・一二　南北調節委員会第一回会議開催
一〇・三一　金日成訪中、周恩来と会談、毛沢東と会見
一二・二二　中国の姫鵬飛外相が訪朝、金日成と会談、共同声明を発表

一九七三年

二・　九　許錟北朝鮮外相訪中
八・　八　金大中、東京九段のホテルグランドパレスより拉致
八・二八　北朝鮮、金大中事件を理由に南北対話中断を宣言
一〇・一九　中朝両国鉄道部の国境鉄道に関する協定に調印
一〇・二一　金日成訪中、瀋陽で周恩来と会談

一九七四年

二・　四　中国外交部、日韓大陸棚共同開発協定に反対の声明を発表
三・二〇　最高人民会議第五期第三次会議（〜三・二五）、「アメリカ議会に送る書簡」採択
一二・二四　中朝国境河川運輸協力協定調印

一九七五年

四・一八　金日成訪中（〜四・二六）、共同声明発表
四・三〇　ベトナム戦争、サイゴン陥落
五・二二　金日成、中国経由東ヨーロッパ、アフリカを訪問
九・二一　中国党代表団（団長・張春橋党政治局常務委員）が訪朝

一九七六年

一・　七　中朝友誼油送管（パイプライン）が開通
一・　八　周恩来総理死去

九・九　毛沢東主席死去
九・一〇　北朝鮮、毛沢東死去に際して哀悼期間（〜九・一八）
九・一九　崔庸健副主席死去
一〇・二四　金日成、中国共産党華国峰主席就任に祝電

一九七七年

三・一二　中朝両政府の一九七七〜八一年の相互提供する主要貨物に関する協定を締結

一九七八年

五・五　華国鋒党主席訪朝（〜五・一〇）、中国の最高指導者として初訪問、金日成と会談
五・一三　『光明日報』社説「実践は真理を検証する唯一の基準である」を発表
九・八　鄧小平党副主席訪朝、金日成と会談
一二・一八　中国一一期三中全会（〜一二・二二）、「四つの現代化路線」採択。改革開放路線確定
一二・二三　『労働新聞』、米中国交正常化合意を歓迎

一九七九年

一・一　米中外交関係樹立
二・一七　中国、ベトナムに「懲罰戦争」
四・一九　金日成訪中、鄧小平と会談
五・二六　中国の鄧頴超全人代常務委員会副委員長が訪朝
一〇・二六　朴正熙大統領暗殺

一九八〇年

一・一一　金一総理が南北総理会談の実施を提案
二・六　南北実務代表接触九回にわたって実施（〜六・二四）
五・七　華国鋒と金日成、ベオグラード（チトー・ユーゴ大統領葬儀に参列）で会談
九・一　韓国、全斗煥大統領就任
九・二四　北朝鮮、実務接触中断発表
一〇・一〇　朝鮮労働党第六次大会（〜一〇・一四）、（一）党中央委員会事業総括報告（金日成）、（二）党中央検査委員会事業総括報告、（三）党規約改正、（四）党中央指導機関選挙（委員一四五名、委員候補一〇三名）、全社会の主体思想化の採択、高麗民主連邦共和国構想
一二・九　中国と北朝鮮、平壌で非貿易支払・清算協定に調印

一九八一年

一・一〇　李鍾玉北朝鮮総理、中国を公式訪問
四・一七　金日成訪中、鄧小平と瀋陽で会談
五・一二　中国人民解放軍友好参観団（団長・伍修権副参謀長）訪朝
一一・二一　朝鮮労働党代表団（団長・金永南政治局委員兼秘書）が訪中

一二・二〇　中国共産党・政府代表団（団長・趙紫陽総理）北朝鮮を公式訪問

一九八二年

四・二六　胡耀邦党主席、鄧小平党中央軍事委員会主席が訪朝（～四・三〇）、金日成と会談

六・一四　中国軍事代表団（団長・耿彪国防相）が訪朝（～六・二二）

九・一五　金日成訪中（～九・二六）。鄧小平、胡耀邦と会談

一九八三年

五・五　中国民航機ハイジャック事件発生、その解決のため中韓最初に接触

五・二〇　中国の呉学謙外相訪朝、金日成と会談

六・一　金正日党秘書訪中、鄧小平ら中国指導部と会見

七・七　胡耀邦党総書記、北朝鮮最高人民会議代表団と会見。金正日の非公式訪中に言及

九・七　中国党・政府代表団（団長・彭真全人代常務委員長）が、北朝鮮建国三五周年で訪朝

九・二二　金日成訪中（～九・二六）、大連で鄧小平・胡耀邦と会談

一〇・九　ラングーン事件

一〇・一〇　北京・平壌間の国際列車運行開始

一九八四年

一・一〇　北朝鮮、アメリカに対して、中国を介し非公式に「三者会談」提案

一・一一　中国外交部スポークスマン、北朝鮮の三者会談提案を積極的に支持と発表

二・七　金永南北朝鮮副総理兼外相が訪中

五・四　胡耀邦党総書記、北朝鮮を公式訪問

五・一六　金日成、ソ連・東欧訪問（～七・一）

八・五　姜成山北朝鮮総理、中国を公式訪問、胡耀邦党総書記と会談

九・八　合営法制定

一一・二六　金日成訪中、鄧小平・胡耀邦と北京で会談

一九八五年

五・四　胡耀邦党総書記、北朝鮮の新義州市を訪問、金日成・金正日と会談

一〇・二四　中国人民志願軍の朝鮮戦争参戦三五周年記念行事参加の中国党・政府代表団（団長・李鵬副総理）が訪朝

一一・二五　金日成訪中、鄧小平・胡耀邦らと会談

一一・二六　中朝領事条約に調印

一九八六年

七・九　北朝鮮党・政府代表団（団長・李鍾玉国家副主席）、

七・一〇	中朝友好協力相互援助条約二五周年行事出席のため訪中
九・　一	中国党・政府代表団（田紀雲政治局委員兼副総理）が訪朝
一〇・　三	中国、アジア競技大会（ソウル）への参加を表明
	李先念国家主席が北朝鮮を公式訪問

一九八七年

一・一四	中国外交部スポークスマン、北朝鮮の南北「高位級政治軍事会談」に言及、韓国の積極的呼応を呼びかけ
五・二一	金日成訪中（～五・二六）、鄧小平と会談
八・一七	北朝鮮政府・軍事代表団（団長・呉克烈総参謀長）が訪中
一〇・　四	北朝鮮最高人民会議代表団（団長・楊亨燮議長）が訪中
一一・　九	李根模北朝鮮総理が訪中
一一・二九	大韓航空機爆破事件
一二・一六	韓国大統領直接選挙（一二・一七、盧泰愚当選）

一九八八年

一・一二	北朝鮮、ソウル・オリンピック不参加表明
一・一五	中国、ソウル・オリンピック参加を正式発表
五・一六	北朝鮮軍人代表団（団長・呉振宇人民武力相）が訪中
七・二〇	北朝鮮人民軍空軍代表団（団長・趙明録空軍司令官）が訪中
九・　七	中国党・政府代表団（団長・楊尚昆国家主席）、北朝鮮建国四〇周年慶祝行事参加のため訪朝
九・一七	ソウル・オリンピック（～一〇・二）
九・二六	銭其琛中国外相、国連総会参加の姜錫柱北朝鮮第一外務次官と会見、南北朝鮮の「国連単独加盟」、「国連同時加盟」に反対すると表明
一一・　三	金永南北朝鮮副総理兼外相が訪中、李鵬総理、「中国は南朝鮮といかなる政治的関係、政治的色彩を帯びた関係も持たない」と強調（一一・四）
一一・　五	趙紫陽党総書記、中国は「クロス承認」をしないと言明、「南朝鮮と政治的な関係を結ばないという中国の立場に変わりはない」と強調

一九八九年

三・一三	北朝鮮労働党代表団（団長・許錟政治局委員兼秘書）が訪中
四・二九	趙紫陽党総書記訪朝（党総書記としての初の外国訪問）
六・　四	天安門事件発生、北朝鮮は中国支持を表明
八・二五	北朝鮮軍事代表団（団長・崔光政治局候補委員・人民軍総参謀長）が訪中、江沢民党総書記と会見
九・三〇	北朝鮮党・政府代表団（団長・李鐘玉党政治局委員・国家副主席）が中国建国四〇周年記念行事の参

	加のため訪中
一〇・三	中国軍事代表団（団長・劉華清軍事委員会副秘書長）が訪朝
一一・五	金日成、中国を非公式訪問、中国の「反革命暴乱平定」を支持

一九九〇年

三・一四	江沢民党総書記訪朝（〜三・一六、党総書記として初の外国訪問）
五・一一	北朝鮮労働党代表団（団長・姜成山政治局委員）訪朝
八・二三	中国軍事親善代表団（団長・秦基偉・国務委員兼国防相）が訪朝（〜八・三〇）
九・一一	金日成訪中、鄧小平・江沢民と瀋陽で会談
九・二二	北朝鮮国家副主席李鐘玉訪中、アジア競技大会（北京）に出席
九・三〇	ソ韓国交正常化
一〇・三	東西ドイツ統一
一〇・六	宋平中国党政治局常務委員が朝鮮労働党創建四五周年行事出席で訪朝
一〇・二〇	中国国際商会と大韓民国貿易振興公社、貿易代表部の設置に合意
一〇・二四	中国党・政府代表団（団長・李鉄映党政治局委員兼国務委員）が訪朝、中国人民志願軍朝鮮戦争参戦四〇周年記念行事に参加
一一・二	ソ連と北朝鮮、九一年度から貿易を外貨決済で行う協定に調印
一一・二三	延亨黙北朝鮮総理が訪中、深圳経済特区で江沢民党総書記と会談

一九九一年

一・一五	北朝鮮党代表団（団長・金容淳朝鮮労働党中央秘書）訪中
五・三	李鵬総理訪朝（〜五・六）、韓国の国連加盟に反対しないと表明
五・二七	北朝鮮外交部代弁人、国連同時加盟方針声明
六・一七	銭其琛外相訪朝、南北朝鮮の国連加盟などを協議
九・一七	南北朝鮮、国連に同時加盟
一〇・三	金日成主席、三九回目の訪中（〜一〇・一五）
一〇・一四	中国人民解放軍海軍代表団（団長・張連忠海軍司令員）が訪朝
一一・一二	銭其琛外相・李嵐清対外経済貿易部長、中国のAPEC加盟のためソウルを訪問、盧泰愚韓国大統領と会見
一二・一三	北朝鮮と韓国、「南北間の和解と不可侵及び協力交流に関する合意書」に調印
一二・三一	「朝鮮半島の非核化に関する共同宣言」草案の仮調印

一九九二年

一・二六　中朝貿易協定、平壌で調印、バーター取引から現金取引への移行を規定

四・一三　楊尚昆国家主席訪朝（〜四・一七）、金日成生誕八〇周年記念式に出席

四・一三　韓国の李相玉外相、ESCAP（国連アジア太平洋経済社会委員会）第四八回総会の出席のため韓国の外相として初訪中

五・二五　丁関根中国共産党政治局候補委員兼書記が訪朝

六・　四　楊白冰中央軍事委員会秘書長が訪朝、金日成と金正日が会見

八・一三　銭其琛外相訪朝、中韓国交樹立を説明

八・二四　李相玉韓国外相訪中、中国と韓国が国交を樹立

九・二七　盧泰愚大統領、韓国元首として初の訪中（〜九・三〇）

一九九三年

一・二二　クナーゼ・ロシア外務次官、北朝鮮を訪問（〜一・二九）、ソ朝友好協力相互援助条約の「刷新」を提案

三・一二　北朝鮮、NPT（核拡散防止条約）脱退宣言

三・二三　中国、対北朝鮮制裁反対を表明

四・　七　最高人民会議第九期第五次会議（〜四・九）、「民族大団結一〇大綱領」、一九九二年度国家予算についての総括と九三年度国家予算問題、金正日国防委員会委員長に推戴

五　北朝鮮党代表団（団長・姜成山政務院総理）訪中

五・二三　銭其琛副総理兼外相、韓国を公式訪問

六・二七　北朝鮮NPT脱退をめぐる米朝共同声明

七・二六　中国党・政府代表団（団長・胡錦濤政治局常務委員）訪朝、金日成主席と会見

九・二七　李嵐清副総理、韓国を友好訪問

一〇・二八　韓昇洲韓国外相訪中、銭其琛中国外相と会談

一一　中国人民政治協商会議代表団（団長・洪学智全国政協副主席）訪朝

一一　中朝航空運輸協定締結

一九九四年

一・一五　黄長燁北朝鮮労働党秘書が訪中

二・二二　李淑錚中国共産党中央委対外連絡部長が訪朝

三・二七　金泳三韓国大統領訪中、江沢民国家主席と会談（〜三・二九）

四・二八　北朝鮮、米国に軍事休戦委員会に代わる新平和保障体系樹立のための交渉を提案

五・二四　北朝鮮、朝鮮人民軍板門店代表部設置を米国に通報（軍事休戦委員会に代わる新たな交渉機関）

六・　六　北朝鮮軍事代表団（団長・崔光人民軍総参謀長）訪中

六・　八　韓昇洲韓国外相訪中、銭其琛中国外相と会談

六・一三　北朝鮮、IAEA（国際原子力機関）脱退を表明
六・一五　米国カーター元大統領、北朝鮮を訪問（〜六・一八）
七・　八　金日成死去、中国党・政府弔問団（丁関根中共中央政治局委員・中共中央宣伝部部長、温家宝中共中央政治局候補委員、王瑞林鄧小平弁公室主任）訪朝、金正日体制への支持を表明
八・三〇　北朝鮮政府特使として宋浩京外交部副部長が訪中
九・　一　中国、軍事休戦委員会からの代表団撤収を決定
九・二七　北朝鮮国家副主席李鐘玉、中国建国四五周年慶祝行事に参加するため訪中
一〇・二一　米朝「合意枠組み」（ジュネーブ合意）
一〇・三一　李鵬総理、韓国を公式訪問（〜一一・四）
一二・一五　朝鮮軍事休戦委員会の中国人民志願軍代表団が撤収

一九九五年

二・二八　中立国監視委員会ポーランド代表、強制撤収
三・二九　李淑錚中国共産党中央委対外連絡部長、韓国を訪問
四・一七　喬石中国全人代常務委員長、韓国を公式訪問（〜四・二二）
五・　九　李洪九韓国総理、中国を公式訪問
六・一二　唐家璇中国外務次官訪朝、金英南北朝鮮副総理兼外相と会談
一〇・　五　中国、水害の北朝鮮に三〇〇〇万元分の救援物資を送ることを決定
一〇・　六　江沢民、中国駐在朝鮮大使館主催の朝鮮労働党成立五〇周年記念宴会に出席
一一・一三　江沢民、中国の国家元首として初の訪韓（〜一一・一七）

一九九六年

二・　九　戴秉国中国外交部次官訪朝、金容淳北朝鮮労働党秘書と会談
三・二〇　孔魯明韓国外相、中国を公式訪問
四・一六　米韓、四者協議提案
四・一八　北朝鮮、「四者協議について検討中」との外交部声明
五・二一　北朝鮮政府代表団（団長・洪成南副総理）が訪中（〜五・二五）、「中朝経済技術協力協定」に調印
七・　九　北朝鮮友好代表団（団長・金潤赫政務院副総理）訪中（〜七・一三）
七・一〇　中国親善代表団（団長・羅幹国務委員兼国務院秘書長）が訪朝（〜七・一四）、中国が北朝鮮に一〇万トンの食糧を無償援助すると通知
一二・一六　鄒家華中国副総理が訪韓
一二・三〇　北朝鮮、四者協議説明会への参加を表明

一九九七年

二・一二　黄長燁北朝鮮労働党秘書、北京の韓国領事館で韓国亡命を申請

二・一七　北朝鮮、黄長燁に対して「変節者はされ」と放送
三・五　四者協議説明会参加
三・一八　黄長燁、北京からフィリピンへ移送
四・一二　中国が北朝鮮に食糧七万トンを無償援助することを万永祥駐朝中国大使が金永南外相に伝達
四・二〇　黄長燁、韓国に到着
五・一八　柳宗夏韓国外相訪中、銭其琛外相と会談
六・二七　中国政府が北朝鮮政府に二〇〇〇万元相当の物資援助を無償提供することに関する両政府間の文書交換を挙行
七・八　北朝鮮、喪開けを宣言
七・八　中国公安部と北朝鮮国家安全保衛部、国境地域の国家安全と社会秩序の維持における相互協力協定に調印、北朝鮮への食糧八万トンの無償援助を決定
一〇・八　金正日、朝鮮労働党総秘書に就任

一九九八年

四・一三　中国政府、北朝鮮に一〇万トンの食糧と二万トンの化学肥料を無償援助することを決定
四・二六　胡錦濤国家副主席、韓国を公式訪問
六・二二　中国人民政治協商会議全国委員会代表団（団長・趙南起副主席）が訪朝
七・一一　朴定洙韓国外相訪中
八・三　中国人民解放軍軍事親善代表団（団長・熊光楷副総参謀長）が訪朝
九・五　金正日、国防委員会委員長に就任
一〇・一三　中国、北朝鮮への原油八万トンの無償供与を決定
一一・四　中国、北朝鮮、ロシア、豆満江（図們江）水域の国境に関する協定を平壌で締結
一一・一一　金大中韓国大統領、中国を訪問

一九九九年

四・二九　中国外交部副報道局長、ハイレベルの中朝相互訪問という伝統は両国間の理解を深め、友好を維持するのに大変重要だと指摘
五・九　李瑞環全国政治協商会議主席、韓国を公式訪問
五・一一　北朝鮮外務省、NATOによる中国大使館空爆を非難
六・一　北朝鮮、在香港領事館を設置、中朝政府間協定に調印
六・三　金永南最高人民会議常任委員長を団長とする北朝鮮代表団が中国を公式親善訪問
六・七　朝鮮中央通信、中国政府が一五万トンの食糧と四〇万トンのコークスを北朝鮮に援助することを決定したと報道
六・二〇　『労働新聞』が社説で「朝中親善は不敗」と強調
八・四　北朝鮮外務省スポークスマン、台湾問題で中国の立場を支持
一〇・五　唐家璇中国外相訪朝、白南淳北朝鮮外相と会談
一二・一〇　唐家璇、韓国を公式訪問

二〇〇〇年

三・　五　金正日、二〇〇〇年の新年にあたり中国の万永祥駐朝大使の要請により中国大使館を訪問
三・一八　白南淳北朝鮮外相、中国を訪問
四・二七　李廷彬韓国外相訪中
五・二九　金正日訪中、江沢民と会談、李鵬全人代常務委員長・朱鎔基総理などとそれぞれ会見
六・一三　金大中韓国大統領北朝鮮訪問（～六・一五）、初の南北首脳会談
六・一五　南北共同宣言
六・一七　金鎰喆北朝鮮人民武力相訪中、遅浩田中国国防相と会談
九・一二　中国共産党中央委員会対外連絡部代表団（団長・戴秉国部長）訪朝
一〇・一二　遅浩田中国国防相訪朝、金正日と会談
一〇・一七　朱鎔基中国総理、韓国を公式訪問
一二・一三　北朝鮮最高人民会議常任委員会、中国駐在大使に崔鎮洙を任命

二〇〇一年

一・一五　金正日訪中、上海市を視察、江沢民と会談
二・　六　中国共産党中央委対外連絡部代表団（団長・王家瑞副部長）が訪朝、金正日と会見
三・二〇　中国共産党代表団（団長・曾慶紅党中央組織部長）が訪朝、金正日と会見、中国側が一万五〇〇〇トンのディーゼル油を北朝鮮に無償供与すると決定
五・二三　李鵬全人代常務委員長、韓国を公式訪問
六・一九　李漢東総理、中国を公式訪問
七・　一　金正日、平壌の中国大使館で開催された中国共産党創設八〇周年祝宴に出席
七・　九　中国親善代表団（団長・姜春雲党政治局委員兼全人代常務副委員長）が訪朝、金正日と会見
七・一〇　金潤赫北朝鮮最高人民会議秘書長訪中
九・　三　江沢民訪朝（～九・五）、金正日と会談、中国側、北朝鮮に食糧二〇万トン及びディーゼル油三万トンを無償供与すると表明
一一・二四　李肇星外務次官訪朝、中朝国境通過時点の設定とその管理制度に関する協定に調印

二〇〇二年

二・一〇　金正日、中国の武東和駐朝新大使と会見
三・一一　北朝鮮外務省代表団（団長・金永日外務次官）が訪中
三・二八　崔成泓韓国外相訪中
四・一四　中国政府、北朝鮮へ五〇〇〇万元相当の無償援助提供を決定
五・　六　中国共産党代表団（団長・賈慶林党政治局委員兼北京市党書記）が訪朝、金正日と会談
六・一四　中国と北朝鮮の「海上運輸に関する協定」平壌で調

印

八・二八　唐家璇中国外相、韓国を公式訪問

九・四　中国、北朝鮮側にディーゼル油二万トンを無償援助することを通知

九・一七　小泉純一郎総理訪朝

一〇・四　北朝鮮訪問中のケリー国務次官補に対して、北朝鮮の姜錫柱第一外務次官がウラン高濃縮計画の存在を認める（第二次核危機の起点）

一〇・四　中国政府、新義州特別行政区長官に任命された楊斌を税金滞納疑惑などで連行、拘束

一〇・一五　北朝鮮代表団（団長・楊亨燮最高人民会議常任副委員長）が訪中、李鵬全人代常務委員長、胡錦濤党総書記と会見

二〇〇三年

一・二一　北朝鮮最高人民会議代表団（団長・崔泰福議長）訪中

二・一九　白南淳北朝鮮外相がマレーシアを訪問する途中、経由地の北京で中国の王毅外務次官と会談

二・二三　金永南最高人民会議常任委員長、第一三回非同盟諸国首脳会議に出席するためマレーシアを訪問する途中、経由地の北京で中国の唐家璇外相と会談

二・二四　銭其琛副総理、韓国を友好訪問

三・八　銭其琛訪朝、金正日と会談

四・一〇　尹永寛韓国外相、中国を公式訪問

四・一二　趙明録北朝鮮国防委員会第一副委員長訪中、胡錦濤国家主席らと会談

四・二三　北朝鮮の核問題を話し合う米国・北朝鮮・中国の三ヵ国協議、北京で開催

五・二七　中ロ首脳が共同宣言で、北朝鮮の核問題について、「武力による北朝鮮問題解決は受け入れられない」とする一方、北朝鮮に核開発中止を要請

七・七　盧武鉉韓国大統領、中国を公式訪問

七・一二　中国政府特使の戴秉国筆頭外務次官が訪朝、姜錫柱第一外務次官と会談し、双方は、米朝間の核問題と相互関心事である複数の問題について突っ込んだ意見を交換、一四日には金正日と会見

七・一六　朝鮮中央放送、中国政府が最近、北朝鮮にディーゼル油一万トンを無償で提供することを決定したと報道

八・七　中国外務省の王毅外務次官が核問題で北朝鮮を訪問、金永日外務次官、姜錫柱第一外務次官とそれぞれ六者協議について意見交換

八・一三　李肇星中国外相訪韓

八・一八　中国人民解放軍高位軍事代表団（団長・徐才厚総政治部主任）が訪朝、金正日と会見

八・一九　中国共産党中央委対外連絡部代表団（団長・劉洪才副部長）が訪朝

八・二七　北朝鮮の核問題をめぐる六者協議、北京で開催（〜八・二九）

九・三　呉邦国中国全人代常務委員長訪韓

九・一六　中国外務省の孔泉報道局長、中朝国境の警備が武装警察から人民解放軍に移管されたことを明らかに

一〇・三〇　呉邦国全人代常務委員長、北朝鮮を公式親善訪問、金永南最高人民会議常任委員長と会談し、北朝鮮への無償援助提供を通知。金正日と会談、六者協議継続で原則的に合意

一一・六　中国の王毅外務次官が訪米、ケリー国務次官補、パウエル国務長官らと六者協議再開や北朝鮮への「安全の保証」と米に呼びかけ

一一・九　中国の戴秉国筆頭外務次官が韓国、日本を訪問、両国と六者協議再開について事前協議

一一・一七　中朝間の「民事及び刑事司法協力に関する条約」北京で調印式

一一・二二　北朝鮮外務省の金永日外務次官が中国を訪問、唐家璇国務委員・李肇星外相・戴秉国筆頭外務次官・王毅外務次官とそれぞれ会見

一二・二五　中国外務省の王毅が次回六者協議の早期開催に向けた再調整を行うため訪朝

一二・二七　北朝鮮外務省報道官、王毅の訪朝で、中朝双方は第二回六者協議を「来年の早い時期」に開催するよう努力していく用意を一致して表明したと言明

二〇〇四年

一・一七　中国共産党中央委対外連絡部代表団（団長・王家瑞部長）が訪朝、金正日と会見（～一・二〇）

二・七　北朝鮮の金桂冠外務次官が中国を訪問（～二・一〇）、六者協議などについて協議、北朝鮮外務省報道官、中国が金桂冠との会談で北朝鮮の「凍結対補償」提案の妥当性を認めたと指摘

二・二五　北朝鮮の核問題をめぐる第二回六者協議が北京で開催（～二・二八）、作業部会設置などで合意

三・一三　中国外交部の寧賦魁・朝鮮半島核問題担当大使が訪朝（～三・一六）

三・二三　中国の李肇星外相が訪朝（～三・二五）、白南淳外相と会談、金正日・金永南最高人民会議常任委員長・姜錫柱第一外務次官と会見

三・二八　潘基文韓国外相訪中

四・三　中国政府から一〇〇〇万元相当の救済物資が列車爆発事故の発生した竜川に到着

四・一九　金正日が中国を非公式訪問、胡錦濤総書記など中国首脳らと会談（～四・二一）

五・一二　北朝鮮の核問題をめぐる六者協議の作業部会、北京で開催

五・二二　小泉総理、二度目の訪朝

六・二三　第三回六者協議が北京で開催（～六・二六）

七・一　中国政府の無償援助による大安親善ガラス工場の着工式が北朝鮮の平安南道大安郡で挙行

七・一五　北朝鮮の軍事代表団（団長・金鎰喆国防委員会委員兼人民武力相）が訪中、曹剛川中国国防部長と会談

八・二六　賈慶林全国政治協商会議主席訪韓
九・一〇　李長春中国共産党政治局常務委員を団長とする中国党・政府代表団が訪朝、金正日と会見。朴奉珠総理に対し、無償援助の提供を通知
一〇・一八　金永南最高人民会議常任委員長が中国を公式訪問、呉邦国全人代常務委員長と会談。金永南委員長は六者協議の枠組みを尊重する姿勢を示し、呉邦国委員長は北朝鮮に対して無償援助の提供を表明
一〇・二八　胡錦濤訪朝、金正日が会談で次回六者協議に北朝鮮が日程通りに出席すると言明。中朝経済技術協定に調印
一一・一九　胡錦濤と韓国の盧武鉉大統領がチリのサンティアゴで会談、両首脳は六者協議のできるだけ早い時期の開催をめざすことで一致

二〇〇五年

二・一〇　北朝鮮、六者協議参加の無期限中断を表明、「自衛のために核兵器を造った」と言明。声明は「対話と協議を通じて問題を解決しようとする我が方の原則的立場と、朝鮮半島を非核化しようとする最終目標には変わりがない」とも指摘。北朝鮮の声明に対して、中国外務省の孔泉報道局長は「中国は六者協議の継続を希望する」とコメント
二・一九　中国共産党中央委対外連絡部代表団（王家瑞部長）が訪朝。金正日が会見で、「今後、関係諸国の共同の努力によって六者協議の条件が整えばいつでも交渉のテーブルに戻りたい」と表明（二・二一）
三・二二　北朝鮮の朴奉珠総理が中国を公式訪問、中国の温家宝総理と会談（～三・二七）
　　　　中国と北朝鮮の投資奨励・保護に関する協定と環境協力に関する協定が北京で調印
四・　二　北朝鮮の姜錫柱第一外務次官が訪中し、中国の武大偉外務次官や寧賦魁・朝鮮半島核問題担当大使と六者協議の再開問題について会談（～四・五）
五・　八　胡錦濤と盧武鉉がモスクワで会談、北朝鮮の核問題を対話を通じて平和的に解決すべきだとの認識で一致
六・二一　韓国の李海瓚総理が訪中
七・一二　中国の唐家璇国務委員が胡錦濤の特使として訪朝（～七・一四）、金正日と会談。この会談で、金は「朝鮮半島の非核化は偉大な首領金日成同志の遺訓だ」とし、「核問題の対話を通じた平和的解決は我々の一貫した立場」と言明
七・二六　第四回六者協議第一ラウンドが北京で開会（～八・七）
八・一一　潘基文韓国外相訪中
八・二七　中国外務省の武大偉外務次官が訪朝
九・一三　第四回六者協議第二ラウンド開始（～九・一九）。「九・一九共同声明」を採択、声明で北朝鮮は一切の核兵器及び核計画の放棄、核拡散防止条約（ＮＰ

	T）への早期回復を表明。各国は北朝鮮の核平和利用権を尊重し、適当な時期に北朝鮮に軽水炉を供与する問題を討議することで合意。米朝、日朝が国交正常化のための措置を取ることも表明
一〇・　八	呉儀副総理を団長とする中国政府代表団が訪朝、金正日と会見。中国の無償援助による大安親善ガラス工場の完工式に金正日とともに出席。一〇日、中朝が政府間経済技術協力協定に調印
一〇・二八	中国の胡錦濤が訪朝（～一〇・三〇）、金正日と会談、中朝経済技術協力協定に調印。
一一・　九	第五回六者協議第一ラウンド（～一一・一一）、北京で開催。全体会合で北朝鮮の金桂冠外務次官が段階的に核を放棄し、その後に核不拡散条約などに復帰する準備があると表明。協議は中国が共同声明の履行を再確認する議長声明を発表
一一・一六	中国の胡錦濤、韓国を公式訪問
一二・二四	盧斗哲副総理を団長とする北朝鮮政府代表団が訪中、中朝両政府間の「海上における原油共同開発に関する協定」が北京で調印

二〇〇六年

一・一〇	金正日が中国を非公式訪問（～一・一八）。武漢・宜昌・広州・深圳などを視察。金正日は胡錦濤との会談で、「第四回六者協議で採択された共同声明を履行し、対話を通じた平和的解決を追求するわが方（北朝鮮）の基本的立場には変わりがない」と強調
三・一三	北朝鮮の李根外務省米州局長が北京を訪れ、中国の武大偉外務次官と会談
三・一八	張成沢朝鮮労働党中央委第一副部長率いる北朝鮮党代表団が中国を訪問、劉淇北京市党書記（党政治局委員）と会談
四・　四	曹剛川中国国防相が訪朝
四・二七	中国の唐家璇国務委員が胡錦濤国家主席の特使として訪朝し、金正日と会談
五・三〇	北朝鮮の白南淳外相が訪中、温家宝総理・李肇星外相・唐家璇国務委員と会談
六・　六	中国外務省報道局長、中朝が黄海の石油資源の共同開発協定を結んだことを明らかに
七・　五	北朝鮮のミサイル発射実験、中国外務省報道局長が「重大な関心（懸念）」を表明
七・一〇	回良玉副総理を団長とする中国親善代表団が中朝友好協力相互援助条約締結四五周年記念行事に参加するため訪朝
七・一一	北朝鮮親善代表団（団長・楊亨燮最高人民会議常任副委員長）、中朝友好協力相互援助条約締結四五周年記念行事に参加するため中国を公式親善訪問。中国の胡錦濤国家主席が代表団と会談し、「中国は朝鮮半島の情勢を悪化させるあらゆる行動に反対する」と表明
七・一五	国連安保理が北朝鮮非難決議を全会一致で採択、中

	国も賛成
八・三〇	中国外務省、北朝鮮の水害に人道援助を行うことをすでに決定しているとの談話を発表
九・七	中国政府、武東和駐北朝鮮大使の後任に劉曉明甘粛省長補佐を任命
九・二〇	朝鮮中央放送、北朝鮮の豪雨被害に関し、中国政府が食糧とディーゼル油をはじめとする支援物資を無償提供したと報道
一〇・九	北朝鮮の核実験、中国外交部、非難声明を出す
一〇・一三	盧武鉉韓国大統領訪中
一〇・一四	国連安保理、北朝鮮に対する制裁決議案を全会一致で採択、中国も賛成
一〇・一七	中国外務省の劉建超報道局長、北朝鮮への送金停止措置を取ったことを確認
一〇・一八	中国の唐家璇国務委員が訪朝、金正日と会談
一〇・二四	中国外務省の劉建超報道局長、金正日が当面の再実験計画を否定したうえで、米国などの圧力が強まれば「一歩進んだ措置をとる」と述べたことを明らかに
一二・一八	第五回六者協議第二ラウンドが北京で開催（〜一二・二二）
一二・二九	中国が国防白書を発表、北朝鮮のミサイル発射と核実験が、朝鮮半島情勢の複雑化を招いたと指摘

二〇〇七年

一・一六	米朝首席代表会合、ベルリンで開催（〜一・一八）
二・八	第五回六者協議第三ラウンドが北京で開催（〜二・一三）
二・一三	「六者協議共同声明の履行への初期段階措置」についての合意文書採択
三・四	金正日が旧暦正月一五日にあたり、北朝鮮駐在の劉曉明中国大使の招きにより中国大使館を訪問
三・一九	第六回六者協議第一ラウンド、北京で開催（〜三・二二）
四・一	中国の温家宝総理訪韓、中国の総理として三回目の訪韓
七・二	中国の楊潔篪外相が訪朝、金正日と会談
九・一八	北朝鮮外務省代表団（団長・金永日次官）訪中
九・二七	第六回六者協議第二ラウンドが北京で開催（〜九・三〇）
一〇・三	非核化に向けた「次の段階」の措置を定めた六者協議の合意文書を発表
一〇・四	盧武鉉大統領訪朝、金正日と会談、「南北関係発展と平和安定のための宣言」を発表
一〇・二九	劉雲山中国共産党中央委宣伝部長が訪朝、金正日と会見
一二・一七	中国の武大偉外務次官が訪朝、金桂冠外務次官と会談、朴宜春外相と会見

二〇〇八年

一・二九　中国共産党対外連絡部代表団（団長・王家瑞部長）訪朝、金正日と会見

一・三一　金正日総秘書が胡錦濤に、大雪の被害に関し慰問電文を送る

三・一　金正日、北朝鮮駐在の劉暁明中国大使の招きにより中国大使館を訪問

四・二三　北朝鮮人民軍空軍代表団（団長・李秉哲上将）訪朝、中国の梁光烈国防相と会談

四・二六　北朝鮮の朴宜春外相訪中、楊潔篪中国外相と会談

四・二八　北京オリンピック聖火リレーが平壌で行われ金永南最高人民会議常任委員長と金英逸総理、四〇万人の平壌市民が参加

五・一七　北朝鮮政府、中国の四川大地震に一〇万ドルを支援

五・二七　李明博韓国大統領訪中、胡錦濤と会談

六・三　中朝政府間の税関分野における相互協力に関する協定、北京で調印

六・一七　中国の習近平国家副主席訪朝、金正日と会談。金総秘書は会談で、「六者協議は曲折があっても、多くの重要な合意や共通認識を達成した。中国は議長国として重要な役割を果たした」と評価。中朝両政府間の経済技術協力に関する協定、航空運輸に関する協定、自動車運輸に関する協定などに平壌で調印

七・一〇　第六回六者協議に関する首席代表者会合（～七・一二）

七・二三　六者外相による非公式会合（於：シンガポール）

八・七　北朝鮮の金永南最高人民会議常任委員長、北京・オリンピックの開会式に参加するため訪中、胡錦濤らと会見（～八・九）

韓国の李明博、北京・オリンピックの開会式に参加するため訪中、胡錦濤らと会見

八・一三　中国の楊潔篪外相が韓国を公式訪問

八・二五　中国の胡錦濤国家主席が韓国を公式訪問（～八・二六）

九・九　北朝鮮建国六〇周年慶祝労農赤衛隊閲兵式。金正日が出席せず健康不安説が浮上

一〇・一三　中国政府経済・貿易代表団訪朝

一二・八　第六回六者協議に関する首席代表会合（～一二・一一）核計画の検証問題で合意できず閉幕

一二・一二　中国共産党親善代表団訪朝（～一二・一五）

二〇〇九年

一・一三　北朝鮮外務省声明で「米国が韓国に対する核の傘の提供をやめることが核放棄の条件」と主張

一・二一　中国共産党王家瑞対外連絡部長訪朝（～一・二四）、金正日と会談

二・二四　北朝鮮、人工衛星発射実験を実施すると予告、国際社会はこれをミサイル発射実験と見なして自制を促す

三・一七	北朝鮮金英逸首相訪中（～三・二一）。胡錦濤、温家宝と会談
三・二六	北朝鮮、「人工衛星」打ち上げ問題が国連安保理で議題になれば六者協議はなくなり「非核化に向けて進んできたプロセスが振り出しに戻る」と警告
四・　五	北朝鮮、ミサイル発射実験、北朝鮮は「人工衛星発射実験は成功」と発表
四・　九	最高人民会議第一二期第一回会議開催。金正日を国防委員長に推戴
四・一〇	胡錦濤、金正日国防委員長推戴に祝電
四・一三	中国全国政協代表団北朝鮮訪問
四・一四	国連安保理、北朝鮮の行為を〇六年の核実験に際して採択された決議一七一八違反との内容を含む議長声明を全員一致で採択
四・一八	朝鮮人民軍海軍代表団訪中（～四・二五）
四・二五	北朝鮮朴宜春外相、中国経由でキューバ・中南米訪問。中国では中国高官と協議。
五・　四	北朝鮮、五月四日を「中国の日」に制定、金日成総合大学で親善集会
五・　七	中朝政府間科学技術協力委員会議定書調印
五・二五	北朝鮮、〇六年以来二度目の核実験、中国には事前通告
六・一三	国連安保理決議一八七四採択
八・一七	中国の武大偉外務次官訪朝（～八・二一）
九・　一	北朝鮮の金永日外務次官訪中（～九・五）
九・一六	戴秉国中国国務委員、胡錦濤国家主席の特使として訪朝（～九・一八）
九・一七	中国人民解放軍外事幹部代表団訪朝（～九・二〇）
九・二二	朝鮮人民軍軍事代表団訪中（～九・二六）
一〇・　四	温家宝、中朝国交六〇年記念式典参加のため訪朝（～一〇・六）
一〇・二七	朝鮮労働党代表団訪中（団長・崔泰福党秘書）（～一〇・三一）
一一・一七	朝鮮人民軍政治幹部代表団訪中（団長・金正覚総政治局第一副局長）（～一一・一九）
一一・二二	中国国防相梁光烈訪朝、金正日と会見（～一一・二六）
一一・三〇	中国全国人民代表大会代表団訪朝（団長・陳至立常務委員副委員長）（～一二・四）
一二・一五	北朝鮮人民保安相朱相成訪中（～一二・一九）、北朝鮮人民保安省・中国公安省間の協力物資提供に関する文書に調印（～一二・一六）

あとがき

圧倒的な力の差があるにもかかわらず、なぜ中国は北朝鮮との関係に苦慮するのだろうか――この単純な問いかけが本書の問題意識である。改めて指摘するまでもなく、北朝鮮と中国の関係が対等ではあり得るはずがない。そもそも、中国にとって北朝鮮は周辺の一部であるが、北朝鮮にとって中国との関係はある意味生命線とさえ言い得る。このようにきわめて非対称の関係であるにもかかわらず、北朝鮮が中国に対してこびへつらう様子は見られないし、むしろ中国のほうが手を焼いているとの印象さえ受ける。

そうした問題意識を持つ契機となったのは、修士論文で北朝鮮の対外姿勢について分析したことであった。師匠である小此木政夫先生の論文「北朝鮮における対ソ自主性の萌芽一九五三から一九五五――教条主義批判と『主体』概念」（『アジア経済』一九七二年七月号）にヒントを得て執筆した修士論文では、北朝鮮の対外姿勢を北朝鮮が繰り返し強調する「主体」概念を対外姿勢に反映させる過程として分析した。「主体」は中国、ソ連との相対的な関係を抜きに成立しない概念だった。第3章はそうした問いかけに対する最初の試みであり私の修士論文「北朝鮮自主路線の形成――対中自主の模索」（慶應義塾大学法学研究科、一九八七年）が基となっている。今や北朝鮮についての情報もかつてと比べものにならないくらい多くなったが、その当時は北朝鮮の公式報道をどのように解釈するかが分析の中心であった。共産主義研究の方法論を前提とした諸先生、諸先輩の研究を見よう見まねで分析を試みた。その後、そうした問題に本格的に取り組もうと思ったのは、中国で調査研究する機会を得てからのことである。一九九六年から九八年まで、駐中華人民共和国日本国大使館政治部で専門調査員として朝鮮半島情勢を調査研究する機会がなければ本書は完成できなかったであろう。

印象論になるが、両者の関係は本当に不思議な関係である。間違いなく双方とも相手の行動様式をよく理解しているし、多くの場合、相手は予想通りの行動を取る。すなわち中国の読み通りに北朝鮮は行動し、北朝鮮の予測通りに中国は反応することが少なくないのである。これはたんに朝鮮民主主義人民共和国と中華人民共和国の関係のみならず悠久の歴史の中で培ってきた相手に対する知識と経験があるからこそ可能な話であろう。しかし興味深いことに、双方ともに自らの予測の正しさを誇るのではなく、むしろ自らの予想通りに行動する相手に対して憤り、不満を抱く。ともに「最悪のシナリオ」を想定し、その「最悪のシナリオ」通りに相手が行動するため不愉快な思いを募らせるのである。のみならず相手の思惑がわかっているからこそ、時にそれを逆手にとって相手に不愉快な思いをさせることこそが唯一の目的であるかのような場合さえある。それを繰り返してきたのが中朝六〇年ではなかったか？　中朝関係を分析する際、私はこの何とも言えないイメージを大切にするよう心がけている。もとより本音と建て前の使い分けは通常の外交関係では当たり前のことではあるが、何度となく繰り返される中朝両国首脳の相互訪問の際に交換される笑顔、抱擁、賛辞の背後には通常の二国間関係にある本音と建て前の使い分けにとどまらない独特で複雑な思いが込められているように思われる。そうしたイメージは「唇歯の関係」をより立体的なものとするであろう。

＊

本書の第1章から第8章までは、二〇〇〇年に慶應義塾大学大学院法学研究科に提出した学位請求論文「北朝鮮・中国関係の歴史的変遷とその構造――『唇歯の関係』の史的展開と変容――」を基にしている。第9章はそれを前提として金正日時代の北朝鮮と中国の関係を分析したものである。また、以下の各章は、下記に示す論文として既に発表したものである。ただし、いずれも本書への収録にあたって大幅に加筆、修正した。なお、6章〜8章は学位申請論文としてまとめるために書き下した。

序章　中朝関係のとらえ方について「中国の対朝鮮半島政策——『唇歯の関係』の構造と変容」（川島真編著『中国の外交——自己認識と課題』山川出版社、二〇〇七年）の一部。
第1章　中国側分析については書き下し、北朝鮮側記述部分は「中国人民志願軍の撤退と金日成の権力基盤確立」（伊豆見元との共同執筆『国際政治』第一〇六号、一九九四年五月）の平岩執筆部分。
第2章「北朝鮮にとっての中国——中朝友好協力相互援助条約締結にいたる認識共有過程——」（『東亜』No.三七六、一九九八年一〇月）。
第3章「中ソ論争と北朝鮮——対中自主性の模索——」（『外交時報』第一二五九号、一九八九年六月）。
第4章「北朝鮮自主路線の構造——対中自主の確率過程」（鐸木昌之、倉田秀也共編著『朝鮮半島と国際政治』慶應義塾出版会、二〇〇五年）の一部。
第5章「北朝鮮外交の『柔軟性』とその限界——自主独立外交路線と米中接近——」（『尚美学園短期大学研究紀要』第七号、一九九二年）の一部。
第6章　書き下し。
第7章　書き下し。
第8章　書き下し。
第9章「朝鮮半島危機と中国」（小此木政夫編著『危機の朝鮮半島』慶應義塾大学出版会、二〇〇六年）。

＊

本書を上梓するまでには多くの方々のご指導やご協力を仰いできた。私の師匠である小此木政夫先生には、研究上の指導はもちろん、公私ともにご指導いただいている。先生の指導を仰ぐために先生の研究室の扉をたたいてから既に多くの時間が流れたが、先生からいただくご指導は自由かつ刺激的なものであり、いつも暖かい目で見守っていただいている。深く感謝申し上げたい。また、学位審査委員会委員として論文審査を担当してくださった赤木完爾先生、国分良成先生にこの場を借りてお礼を申し上げたい。伊豆見元先生には、私が学問の道を志すきっかけをいただき、その後も公私ともにご指導いただいている。国際関係の中で朝鮮半島を分析することの重要性を教えていただいた先生と同じ大学で研究・教育にあたることができたことは私にとってこのうえない誇りである。鐸木昌之先生には、学部時代からご指導いただき、北朝鮮研究を一から指導していただいた。及ぶべくもない私の憧れである。古田博司先生からは、体制の相違を超えた朝鮮民族の見方を教えていただいた。その視点の鋭さと表現力の的確さ、知識の奥深さにいつも自らの浅薄さを思い知らされる。また、慶應義塾大学と韓国延世大学間の協定に基づいて延世大学大学院博士課程に留学することができ、そこで指導を受けた諸先生、先輩、友人達と出会えたことは私にとってこのうえない財産である。その他、一人ひとりお名前をあげることはできないが、数え切れない先生、先輩、友人に恵まれた。本当に深く感謝申し上げたい。同じ世代で現代朝鮮半島研究を志したものの中で自分ほど恵まれた環境の中で研究できたものはいないのではないかと思う。にもかかわらずそれを十分消化できていないのはひとえに私自身の責任である。

また、本書は一九九六年三月から九八年四月まで北京の駐中華人民共和国日本国大使館政治部で専門調査員をさせてもらった経験なくしては成立しなかった。一人ひとりお名前をあげることは差し控えるが、大使館でご一緒させてもらい、不真面目な筆者を暖かい目で見守ってくださった方々に深く感謝申し上げたい。この時の経験は学位論文のみならず私にとって研究者の幅を広げる意味で意義深いものであった。

日本大使館で同じ専門調査員として机を並べた星野昌裕先生にはその後も親しくおつきあいいただき、博士論文執筆の過程から中国語資料のチェックをはじめ中国専門家の立場から貴重なご助言をいただいた。〝非常感謝〟である。

また、本書の出版にあたって、西野純也先生、礒﨑敦人先生には、初校の段階からチェックをお願いした。いずれも私の仲間である優秀な研究者であり、今後多くの研究成果を残してくれるであろう。

本書は必ずしも中朝の歴史をまんべんなく網羅しているわけではない。しかし、中朝関係の全体像をイメージするためにはやはり歴史的経緯は必要不可欠である。そうした観点から巻末に中朝関係年表を掲載した。本文と合せて中朝関係をイメージしてもらえれば幸いである。礒﨑先生と李成日先生には年表作成でご尽力いただいた。

本書の出版にご尽力いただいた赤羽高樹さんには本当に感謝の言葉もない。赤羽さんとは別の仕事で知り合う機会を得たが、筆者のわがままから本書の刊行を優先してもらった。にもかかわらず、筆者の怠惰故脱稿が大幅に遅れてしまった。忍耐強くそして絶妙のタイミングでの後押し・激励がなければ本書は日の目を見ることはなかったであろう。この場を借りて御礼申し上げたい。また、本書の出版の機会を与えてくださった世織書房の伊藤晶宣さんには深く感謝申し上げたい。本当に感謝感謝である。学位論文を出版のために整理する時間的余裕を与えていただいたのみならず、加筆・修正の方向性についてもさまざまな助言をいただいた。本書を世に問うことができたのはひとえに伊藤さんと編集の門松貴子さんのおかげである。

最後に、親友藤井新氏に感謝したい。藤井氏は二〇〇三年八月に始まった第一回六者協議を北東アジア課長として担当し、その直後、病に倒れて永眠してしまった。藤井氏とは一九八五年にソウルで偶然会う機会を得てから妙に馬が合って意気投合し、外交官と研究者という別の立場から同じ朝鮮半島を見続けてきた。博士論文執筆の過程でも機会あるごとに話し相手になってもらい、その時々で的確なアドバイスをもらった。博士号を取得できた時には私以上に喜んでくれたことを思い出す。藤井氏は私にとって本当にかけがえのない親友であり、兄のような存在だった。冥福を祈るとともに本書を大好きな藤井新氏に捧げたい。

二〇一〇年二月一一日

平岩俊司

索　引
〈人名＋事項〉

【あ　行】

李相玉（イ・サンオク）　200,287-288
李時栄（イ・シヨン）　200
李承晩（イ・スンマン）　13,15,20-21,24,30,43-44,46,49,51,53
李厚洛（イ・フラク）　123
李洪九（イ・ホング）　224,351
石田幸四郎　199
ヴァンス　187
ヴァン・フリート　22
王家瑞　247,249,250,252
王光亜　255-256
オバマ　265
オルブライト　238
温家宝　248,269
王毅　246,363
王彭　112
呉振宇（オ・ジンウ）　130,167
＊
悪の枢軸　239-240
アジア大会　190-191
アジア経済会議　95-96
ASEAN＋3　241
新しい平和保障体系　216-219,221-222
アフガニスタン侵攻　190
アリ・アハラム社会科学院　104
イラク戦争　244
インドシナ戦争　23
銀河（ウナ）二号　266
ウラン濃縮　268
我々（ウリ）式社会主義　166
ABM制限条約　136
延安派　26,28-30,36,39,162,175,271

【か　行】

カーター　187,215,217,221-222,346,349-350
郭沫若　117
賈慶林　248
華国鋒　145,147,152-153,329-330
金丸信　199
姜錫柱（カン・ソクチュ）　197,248,250
姜成山（カン・ソンサン）　189,339
姜英勲（カン・ヨンフン）　197,341
韓念龍　117
キッシンジャー　127-129,132,324
喬石　214,218,223
金一（キム・イル）　54,98,129
金光侠（キム・グゥワンヒョップ）　29,317
金桂寛（キム・ケガン）　246-247,255,260
金在淑（キム・ジェスク）　112
金昌満（キム・チャンマン）　98
金仲麟（キム・チュンリン）　127-128
金大中（キム・デジュン）　140,178,237,363
金料奉（キム・トゥボン）　26,28,37
金永日（キム・ヨンイル）　269
金泳三（キム・ヨンサム）　193,212,214-215,221-224,350-352,356

金容淳（キム・ヨンスン） 350,351
金英柱（キム・ヨンジュ） 123
金永南（キム・ヨンナム） 236, 248, 258, 259,269
クリントン 178,180,238,357-358
桂応泰（ケ・ウンテ） 214
ケネディ 54
黄永勝 130
黄華 187
江沢民 199-201,210,213-216,218,221-222,224-225,239-240,248,252,344,353
胡錦濤 213-214,240,245,248,250-254, 259,268-269,361,364
胡耀邦 160,163,330
呉邦国 246,248
コスイギン 57,60,99,101,319
ゴルバチョフ 163,192-193,339-340
＊
カーター訪朝 217
改革開放路線 6,8,149,150,156-158,161-172,177,186-187,204,206,274,277-278
階級闘争激化論 87
凱旋門 152
核拡散防止条約（NPT） 205-206,251
核拡散防止条約（NPT）脱退 206,212-213,234,242
核危機 235,246
核実験 256-259,262-263,264,267,280
核の傘 265
核問題 202, 210, 215, 221-222, 230, 235, 246,308
学生革命 46-49
革命的経済戦略 168-169
休戦協定 15-16,30,216-219
「九・一一」 239-241,357
キューバ革命 55
キューバ危機 65,70-71
教条主義 25,71-72,75-78,107-109,161-162,172
行政・経済指導委員会 153
共同声明（第四回六者協議） 251,260,262-263
共同声明実施のための第二段階の措置 265
局地戦争 60-61
金正日後継体制 9,150,152,154,156,158, 274
金大中事件 124,140,327
擬似的対等関係 281-282
キムチ戦争 364
グァム・ドクトリン 115,118-119,124, 126,128,142
光明星（クゥワンミョンソン）二号 266
グラスノスチ 163,192-193
クロス承認 204
金剛山（クワァンガンサン）観光開発 181
金剛山（クワァンガンサン）国際貿易開発会社 226
軍事革命委員会 52-53
軍事休戦委員会 117
軍事クーデター 40,52-59,145,271
軍民一致運動 168
経済指導委員会 153
経済特区 157
形式主義 25
開城（ケソン）工業団地 181
現代修正主義 59-60,71-72,76-78,84,88, 94,108-110,113,120,277
紅衛兵 111-113
合営法 156-157
合意枠組み 222
高句麗問題 363-364
工作船事件 358
抗日闘争 5,84,271,277
抗日戦争 94
抗米援朝 34
五カ年人民経済発展計画 47
国際原子力機関（IAEA） 201, 215, 251, 261
国際分業 81

国防委員会　167,168
国防新技術協定　41
国連安保理決議一六九五　256
国連安保理決議一七一八　258
国連安保理決議一八七四　268
国連加盟問題　196-197
国連同時加盟　194,197-202,204,341-342
互恵平等　10,71,100,281
国家再建最高会議　54
コメコン　304

【さ　行】

サマランチ　191
周恩来　12-13,16-19,23-24,29,31,33-34,36,79,83,112,116-118,128-130,145,209,230,273,311-312,319-320,324
蔣介石　13,22-23,306
焦若愚　112
紫成文　14
シェワルナゼ　193,340
スターリン　73,103,104
銭其琛　199-201,204,211-212,218,228,287,348,359
曾慶紅　248
宋浩京（ソン・ホギョン）　218
＊
在韓米軍　17,44,46,125,136,142-143,187
最高司令官　168
サイゴン陥落　144
作業部会　261
左傾機会主義　108-109
三者会談提案　184-189,191,208,274
三大革命力量論　106,139
三路向心迂回　14,27
四月テーゼ　44,46,54-55,63
「自主性を擁護しよう」107,372
自主独立外交路線　108
自主路線　111,114,118,140,147,165,276,328
事大　6,277,310
事大主義　82,108,162,172
実権派　107
社会主義建設の総路線　69,75
社会主義市場経済　170
社会政治的生命体　164,167,171
社会帝国主義　120
シャトル外交　246-247
上海コミュニケ　134
主体思想　3,104,158,164,166,314
「主体思想教養で提起されるいくつかの問題について」164
主体思想塔　152
ジュネーブ会議　16-20,23,36,146
初期段階の措置　261,264
所有形態　169-171
自力更生　73-75,80-81
自立的民族経済　73-74,156,165
人工衛星打ち上げ　266
唇歯の関係　3-4,8,10-12,34,36-38,84,94,123,150,172,184,195,215-216,235-236,238,271,275
人民公社　69,75
人民志願軍　3,7,9,11-12,17-34,36-37,40,112,117,215,217-223,230,271
人民志願軍司令部　217
「人民生活を一層高めることについて」155,158,161,162
人民大学習堂　152
人民の国家論　86,89
スターリン批判　26
世界革命　272,276
世界共産党会議　95-98,101
世界食糧計画（WFP）　355
世界貿易機関（WTO）　240
先軍政治　178,236
全人民の国家　69,86
全人民の党　69
「全世界史」81-83,272,277
戦争可避論　85

戦闘友誼　117
相互不干渉　10,71,281
ソウル・オリンピック　190-191,193-194,199,274
ソ韓国交正常化　193-195,197,202,207,213,345
ソ韓首脳会談　193
祖国統一　4-6,41,43-46,48,144-145,155
祖国統一五大方針　138-139
祖国平和統一委員会　51
ソ朝条約（「朝鮮民主主義人民共和国とソビエト社会主義共和国連邦間の友好、協力および相互援助に関する条約」）57-60,62,207
ソ連一辺倒　94
ソ連共産党第二〇回大会　25,41
ソ連共産党第二一回大会　42
ソ連共産党第二二回大会　69
ソ連共産党第二三回大会　104
ソ連傾斜　70,93-94
ソ連派　26,28,39,175

【た　行】

竹入義勝　190
ダレス　21,31,33
田辺誠　199
戴秉国　245,259,269
遅浩田　236-237,356
張都暎（チャン・ドヨン）　52-54
張勉（チャン・ミョン）　51,53-56
朱昌駿（チュ・チャンスン）　218
趙紫陽　185,187,189
崔光（チェ・グゥワン）　167,215-216,218
崔守憲（チェ・スホン）　257
崔庸健（チェ・ヨンゴン）　29,49-50,53,70,75-76,78-79,87,104-105,107,113,116-117,120-121,273,302,305,317,321
チェルネンコ　187
趙成台（チョ・ソンテ）　236
趙明録（チョ・ミョンロク）　238
鄭浚基（チョン・ジュンギ）　159
鄭準澤（チョン・ジュンテク）　129
全斗煥（チョン・ドゥファン）　185,193,199,336
田紀雲　213,348
鄧小平　78,151-154,170,173-175,190,200
唐家璇　218,239,247,250,258-259,329-330,337,344-346,359
トルーマン　13-14
＊
第一次台湾海峡危機　11-12,17,21-23,36
第一次朝鮮労働党代表者会　26,154
大韓航空機爆破事件　191,338
対韓四原則　344
大元帥　168
第二次核危機　244,262,275
第二次台湾海峡危機　30,32-34,37,45-46,62
第二次朝鮮労働党代表者会　108-109
第二次七カ年人民経済発展計画　155-156
第三次七カ年人民経済発展計画　155,168,339
対米直接交渉　123,140,144,145-147,150,271,276
大躍進政策　37,66,69,75
台湾海峡危機　227
台湾解放　4-6,15,23-24,135,140
脱北者　363-364
弾力外交　203,205,212,225-226
檀君神話　82
地域革命　64,106,142-143,145,272-273,276
地域紛争　63
チェコ事件　119-120
地方行政委員会　153
地方人民委員会　153
地方人民会議　153
駐越南韓国援助団地位協定　99
中韓軍事交流　238

中華航空　226
中韓国交正常化　9,183-184,202-215,225-226,231-236,241-243,274-276,279,344-347
中間の道　110-111
中国一辺倒　66,77,79,84,93-94,96
中国傾斜　70,93,94
中国民航事件　183,208
中ソ対立　4,69,230
中ソ武力衝突　119-120
中ソ論争　39,61,66,69-70,96-97,154,175,220,271,272,276
中朝国境条約　83,306,307
中朝友好協力相互援助条約（「朝鮮民主主義人民共和国と中華人民共和国間の友好、協力および相互援助に関する条約」）　7,57-58,60,62-63,112,116,127,130,137-138,149,204,207,326
中米大使級会談　24,31
中立国監視委員会　220
朝鮮革命　40,65,124-126,136,141-146,271-273
朝鮮休戦協定　21,27,143
朝鮮共産党北部朝鮮分局　217
朝鮮戦争　5,11-17,23,84,93-94,117,161,217,269,277
朝鮮半島エネルギー開発機構（KEDO）　243
朝鮮半島非核化共同宣言　211,241,242,243,343
朝鮮半島の非核化　241,243-254,257,260
朝鮮問題の国際化　189
朝鮮問題の朝鮮化　135,137,140,142-143,149,189,273
朝鮮労働党第三次大会　26
朝鮮労働党第四次大会　63,66
朝鮮労働党第五次大会　119,123,126
朝鮮労働党第六次大会　149-150,152,159
千里馬（チョルリマ）運動　75,79
青山里（チョンサンリ）方法　79
青瓦台（チョンワデ）襲撃事件　125
珍宝島＝ダマンスキー島　114
テロ支援国家　261,265
天安門事件　166,174,182,194-196,201,211,274
伝統的友誼　3-4,8,10,30,34,36-38,84,94,118,123,150,172,184,195,232,271,277-278
統一戦線　106,115
東南アジア条約機構（SEATO）　21
東北工程　363
独立自主外交路線　150,204,207
トロツキー主義　108

【な　行】

南日（ナム・イル）　16,18-19,41-43
ニクソン　127-129,131-136,149,325
寧賦魁　246-247,250
盧泰愚（ノ・テウ）　193,196,210-214,242,338-339,341,343
盧武鉉（ノ・ムヒョン）　364
＊
内政不干渉　100
七カ年人民経済発展計画　56-57,66
南巡講話　170,201
「南北間の和解と不可侵および協力交流に関する合意書（「南北基本合意書」）」　201,202,211
南北共同声明　123,134,137-138,140-141,327
南北高位級会談　195-197,211
南北サミット　350
南北首脳会談　9,178-179,234,237-238,241,262,275
南北赤十字会談　123,129
南北体育会談　191
南北対話　124
南北調節委員会　137,326
南北朝鮮連邦制　48

ニクソン訪中　127-132
日米安全保障条約　43
日韓国交正常化　65,105-106,127
日中国交正常化　177
日朝国交正常化交渉　198
寧辺（ニョンビョン）　260

【は　行】

パウエル　244,359
朴世昌（パク・セチャン）　112
朴成哲（パク・ソンチョル）　123
朴正煕（パク・チョンヒ）　54,65,138,185,193,327
朴奉珠（パク・ポンス）　250
朴英洙（パク・ヨンス）　214
朴憲永（パク・ホニョン）　162
朴吉淵（パク・キルヨン）　258
朴宜春（パク・ウィチュン）　268
潘基文（パン・ギムン）　256
玄俊極（ヒョン・ジュングック）　112
卞栄泰（ピョン・ヨンテ）　18
ヒル　228,239,260
黄長燁（ファン・ジャンヨプ）　231,354-355
黄泰成（ファン・テソン）　65,302
フォード　187
武大偉　250,255,259,261,268
ブッシュ　179-180,238-240,244,249,259-260,265,358
フルシチョフ　41-42,45-46,60-62,73-74,84-86,90,95-99,103,111,272,301,309-313
ブレジネフ　105,272,312
白南淳（ペク・ナムスン）　250
ホー・チ・ミン　115-116,119,319
彭徳懐　26,28,35
彭真　34-35
ボルトン　256
洪成南（ホン・ソンナム）　227

＊

朴正煕（パク・チョンヒ）暗殺　185
八月全員会議事件　26,28,120
ハンガリー事件　25
バンコ・デルタ・アジア（BDA）　253,263,264
反帝反封建民主主義革命　47,51,55,63
バンドン会議　24
板門店（パンムンジョン）休戦委員会代表団　217-218
反米救国闘争　54
微妙な関係　235,238-241,358
平壌（ピョンヤン）宣言　251
プエブロ号事件　125
部分的核実験禁止条約　85,97,100,102
振り子運動　70,302
文化大革命　8,97,107,111,113,118,139-140,151-153,173,271,272
プロレタリア独裁の消滅　86,89
分裂主義　73,77
米華相互防衛条約　22,149,297
米韓合同軍事演習（チームスピリット）215
米韓相互防衛条約　16,17
「米国国会に送る書簡」142
米中接近　4,8,124,130,132-134,136,139-142,144-147,149-150,177,184,189,206,271,273,276,281
米中国交正常化　177,206
米朝国交正常化　149,261
米朝合意枠組み　222,235,245
米朝中三者協議　244,246
平和共存五原則　189,204
平和共存路線　25,27,40-43,45-47,50,57,59-60,85,96,100,146,272
平和協定　124,142-143,146
「平和統一外交政策に関する特別声明」138,193
白頭山（ペクトゥサン）　113
ベトナム戦争　144-146,184
ペレストロイカ　163,193

保家衛国　15
ポーランド事件　25
冒険主義　46
包容政策（太陽政策）　180, 235, 237 - 239, 242
北方外交　183, 192-193, 213

【ま　行】

ミコヤン　26, 28
武亭（ム・ジョン）　162
毛岸英　269
毛沢東　14, 27, 29, 31, 33, 35, 73-75, 78, 107, 111, 117-119, 132, 135, 145, 151, 153, 173, 209, 230, 269, 273, 294-295, 312, 316, 320-321
＊
マルクス・レーニン主義　4, 26, 40, 57, 64, 75, 80, 102 - 104, 108 - 110, 150, 154, 155, 159
ミサイル発射　256, 263-264, 266-267, 280
南朝鮮革命　40, 63-65, 90, 92, 106, 149
南朝鮮労働党派　26, 162
民族解放闘争　60-61, 63, 69, 90-92, 96, 98, 100, 272
民族解放革命　63
民主基地　40
民族虚無主義　108, 161-162, 172
モスクワ会議　26-27
モスクワ宣言　71-72, 83
モスクワ声明　71-72, 79, 83
モスクワ・オリンピック　190

【や　行】

楊亨燮（ヤン・ヒョンソプ）　160
ユージン　18-19
尹潽善（ユン・ボソン）　52-53
楊尚昆　204, 210, 236
＊
唯一思想体系　154, 175
洋躍進政策　152
四つの現代化路線　150-151
四者会談　228, 242, 279
四者会談構想　187, 189
四大軍事路線　65-66, 130

【ら　行】

ライス　259, 265
李鍾玉（リ・ジョンオク）　218
李先念　127-129
李成禄（リ・ソンロク）　227
李肇星　247-248, 252, 256
李天祐　117
李登輝　219, 225, 227
李孝淳（リ・ヒョスン）　71-72, 77
李鵬　198, 210, 213-214, 218, 221-224, 341-342, 345, 352
劉少奇　70, 75, 78-81, 84, 87, 107, 118, 302, 305, 316
劉華清　215
李嵐清　213, 348
＊
羅津（ラジン）・先鋒（ソンボン）自由経済貿易地帯　168, 181, 226-227
ラングーン事件　185, 188-189, 336, 338
龍川（リョンチョン）駅　248
冷戦終焉　206
連邦制統一方案　192
連邦制　48-51, 138, 234
六者協議　246-257, 259-266, 268, 270, 275, 280-281
六者協議首席代表会合　265
六者協議非公式外相会合　265
ロサンゼルス・オリンピック　190

【わ　行】

ワレサ　220
＊
和平演変　182

〈著者略歴〉

平岩俊司（ひらいわ・しゅんじ）

1960年愛知県生まれ。

1987年東京外国語大学外国語学部朝鮮語学科卒業。1995年慶應義塾大学大学院法学研究科（政治学専攻）博士課程単位取得退学。2001年博士（法学）取得。

尚美学園短期大学、松阪大学、静岡県立大学大学院国際関係学研究科教授を経て、2010年4月より関西学院大学国際学部教授。

共編著に『朝鮮半島と国際政治——冷戦の展開と変容』（慶應義塾大学出版会、2005年）、共著に『北朝鮮ハンドブック』（講談社、1998年）、『危機の朝鮮半島』（慶應義塾大学出版会、2006年）などがある。

朝鮮民主主義人民共和国と中華人民共和国

——「唇歯の関係」の構造と変容

2010年5月7日　第1刷発行©

著　者　平岩俊司

写真提供　朝鮮新報社

装幀者　M．冠着

発行者　伊藤晶宣

発行所　(株)世織書房

印刷所　三協印刷(株)

製本所　協栄製本(株)

〒220-0042　神奈川県横浜市西区戸部町7丁目240番地　文教堂ビル

電話045(317)3176　振替00250-2-18694

落丁本・乱丁本はお取替いたします　Printed in Japan

ISBN978-4-902163-54-4